"十二五"普通高等教育本科国家级规划教材

新编21世纪法学系列教材
总主编 曾宪义 王利明

税法

第八版

徐孟洲 徐阳光 著

Tax Law

中国人民大学出版社
·北京·

内容简介

本教材为“十二五”普通高等教育本科国家级规划教材之一，体系上分设三编，共十四章。第一编为“税法基本原理”，对税法体系中的基本范畴、基本原则、法律渊源、税法要素、国家税权、纳税人的权利以及税法的产生和发展等基本内容进行了全面的阐述，为研习税法提供基础理论的支撑。第二编为“税收实体法制度”，将我国现行有效的18项税法分为流转税法、所得税法、财产与行为税法、环境资源与土地税法四个类别，按照税法要素的体系进行了深入浅出的介绍。第三编为“税收征收管理法律制度”，以《税收征收管理法》为主要依据，全面介绍了我国税务管理制度、税款征收制度、税务代理制度等的基本内容。

本教材在内容上强调权威性，以国内财税法学通说为写作依据，力求观点准确、鲜明；在体系上强调全面性，依据现行有效的法律法规，对我国税制结构进行了系统的阐述，体系清晰、完整；在写作风格上注重可读性、趣味性与启发性，设置了“税法适用”“学术前沿”“延展阅读”“深度阅读”“问题与思考”等知识栏目，提供了大量的助读材料和阅读索引，以帮助读者在生动鲜活的案例和深入浅出的实例中理解和掌握税法学的基本原理与制度规则。

作者简介

徐孟洲 湖南益阳人，法学博士，中国人民大学法学院二级教授、博士研究生导师，中国人民大学财税法研究所所长；兼任中国法学会财税法学研究会顾问、中国法学会商业法研究会常务副会长、中国法学会银行法学研究会副会长、中国法学会经济法学研究会监事长、中国法学会立法学研究会常务理事、财政部法律顾问、审计署法律顾问、北京市委法律专家库成员等社会职务。主持国家社科基金“财税法律制度改革与完善研究”、教育部“财政转移支付立法问题研究”等国家级、省部级科研项目20多项。出版《耦合经济法论》《财税法律制度改革与完善》《中国税收执法基本问题》《税法原理》《税法学》等著作。参与我国《预算法》、《个人所得税法》、《企业所得税法》、《税收征收管理法》、“财政转移支付法”等多部法律的起草、修订和论证工作。

徐阳光 湖南平江人，法学博士、博士后，中国人民大学法学院教授、博士研究生导师，中国人民大学吴玉章青年学者，中国人民大学经济法学研究中心执行主任，中国人民大学财税法研究所副所长；兼任中国法学会财税法学研究会副秘书长、北京市破产法学会会长等社会职务。荣获第十届“全国杰出青年法学家”提名奖等荣誉奖励。主持国家社科基金“政府间财政关系之法治化研究——以财政转移支付立法为重点”“破产法视野中的财税问题研究”“个人破产立法重大问题研究”，司法部“预算法修改与预算国家的构建研究”“破产重整法律制度研究”等多项国家级、省部级科研项目。出版《财政转移支付制度的法学解析》《政府间财政关系法治化研究》《破产法与税法的理念融合及制度衔接》等学术专著。参与我国《企业破产法》、《税收征收管理法》、《个人所得税法》、“财政转移支付法”等多部法律的起草、修订和论证工作。

总序

曾宪義

在人类文明与文化的发展中，中华民族曾作出过伟大的贡献，不仅最早开启了世界东方文明的大门，而且对人类法治、法学及法学教育的生成与发展进行了积极的探索与光辉的实践。

在我们祖先生存繁衍的土地上，自从摆脱动物生活、开始用双手去进行创造性的劳动、用人类特有的灵性去思考以后，我们人类在不断改造客观世界、创造辉煌的物质文明的同时，也在不断地探索人类的主观世界，逐渐形成了哲学思想、伦理道德、宗教信仰、风俗习惯等一系列维系道德人心、维持一定社会秩序的精神规范，更创造了博大精深、义理精微的法律制度。应该说，在人类所创造的诸种精神文化成果中，法律制度是一种极为奇特的社会现象。因为作为一项人类的精神成果，法律制度往往集中而突出地反映了人类在认识自身、调节社会、谋求发展的各个重要进程中的思想和行动。法律是现实社会的调节器，是人民权利的保障书，是通过国家的强制力来确认人的不同社会地位的有力杠杆，它来源于现实生活，而且真实地反映现实的要求。因而透过一个国家、一个民族、一个时代的法律制度，我们可以清楚地观察到当时人们关于人、社会、人与人的关系、社会组织以及哲学、宗教等诸多方面的思想与观点。同时，法律是一种具有国家强制力、约束力的社会规范，它以一种最明确的方式，对当时社会成员的言论或行动作出规范与要求，因而也清楚地反映了人类在各个历史发展阶段中对于不同的人所作出的种种具体要求和限制。因此，从法律制度的发展变迁中，同样可以看到人类自身不断发展、不断完善的历史轨迹。人类社会几千年的国家文明发展历史已经无可争辩地证明，法律制度乃是维系社会、调整各种社会关系、保持社会稳定的重要工具。同时，法律制度的不断完善，也是人类社会文明进步的显著体现。

由于发展路径的不同、文化背景的差异，东方社会与西方世界对于法律的意义、底蕴的理解、阐释存有很大的差异，但是，在各自的发展过程中，都曾比较注重法律的制定与完善。中国古代虽然被看成是“礼治”的社会、“人治”的世界，被认为是“只有刑，没有法”的时代，但从《法经》到《唐律疏议》《大清律例》等数十部优秀成文法典的存在，充分说明了成文制定法在中国古代社会中的突出地位，唯有这些成文法制所体现出的精神旨趣与现代法律文明有较大不同而已。时至20世纪初叶，随着西风东渐、东西文化交流加快，中国社会开始由古代的、传统的社会体制向近现代文明过渡，建立健全的、符合现代理性精神的法律文明体系方成为现代社会的共识。正因为如此，近代以来的数百年间，在西方、东方各主要国家里，伴随着社会变革的潮起潮落，法律改革运动也一直呈方兴未艾之势。

从历史上看，法律的文明、进步，取决于诸多的社会因素。东西方法律发展的历史均充分证明，推动法律文明进步的动力，是现实的社会生活，是政治、经济和社会文化的变迁；同时，法律内容、法律技术的发展，往往依赖于一大批法律专家以及更多的受过法律教育的社会成员的研究和推动。从这个角度看，法学教育、法学研究的发展，对于法律文明的发展进步，也有着异常重要的意义。正因为如此，法学教育和法学研究在现代国家的国民教育体系和科学研究体系中，开始占有越来越重要的位置。

中国近代意义上的法学教育和法学研究，肇始于19世纪末的晚清时代。清光绪二十一年（公元1895年）开办的天津中西学堂，首次开设法科并招收学生，虽然规模较小，但仍可以视为中国最早的近代法学教育机构（天津中西学堂后改名为北洋大学，又发展为天津大学）。三年后，中国近代著名的思想家、有“维新骄子”之称的梁启超先生即在湖南《湘报》上发表题为《论中国宜讲求法律之学》的文章，用他惯有的富有感染力的激情文字，呼唤国人重视法学，发明法学，讲求法学。梁先生是清代末年一位开风气之先的思想巨子，在他辉煌的学术生涯中，法学并非其专攻，但他仍以敏锐的眼光，预见到了新世纪中国法学研究和法学教育的发展。数年以后，清廷在内外压力之下，被迫宣布实施“新政”，推动变法修律。以修订法律大臣沈家本为代表的一批有识之士，在近十年的变法修律过程中，在大量翻译西方法学著作，引进西方法律观念，有限度地改造中国传统的法律体制的同时，也开始推动中国早期的法学教育和法学研究。20世纪初，中国最早设立的三所大学——北洋大学、京师大学堂、山西大学堂均设有法科或法律学科目，以期“端正方向，培养通才”。1906年，应修订法律大臣沈家本、伍廷芳等人的奏请，清政府在京师正式设立中国第一所专门的法政教育机构——京师法律学堂。次年，另一所法政学堂——直属清政府学部的京师法政学堂也正式招生。这些大学法科及法律、法政学堂的设立，应该是中国历史上近代意义上的正规专门法学教育的滥觞。

自清末以来，中国的法学教育作为法律事业的一个重要组成部分，随着中国社会的曲折发展，经历了极不平坦的发展历程。在20世纪的大部分时间里，中国社会一直充斥着各种矛盾和斗争。在外敌入侵、民族危亡的沉重压力之下，中国人民为寻找适合中国国情的发展道路而花费了无穷的心力，付出过沉重的代价。从客观上看，长期的社会骚动和频繁的政治变迁曾给中国的法治与法学带来过极大的消极影响。直至20世纪70年代末期，以“文化大革命”宣告结束为标志，中国社会开始用理性的目光重新审视中国的过去，规划国家和社会的未来，中国由此进入长期稳定、和平发展的大好时期，以这种大的社会环境为背景，中国的法学教育也获得了前所未有的发展机遇。

从宏观上看，实行改革开放以来，经过二十多年的努力，中国的法学教育事业所取得的成就是辉煌的。首先，经过“解放思想，实事求是”思想解放运动的洗礼，在中国法学界迅速清除了极左思潮及苏联法学模式的一些消极影响，根据本国国情建设社会主义法治国家已经成为国家民族的共识，这为中国法学教育和法学研究的发展奠定了稳固的思想基础。其次，随着法学禁区的不断被打破、法学研究的逐步深入，一个较为完善的法学学科体系已经建立起来。理论法学、部门法学各学科基本形成了比较系统和成熟的理论体系和学术框架，一些随着法学研究逐渐深入而出现的法学子学科、法学边缘学科也渐次成型。1997 年，国家教育主管部门和教育部高校法学学科教学指导委员会对原有专业目录进行了又一次大幅度调整，决定自 1999 年起法学类本科只设一个单一的法学专业，按照一个专业招生，从而使法学学科的布局更加科学和合理。同时，在充分论证的基础上，确定了法学专业本科教学的 14 门核心课程，加上其他必修、选修课程的配合，由此形成了一个传统与更新并重、能够适应国家和社会发展需要的教学体系。法学硕士和博士研究生及法律硕士专业学位研究生的专业设置、课程教学和培养体系也日臻完善。再次，法学教育的规模迅速扩大，层次日趋齐全，结构日臻合理。目前中国有六百余所普通高等院校设置了法律院系或法律本科专业，在校本科学生和研究生已达二十余万人。除本科生外，在一些全国知名的法律院校，法学硕士研究生、法律硕士专业学位研究生、法学博士研究生已经逐步成为培养的重点。

众所周知，法律的进步、法治的完善，是一项综合性的社会工程。一方面，现实社会关系的发展，国家政治、经济和社会生活的变化，为法律的进步、变迁提供动力，提供社会的土壤。另一方面，法学教育、法学研究的发展，直接推动法律进步的进程。同时，全民法律意识、法律素质的提高，则是实现法治国理想的关键的、决定性的因素。在社会发展、法学教育、法学研究等几个攸关法律进步的重要环节中，法学教育无疑处于核心的、基础的地位。中国法学教育过去二十多年所走过的历程令人激动，所取得的成就也足资我们自豪。随着国家的发展、社会的进步，在 21 世纪，我们面临着更严峻的挑战和更灿烂的前景。“建设世界一流法学教育”，任重道远。

首先，法律是建立在经济基础之上的上层建筑，以法治为研究对象的法学也就成为一门实践性很强的学科。社会生活的发展变化，势必要对法学教育、法学研究不断提出新的要求。经过二十多年的奋斗，中国改革开放的前期目标已顺利实现。但随着改革开放的逐步深入，国家和社会的一些深层次问题，比如说社会主义市场经济秩序的真正建立、国有企业制度的改革、政治体制的完善、全民道德价值的重建、环境保护和自然资源的合理利用等，也已经开始浮现出来。这些复杂问题的解决，无疑最终都会归结到法律制度的完善上来。建立一套完善、合理的法律制度，构建理想的和谐社会，乃一项持久而庞大的社会工程，需要全民族的智慧和努力。其中的基础性工作，如理论的论证、框架的设计、具体规范的拟订、法律实施中的纠偏等等，则有赖于法学研究的不断深入，以及高素质人才特别是法律人才的养成，而培养法律人才的任务，则是法学教育的直接责任。

其次，21 世纪是一个多元化的世纪。20 世纪中叶发生的信息技术革命，正在极大地改变着我们的世界。现代科学技术，特别是计算机网络信息技术的发展，使传统的生活方式、思想观念发生了根本的改变，并由此引发许多人类从未面对过的问题。就法学教育而言，在21世纪所要面临的，不仅是教学内容、研究对象的多元化问题，而且还有培养对象、培养目标的多元化、教学方式的多元化等一系列问题，这些问题都需要法学界去思考、去探索。

中国人民大学法学院建立于1950年，是新中国诞生后创办的第一所正规高等法学教育机构。在半个多世纪的岁月中，中国人民大学法学院以其雄厚的学术力量、严谨求实的学风、高水平的教学质量以及丰硕的学术研究成果，在全国法学教育领域处于领先地位，并开始跻身于世界著名法学院之林。据初步统计，中国人民大学法学院已经为国家培养法学专业本科生、硕士生、博士生一万余人，培养各类成人法科学生三十余万人。经过多年的努力，中国人民大学法学院形成了较为明显的学术优势，在现职教师中，既有一批资深望重、在国内外享有盛誉的法学前辈，更有一大批在改革开放后成长起来的优秀中青年法学家。这些老中青法学专家多年来在勤奋研究法学理论的同时，也积极投身于国家的立法、司法实践，对国家法制建设贡献良多。

有鉴于此，中国人民大学法学院与中国人民大学出版社经过研究协商，决定结合中国人民大学法学院的学术优势和中国人民大学出版社的出版力量，出版一套“21世纪法学系列教材”。自1998年开始编写出版本科教材，包括按照教育部所确定的法学专业核心课程和其所颁布印发的《全国高等学校法学专业核心课程教学基本要求》而编写的14门核心课程教材，也包括法学各领域、各新兴学科教材及教学参考书和案例分析在内，到2000年12月3日在人民大会堂大礼堂召开举世瞩目的“21世纪世界百所著名大学法学院院长论坛暨中国人民大学法学院成立五十周年庆祝大会”之时，业已出版了50本作为50周年院庆献礼，到现在总共出版了80本。为了进一步适应高等法学教育发展的形势和教学改革的需要，最近中国人民大学法学院与中国人民大学出版社决定将这套教材扩大为四个系列，即：“本科生用书”、“法学研究生用书”、“法律硕士研究生用书”以及“司法考试用书”，总数将达二百多本。我们设想，本套教材的编写，将更加注意“高水准”与“适用性”的合理结合。首先，本套教材将由中国人民大学法学院具有全国影响的各学科的学术带头人领衔，约请全国高校优秀学者参加，形成学术实力强大的编写阵容。同时，在编写教材时，将注意吸收中国法学研究的最新的学术成果，注意国际学术发展的最新动向，力求使教材内容能够站在21世纪的学术前沿，反映各学科成熟的理论，体现中国法学的水平。其次，本套教材在编写时，将针对新时期学生特点，将思想性、学术性、新颖性、可读性有机结合起来，注意运用典型生动的案例、简明流畅的语言去阐释法律理论与法律制度。

我们期望并且相信，经过组织者、编写者、出版者的共同努力，这套法学教材将以其质量效应、规模效应，力求成为奉献给新世纪的精品教材，我们诚挚地祈望得到方家和广大读者的教正。

2006年7月1日

序言

法学教育是高等教育的重要组成部分，是建设社会主义法治国家、构建社会主义和谐社会的重要基础，并居于先导性的战略地位。在我国社会转型的新世纪、新阶段，法学教育不仅要为建设高素质的法律职业共同体服务，而且要面向全社会培养大批治理国家、管理社会、发展经济的高层次法律人才。近年来，法学教育取得了长足的进步，法科数量增长很快，教育质量稳步提高，培养层次日渐完善，目前已经形成了涵盖本科生、第二学士学位生、法学硕士研究生、法律硕士研究生、法学博士研究生的完整的法学人才培养体系，接受法科教育已经成为莘莘学子的优先选择之一。随着中国法治事业的迅速发展，我们有理由相信，中国法学教育的事业大有可为，中国法学教育的前途充满光明。

教育的基本功能在于育人，在于塑造德才兼备的高素质人才。法学教育的宗旨并非培养只会机械适用法律的“工匠”，而承载着培养追求正义、知法懂法、忠于法律、廉洁自律的法律人的任务。要完成法学教育的使命，首先必须认真抓好教材建设。我始终认为，教材是实现教育功能的重要工具和媒介，法学教材不仅仅是法学知识传承的载体，而且是规范教学内容、提高教学质量的关键，对法学教育的发展有着不可估量的作用。

第一，法学教材是传授法学基本知识的工具。初学法律，既要有好的老师，又要有好的教材。正如冯友兰先生所言：“学哲学的目的，是使人作为人能够成为人，而不是成为某种人。其他的学习（不是学哲学）是使人能够成为某种人，即有一定职业的人。”一套好的教材，能够高屋建瓴地展示法律的体系，能够准确简明地阐释法律的逻辑，能够深入浅出地叙述法律的精要，能够生动贴切地表达深奥的法理。所以，法学教材是学生学习法律的向导，是学生步入法律殿堂的阶梯。如果在入门之初教材就有偏颇之处，就可能误人子弟，学生日后还要花费大量时间与精力来修正已经形成的错误观念。

第二，法学教材是传播法律价值理念的载体。好的法学教材不仅要传授法学知识，更要传播法律的精神和法治的理念，例如对公平、正义的追求，尊重权利的观念。本科、研究生阶段的青年学子，正处在人生观、价值观形成的阶段，一套优秀的法学教材，对于他们价值观的塑造和健全人格的培养具有重要意义。

第三，法学教材是形成职业共同体的主要条件。建设社会主义法治国家，有赖于法律职业共同体的生成。一套好的法学教材，向法律研习者传授共同的知识，这对于培养一个接受共同的价值理念、共同的法律思维、共同的话语体系的法律共同体，具有重要的作用。

第四，法学教材是所有法律研习者的良师益友。没有好的教材，一个好的教师或可弥补教材的欠缺和不足，但对那些没有老师指导的自学者而言，教材就是老师，其重要作用是显而易见的。

长期以来，在我们的评价体系中，教材并没有获得应有的注重，对学术成果的形式优先考虑的往往是专著而非教材。在不少人的观念中，教材与创新、与学术精品甚至与学术无缘。其实，要真正写出一部好的教材，其难度之大、工作之艰辛、影响之深远，绝不低于一部优秀的专著，它甚至可以成为在几百年甚至更长的时间内发挥作用的传世之作。以查士丁尼的《法学阶梯》为例，所谓法学阶梯，即法学入门之义，就是一部教材，但它概括了罗马法的精髓，千百年来，一直是人们研习罗马法最基本的著述。日本著名学者我妻荣说过，大学教授有两大任务：一是写出自己熟悉的专业及学术领域的讲义乃至教科书；二是选择自己最有兴趣、最看重的题目，集中精力进行终生的研究。实际上，这两者是相辅相成的。写出一部好教材，必须要对相关领域形成一个完整的知识体系，还要能以深入浅出的语言将问题讲清楚、讲明白。没有编写教材的基本功，实际上也很难写出优秀的专著。当然，也只有对每一个专题都有一定研究，才能形成对这个学术领域的完整把握。

虽然近几年我国法学教育发展迅速，成绩显著，但是法学教育也面临许多挑战。各个学校的师资队伍和教学质量参差不齐，这就更需要推出更多的结构严谨、内容全面、角度各有侧重、能够适应不同需求的法学教材，为提高法学教学和人才培养质量、保障法学教育健康发展提供前提条件。

长期以来，中国人民大学法学院始终高度重视教材建设。作为新中国成立后建立的第一所正规的法学教育机构，中国人民大学法律系最早开设了社会主义法学教学课堂，编写了第一套社会主义法学讲义，培养了新中国第一批法学本科生和各学科的硕士生、博士生，产生了新中国最早的一批法学家和法律工作者。中国人民大学法律系因此被誉为“新中国法学教育的工作母机”。半个多世纪以来，中国人民大学法学院为社会主义法制建设培养了大批优秀的法律人才，并为法学事业的振兴和繁荣作出了卓越贡献，也因此成为引领中国法学教育的重镇、凝聚国内法律人才的平台和沟通中外法学交流的窗口，并在世界知名法学院行列中崭露头角。为了对中国法学教育事业作出更大的贡献，我们有义务也有责任出版一套体现我们最新研究成果的法学教材。

承蒙中国人民大学出版社的大力支持，我们组织编写了本套教材，其中包括本科生用书、法律硕士研究生用书、法学研究生用书和司法考试用书四大系列，分别面向不同层次法科教育需求。编写人员以中国人民大学法学院教师为主，反映了中国人民大学法学院整体的研究实力和学术视野。相信本套教材的出版，一定能够为新时期法学教育的繁荣发展发挥应有的作用。

是为序。

2006 年 7 月 10 日

第八版修订说明

税法学一直是我国高等院校法学专业和财经类、管理类专业的主要课程。根据教育部于2021年公布的《法学类教学质量国家标准（2021年版）》，法学专业核心课程采取“1＋10＋X”分类设置模式。“1”指“习近平法治思想概论”课程，“10”指法学专业学生必须完成的10门专业必修课，包括法理学、宪法学、中国法律史、刑法、民法、刑事诉讼法、民事诉讼法、行政法与行政诉讼法、国际法和法律职业伦理。“X”指各院校根据办学特色开设的其他专业必修课，包括经济法、知识产权法、商法、国际私法、国际经济法、环境资源法、劳动与社会保障法、证据法和财税法，“X”选择设置门数原则上不低于5门。自此，财税法课程正式成为法学专业必修课，地位和作用进一步提升，同时也对财税法领域的教材质量提出来更高的要求。

本教材自1999年出版以来，受到了读者的青睐，经历了数次修订，被全国100多所高校选用，累计发行近30万册。2014年，本教材和与其配套的《税法练习题集》《税法案例分析》一并入选“十二五”普通高等教育本科国家级规划教材，从而再次提升了本教材在国内教材体系中的地位和在高等院校中的影响力。作者当时也借这一契机对本教材的第四版进行了修订，于2015年推出第五版，于2017年推出第六版，于2019年推出第七版，均得到了读者的广泛好评。

自2012年党的十八大以来，我国的税制改革和税收法治建设发生了很大的变化。“落实税收法定原则”被写入党的十八届三中全会决定中，税收立法进程明显加快。2022年党的二十大报告提出“健全现代预算制度，优化税制结构，完善财政转移支付体系”，这是“构建高水平社会主义市场经济体制”的重要内容。2024年党的二十届三中全会决定进一步指出：“健全有利于高质量发展、社会公平、市场统一的税收制度，优化税制结构。研究同新业态相适应的税收制度。全面落实税收法定原则，规范税收优惠政策，完善对重点领域和关键环节支持机制。健全直接税体系，完善综合和分类相结合的个人所得税制度，规范经营所得、资本所得、财产所得税收政策，实行劳动性所得统一征税。深化税收征管改革。”税制结构优化和税收制度发展，事关高质量发展，事关宏观经济治理体系的健全、完善，是实现中国式现代化的重要制度保障。

党中央的决定引领着税收法律制度的改革与发展。自2018年以来，全国人大常委会先后审议通过了《中华人民共和国资源税法》（2019年）、《中华人民共和国契税法》（2020年）、《中华人民共和国城市维护建设税法》（2020年）、《中华人民共和国印花税法》（2021年）和《中华人民共和国关税法》（2024年）等法律；国务院在2019年修订了《中华人民共和国企业所得税法实施条例》，在2023年发布了《关于提高个人所得税有关专项附加扣除标准的通知》（国发〔2023〕13号）；国家税务总局在2019年修正了《税务登记管理办法》，在2021年颁布了《税务稽查案件办理程序规定》，废止了于2009年发布的《税务稽查工作规程》。此外，财政部和国家税务总局还在所得税、增值税、消费税以及税收征收管理等领域发布了一系列规范性文件。这些税收法律、行政法规和重要规范性文件的出台与修订，是本教材此次修订的主要内容。

《税法》（第八版）以《税法》（第七版）为基础，根据上述税收新立法文本和税制改革的变化，重点修改了涉及关税法、资源税法、契税法、城市维护建设税法、印花税法、企业所得税法、消费税法，以及税务登记、税务稽查等税收征收管理制度等的内容，更新了部分阅读推荐文献和思考习题。在本次修订过程中，作者一如既往地坚持权威性、全面性、可读性、启发性等写作风格，力求体系完整、观点鲜明、深入浅出、详略得当。正文中穿插的“学术前沿”“延展阅读”“税法适用”，以及章末的“深度阅读”“问题与思考”依然是本教材的特色内容。

在第八版付印之际，衷心感谢广大读者对本教材提出宝贵的意见和建议，感谢中国人民大学出版社长久以来对本教材的高度重视和全力支持。一如惯例，文责自负，疏漏和错误在所难免，敬请大家批评指正！

徐孟洲

2024年9月16日

目录

第一编　税法基本原理

第一章　税与税法

第二章　税法要素和税法渊源体系

第三章　国家税权与纳税人权利

第四章 税法的产生与发展

第二编 税收实体法制度

第五章 增值税法制度

第六章 消费税法制度

第七章 关税法律制度

第八章 个人所得税法律制度

第九章 企业所得税法律制度

第十章 财产与行为税法律制度

第十一章 环境资源与土地税法律制度

第三编 税收征收管理法律制度

第十二章 税务管理制度

第十三章 税款征收制度

第一编

税法基本原理

第一章 税与税法

本章概要

- 税的形式特征（税收三性）
- 税法的概念和特征
- 税法调整对象的性质和范围
- 税法的价值和功能
- 税法在我国法律体系中的地位

第一节 税的概念、分类和根据

一、税的概述

税，又称税收、赋税、税捐、租税等。现行的政策与立法文件更为青睐使用“税收”一词。税是税法产生、存在和发展的基础，是决定税法性质和内容的因素。税是经济内容，而税法是法律形式。学习税法必须了解税的概念与特征。税的概念，既是税法学的基本范畴，也是税法学研究的逻辑起点。

（一）税的形式特征

认识税的概念，最直接或较为容易把握的是税的形式特征，即税的外部特征。关于税的形式特征，我国多数学者通常将其概括为强制性、无偿性和固定性，即所谓“税收三性”。

税的强制性，是指国家以社会管理者的身份，依据直接体现国家意志的法律对征纳税双方的税收行为加以约束的特性。税收强制性集中表现为征税主体必须依法行使税权，纳税主体在法定义务范围内必须履行纳税义务。当税收征管机关合法行使权力受到干扰或纳税人无法定事由拒不履行纳税义务时，违法者将受到法律的制裁。

税的无偿性，是指国家税收对具体纳税人既不需要直接偿还，也不需要付出任何形式的直接报酬或代价。所谓税收，就是国家向居民无偿地索取。① "租税者，乃是国家以公权力，强制将人民之部分财产，无偿移转为国家所有。"② 无偿性是税收的关键特征，它使税收明显区别于国有经济收入、债务收入、规费收入等其他财政收入范畴。但也应当注意，理解税的无偿性不能绝对化，它是具有相对性的。税对具体的纳税人而言是无偿的，"但若从财政活动的整体来考察，税的无偿性与财政支出的无偿性是并存的，这里又反映出有偿性的一面"③。

税的固定性，是指国家税收必须通过法律形式，确定其课税对象及每一单位课税对象的征收比例或数额，并保持相对稳定和连续、多次适用的特征。税的固定性是相对于某一时期而言的，并非永远固定不变。随着客观情况的变化，通过合法程序适当调整课税对象或税率是正常的，也是必要的。

税的形式特征只是税本质属性的外在体现。深刻认识税的概念，应进一步分析和考察税之更深层次的本质特征。

（二）税的本质特征

事物的本质属性，是组成事物基本要素的内在联系，是其固有的、内在的规定性。税的根本性质，即税的本质，是国家作为一方主体依法无偿地参与国民收入分配而形成的特殊分配关系。

国家运用课税的方式取得财政收入，必然发生国家同纳税人之间对国民收入的分配关系，这种分配关系的特殊性在于其分配的依据，既不是财产所有权，也不是劳动者的劳动力所有权，而是国家的公共权力，并且表现出强制性、无偿性的特征，从而使税的分配关系区别于其他分配形式，如利润、地租、利息、工资薪金等以财产所有权、劳动权等为基础而形成的分配关系。

（三）税的社会属性

税是一个经济学上的分配范畴，同时是一个历史范畴。从税产生和发展的历史看，它经历了奴隶社会、封建社会、资本主义社会和社会主义社会等不同的社会形态。一方面，税在不同社会形态下具有其共性；另一方面，在不同的社会制度和不同国家中的税又分别具有其个性，即税所处不同社会制度下的社会属性。在不同的社会制度下，由于生产资料所有制、国家政权的性质和法律制度的不同，受所有制、国家性质和法律制约的税的性质也不同。

---

① 参见《列宁全集》，2版（增订版），第41卷，140页，北京，人民出版社，2017。

② 葛克昌：《税法基本问题》，37页，台北，元照出版公司，2005。

③ 陈共主编：《财政学》，3版，155页，北京，中国人民大学出版社，2002。

（四）税的概念

通过对税的形式特征、本质特征和社会属性的考察和研究，可以对税的概念作如下界定：税是以实现国家财政职能为目的，基于政治权力和法律规定，由政府专门机构向居民和非居民就其财产或特定行为实施的强制、非罚与不直接偿还的金钱课征，是一种财政收入的形式。此定义概括了以下几层含义。

第一，指明了税的目的。国家征税的目的是实现国家的公共财政职能。财政职能是指财政活动所具有的客观功能，体现为四个方面：资源配置、收入分配、调控经济与监督管理。现代国家的各项职能，包括公共财政职能等的实现一刻都离不开税赋的支持。国家或各级公权力机关之“课税权之行使目的应在于获取收入，以满足财政需要，亦即应以财政收入为其目的”①，“税捐是作为满足公共财政实现公共任务的需要之用”②。

第二，指明了税的政治前提和法律依据。国家征税凭借的是政治权力和法律。马克思曾高度概括了国家所拥有的两种权力：一种是财产权力，也就是所有者的权力；另一种是政治权力，即国家权力。国家征税凭借的是政治权力，而不是财产权力，因为从税收本身的运行轨迹看，税收的取得和使用与财产的所有权状况并没有直接关系。但是，税权的行使要基于法律的规定。“税捐金钱给付，必须根据法律课征”③，这是民主法治国家所确立之税收法定主义原则的要求。

第三，指明了税主体。税主体包括征税主体和纳税主体。征税主体是国家授权的专门机关，一般为国家财政机关、税务机关和海关。这说明，征税是国家独有的专属权，只能由国家授权的专门机关来行使。纳税主体是居民和非居民。居民的概念是税法上的专有概念，各国法律对居民都有明确的界定。所谓居民，“从税收的角度而言，是指在行使居民管辖权的国家中，按照该国税法的规定，由于住所、居所、居住期、管理机构或主要办事处所在地，或其他类似标准，在该国负有无限纳税义务的人，包括自然人和法人”。“凡不符合一国居民条件的自然人和法人为非居民。非居民作为有限纳税义务人，仅对其境内所得征税”④。在税法上使用“居民”的概念比使用“人民”“国民”“公民”等概念更为科学，因为外国人或无国籍人也有承担纳税义务的可能。

第四，指出了税的形式特征，即税收形式上的“三属性”。定义中的“基于法律规定”意味着税收具有强制性和固定性（规范性），“不直接偿还”或“无偿”表明课税对每一具体的纳税人来说是将财富无偿转移给国家。

第五，使用“非罚”一词揭示了税的非罚性，从而将罚款、罚金以及其他一切罚没行为排除在税行为之外。

第六，揭示了税的社会属性。定义中的“基于政治权力和法律规定”不仅表明了税的形式特征，而且包含着税的社会属性。因此，将税归结为一种课征行为——强制性经济行为，是较为科学的。税既不是一种单纯的物质或财富，也不是一种抽象的分配关系，

① 黄茂荣：《税法总论》，8页，台北，植根法学丛书编辑室，2005。

② 陈清秀：《税法总论》，65页，台北，元照出版公司，2006。

③ 陈清秀：《税法总论》，69页，台北，元照出版公司，2006。

④ 王传纶主编：《国际税收》，45、53页，北京，中国人民大学出版社，1992。

而是一种受国家强制力驱使的生动、具体的符合规范标准的行为，即课征行为，并且，这种课征行为是基于一定社会制度与国家的政治权力和法律规定，因而税必然具有一定的社会属性。

二、税的分类

税的分类，是指对税收体系中的各种税按照一定的标准进行的归类。对税进行分类的目的在于研究、对比各种不同税种的特点和优劣，以利于建立适合我国国情的、优良的税体系。依据不同的标准，可以将税划分为不同的类别。

（一）流转税、所得税、财产税、行为税和资源税

根据征税对象的性质和特点不同，可以将税划分为流转税、所得税、财产税、行为税和资源税五大类。流转税，是指以商品交换和提供劳务为前提，以商品流转额和非商品流转额为征税对象的税种。所得税，是指以纳税人的所得或收益额为征税对象的税种。财产税，是指以国家规定的纳税人的某些特定财产数量或价值额为征税对象的税种。行为税，是指以某种特定行为的发生为条件，对行为人加以征税的税种。资源税，是指以占用和开发国有自然资源获取的收入为征税对象的税种。

（二）直接税和间接税

根据税最终归宿的不同，可以将税划分为直接税和间接税。直接税，是指由纳税人自己承担税负的税种。间接税，是指纳税人可以将税负转移给他人，自己不直接承担税负的税种。

（三）中央税、地方税和中央地方共享税

根据税的管理权和税的收入支配权的不同，可以将税划分为中央税、地方税和中央地方共享税。这种分类方式是由分税制的财政管理体制决定的。中央税，是指由中央政府管理和支配的税种。地方税，是指由地方政府管理和支配的税种。中央和地方共享税，是指由中央和地方共同管理和支配的税种。

（四）从价税和从量税

根据计税标准的不同，可以将税划分为从价税和从量税。从价税，是指以征税对象的价格为计税标准征收的税种。从量税，是指以征税对象特定的计量单位为计税标准征收的税种。我国现行的各种流转税大都属于从价税，但消费税中的酒和酒精、成品油等税目属于从量税，还有船舶吨税等也属于从量税。

（五）普通税和目的税

根据税是否具有特定用途，可以将税划分为普通税和目的税。普通税，是指用于国家财政经常开支的税种。目的税，是指专款专用的税种，如城市维护建设税、耕地占用

税、车辆购置税、社会保障税、环境保护税等。

（六）价内税和价外税

根据计税价格中是否包含税款，可以将从价计征的税种分为价内税和价外税。我国的关税和增值税，其计税价格中不包含税款，故其属于价外税。其他从价税均属于价内税。

此外，还有其他一些税的分类方法，如累进税和累退税、比例税和定额税、货币税和实物税等，但从税的理论以及世界各国税收实践来看，以征税对象的性质为标准对税进行分类是世界各国普遍采用的分类方式，也是各国税的分类中最基本、最重要的方式。我国也主要是采用此种分类方法。随着经济发展和社会进步，税收的种类变得越来越复杂，传统分类方法以外的税种也不断涌现。

三、税的根据

税的根据是什么？换言之，税产生、存在和发展的客观基础是什么？“这是整个国家税收和社会主义税收理论的一个基础。只有对此有明确认识，并确认社会主义税收必然要存在，才能进而谈到税收的其他理论和政策、制度问题。”① 历史表明，国家的存在和居民独立财产的存在是税的根据。

国家的存在和居民独立财产的存在是税产生的根本原因，国家职能和社会需要的发展是税存在和发展的重要原因。其中，居民独立财产的出现是税产生和存在的内因，国家的存在是税产生和存在的外因。只有当引起税的内因和外因同时起作用时，才能产生和存在税收现象。唯物辩证法认为外因是变化的条件，内因是变化的根据，外因通过内因而起作用。鸡蛋因得适当的温度而变化为鸡子，但温度不能使石头变为鸡子，因为二者的根据是不同的。②

国家的存在需要数额巨大的资金，这些巨大的资金基于两种需要：一是国家机器自身运转的需要；二是向居民提供各种公共服务的需要。国家需要资金，向哪里去筹集？在阶级社会早期，国家通过战争掠夺别国的财产，通过国有土地收取地租，或通过国民的捐献或赠与得到一部分资金。但是随着国家的发展，以往的筹资手段已不能满足国家经常性支出的需要和执行社会公共职能的需要，于是，国家开始征税。所以，国家的需要、社会公共服务的需要，是税的外因。然而，如果居民的财产不独立，或者居民根本就没有财产可提供，税是不可能出现的。

自从国家在人类历史上出现以来，世界各国都在征税。为什么要征税？征税的正当根据是什么？是国家的存在。对公民征税，就如同国家每年要征兵一样。

马克思指出，赋税是政府机器的经济基础，而不是其他任何东西③，是行政权力整个

---

① 王诚尧主编：《国家税收教程》，上册，46页，北京，中国财政经济出版社，1995。

② 参见《毛泽东选集》，2版，第1卷，302～303页，北京，人民出版社，1991。

③ 参见《马克思恩格斯全集》，第19卷，32页，北京，人民出版社，1963。

机构的生活源泉。马克思主义经典作家精辟地指出了税收存在和发展的客观基础和正当理由。税的根据既来源于居民对国家应尽的义务，又是维持公共权力、满足社会公共服务的需要。维持公共权力，就要求居民缴纳一定的费用。维持公共权力、满足社会公共服务的需要的目的，均在于保护居民的财产、生命、自由和幸福，而税是为了实现这一目的所支出的费用。可见，税是纳税人享用国家提供的公共产品的对价，而绝非单纯的为国家作出的牺牲。对任何纳税人而言，依法纳税是应尽的法定义务，也是一种获取利益的非完全对价。

延展阅读

日本税法学者金子宏先生认为，关于税的根据，大致有两种观点。①

第一，利益说或对价说。这种观点是把税视为市民对从国家那里所得到的利益的对价。显然这是以自然法思想乃至国家契约说为基础而提出的观点，即国家的目的在于保护市民的生命及财产；而税是对国家这一目的的对价。因此，根据利益说，税负担之轻重要按各人从国家那里所得利益的大小进行分配，其结果势必同比例税率结合起来。这种观点实质上是把所有的金钱关系都统统还原于交换关系上的近代合理主义的产物。霍姆斯大法官的“税收是文明的对价”（price of civilization）这句话，也体现了这一合理主义的观点。而且，这一观点目前在盎格鲁-撒克逊（Anglo-Saxon）族系的诸国中依然根深蒂固。

第二，义务说或牺牲说。这种观点认为，国家为完成其任务，当然握有课税权，而国民当然负有纳税的义务。这种义务说的观点认为，利益说的前提不符合历史的现实，而且以利益说的前提作为税负的分配基准并不切实际。它是站在历史性的、伦理性的必然这一立场，把国家理解为超越个人意志的、没有国家便不可能有人类社会共同生活的国家存在观。而这种义务说就是同这一权威性的国家思想结合起来被提出来的（德国的公法学者以及国民经济学者就是这种观点）。按这一观点，税负担的分配不必以每个人从国家那里所得利益的大小为基准。

第二节　税法的概念、特征和调整对象

一、税法的概念

税法是建立在一定物质生活基础之上的，由国家制定、认可和解释的，并由国家强制力保证实施的调整税收关系的规范系统。它是国家政治权力参与税收分配的阶级意志的体现，是以确认与保护国家税收利益和纳税人权益为基本任务的法律形式。简而言之，税法是调整税收关系的法律规范系统。这个定义反映了税法的本质和基本特征，指出了

① 参见［日］金子宏著，战宪斌、郑林根等译：《日本税法》，15～16页，北京，法律出版社，2004。

税法的基本任务和调整范围，并说明税法是建立在一定物质基础之上的上层建筑。

二、税法的特征

税法作为法的组成部分，除了具有法的共同本质特征，还具有区别于其他部门法所独有的基本特征。本书认为，税法所独具的基本特征有以下几点。

（一）税法是调整税收关系的法

从税法的调整对象可以看出，税法是调整税收关系的法律规范体系。税法最基本的特征就是调整对象的特定性，这是税法区别于其他部门法最主要的特征之一。调整税收关系不仅是税法的目标和根本任务，而且是税法概念的主要内涵。

（二）税法是权利义务不对等的法

税收关系不是建立在协商自愿、等价有偿原则基础上的；相反，税收具有强制性、无偿性的特征，调整税收关系的税法，必然反映实现税收关系的要求。因此，税法所规定的国家获取税款的权利与纳税人缴纳税款的义务并不对等。但是，对税法这一特征的理解不能绝对化。税法所调整与规制的税收，具有马克思所指出的从一个处于私人地位的生产者身上扣除的一切，又会直接或间接地用来为处于社会成员地位的这个生产者谋福利[①]的性质，即“这种不对等的状态从根本上、长远的观点来说又是对等的、平等的，那要经过一个由税收转化为财政的过程”[②]。这是由税的“取之于民，用之于民”的性质所决定的。

（三）税法是实体内容和征管程序相统一的法

法律可以分为实体法和程序法。就多数情况而言，实体法和程序法是相互分离的。但也有少数法律，如预算法、税法，其中既包含实体法的内容，也包含程序法的内容，体现了实体法和程序法相结合的特征。本书认为，税法的这一特征是由其调整对象所决定的，因为税收关系本身包括两个层次的内容，即税收分配关系和税收征收管理关系。需要指出的是，税法所包含的程序法仅是税收征收管理程序法，而不应包括诉讼程序法的内容。因为税收征收管理程序和当事人的税务活动，是税法所调整的税收关系的组成部分；而诉讼程序是司法机关的诉讼活动，诉讼活动过程中形成的程序关系是诉讼法部门统一调整的对象，不宜纳入税法的调整范围。根据现代法治原则，要做到依法治税，就必须将税收实体方面的关系和征管程序方面的关系都严格纳入税法调整的轨道。

三、税法的调整对象

法律的调整对象问题是法的基本理论中极其重要的问题。认真研究税法的调整对象，

---

① 参见《马克思恩格斯全集》，第19卷，20页，北京，人民出版社，1963。

② 刘隆亨：《中国税法概论》，4版，70页，北京，北京大学出版社，2003。

科学地界定税法调整对象的性质和范围，对于税法子部门法地位的确立，“税法典”或“税法通则”的编纂，税法规范的正确运用，以及税法学科体系的完善，具有十分重要的意义。

（一）税法调整对象的性质

关于税法调整对象的性质，目前存在两种不同的观点：一是税务行政关系说，二是税收经济关系说。持前一种观点的学者认为，“税法是调整国家与社会成员的税务行政关系”①。持后一种观点的学者认为，“税法的调整对象是参与税收征纳税关系的主体之间发生的经济分配关系，这种经济分配关系是一种特殊形式的税收分配关系，同时也包括税收管理关系”②。本书认为，税法调整对象是税收关系，包括税收分配关系和税收征收管理关系。税收分配关系是主要的，税收征收管理关系是次要的，是为前者服务的。税收关系实质上是一种经济关系，而不是行政关系。其主要依据是：（1）从税收的本质来看，它是一种特殊的经济关系。“国家参与社会产品分配过程中形成的分配关系，它属于经济基础范畴，受客观经济规律的支配。”③（2）税收关系是一种物质利益关系。“税收这一事物，区别于其他事物的特殊矛盾，就是国家与纳税人在征税上所表现的利益或收入上的矛盾。”④（3）从税收关系主体看，政府具有双重身份，即政府并不是单纯的行政机构，也是经济主体；纳税人无论是企业，还是个人，都不是行政机关的附属物，而是具有独立经济利益的经济主体。综上所述，应当说税收关系是一种性质复杂的特殊经济关系，从这种社会关系的实质内容来看，它是经济关系；但从它的外部形态以及政府权力特征来看，它又是一种具有行政性的特殊经济关系。

（二）税法调整对象的范围

如何确定税法调整对象的范围，目前尚无一致的意见。一般认为，税法调整对象的范围应当限定在税收关系的范围内。现代社会税收关系的内容十分丰富，但归纳起来，主要有两大类，即税收分配关系和税收征收管理关系。

1. 税收分配关系

税收分配关系是一种经济利益关系，它表现为三种不同的税收分配关系：第一，国家与纳税人（包括自然人、法人和非法人组织）之间的税收分配关系；第二，国家内部的中央政府与地方政府之间以及地方各级政府之间的税收分配关系，这主要是通过中央税和地方税以及共享税的划分体现出来；第三，中国政府与外国政府及涉外纳税人之间的税收分配关系。

2. 税收征收管理关系

税收征收管理，是国家征税机关（包括税务机关、财政机关和海关）行使税权，指

---

① 王书瑶等：《赋税导论》，252 页，北京，经济科学出版社，1995。
② 刘隆亨：《中国税法概论》，4 版，29 页，北京，北京大学出版社，2003。
③ 侯梦蟾：《税收概论》，2 页，北京，中国人民大学出版社，1986。
④ 王诚尧主编：《国家税收教程》，上册，28 页，北京，中国财政经济出版社，1995。

导纳税人和其他税务当事人正确履行纳税义务，并对税收活动进行组织、管理、监督和检查等一系列相互联系的活动。在税收征收管理过程中，征税机关与纳税人和其他税务当事人之间形成的管理关系，称为税收征收管理关系。税收征收管理关系是为税收分配关系服务的，是与税收分配关系密切相连、不可分割的。从性质上看，税收征收管理关系是一种行政管理关系，但由于其与税收分配关系的不可分割性，因而也可以将其纳入税法调整对象的范围之内。税收征收管理关系的种类繁多，内容复杂，但归纳起来主要包括四类。

第一，税务管理关系。对税务管理的概念有广义和狭义两种理解。广义的税务管理，是指国家及其征税机关为保证国家税收职能的实现，对税收进行决策、计划、组织、协调和监督等一系列活动。这种意义上的税务管理与税收管理的内涵是一致的。狭义的税务管理，是指国家征税机关为保证税收收入的足额入库，对具体的征纳过程实施的基础性管理行为，它是与税款征收相并列的概念。本书采用狭义的税务管理概念。税法所调整的税务管理关系具体包括税务登记关系、账簿和凭证管理关系与发票管理关系等。

第二，税款征收关系。税款征收关系，是指征税机关在税款征收过程中与纳税人和其他税务当事人之间就税款收缴入库事项所形成的管理关系。税款征收是整个税收征收管理的中心环节，直接关系到国家税款能否及时、足额入库，同时也关系到纳税人、扣缴义务人的合法权益。因此，调整好税款征收关系，是税法的一项极其重要的任务。税款征收关系一般包括税款的缴纳、退还、补缴、追征、减免、纳税担保和税务强制关系等。

第三，税务检查关系。税务检查一般包括对内和对外两大检查。所谓对内检查，即指税务监察，是指上级征税机关依照一定的程序对下级征税机关及其工作人员的税务工作进行监察、监督等一系列活动。对外检查，也称纳税检查，是指征税机关依照法定程序，对纳税人和其他税务当事人履行纳税义务情况进行的监督、检查活动。因此，税务检查关系实际上包括税务监督关系和纳税检查关系两类。税法调整税务检查关系，有利于保证税收征收活动的顺利进行，防止税款的流失，督促征税机关及其工作人员和纳税人严守税法。

第四，税务稽查关系。中国的税务稽查制度由税务检查制度发展而来，是新税制实施后实行税收征、管、查分离的产物。但税务稽查权与税务检查权仍有区别，两者是一种交叉关系，而非包容关系。征收管理部门与稽查部门在税务检查上的职责范围要按照以下三个原则划分：一是在征管过程中，对纳税人、扣缴义务人履行纳税义务的日常性检查及处理由基层征收管理机构负责；二是税收违法案件的查处（包括选案、检查、审理、执行）由稽查局负责；三是专项检查部署由稽查局负责牵头统一组织。各级税务机关要按照上述原则，根据各地的实际情况，制定具体的检查管理办法，从检查的对象、范围、性质、时间、金额等方面划清日常检查与税务稽查的业务边界，提出加强协调配合的具体要求，明确检查客户的目的和需要解决的问题以及移送的标准、条件等。[①] 因此，中国的税务检查权应当被界定为税务部门的日常检查权，具体是指税务机关清理漏

① 参见国家税务总局《关于进一步加强税收征管基础工作若干问题的意见》(国税发〔2003〕124号)。

管户、核查发票、催报催缴、评估问询，了解纳税人生产经营和财务状况等不涉及立案核查与系统审计的日常管理行为。这是征管部门的基本工作职能和管理手段之一，其特点是针对性强、检查时间短、处理及时，一般不具备严格检查程序。而税务稽查权是针对重大税务违法案件的查处权，由目前的税务稽查部门行使。① 当然，这种内部权力行使主体的区分，对外意义不大，因为无论是税收征管部门还是税务稽查部门，都是以税务机关的名义代表国家行使税收执法权。但这种权力边界的界定不仅有助于消除权力的模糊地带，更有利于相关机制的确立和完善。目前，中国税务执法实践中，尤其是在基层，存在处于税务检查“边缘”的事项，或多或少有扯皮现象，有的环节还出现了“稽查不问、征收不管、管理无权”的问题，影响了征管和稽查职能的有效发挥。这在一定程度上与法律规定不清晰有关，而观念上没有区分税务稽查权与税务检查权也是重要原因。

综上所述，税法调整税收分配关系，主要是确定税收体制、税种、征税对象、纳税人范围、税率和减免等国家与纳税人之间，国家内部中央与地方之间，以及中国政府与外国政府、涉外纳税人之间的实体利益关系。税法调整税收征收管理关系，主要是确认国家征税机关及其税务人员与纳税人之间就征税和纳税过程中形成的税收征管程序关系的范围，保护参与税收征管关系当事人的权益，以实现和维护税收分配关系。

第三节　税法的价值和理念

税法的价值是税法哲学中的重大问题，很多理论论争都直接或间接指向这一问题。税法的价值是税法创制时必须考虑的重大问题，是指引税法执行和实现的根据。要解决税法上的许多问题，首先就是要解决价值判断问题。税法的理念是高于税法制度和税法表象的理性认知形态，是对税法本质及发展规律的一种整体性把握和集中体现。

一、税法的价值

税法的价值是主体对税法的终极追求目标以及税法对主体的积极意义或有用性。税法的价值取向直接决定了税法体系的建构与完善，每一部税法都应当是对税法价值的记载和表现。税法的价值是以主体的需要为转移的，因而具有主观性质；主体的需要只有通过税法的客观功能而得到满足，因此，税法的价值又是客观的。税法的价值是目的性与手段性的统一。目的性价值是税法要追求、促进和实现的价值，它体现了税法的本质和社会目的，是税法的外在价值；手段性价值是税法自身应具有的价值，是税法的内在价值。内在价值服务于外在价值。现代社会，法律所确认、体现和保护的自由、秩序、正义和效益正是税法的基本价值。

---

① 依据国家税务总局内设机构的职责分工，稽查局负责起草税务稽查法律法规草案、部门规章及规范性文件，办理重大税收案件的立案和调查的有关事项并提出处理意见；指导、协调税务系统的稽查工作。因此，将税务稽查权界定为“对重大税务违法案件的查处权”符合中国的实际情况。

在法的诸多价值中，公认属于法的基本价值的是“秩序”和“正义”：前者是法所追求的（或人们希望法所体现的）社会形式性状，或者说是人们企图利用法来实现的某种社会形式性状，这是法的形式价值。后者是法所追求的，人们企图利用法来实现的某种社会实质性状，这是法的实质价值。在正义的价值体系中，包含安全、自由、平等、效率四大价值。

具体到税法领域，古今中外的税收与税法学者对税法的价值有着不尽相同的总结与归纳，但几乎都包括公平和效率两大价值。在构建和谐社会中，和谐应当是税法的价值，和谐价值与公平价值、效率价值共同构成我国税法的价值体系。

（一）税法的和谐价值

和谐社会是人类孜孜以求的共同理想。和谐观念从来就是中华民族精神的重要组成部分。所谓和谐社会，是社会的各种要素和关系相互融洽的状态，实质上是一个民主与法治的社会、秩序与法治的社会、公平与正义的社会、宽容与友善的社会、诚实与信任的社会。

“社会和谐是中国特色社会主义的本质属性。”[①] 促进社会和谐，必须健全社会主义法制，充分发挥法律在促进、实现、保障社会和谐方面的重要作用。和谐目标，是所有法律部门共同的价值追求。促进社会和谐，必须合理分配财富，保护合法收入，调节过高收入，实现共同富裕的局面。促进社会和谐既需要法制，又需要财富分配的合理。而税法作为直接调节收入分配的法律，追求的价值目标正是财富的合理分配和公平正义。促进社会和谐必须强化税法调节。我国税法追求的价值目标就是社会和谐，税收法制是构建和谐社会的制度保证。因此，和谐应当成为税法最重要的价值，税收立法、执法、司法都应当以和谐作为目标，并以和谐作为构建税收法制环境的重要基点。

税法的和谐价值，是通过对税法征纳主体的权利义务的合理配置及实现而体现出来的。

（二）税法的公平价值

作为法律基本价值之一的“正义”在税法中的体现即为公平价值。税法的公平价值由其第一个层次的形式正义，渐次至第二个层次的实质正义，再进而至第三个层次的本质公平，税法公平价值的层次演变反映了税法由传统走向现代的历程。[②]

（1）税法的公平价值的第一个层次——形式正义，表现为税法的平等适用，即所谓“税法面前人人平等”，包括平等保护、平等遵守、平等适用和平等制裁四个方面。对于征税主体而言，必须依法征税；对于纳税主体而言，必须依法纳税。

（2）税法的公平价值的第二个层次——实质正义，表现为税法的征税公平，即国家

---

① 胡锦涛：《高举中国特色社会主义伟大旗帜 为夺取全面建设小康社会新胜利而奋斗》，载《中国共产党第十七次全国代表大会文件汇编》，17页，北京，人民出版社，2007。

② 参见李刚：《税法公平价值论》，载刘剑文主编：《财税法论丛》，第1卷，501页，北京，法律出版社，2002。

在税法中制定什么样的标准征税对纳税人来说才是公平的。这种公平仅针对纳税主体。税法中应体现和贯彻公平原则，具体表述有“公平税负、合理负担原则”“普遍纳税与公平税负原则”等。

(3) 税法的公平价值的第三个层次——本质公平，表现为税法的起源，即作为征税的实质主体的国家为什么要征税或者说国家征税是否应该。这是税法本质的问题。“为什么要课税，即课税的正当根据是什么。关于论述课税的正当根据同论述课税的历史从很久以前就开始了。关于这一问题同如何看待国家的本质有着密切的联系。”①

（三）税法的效率价值

税法是对经济影响力很强的法律部门，因此，不能只强调税法的公平价值，而忽略税法的效率价值。税法的效率价值要求以最小的费用获取最大的税收收入，并利用税收的经济调控作用最大限度地促进经济的发展和社会的稳定，或最大限度地减轻税收对经济发展的妨碍。效率包括经济效率和行政效率。税法对效率的关注分散在税法的诸多具体制度中。

必须重视税法的效率价值，但其不能超越于税法的公平价值之上。税法的效率价值自身的特点决定了其不能在税法的价值体系中占据主导地位，而只能居于和谐价值、公平价值之后的地位。因为在社会主义市场经济条件下，初次分配注重效率，再分配注重公平。所谓初次分配和再分配是国民生产总值分配的两个环节。初次分配是指在生产活动中，企业作为分配主体，将国民生产总值在国家、企业、个人之间进行分配，生产要素的提供与报酬支付的关系是最基本的初次分配关系。在市场经济条件下，初次分配关系主要由市场机制形成，生产要素价格由市场供求决定，政府通过法律法规和税收进行调节和规范，不直接干预。再分配是指在初次分配结果的基础上政府对要素、收入进行再次调节的过程，主要通过税收、提供社会保障和社会福利、转移支付等调节手段进行，重点调节地区之间、城乡之间、部门之间、不同群体之间、在职与退休人员之间的收入关系，防止收入差距过大，保障低收入者的基本生活。

二、税法的理念

税法的理念，是指税法的指导思想、基本精神和立法宗旨，是对税法起长效作用的文化内涵。对税法的理念进行解析，应当树立“以纳税人为本、平衡协调和社会责任本位”三项基本要素为一体的人文理念。② 这种理念，顺应了现代社会的发展潮流与现代税法的革新方向。

（一）以纳税人为本

“以纳税人为本”属于税法理念的核心要素。“以人为本”是现代法治社会的普遍理

---

① ［日］金子宏著，战宪斌、郑林根等译：《日本税法》，15页，北京，法律出版社，2004。

② 参见徐孟洲：《论中国经济法的客观基础与人文理念》，载《法学杂志》，2004（4）。

念，在各个法律部门中都有所体现，具体到税法领域，即应当“以纳税人为本”。税法尊重并保护纳税人的权利。没有纳税人，国家就失去了赖以生存的经济基础。实践中，征税主体必须转变思想观念，建立“以纳税人为本”的理念是构建和谐税收征纳关系的思想基础。理论上，“以纳税人为本”理念对税收体制改革、税收法律制度完善以及税法现代化转型均具有重要意义。

（二）平衡协调

德国著名法学家耶林指出：“法律的目的是平衡个人利益与社会利益，实现利己主义与利他主义的结合。”① 由于部门法的个性差异，其对平衡理念的追求并不相同。税法崇尚平衡，注重协调。平衡协调构成税法理念的基本要素之一，而且是标志性要素。平衡协调理念将全面、协调和可持续发展有机结合起来，成为实现税法“以纳税人为本”的核心理念的手段和保障。在平衡协调观念的视野下，税法保障和促进税收增长只是目标之一，除此之外，还有社会福利的增加、生态环境的改善、人的素质及生活水平的提高等。唯有如此，经济社会才可能实现可持续增长。

（三）社会责任本位

法律部门的本位思想，是指体现在这个法律部门中的解决社会矛盾的基本立场。税法的社会责任本位，要求其以维护广大纳税人权利、社会整体利益、国家根本利益和人类可持续发展利益为最高行为准则。社会责任本位是税法理念的强制性要素。保护纳税人权利是国家和国家征税机关的社会责任；及时足额缴纳税款不仅是纳税人的法定义务，而且是纳税人的社会责任。税法的社会责任本位，体现出税法处理征纳双方之间矛盾冲突的基本立场。

第四节　税法的地位

税法的地位主要是指税法在整个法律体系中的地位，其核心意义是税法和其他部门法的关系，主要包括税法与宪法，以及与经济法、民法、行政法等部门法之间的关系。下面分别进行分析。

一、税法与宪法的关系

宪法是国家的根本大法，是一切法律的制定依据。国家制定的其他所有法律都不得与宪法相抵触，税法也不例外。税法与宪法的关系较之与其他部门法的关系更为密切，理由在于：一方面，法治国家必须同时为税收国家，其存在有赖于国家财政，国家财政需求由税收供应；另一方面，税收本身固有的“三性”特征，决定了“税收的征收本身，

① 转引自张文显：《二十世纪西方法哲学思潮研究》，129 页，北京，法律出版社，1996。

即隐含着扼杀个人自由的危险。随着现代国家税收负担的急剧上升，公权力借由课税而无孔不入，成为法治国家不设防的侧翼，进而影响到宪法所保障的自由与权利”①。正是在这一意义上，有学者指出，“宪法为国家的根本大法，有谓课税权乃权力怪兽，必须驯服在宪法秩序之下。在税法的领域中，无论是租税立法、租税行政或租税司法，均必须服膺法治国秩序特别是基本权的拘束，自然，税法与宪法的关系密切。对于宪法的财政国体，‘租税国’理念的探索与实践，及对于人民财产权的保障等，均是租税法学研究所不可或缺的基础概念”②。

因此，税法与宪法的关系主要体现在两个方面：第一，宪法是一个国家的根本大法，是制定一切法律的依据，因此，税法的制定和执行都不能违背宪法。第二，税法的一些根本问题应该在宪法中得到体现。这不仅符合宪法的本质，而且符合国际惯例。如英、美、法、日等国的宪法文件中都有关于税收的重要内容。另外，税收法定原则、纳税人基本权利等内容也需要在宪法中予以体现，如此方能真正确立税法之地位，进而推进税收法制建设。

二、税法与经济法的关系

税法与经济法的关系一直是学者争论不休的话题。一种观点认为，税法作为经济法体系中的一个重要组成部分，其在宗旨、本质、调整方式等许多方面与经济法的整体都是一致的。同时，税法作为经济法体系中的一个子部门法，在调整对象、特征、体系等方面又有其特殊性。因此，经济法与税法是共性与个性、整体与部分、普遍性与特殊性的关系。③ 另一种观点认为，税法并不必然构成经济法的组成部分，但由于近年来把税收作为经济政策手段的趋势日益增强，这就使税法和经济法有重叠之处。④ 另有学者明确指出，经济法和税法并不是简单的包含与被包含关系，而是两个不同的部门法。⑤

税法的调整对象和其本质决定了其属于经济法的体系，具体而言，税法是经济法中财税法之核心内容。这可以从两个方面来考察：首先，从调整对象来看，税收关系无论是作为经济分配关系，还是经济管理关系、宏观调控关系，都属于经济法调整对象的重要组成部分。其次，税法的本质与经济法的本质相一致。经济法强调“以人为本、平衡协调和社会本位”的人文客观精神，而税法从本质上而言，是国家通过法律途径筹集财政收入最终又为整个社会提供公共服务的，税收“取之于民、用之于民”的原则就是最好的体现。近来，在税法领域树立以人为本、尊重人权、纳税人权利本位的精神，更是反映了经济法的社会责任本位之精神。因此，税法属于经济法体系中的相对独立的子部门法。

---

① 葛克昌：《税法基本问题》，12页，台北，月旦出版社，1996。

② 廖钦福：《两岸租税法学之研究方法与发展现况分析——以台湾地区之经验为借鉴》，载刘剑文主编：《润物无声：财税法治与财政法教学》（北京大学法学院百年院庆文存），392页，北京，法律出版社，2005。

③ 参见张守文：《税法原理》，2版，40页，北京，北京大学出版社，2001。

④ 参见［日］金子宏著，战宪斌、郑林根等译：《日本税法》，28页，北京，法律出版社，2004。

⑤ 参见刘剑文主编：《财税法学研究述评》，171页，北京，高等教育出版社，2004。

三、税法与民法的关系

税法与民法的关系也是十分密切的。民法属于私法的范畴，而税是以私人各种经济活动为对象进行课征的，私人的各种经济活动又首先被以民法为中心的私法所规制。因此，税法的规定往往是以私法为基础的。所以，研究税法必须关注民法；而研究民法，同样不能忽视税法。①

但税法与民法的区别也是十分明显的。税法属于经济法的范畴，具有公私交融的特征，而民法属于私法范畴。这就决定了税法与民法在立法本位、调整手段、责任形式等方面都存在显著区别。

四、税法与行政法的关系

税法与行政法的关系相当密切。税收征管、税收行政复议等的基本原理和基本制度与一般行政法并无二致。当然，税收征管、税收行政复议中出现的特殊问题，也有可能推动一般行政法的发展。② 但是，我们不能因此得出结论，认为税法属于行政法的特别法。

税法的调整对象决定了税法与行政法之间的密切关系。税法的调整对象是税收关系，包括税收分配关系和税收征收管理关系。税收分配关系是主要的，税收征收管理关系是次要的，是为前者服务的。但税收关系实质上是一种经济关系，而不是行政关系。因此，税法与行政法在调整对象、立法本位等方面都存在本质区别，这也决定了行政法规则与税法规则之差异。③

税法在法律体系中，还与刑法、国际经济法、行政诉讼法及民事诉讼法等部门法之间存在密切关系。因此，研习税法者必须注意彼此之间的关联，吸收相关部门法研究的成果，方能领悟税法之真谛。

第五节　税法的功能与作用

一、税法的功能

税法的功能，是指税法内在固有的并且由税法本质决定的，能够对税收关系和税收

---

① 参见［日］金子宏著，战宪斌、郑林根等译：《日本税法》，27～28页，北京，法律出版社，2004。

② 参见刘剑文主编：《财税法学》，313页，北京，高等教育出版社，2004。

③ 有学者举出例证：行政法上的法律保留原则与税法上的税收法定原则存在差异。因此，税法研究者将行政法学所提供的行政法理论运用在税法之上，虽属妥适，然不得忽略税法本身的特殊性，必要时应该进行修正。参见廖钦福：《两岸租税法学之研究方法与发展现况分析——以台湾地区之经验为借鉴》，载刘剑文主编：《润物无声：财税法治与财政法教学》（北京大学法学院百年院庆文存），394页，北京，法律出版社，2005。需要指出的是，我国税法学者目前对行政法理论和规则与税法领域的理论和规则之间的差异并未给予足够的重视。

行为发挥调整和保护作用的潜在能力。税法的功能是税法本质和基本法律属性的体现。税法作为法系统中的子系统之一，在本质上也是阶级性和社会性的统一。

税法的功能，可以分为规制功能和社会功能两类：一方面，税法是调整税收关系和税收行为的规范，所以其具有各种规制功能；另一方面，税法是统治阶级与人民意志和利益的体现，所以其具有各种社会功能。

（一）税法的规制功能

税法的规制功能的基本内容包括税法的规范功能、普遍约束功能、强制功能、确认功能和保护功能。这些功能相互配合、共同作用，组成税法规制功能的有机系统。

（1）税法的规范功能。同其他任何法律规范一样，税法也具有规范功能。关于构成税法规范功能的要素，法学界有“三要素论”和“五要素论”两种学说。将税法规范功能概括为指引、评价和预测三种功能的学说称为“三要素论”[①]。“五要素论”则认为，除上述三要素外，还应包括强制功能和教育功能。本书认为，税法的规范功能是税法规范性的具体体现，而强制功能是税法强制性的体现；税法的教育功能是因税法实施而对人们的思想和行为产生的影响力，它本身并不具有规范性，所以，这两项功能不应包括在税法的规范功能之中。故本书主张采用“三要素论”。税法的指引功能，是指税法对其所规范的主体行为予以指明和导向的功能。每项税法规范总要以权利和义务的形式规定税收行为的模式或标准，明确哪些行为是允许的，哪些行为是必须做的，哪些行为是禁止的，以此指引税收行为人的行为。税法的评价功能，是指税法作为一种税收法律规范所具有的判断、衡量行为人税收行为是否合法的功能。任何法律规范都是一种评价准则。税法规范是评价行为的基础，从这个意义上说，税法的评价功能是税法指引功能的一种延伸。税法的预测功能是由税法的规范性、确定性、稳定性决定的。参照税法行为标准，人们可以预先考虑其应如何进行税法行为以及此行为将带来什么样的后果，进而作出相应的安排。

（2）税法的普遍约束功能和强制功能。税法是由国家制定或认可的，具有国家意志的属性，因此，它具有在该国主权所及范围内的普遍约束力和强制力。税法的这种普遍约束力和强制力就是税法的普遍约束功能和强制功能。税法的普遍约束功能，是指税法规范对发生在一定时间、一定空间内的税收行为具有普遍控制效力的功能。税法的强制功能，是指税法对违反税法的行为进行制裁的功能，是税收强制性的法律保障。税法通过这两种功能的发挥，保障税法所规范的税收行为顺利实施，从而维护社会正常的税收秩序。

（3）税法的确认功能和保护功能。税法作为规范税收行为的特殊规范系统，其在调整税收行为的同时，实际上也确认和保护着由税收行为引起的税收关系。通过调整税收关系维护国家税收利益，是税法的主要目标和根本任务。税法的确认功能，是指税法具有确认和发展一定的税收关系的职能。确认功能借助税法规范和税法制度，使一种新的

---

① 吕世伦、公丕祥主编：《现代理论法学原理》，97页，合肥，安徽大学出版社，1996。

税收关系或一种新的税收行为合法化，使税收主体的权利和义务在税法上得到认可，从而确认其在税法关系中的法律地位。税法的保护功能，是指税法保护已建立的税收法律关系和税收法律秩序，使之不受侵犯并恢复或弥补被侵害的权利的职能。税法在确认税收关系、规范税收行为的过程中，建立起种种税收法律关系，形成有利于维护国家税收利益的秩序。为使这种税收法律关系和秩序得到顺利发展，不受非法干预和侵犯，就必须凭借税法的确认和保护功能。

（二）税法的社会功能

税法的社会功能是作为税法本质的阶级性和社会性的集中表现，包括税法的阶级统治功能和社会公共功能。

（1）税法的阶级统治功能。税收是历代统治阶级实行阶级统治的重要工具。税法保障税收的实施，是统治阶级维护其阶级统治和经济利益、干预经济生活的法律手段。在剥削阶级统治的社会，税法的阶级统治功能十分明显。在社会主义社会里，税法的阶级统治功能表现为“对人民民主，对敌人专政”。税法在贯彻“对人民民主”，特别是发扬经济民主方面具有独特的功能，并通过协助刑法等部门法制裁和打击破坏税收秩序的刑事犯罪分子来实现“对敌人专政”的功能。另外，税法通过保障国家税收职能的实现，巩固和发展人民民主专政的国家政权，巩固和发展社会主义的经济基础。这也是税法阶级统治功能的重要体现。

（2）税法的社会公共功能。税法本质的社会性，正是通过发挥税法的社会公共功能体现出来的。社会公共功能是一切阶级社会和国家的税法所具有的共同功能。在当代资本主义国家，实行高福利政策，税收收入的很大一部分用于发展社会公共事业，因而其税法比以往任何历史类型的税法在社会公共功能方面都表现得更为直接和明显。在我国社会主义市场经济条件下，税收的征收和运用，服从于人民的根本利益，即取之于民，用之于民。自改革开放以来，我国政府在社会保障和社会福利、公用事业和教育卫生、邮电通信、交通运输等方面发挥税法的社会公共功能，取得了举世瞩目的成就。

二、税法的作用

如前所述，税法的功能是税法本身的内在固有的潜能。税法的作用则是税法的功能作用于税法调整对象所产生的影响，是税法的功能发挥出来的效应。税法的作用不仅与税法的功能有着客观的联系，而且与税收职能存在着内在的联系。税法作为上层建筑的重要组成部分，其作用主要表现在对税收关系的反作用即对税收经济关系的法律调整上。调整税收关系的目的是维护国家税收利益，充分发挥税收职能。没有税收，税法也就不存在，更谈不上发挥税法的作用。

在当代，税法的主要作用应包括如下几个方面。

（一）税法对纳税人的保护和对征税人的约束作用

税法是以规定征纳双方权利义务为主要内容的法。税法既要维护征税人的权利，也要尊重和保护纳税人的权利。税法既要指导纳税人切实履行纳税义务，也要约束征税人严格履行自己的义务。在论述税法的作用时，之所以将保护纳税人的权益放在其他作用之首，一是因为税收和税法都是以纳税人为中心的。作为纳税人，他们的独立经济利益的存在是税收产生的内因。只有激发纳税人的积极性，创造更多的社会物质财富，才能实现税收职能。二是因为纳税人与征税人相比，纳税人处于弱者地位，他们的权利易于被忽视，按照经济法保护弱者的原则，应当将维护纳税人的权利作为税法发挥作用的第一对象。所以，"近年一些国家已强化保障纳税人权益的措施，制定了'纳税人章程或纳税人宣言'……同时重申政府有义务保障纳税人的基本权利"①。

保护纳税人的权利，是同严格规范征税机关的权利和义务、约束征税人的行为相一致的。只有要求征税人切实履行自己的职责，不滥用手中的权力，才能保障税法的顺利实施。可见，税法的作用不仅在于规范纳税人的行为，而且在于要严格约束征税人的行为。税法应是征纳双方行为的准则。

（二）税法对税收职能实现的促进与保证作用

税收职能作为国家固有的职能，是潜在的。把税收职能由潜在的转化为现实的，称为税收职能的实现。税收职能的实现，要借助一定的政策手段、行政手段和法律手段等。就法律手段而言，国家主要运用宪法、经济法（主要是财政法、税法）、行政法、刑法等部门法为税收的职能活动提供法律依据和打击破坏税收职能活动的违法犯罪行为。其中，税法在实现税收职能过程中起主要的规范和保障作用，担当着调整税收关系的主要任务。税法在促进和保障税收职能实现方面的具体作用表现为以下四个方面。

（1）税法对组织财政收入的保证作用。税收收入是国家的主要财政收入，一般占财政总收入的85%～95%。税收从社会成员中强制、无偿地取得一部分收入，具体是通过税法保障其实现的。首先，通过税收立法，制定《个人所得税法》《企业所得税法》等法律、法规，确定纳税人、征税客体、税率、纳税期限等，提供征税的依据和标准。其次，通过税务执法，指导纳税人、代扣代缴义务人履行纳税义务，依法缴纳税款，组织税款入库。最后，对违法行为进行处理，对危害税收征管的犯罪行为进行刑罚处罚，追缴、补税等，防止税收流失。可见，税收收入的组织和筹集的每个环节都体现出税法的作用。

（2）税法对经济运行的调节作用。税收具有经济调节职能。首先，税收由政府直接掌握、支配，税收手段的运用直接反映并贯彻政府的意图。其次，税收涉及社会再生产的全部过程和各个环节，具有广泛的影响。最后，税收通过物质利益的诱导影响个人和企业的经济行为，从而使其行为符合国家的宏观经济政策，使经济运行趋于健康发展。

---

① ［美］杰佛莱·欧文著，李小全译：《税法的精神：纳税人的权利与义务》，载《广东法学》，1992（3）。

（3）税法对实现社会职能的促进作用。税法的社会职能，是税收所具有的影响社会成员收入再分配的职责和功能。政府运用税收手段对收入分配进行调节，使收入分配能更加公平、合理。如通过制定和完善个人所得税法、遗产税法、社会保障税法、环境保护税法、资源税法等，可以大力促进社会的安定、文明与进步。

（4）税法保证税收监督经济活动与社会活动职能的实现。税收监督职能，是税收所具有的在税收征收管理过程中对纳税人的经济活动与社会活动，依法实行监督、检查的职能。国家利用税收监督，支持和管理经济、社会活动，对违反政策、纪律和法律的行为进行处理，以维护和保持经济与社会的正常秩序。税法在保障和实现税收监督职能时，其主要作用是提供监督的依据和监督的法定程序，赋予监督人员和被监督人员及单位以权利与义务，从而在法律上保障税收监督的合理性和有效性。

（三）税法对国家主权与经济利益的维护作用

随着经济全球化的发展，国家与国家之间的经济联系日趋密切。这种相互依存的国际经济交往，给税收关系的法律调整带来一定的困难与挑战。各国政府都面临着一种既要开展交流、利用外资、引进技术，又要维护本国主权与经济利益的矛盾。为了解决这一矛盾，世界大多数国家颁布了涉外税收法律、法规或签订了国际税收协定。中国自1980年颁布《个人所得税法》以来，为适应改革开放的需要，制定了十余个明确适用于外商投资企业、外国企业或者外国人的税收法律和行政法规，逐步形成了包括所得税法、流转税法和地方税法在内的一套完整的涉外税法体系。从1983年9月6日与日本签订避免双重征税协定起，截至2023年12月31日，我国已对外正式签署了111个避免双重征税协定，其中105个协定已生效。中国税法，特别是涉外税法和对外签订的税收协定，在尊重国际惯例的基础上，“坚持和维护所得来源税收管辖权的优先原则；坚持税收待遇对等的原则；坚持税收饶让的原则”①，较好地解决了既要有利于维护国家主权和经济利益，又要有利于吸收外资、引进技术的矛盾。

（四）税法对税务违法行为的制裁作用

税法的强制功能和保护功能主要体现为对税务违法行为（如欠税、偷税、漏税和抗税等行为）的制裁方面。税法规定了什么是税务违法行为以及处理这些违法行为的措施。这就为税务执法机关认定和处理税务违法行为提供了法律依据，有利于维护国家税收秩序。税法不仅对纳税人的违法行为规定了处罚的办法，而且对税务人员的税务违法行为规定了明确的处罚办法。如《税收征收管理法》第84条规定：“违反法律、行政法规的规定，擅自作出税收的开征、停征或者减税、免税、退税、补税以及其他同税收法律、行政法规相抵触的决定的，除依照本法规定撤销其擅自作出的决定外，补征应征未征税款，退还不应征收而征收的税款，并由上级机关追究直接负责的主管人员和其他直接责任人员的行政责任；构成犯罪的，依法追究刑事责任。”此外，税法还对税务人员的受贿

---

① 孙尚清主编：《商务国际惯例总览》（财政税收卷），619页，北京，中国发展出版社，1994。

行为、玩忽职守行为、滥用职权行为等作出了明确的处理规定。

深度阅读

1. ［日］金子宏．日本税法．战宪斌，郑林根，等译．北京：法律出版社，2004：第一，二章

2. ［美］维多克·瑟仁伊．比较税法．丁一，译．北京：北京大学出版社，2006：第二、三章

3. 徐孟洲，等．财税法律制度改革与完善．北京：法律出版社，2009：第二章

4. 张守文．财税法疏议．北京：北京大学出版社，2005：第一章

5. 刘剑文．掠夺之手抑或扶持之手：论私人财产课税法治化．政法论坛，2011（4）

问题与思考

一、思考题

1. 一位学习税法的学生给税务局写信说："你们税务部门年年要搞税收宣传，可我发现你们在税收宣传中既讲税收的强制性、无偿性、固定性，又讲社会主义税收是'取之于民，用之于民'的。这无偿性与用之于民是否有点矛盾呢？"

请从税法原理角度对该同学的疑问进行解答。

2. 有人说，税法主要是行政法的内容；也有人说，税法应该独立成为一个部门法。如何理解税法的调整对象及其与相关法律部门的关系？

3. 美国霍姆斯大法官说，"税收是文明的对价"（Taxes are the price we pay for the civilized society）。如何从税法的角度理解这句名言？

4. 如何从税的本质角度区分"税"与"费"？

5. 树立"以纳税人为本"的税法理念有何现实意义？

二、练习题

1. 以下关于税收概念的相关理解中，不正确的是（　　）。

A. 税收是目前我国政府取得财政收入的最主要工具

B. 国家征税依据的是财产权利

C. 国家征税是为了满足社会公共需要

D. 税收"三性"是区别税与非税的外在尺度和标志

2. 下列权利中，作为国家征税依据的是（　　）。（2016年注册会计师全国统一考试《税法》单选题）

A. 管理权力　　B. 政治权力　　C. 财产权力　　D. 社会权力

3. 判断题：税法是调整税务机关与纳税人关系的法律规范，其本质是税务机关依据国家的行政权力向公民进行课税。

4. 判断题：社会主义税收取之于民，用之于民，所以具有有偿性。

第二章

税法要素和税法渊源体系

本章概要

- 税法行为规范的构成
- 税法的公平原则与税收法定原则
- 我国税法的渊源或税法的表现形式
- 税收规范性文件的制定和管理
- 税收实体法和税收征管程序法

第一节　税法要素的含义与种类

一、税法要素的含义

税法作为一种法律现象，按照系统论的观点，它也是社会生活中的一个复杂的系统。这个系统是由诸多相互联系、相互作用的内在要素构成的整体。税法是调整税收关系的法律规范系统，简称税法规范系统。税法要素则是构成税法规范系统的相互独立并不可分割的个体或基本单位。税法要素与税法整体相比，有以下特点：一是具有个别性、局部性和独立性，但它们不是孤立的单一个体，而是作为税法有机整体中的一个个元素而存在的。二是具有差别性，各要素在税法有机整体中，其地位、功能是不同的，因而它们之间存在着不同特点和差别。三是具有不可分割性，各要素在税法有机整体中都是相互联系、不可缺少的元素。四是连带性，在税法有机整体中的任何一个税法要素若被违反，意味着整体也被违反，会招致诸要素一致和税法整体的反应。

二、税法要素的种类

税法规范系统包括税法定义性规范（定义性要素）、税法行为规范（规则性要素）和税法原则规范（原则性要素）。

（一）税法定义性要素

税法术语（法律概念、法律名词）是构成税法系统的定义性要素，具体是指对各种税收法律现象或事实进行概括，抽象出它们的共同特征而形成的权威性范畴。例如，《税收征收管理法》第4条第1款规定："法律、行政法规规定负有纳税义务的单位和个人为纳税人。"其中"纳税人"就是税法术语。税法中的法律术语并不规定具体的事实状态、具体的权利义务和法律后果等内容，但每个概念都有其确切的法律含义和应用范围，这对于形成法律条文和规范性文件具有重要意义，因为税法术语可以将税法现象加以整理归类使之系统化，为表达税法的立法目的和要求、确立和表达税法行为规范和税法基本原则提供前提和基础。

税法术语，无论是税法固有的和专用的术语（如纳税人），还是从普通语言中或其他法律部门中借用或移植过来的术语（如代理、征收），它们在税法系统中都有重要的意义和功能。其功能主要表现为两个方面：第一，认知功能。通过税法的术语要素，可以将复杂的税法现象加以条理化、系统化和定性化分析，使各种税法现象相互区别开来。这是构建税法系统所必需的。第二，构成功能。任何税法的行为规范和基本原则，在形式逻辑上都表现为一定的判断，而任何判断都是由概念（术语）组成的，因此，税法术语是构成税法的行为规范和基本原则的元素。没有这些元素就无法表述税法的行为规范和基本原则。

税法术语依其涉及的内容，大体可以分为：涉及主体的概念，如纳税人、征税人、扣缴义务人和税务机关等；涉及事件和行为的概念，如偷税、抗税、免税、征收等；涉及物的概念，如财产、应税消费品、进口货物等。

（二）税法规则性要素

（参见本章第二节）

（三）税法原则性要素

（参见本章第三节）

第二节　税法行为规范

一、税法行为规范的概念

税法行为规范，即税法规则性要素，是指税法规定征税主体的职权与职责和纳税主体的权利与义务的具有普遍约束力的具体行为准则。它调整或作用的对象是税收关系，反映的是国家的统一意志和税收活动规律的客观要求。税法行为规范作为税法规范系统中的基本单位与整个税法规范系统的关系，如同系统中的个别要素与整个系统之间的关系，整个系统中的一切税法法律规范的性质都决定于税法的本质特征。一个国家的税法作为社会上层建筑的组成部分，是由其经济基础决定的，是与该国的社会基本制度结合在一起的。但是，就税法行为规范的逻辑结构和外在表现形式而言，它具有与国家性质无关的一般模式。税法的创制或税收立法的主要任务就是创制包括税法行为规范在内的所有税法规范，它不仅创制新的税法规范，而且对已有的社会行为规范从法律上加以认可，赋予其法律效力。

二、税法行为规范的构成

税法行为规范的构成，即税法构成，是指税法法律规范的内部构成。从逻辑上看，任何法律规范都是由条件（假定）、行为模式（处理）和法律后果（制裁）三个部分构成，税法规范也同其他法律规范一样。条件是指适用该税法的情形，如纳税人的范围、课税客体的情形等；行为模式是指征税主体或纳税主体的权利、义务范围，如纳税人缴何种税、缴多少、怎么缴、何时缴等；法律后果是指税法主体为一定行为以后产生的法律上的后果，如违法行为受到的制裁。从内容上看，税法行为规范主要由税法主体、课税客体、税率、纳税环节、纳税期限、纳税地点、税收优惠、法律责任等八个要素组成。

（一）税法主体

税法主体，是指税法规定享有权利和承担义务的当事人，即税法权利义务关系的承担者。某些税法学者在论及税法主体时，往往仅将纳税人作为税法构成要素的主体，而忽视了征税主体，显然有失妥当。根据我国《税收征收管理法》的规定，税法的一方主体是代表国家行使税收管理权的各级征税机关（包括国家各级税务机关、财政机关和海关），另一方主体是依法负有纳税义务的纳税人和依法负有代扣代缴、代收代缴税款义务的扣缴义务人。这里，扣缴义务人因负有代扣代缴、代收代缴义务而与征税机关发生相应的税收征收管理关系，从而成为一方税法主体。但扣缴义务人不是纳税人，其权利义务与纳税人的权利义务不同，两者的法律责任也不同。

（二）课税客体

课税客体，或称征税对象，是指税法确定的产生纳税义务的标的或依据。从范围上看，课税客体包括标的物和行为。前者如商品、劳务、财产、资源等，后者如证券交易、书立、领受凭证、车辆购置等。在税法上明确规定征税对象，关系到对某种税的征税界限，关系到税源的开发和税收负担的调节等问题。税法必须对每一种税的征税对象作出明确具体的规定。

（三）税率

税率，是指税法规定的每一纳税人的应纳税额与课税客体数额之间的比例，它是法定的计算税额的尺度。税率的高低直接关系到国家财政收入的多少和纳税人的负担水平，所以，它是国家和纳税人之间经济利益分配的调节手段，是税收的中心环节。税率与税法主体、课税客体是税法构成要素最基本的内容，每部税法都必然具有这三个要素。

目前，各国税法规定的法定税率的基本形式主要有三种。

（1）比例税率。它是指对同一课税客体或同一税目，不论数额大小，均按同一比例计征的税率。这种税率不因课税客体数量的多少而变化，应纳税额与课税客体数量之间表现为一种等比关系。如我国的企业所得税，其税率为25%。

（2）累进税率。它是一种随课税客体数额增大而逐步提高的税率。累进税率根据划分级距的标准不同和累进方式的不同可分为全额累进税率、超额累进税率和超率累进税率三种。全额累进税率，是对课税客体的全部数额按照与之相适应的等级的税率征税。我国现行税法不采用这种税率。超额累进税率，是根据课税客体数额的不同级距规定不同的税率，对同一纳税人的课税客体数额按照不同的等级税率计税，如我国个人所得税税率。超额累进税率的合理性表现为对收入差别的不同调节上，体现了合理负担的原则，因而被大多数国家所采纳。超率累进税率，是把课税客体的一定数额作为一个计税基数，以这个基数为一倍，按不同超倍数额采用不同的累进税率计征，如我国的土地增值税税率。

（3）定额税率。它又称固定税额，是按单位课税客体直接规定固定税额的一种税率形式，一般适用于从量计征的税种或某一税种的个别税目，如车船使用税及消费税、印花税中的某些税目。

税法适用

级数	课税对象级距	税率
1	500元以下（含）	5%
2	500元～2 000元（含）	10%
3	2 000元～5 000元（含）	15%

1. 假定上述税率表是全额累进税率表。现在甲、乙、丙三人的应纳税所得额分别为500元、501元、3 000元。按照全额累进税率表计算：

甲的应纳税额＝500元×5%＝25元

乙的应纳税额＝501元×10%＝50.1元

丙的应纳税额＝3 000元×15%＝450元

不难发现，乙比甲的应纳税所得额只多1元，但应纳税额多了25.1元。税负变化不太合理。

2. 假定上述税率表是超额累进税率表，甲、乙、丙三人的应纳税所得额不变。按照超额累进税率表计算：

甲的应纳税额＝500元×5%＝25元

乙的应纳税额＝500元×5%＋1元×10%＝25.1元

丙的应纳税额＝500 元×5%＋（2 000 元－500 元）×10%
＋（3 000 元－2 000 元）×15%＝325 元

3. 在实践中，为了简化超额累进税率的计算，我们往往都会将“速算扣除数”设计在超额累进税率表中。所谓速算扣除数，是指按照全额累进税率计算的税额与按照超额累进税率计算的税额相减而得的差数。

（四）纳税环节

纳税环节，是指在商品生产和流转过程中应当交纳税款的环节。对某一种税具体确定在哪个或哪几个环节进行征税，不但关系到税制结构和税负平衡问题，而且对保证国家财政收入、便于纳税人交纳税款、促进企业加强经济核算等，都具有重要意义。因此，纳税环节也必须由税法加以明确。例如，关税中的进口关税是在进口报关环节征收。

（五）纳税期限

纳税期限，是指纳税单位和个人交纳税款的期限。税法明确规定每种税的纳税期限，是为了保证税收的稳定性和及时性。纳税人按纳税期限交纳税款，是税法规定的纳税人必须履行的义务。纳税人如不按期交纳税款，将受到加收滞纳金等处罚。例如，所得税的纳税期限为 1 年，而增值税可以 1 日、3 日、5 日、10 日、15 日、1 个月为一个纳税期。

（六）纳税地点

纳税地点，是指纳税人申报、缴纳税款的场所。税法明确规定纳税地点，其目的在于两方面：一方面，避免对同一应税收入、应税行为重复征税或漏征税款；另一方面，保证各地方财政能在明确的地域范围内取得收入。不同税种的纳税地点不完全相同，就我国现行税法规定来看，纳税地点大致可分为以下几种情形：（1）固定业户向其机构所在地主管税务机关申报纳税。（2）固定业户到外县（市）经营的，应根据具体情况向固定业户所在地申报纳税，或向经营地主管税务机关申报纳税。（3）非固定户或临时经营者，向经营地主管税务机关申报纳税。（4）进口货物向报关地海关纳税。

（七）税收优惠

税收优惠，是指国家为了体现鼓励和扶持政策，在税收方面采取的激励和照顾措施。税收优惠以减轻纳税人的税负为主要内容，并往往与一定的政策诱导有关，因而又称税收诱因措施。税收优惠在广义上包罗甚广，形式包括减税、免税、退税、投资抵免、快速折旧、亏损结转抵补和延期纳税等。这些税收优惠措施的实行会直接影响到计税基数，从而会直接影响到纳税人的具体纳税义务，因而对税收征纳主体的利益和相关的经济、社会目标的实现，均会产生直接影响。税收优惠也与税法的宏观调控职能密切相关。税收优惠旨在发挥税收的调节作用，更好地促进国家的经济建设和各项事业的发展。

（八）法律责任

法律责任，是指税法规定的纳税人和征税人员违反税法规定应当承担的法律后果及制裁措施，如我国《税收征收管理法》第五章关于法律责任的规定就是对纳税人和征税工作人员违反税法的行为规定的处罚措施。

第三节 税法基本原则

税法基本原则是整个税法规范系统中调整税法主体行为的抽象或原则性的要素。税法基本原则是法律原则。法律原则是“可以作为众多法律规则之基础或本原的综合性、稳定性的原理和准则”[①]。“研究法的原则，不仅具有理论上的认识意义，而且具有应用意义。我们以法的原则为指针，能够估价由法调整的关系的参加者的行为，在法律无规定的情况下，还可以填补法律调整中的漏洞。”[②] 美国法学家迈克尔·D. 贝勒斯在他的《法律的原则——一个规范的分析》一书中指出：“职业律师研究法律是为了得知法律规则和原则，这些规则和原则表达着法律，并使他们能够预测法院将作出什么决定和说服法院去作出这样的决定。”[③] 可见，法的原则是法的基本理论所要研究的重要问题，人们研究法的原则，不仅有助于深入认识法的本质，而且有助于在创制和实施法的过程中得到指导。研究税法基本原则也是如此。

税法基本原则是指导并贯穿于税的立法、执法、司法和守法整个过程的基本准则。对税法基本原则的深入分析和理解，是保障税法科学性、合理性的重要前提。目前国内学者对税法基本原则的研究存在不少问题：其一，对税法基本原则的认识不够深入，既缺乏经济学界对税收原则研究的博大精深，也缺乏德国、日本学者对税法原则研究的系统全面；其二，目前还无法将税法基本原则的思想贯彻到税法的每项具体制度之中，对税法基本原则本身存在的矛盾也不能提出合理的解决办法，而只是在一种语境中强调此原则，在另一种语境中则强调另一种原则，难以令人信服。[④] 如何科学、合理地构建税法的基本原则体系，是需要我们更深入研究的课题之一。

一、税法基本原则的含义及分类

在充分吸收已有的少数成果并总结我国税制改革和依法治税实践经验的基础上，本书对税法基本原则的概念作如下界定：税法基本原则是决定于税收分配规律和国家意志，

---

① 张文显主编：《法理学》，71页，北京，法律出版社，1997。

② ［苏］B. T. 斯米尔诺夫等著，黄良平、丁文琪译：《苏联民法》，上卷，12页，北京，中国人民大学出版社，1987。

③ ［美］迈克尔·D. 贝勒斯著，张文显、宋金娜等译：《法律的原则——一个规范的分析》，1页，北京，中国大百科全书出版社，1996。

④ 参见刘剑文主编：《财政税收法（教学参考书）》，253页，北京，法律出版社，2000。

调整税收关系的法律根本准则；它对各项税法制度和全部税法规范起统率作用，使众多的税法规范系统成为一个有机的整体。

上述定义主要概括了三层意思。

第一，税法的基本原则是统领所有税法规范的根本准则。它是全部税法规范的依据和基础，其效力及于税法所调整的税收关系的所有方面。税法规范离开了税法的基本原则就失去了方向与灵魂，不可能组成一个有机的调整体系。

第二，税法的基本原则是税法本质属性的集中反映。这主要表现在三个方面：一是税法的基本原则是客观的税收分配规律的反映；二是税法的基本原则反映了国家意志，即掌握国家政权的阶级的意志；三是税法的基本原则反映了调整税收关系，进而维护税收利益的根本任务的要求。

第三，税法的基本原则高度集中地概括了税法的基本内容，即抽象出由税法调整的税收关系所产生的各项制度和全部规范所依据的出发点。

上述三层意思体现了税法基本原则的精神，使税法的基本原则与税收原则、税法具体规范相区别，使税法同其他部门法相区别。

为了深入理解税法的基本原则，以便更好地发挥这些原则的不同作用，有必要将它们按照一定的标准划分为不同的种类，其中重要的分类有三种。

1. 税法公德性基本原则与税法政策性基本原则

按照原则本身是道德取向还是政策取向，可以将税法的基本原则划分为税法公德性基本原则和税法政策性基本原则。

所谓社会公德，是指人们在社会公共生活中应当遵循的基本道德，即列宁所说的“起码的公共社会规则”。“社会公德是人类在社会生活中根据共同生活的客观需要而形成的，为社会中每一个成员所必须遵循，如遵守公共秩序、文明礼貌、诚实守信、救死扶伤、互相尊重等。它对维系公共生活和调整人与人之间的关系具有重要作用。”[①] 税法公德性基本原则是从社会公共需要中产生的，得到广大社会成员普遍认同并上升为税法根本准则层次的原则。税法公德性基本原则全面反映了税法所调整的税收关系的本质属性，因而它具有广泛的适用性和很强的法的部门区别性。有的学者将公德性原则称为“公理性原则”，并据此将法律原则划分为公理性原则和政策性原则。[②] 在每一门科学中，都是以一些公理为基础，运用演绎推理，推导出一系列定理来。公理更侧重于科学技术方面的规则的特性，而公德是一种基本道德，是社会生活中人们行为的规则。由于法律规范与道德规范更为接近，故称公德性原则较为准确与科学。

按照我们对税法公德性基本原则的理解，可以将税收公平原则、保障财政收入原则、税收法定原则、维护国家税收权益原则列为税法公德性基本原则。

政策性基本原则“是国家在管理社会事务的过程中为实现某种中长期或近期目标而作出的政治决策”[③]，并上升为法律的根本规则。“政策性原则是对立法机关一定时期内在

---

① 宋原放主编：《简明社会科学词典》，523～524页，上海，上海辞书出版社，1982。

② 参见张文显主编：《法理学》，72页，北京，法律出版社，1997。

③ 张文显主编：《法理学》，72页，北京，法律出版社，1997。

各种可能方针中所作选择的反映。”① 本书认为，税法政策性基本原则和其他部门法的基本原则一样，无非是国家基本方针、政策在税法中的反映而已。由于国家方针、政策的社会性、灵活性、针对性等特征，政策性原则较公德性原则具有更强烈的价值取向性、相对不稳定性等特点。

按照上述对政策性基本原则的理解，可以将税收效率原则、税法宏观调控原则、税收社会政策原则等纳入税法政策性基本原则的范畴。

2. 税法实体性基本原则和税法程序性基本原则

税法调整的税收关系可以分为税收分配关系和税收征收管理关系。因此，按照税法基本原则反映调整对象的不同，可以将其分为税法实体性基本原则和税法程序性基本原则。

税法实体性基本原则是直接涉及税收分配实体权利、义务的根本准则。在税法基本原则中，属于实体性原则的有税收公平原则、税收效率原则、税收社会政策原则、无偿征收原则、税收法定原则、维护国家税收权益原则。

税法程序性基本原则，是指通过税法对税收征管活动的程序进行调整而对税法的实体权利、义务关系产生间接影响的根本准则。按照这个定义，属于税法程序性基本原则的有征税简便原则、税收确实原则、最少征收费用原则和税收管辖权原则。

3. 税法实质性基本原则与税法形式性基本原则

税收关系是税法的实质内容，而确认税权和规定税权行使方式的法律形式是税法。因此，以税法内容与形式的区分为标准，可以将税法基本原则划分为税法实质性基本原则与税法形式性基本原则。对此，日本著名税法教授金子宏先生指出：“支配税法全部内容的基本原则，可归纳为‘税收法律主义’和‘税收公平主义’两项。这两项基本原则，都是对近代以前的国家税制模式的否认，它们具有相互密切的联系，而确立于近代国家之中。前者（税收法律主义）是有关课税权行使方式的原则，后者（税收公平主义）是关于税收负担分配的原则。因此，可以说，前者是关于形式的原理，后者是关于实质的原理。”②

按照这样的划分，属于税法实质性基本原则的有税收公平原则、税收效率原则、税收社会政策原则、维护国家税收权益原则；属于税法形式性基本原则的有税收法定原则、征税简便原则、税收管辖权原则。

二、税法公德性基本原则

（一）保障财政收入原则

税收是财政收入的主要来源。为保障财政收入充分、确实、适度、合理，应将保障财政收入作为税法的一项基本原则。它是制定税收政策、法律和措施，规制税收活动的基本出发点。其内容包括保障财政收入的足额稳定及适度合理两个方面。

---

① 徐国栋：《民法基本原则解释》，15页，北京，中国政法大学出版社，1992。

② ［日］金子宏著，战宪斌、郑林根等译：《日本税法》，47页，北京，法律出版社，2004。

1. 保障财政收入的足额稳定

保障财政收入的足额稳定包括保障财政收入的足额和稳定两层意义。所谓财政收入的足额，是指税收要为政府筹集足额的资金，以满足政府向社会提供公共品的财力需要。在理解财政收入足额概念时，不能过于绝对化，因为财政收入的数额是由政府提供公共品的财力需要决定的。同时，政府提供公共品的财力也要受到财政收入的制约。此外，政府既可以通过增加其收入而使财政收入不足额转为足额，也可以通过减少政府经费支出等使财政收入不足额变为足额。因此，财政收入的足额是一个相对的概念。

所谓财政收入的稳定，是指税收收入要相对稳定，把税收与国民生产总值或国民收入的比例稳定在一个适度水平，不宜经常变动，特别是不宜急剧变动，以避免税收对正常经济秩序的冲击。这里需要指出的是，财政收入的稳定也是一个相对的概念，在经济发生重大变革，政府开支体系结构发生重大调整时，财政收入稳定与平衡就会被打破。但这种稳定的打破也必须受到财税法规定的制约，不能任意扩大。

2. 保障财政收入的适度合理

所谓“财政收入的适度是指财税收入取之有度，税收征收率不能过高，要尽可能避免过多征收而伤害企业和个人的积极性，影响经济持续稳定发展，而最终又影响财政收入的增长”①。税收征收率，即税率，它与税收收入之间存在一定的函数关系。财政收入的合理，是指要科学区分财政收入中税收形式和非税收形式，避免以税收形式替代非税收形式，或者以非税收形式替代税收形式。在税费不分、收费超过税收的情况下，很难做到财政收入的合理。同样，利税不分也会造成类似弊端。

（二）税收公平原则

社会物质财富的公平分配，是人类社会不断追求的理想。著名英国经济学家、诺贝尔经济学奖得主詹姆斯·E. 米德在论述选择经济政策的原则时指出：“在任何一个时点上，都应该在社会的全体人民之间比较公平地分配社会的收入和财富。”② 可见，公平是税收的一大原则。通过法律确认税收公平原则，使之上升为税法的基本原则，是国家运用法律手段干预财税经济生活的体现。

西方学者一般认为：“税收公平原则就是指国家征税要使各个纳税人承受的负担与其经济状况相适应，并使各个纳税人之间的负担水平保持均衡。”③ 我国学者的主要观点是，税收公平是指不同纳税人之间税收负担程度的比较：纳税人条件相同的纳同样的税，条件不同的纳不同的税。理解税收公平原则，还需进一步了解税收公平的衡量标准及其两层含义：横向公平与纵向公平。

（1）衡量税收公平的标准。衡量税收公平的标准大体有受益标准和能力标准两种。受益标准是根据纳税人从政府提供的公共服务中享受利益的多寡，判定其应纳多少税或者应分担多少税负。享受利益多者多纳税，享受利益少者少纳税，不受益者则可以不纳

---

① 胡怡建、朱为群：《税收学教程》，62页，上海，上海三联书店，1998。

② ［英］詹姆斯·E. 米德著，施仁译：《效率、公平与产权》，12页，北京，北京经济学院出版社，1992。

③ 孙尚清主编：《商务国际惯例总览》（财政税收卷），382页，北京，中国发展出版社，1994。

税。这种标准虽有一定合理性，但在实践中难以实现和操作。能力标准是根据纳税人的纳税能力，判定其应纳多少税或其税负应为多大。纳税能力强的应多纳税，纳税能力弱的可以少纳税，无纳税能力的则不纳税。在税收上，按能力标准征税“是迄今公认的比较合理也易于实行的标准”①。但是，用什么标准衡量纳税人的负担能力？目前国际上存在两种较为通行的主张，即客观说和主观说。客观说认为，纳税人能力的大小应依据纳税人拥有的财富来测定。而财富由收入、财产和支出来表示，故而能力测定标准可分为收入、财产和支出三种，其中收入通常被认为是测度纳税人的纳税能力的最佳尺度。主观说认为，每个纳税人的负担能力，按照其纳税以后感觉到的牺牲程度而定。牺牲程度的测定，又以纳税人纳税前后从其财富得到的满足或效用的差量为准。

（2）横向公平与纵向公平。从本义上看，公平税负有两层含义，即横向公平和纵向公平。横向公平，是指经济条件或纳税能力相同的纳税人应负担相同数额的税收，即同等情况同等税负。这主要是从实质上来看的，要避免形式公平而实质不公平的情况。例如，个人所得税法的公平不仅是对所得而言，还应考虑纳税人的其他有关情况。如果两个家庭收入相同，但家庭中需要抚养的人不同，则在计征所得税时若对两个家庭同等征税，就不公平。纵向公平，是指经济条件或纳税能力不同的人，应缴纳不同的税，即不同情况不同税负。换言之，随着纳税人经济条件或纳税能力的升降，其税负也相应增减。一般采用累进税率来满足这种要求，但要注意防止“鞭打快牛”，影响纳税人创造财富的积极性。横向公平与纵向公平是辩证统一的关系。一系列不同层次的横向公平组成纵向公平，一系列纵向公平的同一层次则构成横向公平。

税收公平原则是“法律面前人人平等”思想在税法中的体现和发展，成为“当今世界各国制定税收制度的首要准则”②。如法国《人权宣言》规定，“税收应在全体公民间平等分摊”。卢森堡《大公司宪法》第 101 条规定，“在纳税问题上不得规定任何特权”。值得注意的是，税收公平原则应贯彻于税法制定、实施的全过程，使其从法律条文上的公平转化成税收现实中的公平。

（三）税收法定原则

税收法定原则又称税收法定主义、税收法律主义、合法性原则等，它是税法中一项十分重要的原则，其基本精神在各国宪法或税法中都有体现。该原则是指征税与纳税都必须有法律根据，并且依法征税和纳税。换言之，法律明文规定为应税行为和应税标的物的，必须依法征纳税；反之，不得征纳税。这一原则，是现代民主与法治原则在税收关系中的集中体现，具有民主保障、财产权保障和经济自由权保障等基本价值。

我国《宪法》第 56 条规定：“中华人民共和国公民有依照法律纳税的义务。”此规定体现了税收法定原则的要求，但不够全面和准确，对依法征税和单位纳税未加规定。我国《税收征收管理法》第 3 条规定：“税收的开征、停征以及减税、免税、退税、补税，依照法律的规定执行；法律授权国务院规定的，依照国务院制定的行政法规的规定执行。

① 杨秀琴主编：《国家税收》，71 页，北京，中国人民大学出版社，1995。

② 金鑫、许毅主编：《新税务大辞海》，39 页，北京，九州图书出版社，1995。

任何机关、单位和个人不得违反法律、行政法规的规定，擅自作出税收开征、停征以及减税、免税、退税、补税和其他同税收法律、行政法规相抵触的决定。”这一规定则较为全面地反映了税收法定原则的要求，使税收法定原则在我国税收法制中得到了进一步的确立和完善。

2015年3月15日，第十二届全国人民代表大会第三次会议审议通过了《关于修改〈中华人民共和国立法法〉的决定》，将“税收”专设一项作为第8条第6项，明确“税种的设立、税率的确定和税收征收管理等税收基本制度”只能由法律规定。这是我国目前对税收法定最为明确的立法表述，对于推动税收法治建设具有十分重要的意义。税收法定原则包括的内容，可以概括为“三个原则，即课税要素法定原则、课税要素明确原则和课税程序合法原则”①。

所谓课税要素法定原则，是模拟刑法中罪刑法定原则而形成的税法原则，其含义是课税要素（课税条件）的全部内容和税收的课征及其程序等都必须由法律规定。这项原则最重要的一点是法律与行政法规的关系问题。依课税要素法定原则，凡无法律根据而仅以行政法规或地方性法规确定新的课税要素是无效的，与法律规定相抵触的行政法规或地方性法规也是无效的。② 当然，就税收立法而言，有权制定法律的国家立法机关可以授权国家行政机关或地方政府制定有关税收方面的行政法规或地方性法规，但只限于税收的具体和个别事项。

所谓课税要素明确原则，是指在法律和授权立法的行政法规或地方性法规中，对课税要素和征收程序等内容的规定，必须尽量明确而不生歧义。如果规定模糊，则会产生行政机关确定课税要素的自由裁量权，易于导致征税权力的滥用。

所谓课税程序合法原则，是指征税机关依法定程序征税，纳税人依法定程序纳税并有获得行政救济或司法救济的权利。同时，不允许征纳双方达成变更征纳税程序的协议。所有以排除强行法的适用为目的的税收协议都是无效的。

上述三项原则是税收法定原则的主要组成部分。本书认为，除此之外，税收体制、税种、税收优惠政策等也都必须由法律明文规定，它们也是税收法定原则不可分割的组成部分。

延展阅读

税收法定原则是一项历史悠久、国际通行的基本法律原则，指导着税收立法、执法和司法，对规范政府征税权、保障纳税人权利至为关键，堪称税法领域的“帝王原则”。从经济、政治、社会多位一体的国家治理角度考察，全面落实税收法定原则无疑具有重大且深远的意义。

第一，税收法定可为市场经济发展营造稳定、合理的税法环境。现阶段，我国已经基本建立起市场经济的初步框架，但尚未建立起法治的市场经济。体现在税收领域，目前尚有十多个税种未做到“一税一法”，税法规范的低位阶导致纳税人的财产安全、经营

---

① 张守文：《论税收法定主义》，载《法学研究》，1996（6）。

② 参见［日］金子宏著，刘多田等译：《日本税法原理》，50页，北京，中国财政经济出版社，1989。

自由等缺少较稳固的保障。有鉴于此，税法促进市场经济发展的首要体现，就是通过充实和完善税法体系，设计科学的现代税制，为市场主体提供稳定的预期和行为指引。

第二，税收法定有利于以点带面地推进我国的民主法治进程。税收的征收是将私人财产转化成公共财产的过程，与每个纳税人的切身利益息息相关，故而，税收的法治化备受社会关注，亦是开创改革和法治新局面的极佳路径。在税收法定原则的指引下，广大纳税人间接或直接参与税收的征收、管理和使用活动，行使纳税人权利，可以大大增强纳税人的法治意识和民主能力。

第三，税收法定可以助力形成良性、文明、互动、和谐的社会运行方式。随着居民财富显著增加、利益诉求日趋多元，纳税人对自身的财产权益保护比任何时候都更加重视，如果处理不当，容易引发社会冲突。依托税收法定原则的落实，在制定税收规则时更开放地听取民意、吸纳民智，经由充分的对话、协商、博弈和调适，最终形成凝聚尽可能多共识的民主决策，可以提前消化可能出现的异议，化解潜藏的社会矛盾和风险。

总之，全面落实税收法定原则能够更有效地规范征税权，使行政机关“有权但不任性”，保障纳税人权利，维护公共利益，进而构建现代化的税法治理格局。[①]

（四）维护国家税收权益原则

在国际经济技术交往中，行使税收管辖权是行使国家主权的一个重要方面。当今世界各国都十分重视用税法来维护本国的主权和经济利益。因此，维护国家税收权益原则是一项重要的税法原则。但为了招商引资、促进本国经济发展，给予外商必要的优惠，这是国际惯例，与此并不矛盾。

三、税法政策性基本原则

（一）税收效率原则

税收效率是税收效率原则的实质内容和基础。美国著名经济学家斯蒂格利茨指出：判断一个良好税收体系的“第一标准是公平……第二个重要标准是效率”[②]。税收效率包括经济效率和行政效率两方面。税收的经济效率，是指政府向企业和个人征税不但是进行收入分配，也是进行资源转移，是对市场所决定的资源进行重新配置，它既会促进经济效率或效益提高，也会导致经济效率的损失。[③] 税收的行政效率，是指政府设计的税收制度能在筹集充分的收入基础上使税务费用最小化，又称税收制度效率、税收征收效率等。

税收的经济效率原则要求：第一，尽量使税收保持中立性，让市场经济机制发挥有效配置资源的调节作用。国家税收不应伤害市场经济的这种调节作用，以避免影响或干

---

① 参见刘剑文、耿颖：《税收法定原则的完整内涵及现实意义》，载《经济参考报》，2015－03－11。

② ［美］斯蒂格利茨著，郭晓惠等译：《经济学》，517页，北京，中国人民大学出版社，1997。

③ 参见胡怡建、朱为群：《税收学教程》，69页，上海，上海三联书店，1998。

扰纳税人的生产和投资决策、储蓄倾向以及消费选择。第二，国家税收除了使纳税人因纳税而损失或牺牲这笔资金，不要再导致其他经济损失或额外负担。“税收中性作为一个原则，其积极意义应当给予肯定，而且在实践中应尽可能遵循这一原则。但是，在具体运用时，不可将它绝对化。即使在市场经济发达的国家，税收中性原则也只是一个理想，在实践中没有一个国家能够做到完全遵循这一原则。”① 特别是从我国目前的情况看，经济活动中的竞争机制尚不健全，资源配置未能达到最优状态。在这种情况下，还需较多地运用税收杠杆来对资源配置、储蓄和投资进行调节，税收中性只能在某些情况下和特定范围内实行。既然如此，依据税法确定的税收效率原则，在税收立法时就要在选择税种、确定税基、制定税率过程中尽可能避免造成较大的经济效率损失，改善资源配置，提高税收的经济效率。

税收的行政效率原则要求：第一，尽量减少税收征管费用，即使征管费用占征税额的比例（本书称为征管费率）恰当合理。征管费用由政府承担，一般是指征管机关在税收征管过程中所应花费的各种费用，包括征管公务人员的工资、津贴，征管所需的设备、用品和其他必要开支。征管费率反映了征税机关的工作效率。征管费率低，则征管工作效率高；征管费率高，则征管工作效率低。第二，充分考虑纳税费用，降低纳税人的此项负担。纳税费用主要包括纳税人的申报费、税务代理费、业务员的工资等。提高税收的行政效率就是要在税额一定的情况下，使上述两项费用的总和最小。

税收效率对社会资源配置和税收征管活动影响重大，将其作为税法的基本原则之一，有利于在税收立法时，通过法定程序选择税种、确定税基、制定相应税率，使税法规定细密明确、手续简便、成本低廉，提高税收效率，减少效率损失。

税收公平原则与税收效率原则，既对立，又统一。税收公平原则，强调运用税收杠杆干预经济生活，缩小公民之间收入分配的差距，保持社会稳定。税收效率原则，强调税收中性，不干预经济，通过市场机制实现资源的最优配置。可见，两者虽存在矛盾，但仍可兼顾。因为市场机制与宏观调控在一定的客观条件下可以相耦合，这是公平与效率统一的客观基础；公平与效率体现着宏观与微观的对立，但因其经济总目标的一致性，可以实现两者动态的统一。

（二）税法宏观调控原则

宏观调控是指政府为实现社会总需求与总供给平衡、保证国民经济持续稳定增长，对社会经济运行进行的调节与控制。税收是宏观经济调控的重要手段之一。税法在促进和保障税收调控经济运行方面具有突出的作用，故应将宏观调控作为税法的一项基本原则。所谓税法宏观调控原则，是指税法规范和税法行为应符合国家宏观经济调控目标的根本准则。该原则有两层含义：其一，在立法上通过税种的开征、停征，税目的调整和税率的升降，促进经济结构、产业结构、产品结构合理化，实现社会总需求的基本平衡，使经济的发展符合国家的宏观要求。② 例如，经济衰退时降低税率、减少税种，以刺激总

① 袁振宇等编著：《税收经济学》，45 页，北京，中国人民大学出版社，1995。

② 参见刘隆亨：《中国税法概论》，4 版，61 页，北京，北京大学出版社，2004。

需求；经济高涨时则提高税率、增加税种，以抑制总需求，降低通货膨胀。其二，赋予法官一定的根据国家宏观调控政策需要的税收自由裁量权，适时处理法律没有明确规定的涉税事件。

古代和近代税法中并不存在宏观调控原则，在自由竞争的资本主义阶段，税法中也不存在这项原则，但资本主义进入垄断阶段以后，国家需要通过税收杠杆大量介入社会经济生活，税收固有的调节经济的功能被重视和自觉运用，作为推行国家经济政策的手段，现代西方国家均把“税收调控”作为税法的基本原则。

在现代市场经济条件下，税法宏观调控原则的确立，主要有以下几点理由。

第一，税法宏观调控原则是现代市场经济发展的客观要求。虽然市场有优化资源配置、提高经济效率的优点，但它并非万能，存在着“市场失灵”的消极作用。这就需要国家之手进行宏观调控，以平衡社会个体利益与整体利益的矛盾。2008 年发生的美国金融危机的深刻教训和我国改革开放以来多次实现经济“软着陆”的经验，从正反两方面证明了宏观调控在现代市场经济中具有不可替代的作用。“政府宏观调控是市场经济体制的基本内容。”① 因此，凡实行市场经济体制的国家都必须有一套健全的宏观调控机制，以解决市场失灵的问题。在这一套调控机制中，作为宏观调控法之一的税法，起着十分重要的作用。

第二，税法宏观调控原则是实现政府宏观调控职能的需要。税收是政府实施宏观经济调控的重要手段。许多税收经济学家已经充分论证了这个观点。他们分析指出：“由于国家征税是经济资源从私人经济部门向政府的转移，因而对私人部门的经济决策会产生一定的影响，这就决定了税收不仅是政府财政收入的主要来源，而且是贯彻政府经济、社会政策，有效地实施宏观经济调控的重要工具。”② 还有学者进一步论证，在现代市场经济条件下，税收具有调节收入分配的功能，具有“自动稳定器”和“人为稳定器”的功能。所谓“自动稳定器”，就是通过建立和健全税收制度，使税收自动地产生抵消经济波动的作用，如制定和征收累进的所得税。所谓“人为稳定器”，就是通过不同时期税收政策的制定，使税收作为一种经济力量来维系总供求之间的大体平衡，促进宏观经济稳定发展。因此，这些功能“在政府的宏观调控体系中扮演重要的角色”③。由此可见，确立税法的宏观调控原则是实现政府管理职能的内在需要。

第三，税法宏观调控原则是贯彻国家宏观经济政策的需要。税法既是宏观调控政策的反映，又是贯彻和推行宏观调控政策不可或缺的基本手段。由于政策缺乏透明度、稳定性和国家强制力的保障，因而它对社会生活的调节具有局限性。一般来说，国家政策出台一段时间后，实践证明其确实可行的再转化为法律，从而使全体社会成员一体遵循。所以，确立税法宏观调控原则，将税收宏观调控措施制度化、法律化，有利于贯彻和推行国家的宏观调控政策。正是从这个意义上说，税法宏观调控原则属于税法基本原则中的政策性原则。

---

① 徐孟洲：《论经济法在宏观经济体系中的地位和作用》，载《中国人民大学学报》，1996（3）。

② 袁振宇等编著：《税收经济学》，18 页，北京，中国人民大学出版社，1995。

③ 高培勇：《市场经济条件下的中国税收与税制》，载《人民日报》，1995-05-10。

（三）税收社会政策原则

随着现代国家社会职能的扩大，需要对社会成员的收入进行再分配，以及政府加大对社会福利事业的投入。这就需要税收承担筹集资金和调节收入分配的职能，即瓦格纳提出的税收社会政策原则。该原则提出后被各国确立为一项税法原则。

四、税法基本原则的功能

税法基本原则是税法构成的核心部分，在税法规范性文件中以法律条文形式存在。其具有区别于一般税法规范的功能，主要内容如下。

（1）指导立法。税法基本原则所体现的精神渗透到税法创制的各个环节中，无论是税法的制定、修改，还是废止，都必须在其指导下进行。从立法层次上看，税法的基本原则由税收基本法中规定之后，对国务院和有关地方权力机关制定具体的税收法规具有指导作用。

（2）保障税法体系的协调统一。在税法体系中，存在着增值税、消费税、所得税等众多的税法制度，其在调整目标、体系结构、效力等方面必须协调一致，这一任务只能由税法的基本原则来实现。

（3）作为税法解释的依据。为使抽象的税法条文适用于不断变化的具体实践，必须以税法的基本原则为指导对其进行合理解释。

（4）克服税收成文法的缺陷，强化税法的调整功能。在某些具体事项，税法未作规定时，税法的基本原则可作为税务司法裁判的准则，以弥补此漏洞。

（5）限定自由裁量权的合理范围。在司法实践中，特殊情况下，法官可对某些具有选择性的规范自行选择适用，但必须符合税法的基本原则，以免其滥用权力。

此外，税法的基本原则还是守法的行为准则和税法宣传教育的思想武器。

第四节　税法渊源

一、税法渊源概述

税法渊源，一般是指税法规范的外在表现形式。它包括制定法、判例法。各国历史传统、国情不同，税法渊源也有所不同。目前，中国的税法渊源包括以下几种表现形式。

1. 宪法

宪法是国家的根本大法。它由最高国家权力机关——全国人民代表大会制定、通过和修改，具有最高的法律效力。宪法规定了当代中国根本的政治、经济和社会制度，规定了国家的根本任务和国家组织机构，规定了公民的基本权利和基本义务，是民法、经济法、行政法、刑法和诉讼法等其他各种部门法律的“母法”。我国现行《宪法》第 56 条关于公民有依照法律纳税的义务的规定，是税收法律制定的基本依据。

2. 税收法律

税收法律，是由全国人民代表大会和全国人民代表大会常务委员会制定和颁布的税收规范性文件，是我国税法的主要法律渊源。我国《立法法》第 11 条规定，税种的设立、税率的确定和税收征收管理等税收基本制度只能制定法律。我国目前的税收法律包括《个人所得税法》《企业所得税法》《车船税法》《税收征收管理法》等，以及其他法律如《刑法》《海关法》等中涉税的条款。

3. 税收行政法规

税收行政法规，是指国家最高行政机关即国务院根据宪法和法律制定的一种调整税收关系的规范性文件。其效力仅次于宪法和法律，它是目前我国最主要的税法法源。我国税收实体法除个人所得税和企业所得税制定为法律外，均为税收行政法规，例如，《增值税暂行条例》《消费税暂行条例》等均属行政法规。

4. 税收地方性法规、自治条例和单行条例、规章

税收地方性法规，是指由省、自治区、直辖市的人民代表大会及其常委会制定的关于税收方面的法规。

税收自治条例和单行条例，是指由民族自治地方的人民代表大会根据当地民族的特点制定的关于税收方面的法规。

目前我国实行的是集权式的税收管理体制，对中央税、中央地方共享税和地方税的立法权、解释权，开征、停征权，税目、税率调整权，减免税权均集中在中央，地方税收立法空间极小。

税收规章，是指由国务院各部、委员会、中国人民银行、审计署和具有行政管理职能的直属机构根据法律和行政法规，在本部门的权限内制定的一种调整税收关系的规范性文件。省、自治区、直辖市和较大的市的人民政府也可以制定税收规章。税收规章也是税法的渊源。

5. 税法解释

税法解释作为税法法源，是指有权制定税收法律、法规的国家机关的立法解释和最高人民法院所作的司法解释。这两类解释都是有权解释，是我国税法的重要渊源。

6. 国际税收条约、协议

国际税收条约、协议是指我国同外国缔结的双边和多边条约、协定和其他具有条约、协议性质的文件，这些也是我国税法的重要渊源。常见的有我国政府与他国政府签订的关于避免对所得双重征税和防止偷漏税的协定。

二、税收规范性文件的制定和管理

税收规范性文件，一般不被列入税法渊源的范畴，但它们是各级税务机关贯彻执行税收法律、法规、规章的重要手段，是基层税务机关执法的重要依据，在税收执法中发挥着重要的作用。改进和完善税收规范性文件制定管理制度、机制，有利于减少税收规范性文件制定管理的随意性，实现税收执法依据的规范、统一。

为了规范税收规范性文件制定和管理工作，落实税收法定原则，促进税务机关依法行政，保障税务行政相对人的合法权益，根据《立法法》《规章制定程序条例》《法治政府建设实施纲要（2015—2020 年）》等法律法规和有关规定，国家税务总局于 2017 年 5 月 16 日公布了《税收规范性文件制定管理办法》（国家税务总局令第 41 号），自 2017 年 7 月 1 日起施行，于 2019 年 11 月 26 日修改。

1. 税收规范性文件的基本界定

所谓税收规范性文件，是指县以上税务机关依照法定职权和规定程序制定并发布的，影响税务行政相对人权利、义务，在本辖区内具有普遍约束力并反复适用的文件，不包括国家税务总局制定的税务部门规章。

税收规范性文件不得设定税收开征、停征、减税、免税、退税、补税事项，不得设定行政许可、行政处罚、行政强制、行政事业性收费以及其他不得由税收规范性文件设定的事项。经国务院批准的设定减税、免税等事项除外。

制定税收规范性文件，应当坚持科学、民主、公开、统一的原则，符合法律、法规、规章以及上级税收规范性文件的规定，遵循相应的制定规则和制定程序。县税务机关制定税收规范性文件，应当依据法律、法规、规章或者省以上税务机关税收规范性文件的明确授权；没有授权又确需制定税收规范性文件的，应当提请上一级税务机关制定。县以下（不含本级）税务机关以及各级税务机关的内设机构、派出机构、直属机构和临时性机构，不得以自己的名义制定税收规范性文件。

2. 税收规范性文件的制定规则

税收规范性文件可以使用“办法”“规定”“规程”“规则”等名称，但是不得使用“条例”“实施细则”“通知”“批复”等。上级税务机关对下级税务机关有关特定税务行政相对人的特定事项如何适用税收法律、法规、规章或者税收规范性文件的请示所作的批复，需要普遍适用的，应当按照制定规则和制定程序另行制定税收规范性文件。

税收规范性文件应当根据需要，明确制定目的和依据、适用范围和主体、权利义务、具体规范、操作程序、施行日期或者有效期限等事项。

上级税务机关需要下级税务机关对规章和税收规范性文件细化具体操作规定的，可以授权下级税务机关制定具体的实施办法。被授权税务机关不得将被授予的权力转授给其他机关。

税收规范性文件由制定机关负责解释。制定机关不得将税收规范性文件的解释权授予本级机关的内设机构或者下级税务机关。

税收规范性文件有下列情形之一的，制定机关应当及时作出解释：（1）税收规范性文件的规定需要进一步明确具体含义的；（2）税收规范性文件制定后出现新的情况，需要明确适用依据的。下级税务机关在适用上级税务机关制定的税收规范性文件时认为存在上述情形之一的，应当提请制定机关解释。

税收规范性文件不得溯及既往，但是为了更好地保护税务行政相对人权利和利益而作出的特别规定除外。

税收规范性文件应当自发布之日起 30 日后施行。税收规范性文件发布后不立即施行将有碍执行的，可以自发布之日起施行。其施行日期需要与法律、法规、规章或者上级机关决定配套实施的税收规范性文件保持一致的，不受前述时限规定的限制。

3. 税收规范性文件的制定程序

税收规范性文件由制定机关业务主管部门负责起草。内容涉及两个或者两个以上部门的，由制定机关负责人指定牵头起草部门。各级税务机关的政策法规部门负责对税收规范性文件进行审查，包括合法性审查和世界贸易组织规则合规性评估。未经政策法规部门审查的税收规范性文件，办公厅（室）不予核稿，制定机关负责人不予签发。

起草税收规范性文件，应当深入调查研究，总结实践经验，听取基层税务机关的意见。至于对税务行政相对人的权利和义务可能产生重大影响的税收规范性文件，除实施前依法需要保密的外，起草部门应当听取公众的意见。必要时，起草部门应当邀请政策法规部门共同听取意见。听取意见可以采取书面、网上征求意见，或者召开座谈会、论证会等多种形式。

起草税收规范性文件，应当明确列举拟被该文件废止的文件的名称、文号以及条款，避免与本机关已发布的税收规范性文件相矛盾。同一事项已由多个税收规范性文件作出规定的，起草部门在起草同类文件时，应当对有关文件进行归并、整合。

政策法规部门应当就下列事项进行合法性审查：（1）是否超越法定权限；（2）是否具有法定依据；（3）是否违反法律、法规、规章以及上级税务机关税收规范性文件的规定；（4）是否设定行政许可、行政处罚、行政强制、行政事业性收费以及其他不得由税收规范性文件设定的事项；（5）是否违法、违规减损税务行政相对人的合法权利和利益，或者违法、违规增加其义务；（6）是否违反《税收规范性文件制定管理办法》规定的制定规则或者程序；（7）是否与国家税务总局制定的其他税收规范性文件进行衔接。对于审查中发现的明显不适当的规定，政策法规部门可以提出删除或者修改的建议。政策法规部门在审查过程中认为有必要的，可以通过召开座谈会、论证会等形式听取相关各方的意见。

税收规范性文件应当以公告形式发布；未以公告形式发布的，不得作为税务机关执法依据。制定机关应当及时在本级政府公报、税务部门公报、本辖区范围内公开发行的报纸或者政府网站、税务机关网站上刊登税收规范性文件。不具备前述发布条件的税务机关，应当通过公告栏或者宣传材料等形式，在办税服务厅等公共场所及时发布税收规范性文件。

制定机关的起草部门和政策法规部门应当及时跟踪了解税收规范性文件的施行情况。对于实施机关或者税务行政相对人反映存在问题的税收规范性文件，制定机关应当进行认真分析评估，并及时研究提出处理意见。

税收规范性文件应当备案审查，实行有件必备、有备必审、有错必纠。省以下税务机关的税收规范性文件应当自发布之日起 30 日内向上一级税务机关报送备案。省税务机关应当于每年 3 月 1 日前向国家税务总局报送上一年度本辖区内税务机关发布的税收规范性文件目录。上一级税务机关的政策法规部门具体负责税收规范性文件备案登记、审查、督促整改和考核等工作。

税务行政相对人认为税收规范性文件违反税收法律、法规、规章或者上级税收规范性文件规定的，可以向制定机关或者其上一级税务机关书面提出审查的建议，制定机关或者其上一级税务机关应当依法及时研究处理。有税收规范性文件制定权的税务机关应当建立书面审查建议的处理制度和工作机制。

4. 税收规范性文件的清理

制定机关应当及时对税收规范性文件进行清理，形成文件清理长效机制。清理采取日常清理和集中清理相结合的方法。

日常清理由业务主管部门负责。业务主管部门应当根据立法变化以及税收工作发展需要，对税收规范性文件进行及时清理。

有下列情形之一的，制定机关应当进行集中清理：（1）上级机关部署的；（2）新的法律、法规颁布或者法律、法规进行重大修改，对税收执法产生普遍影响的。集中清理由政策法规部门负责牵头组织，业务主管部门分工负责。清理过程中，业务主管部门和政策法规部门应当听取有关各方的意见。

对于清理中发现存在问题的税收规范性文件，制定机关应当分类处理：（1）有下列情形之一的，宣布失效：调整对象灭失；不需要继续执行的。（2）有下列情形之一的，宣布废止：违反上位法规定的；已被新的规定替代的；明显不适应现实需要的。（3）有下列情形之一的，予以修改：与本机关税收规范性文件相矛盾的；与本机关税收规范性文件相重复的；存在漏洞或者难以执行的。税收规范性文件部分内容被修改的，应当全文发布修改后的税收规范性文件。

制定机关应当及时发布日常清理结果；在集中清理结束后，应当统一发布失效、废止的税收规范性文件目录。上级税务机关发布清理结果后，下级税务机关应当及时对本机关制定的税收规范性文件进行相应清理。

第五节　税法体系

税法体系，是指一国现行全部税收法律规范组成的有机联系的整体。如前所述，税法是实体内容和征管程序相统一的法。相应地，税法体系也包括这两大块，即税收实体法和税收征管程序法。现将中国税法的体系简要介绍如下。

一、税收实体法

我国税收实体法，亦称实体税法，是指主要规定国家征税和纳税主体的实体权利和义务的法律规范的总称。其内容包括流转税法、所得税法、财产税法、行为税与特定目的税法、环境资源与土地税法（资源税法）等实体税收法律制度。

（1）流转税法。流转税法，是指调整以流转额为征税对象的税收关系的法律规范的总称。所谓流转额，是指在商品流转中商品销售收入额和经营活动所取得的劳务或业务收入额。以流转额作为征税对象的税收称为流转税，如增值税、消费税、关税等。凡为规范流转税而制定的法律、法规，均属于流转税法。

（2）所得税法。所得税法，是指调整所得税关系的法律规范的总称。所得税是以纳税人的所得或收益额为征税对象的一种税。企业所得税是对企业纯收益征收的税；个人所得税是对个人纯收入征收的税。目前我国制定的所得税法律、法规主要有《个人所得税法》《企业所得税法》等。

（3）财产税法。财产税法，是指调整财产税关系的法律规范的总称。财产税是以国家规定的纳税人的某些特定财产的数量或价值额为征税对象的税。我国现行财产税法律法规主要有《车船税法》《烟叶税法》《房产税暂行条例》等。随着我国经济的发展和改革的深化，我国将逐步开征遗产和赠与税等财产税种。

（4）行为税与特定目的税法。行为税与特定目的税法，是指调整行为税与特定目的税关系的法律规范的总称。行为税与特定目的税是国家为了特定目的或者针对纳税人的特定行为而征收的一类税收。行为税与特定目的税是一个泛指的集合概念，因其具体的征税客体不同而呈现多样性，具体表现为各个不同的行为税税种。我国现行的行为税与特定目的税法律法规主要有《车辆购置税法》等。在我国整个税法的体系中，行为税与特定目的税法是不可缺少的组成部分，它为了实现特定目的，对某些特定行为课税，用以规范、引导、控制和管理经济行为、消费行为等，进而调节和保护经济关系。随着我国经济社会的发展，我国将在适当时机开征证券交易税、社会保障税等行为税与特定目的税税种。

（5）环境资源与土地税法。资源税法是指调整资源税关系的法律规范的总称。资源税，是指以自然资源为课税对象的各类税种的统称。我国现行的资源税法主要有《环境保护税法》《耕地占用税法》《城镇土地使用税暂行条例》《土地增值税暂行条例》等。

二、税收征管程序法

税收征管法，即税收征管程序法，是指以保证税法主体的权利和义务得以实施或者职权和职责得以履行的有关程序为主的法律，主要规定征税机关的税收征管程序和纳税人的纳税程序等内容。税收征管程序法调整税收征管关系。现代税收征管程序法的本质是通过程序控制和规范国家征税权，保证税收实体法的实施，维护纳税人权益的“税收保障法”。税收征管程序是在科学地反映税收征纳活动客观规律的基础上设计的，有助于减少征税机关的税收征收费用和纳税人的税收奉行费用，提高税收征纳效率。现代税收征管程序法不仅具有公正实现实体税法的“工具”价值，而且具有保护纳税人的民主参与、道德尊严、人格自治等基本权利的内在价值，使人类追求税负公平、税收法治的理想得以实现。渊源于“自然正义”思想和“正当法律程序”原则的现代税收征管程序，可以有效地控制征税权力的行使。

我国现行主要的税收征管程序法是《税收征收管理法》，该法于 1992 年 9 月 4 日经第七届全国人民代表大会常务委员会第二十七次会议通过，于 1995 年 2 月 28 日经第八届全国人民代表大会常务委员会第十二次会议第一次修正，于 2001 年 4 月 28 日经第九届全国人民代表大会常务委员会第二十一次会议修订，于 2013 年 6 月 29 日第十二届全国人民代表大会常务委员会第三次会议《关于修改〈中华人民共和国文物保护法〉等十二部法律的决定》第二次修正，根据 2015 年 4 月 24 日第十二届全国人民代表大会常务委员会第十四次会议《关于修改〈中华人民共和国港口法〉等七部法律的决定》第三次修正；与之配套的行政法规是国务院于 2002 年颁布施行，2012 年、2013 年、2016 年三次修订的《税收征收管理法实施细则》。此外，我国还针对某些税种单独制定了程序性的法规。

深度阅读

1.［日］金子宏．日本税法．战宪斌，郑林根，等译．北京：法律出版社，2004：第四，五章

2.［日］北野弘久．日本税法学原论．郭美松，陈刚，译．北京：中国检察出版社，2008：第五至十二章

3.［美］维多克·瑟仁伊．比较税法．丁一，译．北京：北京大学出版社，2006：第四章

4. 徐阳光．民主与专业的平衡：税收法定原则的中国进路．中国人民大学学报，2016（3）

5. 许多奇．论税法量能平等负担原则．中国法学，2013（5）

问题与思考

一、思考题

1. 如何用系统论的观点分析税法规范系统与税法要素的关系？

2. “无代表不纳税”（No taxation without representation）是西方国家税法方面奉行的名言。如何从税收法定角度进行评述？如何用税收法定原则分析我国的税收立法现状？

3. 税法宏观调控原则在我国税收立法中主要体现在哪些方面？

二、练习题

1. 下列关于税法原则的表述中，正确的有（　　）。（多选题）

   A. 新法优于旧法原则属于税法的适用原则

   B. 税法主体的权利义务必须由法律加以规定，这体现了税收法定原则

   C. 税法的原则反映税收活动的根本属性，包括税法基本原则和税法适用原则

   D. 税法适用原则中的法律优位原则明确了税收法律的效力高于税收行政法规的效力

2. 下列各项中，有权制定税收规章的机关有（　　）。（多选题）

   A. 国家税务总局　　B. 财政部

   C. 国务院办公厅　　D. 海关总署

3. 中国现行税制中采用的税率有（　　）。（多选题）

A. 全额累进税率　　B. 超额累进税率

C. 超率累进税率　　D. 超倍累进税率

4. 下列税法要素中，能够区别一种税与另一种税的重要标志是（　　）。（2016 年注册会计师全国统一考试《税法》单选题）

A. 纳税地点　　B. 纳税环节

C. 征税对象　　D. 纳税义务人

第三章

国家税权与纳税人权利

本章概要

- 税收管辖权及其属人原则和属地原则
- 重复征税及避免重复征税的方法
- 具体的反避税规则
- 纳税人的基本权利

第一节　税收法律关系

一、税收法律关系的概念和特征

税收法律关系，是指由税法确认和保护的在代表国家行使税权的税收机关与纳税人之间的基于税法事实而形成的权利义务关系。

税收法律关系作为一种法律关系，具有与一般法律关系所共有的本质属性。同时，由于税法不同于其他法律部门，税收关系也不同于其他经济关系，因而税收法律关系也有其自身的一些特征。这些特征主要表现为以下几点。

（一）税收法律关系是由税法确认和保护的社会关系

税法是调整税收关系的法律规范系统。税法的调整，就是确认和保护税收关系。由于各种不同部门的法律规范所调整的社会关系不同，因而形成了内容和性质不同的法律关系。税法在调整税收关系时，即在确认和保护税收关系中，就形成了税收法律关系。因此，税收法律关系产生的法律前提是税法，税法是产生税收法律关系的法律根据。

（二）税收法律关系是基于税法事实而产生的法律关系

税法事实是税法规范所设定的能引起税收法律关系发生、变更和消灭的条件或根据。税法事实多种多样，主要包括：事件和行为。事件是指不以人们的意志为转移的客观现象；行为是指人们有意识的某种实际行动。税法事实是产生税收法律关系的事实前提或根据。

（三）税收法律关系的主体一方始终是代表国家行使税权的税收机关

由于税收活动是一种以国家为主导一方的分配活动，因而税收关系是在国家与单位、个人之间的一种特殊分配关系。没有国家参加的分配关系不是税收关系。因此，由税法调整税收关系所形成的税收法律关系，其主体一方不论是谁，另一方必须是也只能是国家征税机关。没有国家征税机关作为主体一方参加的税收法律关系是不存在的。

（四）税收法律关系中征纳主体双方之间的财产转移具有无偿性

税收法律关系与民事法律关系不同，也与财政法律关系不完全相同。在财政法律关系中，国家与单位、个人之间的财产转移，虽然绝大多数是无偿的，但是财政收入和财政支出在财产转移方向上是相反的，既有流向国家的，也有从国家向单位和个人转移的。而在税收法律关系中，负有纳税义务的纳税人的财产只能是向国家无偿转移，而不是相反。

二、税收法律关系的构成要素

任何法律关系都是由主体、内容、客体三要素构成的，税收法律关系也不例外，其三要素之间是互相联系、不可分割的统一整体。

（一）税收法律关系的主体

税收法律关系的主体，简称税法主体，是指税收法律关系的参加者，即承担税收权利、义务的双方当事人，包括征税主体和纳税主体。税法主体的资格由国家税法直接规定。

1. 征税主体

征税主体指税收法律关系中享有税权的一方当事人。由于国家的税权是通过税收机关行使的，因而征税主体包括国家税务机关、财政机关和负责关税征收管理的海关。

2. 纳税主体

纳税主体即税收法律关系中负有纳税义务的一方当事人。按照纳税人身份的不同，纳税主体可以分为法人、非法人组织和自然人三类；按照承担纳税义务程度的不同，可以分为无限纳税义务人与有限纳税义务人。在纳税人之外，纳税主体还应包括纳税担保人，即以自己的信誉或财产保证纳税人履行纳税义务者。纳税担保人与纳税人一样负有法律上的纳税义务，但是两者又有明显的不同：一是纳税人在税法中普遍存在，没有纳税人，税收法律关系就无法形成，而纳税担保人只有在纳税人有逃避纳税嫌疑等特殊情况时才被要求设置；二是纳税人承担的纳税义务是税法中直接规定的，无法选择，而纳税担保人只有在承诺作为纳税担保人，并且纳税人不能履行纳税义务时，才代为承担税法上的纳税义务；三是从法律责任上看，纳税人缴纳的税金只能由自己承担，而纳税担保人缴纳税金后，可以依法向被担保的纳税人追偿。

（二）税收法律关系的内容

税收法律关系的内容，是指税收法律关系主体双方在征纳活动中依法享有的权利和承担的义务，即税法主体权利和税法主体义务。它决定了税收法律关系的实质，是其核心。从范围上看，税收法律关系的内容包括征税主体的权利、义务和纳税主体的权利、义务。

（三）税收法律关系的客体

税收法律关系的客体，简称税法客体，是指税收法律关系主体双方的权利和义务所共同指向和作用的客观对象。它是税收法律关系产生的前提、存在的载体，又是税收权利和义务联系的中介。税收法律关系的客体包括应税商品、货物、财产、资源、所得等物质财富和主体的应税行为。从物质实体看，税收法律关系的客体与征税对象较为接近，但两者又有所不同：税收法律关系的客体是个法学范畴，侧重于其连接征税主体与纳税主体之间权利、义务关系的作用，较为抽象；而征税对象属于税收学范畴，侧重于表明国家与纳税人之间物质利益转移的形式、数量关系及范围，较为具体。

三、税收法律关系的产生、变更和终止

与其他法律关系一样，税收法律关系也是处于不断发展变化之中的，这一发展变化过程可概括为税收法律关系的产生、变更和终止。

（一）税收法律关系的产生

税收法律关系的产生，是指在税收法律关系主体之间形成权利、义务关系。税收法律关系的产生以引发纳税义务的法律事实为基础和标志，而纳税义务产生的标志是纳税主体进行的应当课税的行为，如销售货物、取得应税收入等，不是征税主体或其他主体的行为。国家颁布新税法、出现新的纳税主体都可能引发新的纳税行为，但其本身并不直接产生纳税义务。税收法律关系的产生只能以税收法律事实的出现为标志。

（二）税收法律关系的变更

税收法律关系的变更，是指由于某一税收法律事实的发生，税收法律关系的主体、内容或客体发生变化。引起税收法律关系变更的原因多种多样，归纳起来，主要有以下几个方面。

（1）纳税人自身的组织状况发生变化。例如，纳税人发生改组、分立、合并、联营、迁移等情况，需要向税务机关申报办理变更登记或重新登记，从而引起税收法律关系的变更。

（2）纳税人的经营或财产情况发生变化。例如，某企业销售额大幅度增加后，纳税期限可以适当延长。

（3）税收机关组织结构或管理方式的变化。例如，国家税务局与地方税务局合并后，某些纳税人需要变更税务登记，也会带来税收法律关系的变更。

（4）税法的修订或调整。例如，1994 年实行新税制以后，原有的许多减、免税取消，纳税人由享受一定的减免税照顾变为必须依法纳税。诸如此类的税法修订或调整，会使税收法律关系发生量或质的变更。

（5）不可抗力。不可抗力是指不能预见、不能避免并不能克服的客观事件，如地震、洪水、战争等。发生不可抗力，往往给纳税人造成重大财产损失，迫使纳税人停产、减产等。在此情形下，如果纳税人向主管税务机关申请减、免税得到批准，则税收法律关系发生变更。

（三）税收法律关系的终止

税收法律关系的终止，是指这一法律关系的消灭，即其主体间权利义务关系的终止。税收法律关系终止的原因主要表现为如下几种。

（1）纳税人完全履行纳税义务。这是最常见的税收法律关系终止的原因，它包括纳税人依法如期履行纳税义务和税务机关采取必要的法律手段，强制纳税人履行纳税义务。

（2）纳税义务因超过法定期限而消灭。我国《税收征收管理法》规定，未征、少征税款的一般追缴期限为 3 年。超过 3 年，除法定的特殊情况外，即使纳税人没有履行纳税义务，税务机关也不能再追缴税款，从而使税收法律关系消灭。

（3）纳税义务人具备免税的条件。纳税人符合法定免税条件，并经税务机关审核确认后，纳税义务免除，导致税收法律关系消灭。

（4）有关税法的废止。例如，1994 年我国实行新税制后，原有的“烧油特别税”废止，从而使相应的税收法律关系归于消灭。

（5）纳税人的消失。纳税主体的消失，例如，企业的破产、撤销和个人居民纳税人的死亡等，可以导致相应的税收法律关系消灭。

应当注意的是，在以上第三、四、五种情况下，通常是相关的税收法律关系不发生；只有在相应的税收法律关系产生以后再出现这些情况，才会使其归于消灭。

延展阅读

在税法的发展史上，对于税收法律关系究竟是权力关系还是债权债务关系，存在观点尖锐对立的争论。目前尚无定论，但了解相关学说是必要的。

权力关系说是以德国行政法学家奥托·梅耶为中心的传统学说。该学说把税收法律关系理解为国民对国家课税权的服从关系，而国家总是以优越的权力主体的身份出现，因而税收法律关系体现为典型的权力关系。

债务关系说是以1919年《德国租税通则》制定为契机，根据德国法学家阿尔伯特·亨泽尔的主张所形成的学说。这一学说把税收法律关系定性为国家对纳税人请求履行税收债务的关系，国家和纳税人之间的关系乃是法律上的债权人和债务人之间的对应关系，因此，税收法律关系是一种公法上的债务关系。

上述两种学说之间的争议在1926年3月30日于明斯特召开的德国法学家大会上开始明朗化。双方在会上以"税法对私法概念构造的影响"为题，对有关的税法基本问题进行了观点对立的报告。报告代表者为海扎尔和奥特马路·比拉（Ottmgar Biihler）。前者代表租税债务关系说，后者代表租税权力关系说。关于这两种学说在德国产生时的历史背景和思想背景，日本税法学者北野弘久先生作此注释：奥托·梅耶的租税权力关系学说在当时那种官僚行政学的背景下，是一种理所当然的思考方式。与此相反，阿尔伯特·亨泽尔的租税债务的有关学说是作为对当时占主流的租税权力的有关学说的一种反动而出现的。①

日本著名税法学者金子宏先生认为，当用法技术观点来看实定税法时，可发现很难把税收法律关系一元性地归为权力关系和债务关系，因在税收法律关系中包括各种法律关系，即不得不承认有些关系是债务关系，有些关系是权力关系。比如，更正、决定和滞纳处分等关系从法技术上来看显然是权力关系的结构。因此，将税收法律关系一元性地予以定性的观点是不适当的。而把税的关系作为性质不同的诸法律关系的群体来理解，可以说是对税的法律关系的正确理解。②

北野弘久先生则认为，虽然权力关系说和债务关系说分别从各自学说的角度对租税法律关系的性质作出了截然不同的认定，但它们之间也存在共同之处，即在实体法关系上，租税法律关系为债务关系，而在程序法关系上，租税法律关系为一种权力关系。但北野弘久先生同时指出，这种采取割裂的方式是无法对整个租税法律关系作出令人折服的总结性分析的。对于从二元论上把握租税法律关系性质的折中观点，北野弘久先生也提出了批评，认为：采用二元论的主张只会使我们整个理论背离研究的宗旨，因为二元论无法解答这样一些问题：租税法律关系应以什么为中心？租税法律关系建立的基础是什么？最终，北野弘久先生将租税法律关系的性质归结为公法上的债权债务关系。

我国也有学者受北野弘久学说的影响，主张将债的观念引入税收法律关系，认为税收法律关系的私法化是中国税法的发展方向。③ 但也有学者在肯定债务说以及私法化存在一定积极意义的同时，仍然坚持和同意权力关系说，坚持税收法律关系的公法属性。④ 可以预见，未来一定时期内，两种学说之间的争论依然会在我国的税法领域存在，因为"这是一个同税法的概念和体系等密切相关的问题"⑤。

① 参见［日］北野弘久著，陈刚、杨建广等译：《税法学原论》，4版，159页，北京，中国检察出版社，2001。

② 参见［日］金子宏著，战宪斌、郑林根等译：《日本税法》，21页，北京，法律出版社，2004。

③ 参见刘剑文主编：《财税法学研究述评》，178页，北京，高等教育出版社，2004。

④ 参见刘隆亨：《中国税法概论》，4版，68～69页，北京，北京大学出版社，2003。

⑤ ［日］金子宏著，战宪斌、郑林根等译：《日本税法》，19页，北京，法律出版社，2004。

第二节 税权的概念和基本权能

一、税权的概念和特征

税权，也称课税权、征税权，是指由宪法和法律赋予政府开征、停征及减税、免税、退税、补税和管理税收事务的权力的总称。根据税收法定主义原则，税权是由法律规定的，是包括国家主权在内的各项国家权力在税收上的集中表现。需要注意的是，税权不是税法主体权利的简称。税法主体权利包括国家拥有的税权和纳税人享有的权利。因此，税权与税法主体权利是两个不同的概念，彼此之间有密切联系，但二者的区别也是十分明显的。为了正确理解税权的概念，必须明确税权的特征。税权作为一个特定的税法范畴，具有以下特征。

（一）专属性

这是税权在主体方面的特征。税权的权利主体总是国家，国家作为权利主体具有唯一性和统一性。这种唯一性和统一性，表明税权是国家之外的任何其他主体不能拥有的，具有国家专属性。财政机关、税务机关和海关是代表国家行使税权的职能部门，它们拥有国家授予的征税职权，但不能说它们拥有国家税权。税权与国家公共权力存在着密切的联系。正如我国著名财政学学者所言，“公共权力和税权是相辅相成的，公共权力靠税权取得赖以存在以及执行其职能的物质基础，而税权则是以具有政治强制性的公共权力为后盾的”①。

（二）法定性

税权是法定权力，为国家的宪法和法律所设定。在现代世界各国，政府拥有税权必须通过宪法或税收法典、法律作出严格规定。美国宪法规定，依照权力征税，必须按照议会通过的法律进行，并在议会中专门规定了税收议案的审议程序。法国宪法及税收法典均规定，各税种、税率及税款征收方法都要由议会制定法律加以明确。加拿大、比利时等国也在宪法中规定，没有法律依据不能征税。② 我国宪法规定，公民有依照法律纳税的义务（反衬出国家拥有税权）。我国《税收征收管理法》第 3 条第 1 款规定：“税收的开征、停征以及减税、免税、退税、补税，依照法律的规定执行；法律授权国务院规定的，依照国务院制定的行政法规的规定执行。”可见，税权法定，即严格由法律规定，是税权的一个重要特征。

---

① 陈共主编：《税收基础》，天津，天津人民出版社，1987。原文中将税权称为“征税权”，本书为叙述方便而改称之，两者此处同义。

② 参见曾繁正等编译：《税收管理》，187 页，北京，红旗出版社，1998。

（三）优益性

税权不同于个人和公司企业享有的一般经济权利，它体现国家和全体人民的意志，涉及国家和全社会的利益。因此，税收机关代表国家行使税权时，享有一定的优益条件，实现国家的优先受益。这种优益性在征税行为方面表现为效力先定性。我国《税收征收管理法》第 88 条第 1 款规定："纳税人、扣缴义务人、纳税担保人同税务机关在纳税上发生争议时，必须先依照税务机关的纳税决定缴纳或者解缴税款及滞纳金或者提供相应的担保，然后可以依法申请行政复议；对行政复议决定不服的，可以依法向人民法院起诉。"

（四）公示性

这是税权某项具体内容发生变更时表现出的特征。税权的义务主体十分广泛，税权的某项内容的变更涉及众多纳税人的利益。为了切实贯彻税权法定原则，约束税收机关的征收管理行为，保护纳税人的利益，凡是税权内容发生变更的，都必须将变更的内容以法定方式公开，使纳税人知晓。税权的公示必然有利于防止税收机关及其工作人员滥用职权行为的发生，有利于监督各项税收工作。可见，税权的公示性是依法治税的内在属性。

（五）不可处分性

税权是政府的一种经济职权。税收机关有权实施税权，但无权对它作任意处分。税权的不可处分性表现为两个方面：一是税收机关不得自由转让税权，除非符合一定的法律条件并经过一定的法律程序；二是税收机关不得自由放弃税权。从这个意义上说，税权同时也是税收机关的一项法定义务。税权的不可处分性是它区别于一般经济权利的重要特征。

二、税权的基本权能

税权的基本权能是指构成税权的基本要素。税收的开征、停征、减税、免税、退税、加征和征收管理是税权统一的不可缺少的基本权能。

（一）开征权

开征权是税权的核心权能，它是指国家选择某一征税对象向相应纳税人强制无偿征收一定比例的货币或实物的决策权。简而言之，开征权是指国家决定开征某一税种的权力。国家开征一种新税，就意味着将某一类财产或特定的行为确定为征税对象，而将征税对象所涉及的某些单位和个人确定为纳税义务人。国家开征一种税，是将一部分财产从纳税人所有转为国家所有，这种财产所有权的转移必须通过一定的形式才能得到实现。开征权是国家参与部分社会产品和国民收入分配、再分配的经济关系在法律上的表现。因此，只有国家才是开征权的权力主体，但是，国家征税的权力是集中通过国家最高权力机关及其授权的国家行政机关以立法形式实施的。

（二）停征权

停征权，是指国家决定停止征收某一种税收的决策权。开征权的行使导致某一种新的税收的出现，而停征权的行使导致某一种旧的税收的终止。停征权的权力主体也是国家，具体表现为国家的最高权力机关及其授权的国家行政机关。

（三）减税权

减税是指对纳税人应征税款减除一部分，从而减轻纳税人的纳税义务。减税权是国家决定对某些纳税人减税的权力。减税权的权利主体是国家最高权力机关及其授权的国家行政机关。代表国家行使征税权的税收机关也可以依法享有一定的减税权，例如，某些纳税人遇到特殊的暂时困难时，税务机关可依照税收管理权限的规定临时批准减税。

（四）免税权

免税是指将纳税人的应纳税额全部免除，从而使纳税人不再承担纳税义务。豁免也是一种免税，它是指按照税法的规定，经过批准对全部应纳税款或欠税免予缴纳。免税权是决定对某些纳税人免税的权力。

（五）退税权

退税是指将已经征收入库的税款，按照法定程序退还给原纳税人的行为，包括误征退税、政策退税和其他退税三种类型。退税权是国家赋予征税机关的依法办理退税的权力。

（六）加征权

税收加征，是指在按税法规定的税率计算出纳税人的纳税额基础上，再按此纳税额加征一定成数或倍数的税收。在加征的情况下，纳税人的应纳税额为按税率计算的纳税额与加征额两项之和。可见，加征增加了纳税人的税负，它实际上是提高税率的一种方式。加征权是国家赋予税收机关依法对某些纳税人按照纳税额加征一定成数或倍数的税款的权利。国家赋予税收机关加征权，其目的在于限制某些经营或防止纳税人取得过多利润，调节经济和收入分配。

（七）税收检查权

税收检查权是国家赋予税收机关依法对纳税人履行纳税义务的情况进行检查监督和对税收违法行为进行查处的权力。税收检查权是税收机关进行税收检查活动的依据，是贯彻和实施税法、保证税收收入的重要法律手段。关于税收检查权的内容，我国《税收征收管理法》作出了明确规定，包括查账权、场地检查权、责成提供资料权、询问权、查证权和查核存款账户权等。

（八）税收调整权

税收调整权，是指国家最高权力机关及其授权的国家行政机关对税法规定的部分税收内容进行增减、修订和补充的权力。

三、税收管理体制

税收管理体制，作为一项基本的税收法律制度，是指确认和保护中央政府和地方政府之间税权关系的法律制度。它的核心内容是划分中央政府和地方政府之间的税权权能。税收管理体制是国家税法制度的一个重要组成部分，也是国家财政管理体制的一项重要内容。

依照中央与地方之间税权划分状况，可以将税收管理体制分为三种类型：（1）中央集权型。其税权集中于中央政府，地方政府的权限很小。（2）地方分权型。其税权集中于地方政府，中央政府的权限较小。（3）集权与分权兼顾型。中央政府集中掌握主要的税权和税种收入，地方政府掌握次要的税权和税种收入。

合理确定中央与地方之间的税权，建立符合本国国情和市场经济体制要求的税收管理体制，正确处理税收管理中的集权与分权的关系，对于调动中央和地方两个积极性具有十分重要的意义。

第三节　税收管辖权

一、税收管辖权的概念与类型

税收管辖权是国家税权的组成部分。税收管辖权，实质上是一种征税权，它是国家在其主权管辖范围内享有的税权，是国家主权在税收领域的体现，具有独立性和排他性。[①] 税收管辖权是国际税法中一个基本范畴，是分析国际税收关系的前提。国家之间税收权益的协调，必须彼此相互尊重其税收管辖权。税收管辖权意味着一个国家在税收方面行使权力的完全自主性，以及在处理本国事务时所享有的不受外来干涉和控制的权力。税收管辖权一般由该国政府行使，基于这种权力，一国政府可以决定对哪些人征税、征何种税、征多少税以及如何征税。税收管辖权既是一国政府确定纳税人、税种和税率并行使征税权的实体权力，又是在国际税法领域，处理国家间税收利益冲突、避免重复征税与反避税的征管权力。

税收是国家凭借其政治权力与法律规定征收的，这一本质决定了一个国家行使其征税主权时，不能超越国家的政治权力所能达到的行使范围的界限。虽然目前没有任何国

---

① 单独关税区以及其他特殊区域，由于各种原因，也可能实行不同于其所属主权国家的独立的税收管辖权。为了讨论问题的方便，亦考虑到通常的习惯，关于税收管辖权的讨论，仅仅考虑主权国家这一主体。

际公约对各主权国家的税收管辖权施加约束，甚至各国宪法也都没有对本国的税收管辖权施加限制，但是，这并不意味着税收管辖权不受任何限制。任何国家，既然是国际社会的一员，就不能置国际惯例于不顾，也不能违背客观经济规律。各国税收管辖权的行使方式和范围，更多的还是根据本国的政治、经济、社会等实际情况与传统法律因素，按照自己的主观意志来确定。

国际社会中，各个国家平等行使税收管辖权，都要受到一定的限制和约束。这是国际税收秩序的要求使然。国际法上，确定管辖权的依据有四项原则：属人原则、属地原则、保护原则、普遍原则。其中，重点是前两项原则。各国行使税收管辖权时，应当遵循这些原则。属人原则是各国对具有本国国籍的公民实行管辖的原则，属地原则是国家对其领域内的人、物和所发生的事件行使管辖权的原则。税收管辖权因此分为属人性质的税收管辖权和属地性质的税收管辖权。各国以纳税人或征税对象与本国主权存在的某种属人或属地性质的联结因素作为行使税收管辖权的前提或依据，属人性质的联结因素是税收居所，属地性质的联结因素是所得来源地或财产所在地。

（一）属人性质的税收管辖权

属人原则，是指一个国家对一切在境内和在境外的本国人都有权管辖。属人原则，是以相关主体的国籍和住所等人的因素为标准，来确定税收管辖权行使范围的一种原则。税收居所是纳税人与征税国之间存在的以人身隶属关系为特征的法律事实。自然人方面隶属关系形成的主要依据是个人在征税国境内是否拥有住所、居所等或是否具有征税国的国籍；法人方面隶属关系形成的主要依据是法人是否在征税国注册成立或者总机构、管理控制中心是否设在征税国境内。自然人或法人如果与征税国的税收居所有联系，就是该国税法上的居民纳税人；否则，就是该国税法上的非居民纳税人。

属人性质的税收管辖权，可以归纳为：征税国根据税收居所联系对纳税人来自境内外的全部所得和财产价值予以征税。具体来说，属人性质的税收管辖权可以分成两种形式：第一，居民税收管辖权，是指征税国基于纳税人与征税国存在居民身份关系的事实而主张行使征税权，以居民身份为联结因素；第二，公民税收管辖权，是指一国政府对具有本国国籍者在世界范围内取得的所得和拥有的财产价值行使征税权，以公民身份为联结因素。目前，大多数国家实行居民税收管辖权，只有美国、墨西哥、荷兰等少数国家实行公民税收管辖权。

坚持属人性质的税收管辖权的主要理由在于：国家对居民或公民及其财产提供法律保护和社会公益，居民或公民理所当然地要向国家履行纳税义务。一国政府以纳税人在本国的居民或公民身份为依据，对于取得本国居民或公民身份、被认定为本国居民或公民的自然人和法人甚至非法人的经济实体，有权就其来自世界范围内的全部所得实施征税，故又称为从人征税。居民或公民对其居住国或国籍国承担的纳税义务，不受国境的限制，是一种无限纳税义务。各国对自然人与法人的居民身份的认定，主要存在以下几个判断标准。

1. 对自然人居民身份的确认标准

关于自然人居民身份的确认，较为常见的有住所标准、居所标准、居住时间标准、意愿标准和国籍标准。

第一，住所标准，亦称户籍标准。所谓住所，是指人的永久性、固定性居住场所，通常指家庭、配偶和财产的所在地。判断住所，需要同时满足久住意思与久住事实的主客观条件。采用住所标准的国家较多，虽然永久性住所也很可能并不是一个人的真实活动场所。

第二，居所标准。所谓居所，一般是指人的经常性或习惯性居住场所，并不具有永久居住的性质。居所可以是自有，也可以是租用的公寓、旅馆。与住所相比，居所在更大程度上反映了个人与其主要经济活动地之间的关系，有时，居所也被称为“税收住所”。

第三，居住时间标准。这是指以自然人在本国居住或停留时间的长短，来确定其是否属于本国居民。该标准一般不单独适用，而是与居所标准相结合，来克服居所标准的不确定性。有些国家还按照居住时间的长短来将居民纳税人进一步细分为长期居民与非长期居民。

第四，意愿标准。这是指在确定自然人是否属于居民纳税人时还必须结合考虑本人是否有长期居住的意愿。

第五，国籍标准。根据本国国籍法应为本国公民的自然人，即构成税法上的居民。国籍标准，是指国家对于一切具有本国国籍的人有权按照本国的法律实施税收管辖。随着经济生活日益国际化，人们国际交往的日趋频繁，许多自然人的国籍国与经济活动所在地的联系较为松散，采用这一确认标准难以适应自然人实际所得和财产的状况。目前只有美国、菲律宾、墨西哥等少数国家仍坚持这一标准。

国际上广泛应用的是住所标准与居住时间标准，或者两者的结合。我国采用的自然人居民身份的确认标准是“住所标准”与“居住时间标准”相结合的标准，纳税人分为居民纳税人与非居民纳税人，两者分别承担无限纳税义务与有限纳税义务。

（1）“在中国境内有住所，或者无住所而一个纳税年度内在中国境内居住累计满 183 天的个人”，是居民纳税人。居民纳税人承担无限纳税义务，必须对“从中国境内和境外取得的所得”，依照《个人所得税法》的规定缴纳个人所得税。

（2）“在中国境内无住所又不居住，或者无住所而一个纳税年度内在中国境内居住累计不满 183 天的个人”，为非居民纳税人。非居民纳税人承担有限纳税义务，只需对“从中国境内取得的所得”，依照《个人所得税法》的规定缴纳个人所得税。

2. 对法人居民身份的确认标准

关于法人居民身份的确认，较为常见的有法人登记注册地标准、总机构标准、实际管理和控制中心所在地标准、控股权标准以及主要营业所在地标准。

第一，法人登记注册地标准，又称法律标准，即凡是在本国登记注册的公司都属于本国居民，或者说凡是依据本国法律成立的公司都属于本国居民。

第二，总机构标准，即凡是公司总机构设在本国的，均视为本国的居民公司。

第三，实际管理和控制中心所在地标准。实际管理和控制中心所在地，是指作出和形成法人的经营管理重大决定和决策的地点，例如，公司的董事会所在地等。根据这一标准，凡是公司实际管理和控制中心所在地在本国境内的，即为本国居民。

第四，控股权标准，即以公司拥有控制表决权的居民身份为依据来确定是否为本国居民。

第五，主要营业所在地标准，主要营业所在地，通常以公司生产经营业务数量的大小为依据来确定。根据这一标准，凡是主要营业地在本国的，即为本国居民。

我国采用的法人居民身份的确认标准是“登记注册地标准”与“实际管理机构所在地标准”相结合的标准，纳税人分为居民法人与非居民法人，或者称为居民企业与非居民企业，两者分别承担无限纳税义务与有限纳税义务。

（1）依法在中国境内成立，或者依照外国（地区）法律成立但实际管理机构在中国境内的企业，是居民企业。居民企业承担无限纳税义务，应当就其来源于中国境内、境外的所得缴纳企业所得税。

（2）依照外国（地区）法律成立且实际管理机构不在中国境内，但在中国境内设立机构、场所的，或者在中国境内未设立机构、场所，但有来源于中国境内所得的企业，是非居民企业。非居民企业承担有限纳税义务：在中国境内设立机构、场所的，应当就其所设机构、场所取得的来源于中国境内的所得，以及发生在中国境外但与其所设机构、场所有实际联系的所得，缴纳企业所得税；在中国境内未设立机构、场所的，或者虽设立机构、场所但取得的所得与其所设机构、场所没有实际联系的，应当就其来源于中国境内的所得缴纳企业所得税。

（二）属地性质的税收管辖权

属地原则，是指国家对境内的一切人和物以及所发生的事都有权行使管辖权。属地原则，是以纳税人的收入来源地或经济活动地为标准，来确定税收管辖权行使范围的一种原则。来源地，是指征税对象与之存在经济上的源泉关系的国家或地区。换言之，如果某项所得与某地区存在经济利益上的联系，则该项所得或财产价值将被视为源自该国或该地区。来源地包括所得来源地和各类财产存在地。属地性质的税收管辖权，又称来源地税收管辖权，是指征税国根据来源地这一联结因素对纳税人来自本国境内的所得或财产价值主张行使的征税权。

属地性质的税收管辖权，以收入来源地为联结因素。征税国依据征税对象与本国领域存在的经济上的源泉关系这一事实而主张征税权，并不考虑纳税人的居民身份或者国籍所属。依据收入来源地这一因素，收入来源地国有权要求有源于本国所得或存在于本国的财产价值的人承担纳税义务。对非居民行使来源地税收管辖权的核心问题在于，纳税人是否拥有来源于本国的所得。一国政府只对来自或被认为来自本国境内的所得行使征税权。

来源地税收管辖权以纳税人的收入来源地为依据，一般只对跨国纳税人一切来自本国境内的收入或在本国境内从事的经济活动，不分本国人或外国人，依据本国税法行使征税权；而对跨国纳税人来自境外的收入，不管纳税人是否为本国居民或公民，也不管他国政府是否对该收入征税，都不包括在本国的税收管辖权内，因而又称为从源征税。依据来源地税收管辖权原则，国家可以且只能对相关主体在该国领域内发生的所得或经济行为行使税收管辖权，而不能对其源于境外的所得或在境外从事的经济活动征税。

当一国依据其税法规定，确认非居民的上述所得来自本国境内时，有权行使征税权。来源地国行使税收管辖权应遵循的规则实际上就是来源地税收管辖权的约束规则。关于跨国所得来源地的判定，可以区分不同种类的所得来进行，其具体判定原则和标准如下。

1. 营业所得

营业所得，又称营业利润或事业所得，是指个人或公司企业从事一切生产性或非生产性经营活动所取得的纯收益。确定纳税人某项所得是不是营业所得，其依据在于纳税人取得该项所得的经济活动是不是其主要经济活动。

第一，交易地标准，这是英美法系国家较常采用的标准。所谓交易地，包括合同签订地、货物生产地、交付地以及货款支付地等。

第二，常设机构标准，这是大陆法系国家较常采用的标准。如果非居民的营业活动是通过在本国境内设立的某种营业机构或固定场所实施，并由此获得营业所得，那么就可以判定这笔营业所得源自本国。

我国在营业所得来源地的判断上采用“交易地标准”与“常设机构标准”相结合的标准：在中国境内设立机构、场所的，或者在中国境内未设立机构、场所，但有来源于中国境内所得的企业，是非居民企业。

2. 劳务所得

劳务所得，是指自然人从事劳务活动而取得的报酬。劳务所得可以分为独立劳务所得与非独立劳务所得：前者是指自由职业者从事某种专业性劳务或其他独立性活动所取得的报酬；后者是指由于受雇提供劳务而取得的报酬。

第一，劳务提供地标准。依照这一标准，个人在哪个国家提供劳务，其所获得的劳务报酬即为来源于哪个国家的所得，亦即劳务所得的来源地就是劳务的提供地。

第二，劳务所得支付地标准。这一标准以支付劳务所得的居民或固定基地、常设机构的所在国为劳务所得的来源地国。

目前，较多国家采用劳务提供地标准，因为这一标准更能反映劳务所得与劳务提供地的真正联系，而且在税收征管上比较切实可行。我国对劳务所得征税依据的也是劳务提供地标准。

3. 投资所得

投资所得，是指纳税人从事各种间接投资活动所获得的收益。投资所得是投资者将其资金、财产或权利提供给他人使用所获取的收益，投资者不直接参与企业的经营管理活动，具有消极和被动的性质。投资所得主要包括利息、股息、租金和特许权使用费等。

第一，权利提供地标准。跨国利息、股息、租金及特许权使用费等投资所得来源于提供债权、股权、特许权的居民所在国，因此，提供上述权利的自然人或法人是哪国的居民，则因这些权利而产生的利息、股息、租金和特许权使用费就来源于哪个国家。

第二，权利使用地标准，即权利在哪个国家使用就应判定因此权利而产生的所得来源于哪个国家。

发达国家或资本输出国倾向于采用权利提供地标准，认为跨国投资所得来源于居住国居民的各项跨国经济行为，如果没有这些国家居民的跨国投资行为，就不会发生各项投资所得，所以，居住国主张对跨国投资者的投资所得应由居住国独立行使居民管辖权。发展中国家或资本输入国倾向于采用权利使用地标准，我国也采用权利使用地标准。

4. 财产所得

财产所得，包括不动产所得和财产收益：前者是指纳税人在不转让不动产所有权的情况下，使用和出租不动产所取得的所得；后者又称财产转让所得或资本利得，是指转移财产的所有权所获取的收益，即转让财产取得的收入扣除财产的购置成本和有关的转让费用后的余额。财产收益又分为不动产转让所得与动产转让所得。不动产所得和不动产转让所得，以不动产所在地为所得来源地。而对于动产转让所得，有以下两个标准：第一，转让者的居住国标准，即转让财产者的居住国标准。第二，财产的实际销售地或成交地标准。

二、税收管辖权的冲突及其解决

承前所述，居民税收管辖权与来源地税收管辖权是两种最基本的税收管辖权。任何一个主权国家都有权从维护本国利益的角度出发，自行选择行使何种税收管辖权。很多国家并不单一采取某一税收管辖权标准，而是兼采几种标准。从各国税收管辖权的实施状况来看，兼采两种税收管辖权的情况较为普遍，同时，也存在一些例外的情形。多数国家即使兼采两种税收管辖权，基于本国的经济地位及国际交往的需要、国际惯例的要求，往往也会侧重于行使其中一种税收管辖权。这两种税收管辖权各有利弊，相比之下，应该讲来源地税收管辖权还是较为合理的，其从源课征，具有合理、便利等优点。

我国兼采居民税收管辖权与来源地税收管辖权，但更为注重行使来源地税收管辖权。即使有所侧重，各国兼采两种税收管辖权的普遍现象，还是会使税收管辖权的冲突增多。为此，大多数国家同意并遵循来源地管辖权优先的原则。一些国家和地区自律地仅仅行使来源地税收管辖权，只对源于本国境内的所得征税。目前，实行单一来源地税收管辖权的国家和地区多为一些发展中国家和地区，如文莱、肯尼亚、赞比亚等。这些国家和地区在经济发展过程中迫切需要吸收外国资本和先进技术，确立单一来源地税收管辖权的主要目的就在于：给外国投资者提供一种对境外收益不征税的优惠条件，借以吸引外国资本和国外的先进技术。

还有个别国家同时行使居民税收管辖权、公民税收管辖权与来源地税收管辖权，如墨西哥、美国等。这种情况主要发生在个别十分强调本国征税权范围的国家，其对个人所得税除了实行地域管辖权和居民管辖权，还实行公民管辖权。此外，罗马尼亚、菲律宾等国同时行使公民税收管辖权与来源地税收管辖权。关于税收管辖权的确定问题，各国都有自己的原则和标准，从而形成了一些较为得到认同的税收管辖权行使的基本原则。从某种程度上说，税收管辖权间的冲突会存在，与各国行使税收管辖权的基本原则不同有着直接的关联。

重复征税是不同国家间税收管辖权的积极冲突使然，避税虽然并非各国放弃税收管辖权的原因导致的，但确实是因为纳税人滥用权利使其原本应承担纳税义务的行为所涉国家无法对其行使税收管辖权，因而将之视为消极冲突亦无不妥。因此，税收管辖权的积极冲突与消极冲突之解决，即表现为避免重复征税与反避税这两大组成部分，并成为国际税法的两大支柱性领域。国际税法，是为了协调处理跨国经济交往活动引起的税收分配矛盾和问题，从传统国内税法部门中逐渐形成和发展起来的新的税法分支体系，是调整各国涉外税收征纳关系和国家间税收分配关系的法律规范的总和。

（一）解决税收管辖权冲突的立法

解决税收管辖权冲突的立法形式上主要包括国际条约与国际税收惯例两种。

1. 国际条约

国际条约是解决税收管辖权冲突的主要形式，亦是国际税法的主要渊源，包括国际税收协定（International Taxation Treaty）以及其他国际条约中与国际税收有关的规定。国际税收协定，是指不同国家为协调其相互之间的国际税收分配关系而缔结的国际协定或条约。目前的国际税收协定主要是双边税收协定，而且主要集中于所得税领域和关税领域。其他国际条约也有关于税收关系的规定，如在贸易协定、航海通商友好协定，特别是投资保护协定中有关于国家间税收分配关系的规定，这些规定对国家间的税收分配关系也起着协调作用。

由于各国政治、经济制度较为复杂，彼此间还可能存在根本立场和利益的冲突与矛盾，所以，较难在全球范围内达成具有普遍约束力的国际多边税收公约，税收协定一般表现为双边国际税收协定。

经济合作与发展组织（OECD）《关于对所得和资本避免双重征税的协定范本》（简称《经合组织范本》）和联合国税收专家小组《关于发达国家与发展中国家避免双重征税的协定范本》（简称《联合国范本》），这两个税收协定范本在内容上有较多相同之处，但在某些原则方面有较大的差异和分歧，主要的不同在于规定征税权力分配的重心不同：前者更侧重居住地国，代表发达国家的利益；后者更关注来源地国，代表发展中国家的利益。税收协定范本虽然不具有国际法上的效力，但对国家间税收条约的制定和签署仍然具有一定的指导意义。

2. 国际税收惯例

国际税收惯例，即在国际经济交往中处理国家间的税收权益关系，反复出现并为各国所接受，因而具有法律约束力的税收通例，例如，居民税收管辖权原则，在外国人税收待遇标准上的无差别原则等。对外交使领人员的税收豁免曾经一度在国际上被认为属于国际税收惯例之一，但在 1961 年和 1963 年两个维也纳条约缔结后，这一惯例已经通过法律的认可程序成为国际公约。因为国际税法本身历史较短，而国际惯例一般都需要较长的形成过程，再加上国际惯例往往很容易为国际条约或各国法律所肯定，从而失去其作为惯例的特性，所以，作为国际税法渊源的国际税收惯例并不多。另外，国际法院和各国法院有关国际税收纠纷的判例，虽然不能作为国际税法的正式渊源，但根据《国际法院规约》第 38 条的规定，可以作为确定国际税法原则的补充资料，所以也要给予一定程度的重视。

（二）解决税收管辖权冲突的基本原则

解决税收管辖权冲突的基本原则，是指对于相关法律制度的运行具有指导作用的基本准则，可以作为其基础或本源的具有综合性和稳定性的原理和准则。解决税收管辖权冲突的基本原则，实际上也是国际税法的基本原则，是确立国际税法具体规范的前提和依据。国际税法的作用主要体现在消除和避免重复征税、防止和规制税收规避以及实现国际税收合作。解决税收管辖权冲突的基本原则有以下三项。

1. 国家税收主权独立原则

国家税收主权是国家主权的重要组成部分。税收主权独立，意味着国家在征税方面行使权力的完全自主性，对本国的税收立法和税收征管具有独立的管辖权。具体到税收管辖权冲突解决这一问题上，即指一国通过制定法律，确定本国税收主权的范围，有权对属于该范围内的征税对象进行征税。税收主权独立同时意味着其排他性，即国家独立自主地行使征税权力，不受任何外来意志的控制和干涉。对国家税收主权的限制，只能是一种在国家间相互自愿、平等地进行协调的基础上的自我限制。国家税收主权独立原则，是由国际税法对国内税法的必然的依赖性决定的。一国的国际税收政策是其国内税收政策的延续和伸展，国际税收政策往往是各国税法和税收政策相协调的产物；税法本质上属于国家主权范围内的事宜，一国制定什么样的税法取决于该国的国内国际税收政策。国家税收主权独立原则是维护国家权益、平等互利地发展国际经济交往的重要前提和制度基础。

2. 税收公平原则

税收公平原则是各国国内税法的基本原则，国际税法领域中的公平原则不完全等同于此，它既有对国内税法中税收公平原则的继承，也有由国际税法的本质特征决定的因素。国际税法上的税收公平原则分为国家间税收分配关系的公平原则和涉外税收征纳关系的公平原则两部分。

（1）国家间税收分配关系的公平原则，是各国在处理与他国之间的国际税收分配关系上应遵循的基本准则，其实质就是公平互利。各个主权国家在其税收主权相对独立的基础上平等地参与税收利益分配问题的协调过程，最终达到既照顾各方利益又相对公平的解决结果。在国家之间税收分配问题上，虽然也有效率价值的体现，但它远没有公平价值重要。国际税法应该奉行"公平优先，兼顾效率"的价值取向。

（2）涉外税收征纳关系的公平原则，包括税收的纵向公平与横向公平。国际税法中的征纳公平原则还具有特殊的意义，体现在本国纳税人与外国纳税人税收待遇的问题上，这也是国内税法公平原则的延伸。之所以单独加以说明，是因为现代国家在本国纳税人与外国纳税人税收待遇上往往并不公平。这是加速其经济发展的一条切实可行的道路，但是，涉外税收优惠并不是万能的，其所创造的一国涉外税收环境作用的发挥也是有条件的。对税收优惠的作用，不能孤立、片面地理解，而应从全局出发，作适当的分析和估量。[①]

---

① 参见姚梅镇主编：《国际经济法概论》，547 页，武汉，武汉大学出版社，1989。

3. 税收中性原则

国际税收中性原则，是指国际税收体制不应对跨国纳税人跨国经济活动的区位选择以及企业的组织形式等产生影响。一个中性的国际税收体制应既不鼓励也不阻碍纳税人是在国内进行投资还是向国外进行投资，是在国内工作还是到国外工作，或者是消费外国产品还是消费本国产品。在国际税法领域，税收中性原则仍具有同样的重要地位。一个好的国际税法就不应对资本、劳动和货物等在国家间的流动产生影响，从而有助于实现资源在世界范围内的合理利用。对国际税收中性可以从来源国和居住国两个角度进行衡量。从来源国的角度看，就是资本输入中性；而从居住国的角度看，就是资本输出中性。资本输出中性要求税法既不鼓励也不阻碍资本的输出，使在国内的投资者和在海外的投资者的相同税前所得适用相同的税率；资本输入中性要求位于同一国家内的本国投资者和外国投资者在相同税前所得情况下适用相同的税率。资本输出中性与资本输入中性在内容上存在着一定的对立或矛盾，在理论上本身已如此，而且难以统一。

三、重复征税的内涵及避免

各国税收管辖权并存可能发生的冲突和普遍实行复合税制，使重复征税的发生在所难免。为了保护纳税人的权益，各国政府和国际社会均采取了避免重复征税的措施。

（一）重复征税概念的内涵

从广义上讲，重复征税，指的是对同一纳税主体、同一征税对象或税源不止一次地征税。有些情况下，重复征税可能是多重的，但一般情况下都是两重的，因此，重复征税又可称为双重征税。重复征税的负面影响显而易见，尤其是影响了纳税人的权利。如何解决重复征税带来的各种问题，如何针对重复征税衍生的具体问题在税法上作出相应的制度安排，理应成为税收法制建设的重要课题。

重复征税的存在，意味着在同一纳税对象上征收两次以上的同一税种或相类似税种，使同一纳税对象的税收负担畸轻畸重，导致不公平竞争，使税收本身对交易的扭曲作用进一步放大，进而损害市场机制运作的效率。因此，各国总是尽一切努力减少重复征税情形在国际或国内出现，减轻由于重复征税所导致的额外负担，保证国际和国内市场的公平竞争。

国际重复征税，是两个或两个以上国家基于其各自的税收管辖权，对同一纳税人就同一征税对象在同一征税期间内，课征同一类税收而表现出来的国家之间的税收分配关系。要解决好国际重复征税问题，就必须弄清楚重复征税的成因。根据性质不同，重复征税可以分为税制性重复征税、法律性重复征税和经济性重复征税。

表 3-1　国际重复征税种类的比较

国际重复征税种类	产生原因	征税主体	纳税主体	税源
税制性重复征税	复合税制	不同	相同	相同

续表

国际重复征税种类	产生原因	征税主体	纳税主体	税源
法律性重复征税	不同征税原则	不同	相同	相同
经济性重复征税	公司经济组织形式	不同	不同	相同

1. 税制性重复征税

税制性重复征税，是一国实行复合税制所导致的，即由复合税制所造成的对同一税源进行两次或两次以上征税的情形。各国在税收法律制度实践中实行的都是复合税制；而只要一国实行复合税制，则征收多种税而导致的重复征税就在所难免了。其原因在于：在实行复合税制的国家，它们往往对同一纳税人的同一税源，既课征流转税，又课征所得税，还要课征财产税。与复合税制相对的是单一税制，即某一国家的税制只由一个税种构成。单一税制的实行，可以杜绝税制性重复征税，但是，单一税制仅仅在理想状态中存在，任何一个纳税主体一般都可能被征收多种税，或其同一税源被多次征税，从而使税制性重复征税在各国成为一种普遍现象。而各国实行的复合税制的具体内容也不尽一致，这使税制性重复征税主要存在于某一个国家境内，而与其他国家无涉。也就是说，一个国家因其自身行使税收管辖权时选择了复合税制而导致税制性重复征税的产生。随着相关国家以及国际组织的税收协调的进一步加强，将来也会出现国际性的税制性重复征税。

2. 法律性重复征税

法律性重复征税，是指对同一纳税人行使了法律依据不同的税收管辖权所导致的重复征税。最典型的国际性重复征税形式就是法律性重复征税。法律性重复征税形成的原因在于：不同国家行使的税收管辖权之间的冲突。各国税收管辖权的不同，源于法律依据的不同，故该类重复征税称为法律性重复征税。如各国同时行使同一类型的税收管辖权，法律性重复征税一般是能够避免的，而各国往往选择多于一种的税收管辖权。法律性重复征税的存在及解决是国际税法领域中非常重要的问题。换言之，国际重复征税主要就是法律性重复征税。法律性重复征税是国际税收法律实践首先必须解决的问题。要解决好法律性重复征税问题，就必须解决好税收管辖权的确立标准问题，并且在实质上解决税收管辖权的冲突问题。

3. 经济性重复征税

经济性重复征税，是指对不同纳税人在经济上的同一税源征税所导致的重复征税。经济性重复征税形成的原因在于：不同纳税主体在经济上的税源的同一性。经济性重复征税，最为典型的例子是对公司和股东的重复征税，这种情况在实行古典所得税制的国家中非常普遍。古典所得税制，是指税制安排中不考虑企业所得税与个人所得税的重复征税问题，分别单独课征，也不相互提供抵扣。从法律上讲，公司和股东并非同一纳税主体，是不同的纳税人。由于具有同一经济税源的不同纳税主体，既可能同处一国，也可能位居不同国家，所以，既可能存在一国国内的经济性重复征税，也可能存在国际性的经济性重复征税。经济性重复征税对资源配置的影响主要是使资本的税后收益和资金的成本发生改变，进而影响投资者和筹资者的投融资决策。仅仅发生在一国境内的经济性重复征税，与税制性重复征税类似，往往是某一国家行使税收管辖权的结果。因此，各国比较重视消除国际性的经济性重复征税。

（二）避免国际性重复征税的方法

发生在一国境内的重复征税可能是税制性重复征税和经济性重复征税，国际性的重复征税包括法律性重复征税和经济性重复征税，这是避免国际性重复征税的重点所在。国际性重复征税的发生，主要是由于不同国家对同一跨国纳税人同时分别行使地域管辖权和居民管辖权造成了冲突。要妥善解决重复征税问题，应当针对重复征税的成因采取相应的措施。税制性重复征税、法律性重复征税和经济性重复征税的成因分别是采行复合税制、各国行使相冲突的税收管辖权以及对同一税源重复征税。

在国际层面解决税收管辖权冲突、避免重复征税的重要举措，就是进行国际性税收协调。这是在宏观层面避免重复征税的主要方式。国际性税收协调主要表现在四个方面：商品课税制度的国际协调、所得课税制度的国际协调、国际间对跨国收入和费用分配的协调以及国际间对避（逃）税防范措施的协调。[①] 因为商品税领域的重复征税问题已基本解决，国际社会努力的方向主要是避免对所得和财产的重复征税。也就是说，国际性重复征税问题的解决，最终要落实到税收管辖权的确立及其冲突解决的问题上。

由于属地性质的税收管辖权相对处于优势地位，所以，采取避免重复征税举措的往往是对某一应税事实行使居民管辖权的国家。OECD的国际税收协定范本和联合国的国际税收协定范本都在指导思想上强调优先考虑来源地税收管辖权的行使，而由跨国纳税人的居住国政府采取免税或者抵免等方法来避免国际性重复征税。国际性重复征税的存在，不仅不利于纳税人权利的保护，而且不利于国家间资本流动和技术交流，因此，各国均有动力去寻求解决国际性重复征税的方案。在国际税法实践中，要么通过两国政府间订立双边税收协定的方式，要么通过一国政府在税法上单方面给予税收优惠的方式来解决国际性重复征税问题。

1. 避免国际性的法律性重复征税的方法

国际性的法律性重复征税，是指两个或两个以上的国家，对同一纳税人就同一征税对象，在同一时期内课征相同或类似的税收。这是由两个或两个以上的国家的税收法律规定对同一纳税人采取不同的征税原则，而引起的重复课税。通常采用的避免国际性的法律性重复征税的方法主要有免税法、抵免法、扣除法、减免法和延期征税法。

（1）免税法，是指一国政府对本国居民的国外的所得免予征税，而仅对其源于国内的所得征税。这种方法以承认来源地管辖权的优先地位为前提。承认来源地管辖权的独占地位，意味着居住国政府完全放弃对其居民来自国外的所得的征税权力，而将这种权力无条件地留给这笔所得的来源国政府。免税法可分为两种。

1）全额免税方法，是指居住国政府对其居民来自国外的所得全部免予征税，只对其居民的国内所得征税，而且在决定对其居民的国内所得所适用的税率时，不考虑其居民

① 参见王传伦、高培勇：《当代西方财政经济理论》，下册，413页，北京，商务印书馆，1995。

已被免予征税的国外所得。采用全额免税法的国家只有法国、澳大利亚及部分拉美国家。

2）累进免税方法，是指居住国政府对其居民来自国外的所得不征税，只对其居民的国内所得征税，但在决定对其居民的国内所得征税所适用的税率时，有权将其居民的国外所得加以综合考虑，即境外所得免于纳税义务但却影响到境内所得的纳税能力和纳税负担。

由于免税法的运用会减少居住国应征的一部分收入，因而国际上采用此法的国家和地区不多，主要有两类：一类是行使收入来源地管辖权的国家和地区，如巴哈马、百慕大群岛、巴拿马等，其中大部分国家和地区是国际上通称的“避税港”。另一类是虽然行使两种税收管辖权，但对来源于国外的所得，实行有限定条件的免税。如法国规定，纳税人来源于国外的所得可以免税，但纳税人必须将其缴纳非居住国税款以后的全部所得汇回法国，并在股东之间作为股息分配。

（2）抵免法，是指一国政府在对本国居民的国外所得征税时，允许其用国外已纳的税款在本国应纳税款总额中依法进行抵扣，从而免除其国外所得在本国的纳税义务。该方法的指导思想是承认来源地管辖权的优先地位，但不放弃居民管辖权。抵免法是国际税法实践中最普遍适用的方法。

消除国际性的法律性重复征税的抵免法常可称为直接抵免法，即指居住国政府对其居民纳税人在非居住国直接缴纳的所得税款，允许冲抵其应缴本国政府的所得税款。直接抵免法还可以进一步细分为全额抵免和普通抵免两种方法。

1）全额抵免，是指居住国政府对其居民纳税人的国内和国外所得汇总计征所得税时，允许居民将其向外国政府缴纳的所得税款从中予以全部扣除。

2）普通抵免，又称限额抵免，是指居住国政府对其居民纳税人的国内和国外所得汇总计征所得税时，允许居民纳税人将其向外国政府缴纳的所得税款从中扣除，但扣除额不得超过其国外所得额按照本国税法规定的税率计算的应纳税额。

具体来说，抵免限额可以分为综合抵免限额、分国抵免限额和分项抵免限额三种计算方法：第一，综合抵免限额，是指居住国政府对其跨国居民纳税人进行外国税收抵免时，将其所有来自国外的所得（包括负所得）汇总计算抵免限额；第二，分国抵免限额，是指居住国政府对其居民纳税人来自不同国别的所得，分别计算抵免限额；第三，分项抵免限额，是指对居民来源于国外的某些特定项目的所得，以各个项目为单位，分别计算抵免限额。

（3）扣除法，是指一国政府对本国居民源于国外的所得征税时，允许其将该项所得已负担的外国税款作为费用，从应纳税的国外所得中扣除，从而只对扣除后的余额征收所得税。扣除法只能减轻重复征税，但并不能彻底解决重复征税问题。因此，在国际税法实践中，扣除法极少被运用。

除了抵免法、免税法和扣除法，有些国家还采取减免法或延期征税法。

（4）减免法，又称低税法，是指一国政府对本国居民来源于国外的所得征税时，按照较低的税率征税，而对其在国内的所得按照较高的标准税率征税，以消除国际重复征税。

（5）延期征税法，是指居住国政府对纳税人在国外的所得在一定期限内暂不征税。

如美国税法规定，国外子公司的利润在作为股息汇回美国母公司以前可不在美国纳税。显然，延期征税法并没有减少纳税人的应纳税额，只是延长了缴税的时间，所以，也可以看作对纳税人的一种照顾。

2. 避免国际性的经济性重复征税的方法

国际性的经济性重复征税，是指两个以上的国家对不同的纳税人，就同一课税对象或同一税源，在同一期间内课征性质相同或类似的税收。国际性的经济性重复征税是对同一跨境经济关系中不同纳税人的重复征税。现代公司制充分发展后，对公司收益的征税，及对股东个人收益的征税，就是典型的双重课税。通常采用的避免国际性的经济性重复征税的方法是归属抵免制、免税制或减除法以及双率制。

归属抵免制，是指企业按一定规则将已纳的企业所得税归属到分配的股息中，在股东就其股息所得纳税时，可以用归属到的税收抵扣额抵免应纳所得税。归属抵免制的优点在于一步到位，但缺点是不仅调整范围大——同时涉及个人所得税和企业所得税的变动，而且实际征管成本较高。避免国际性的法律性重复征税的抵免法称为直接抵免法，而避免国际性的经济性重复征税的归属抵免法称为间接抵免法。居住国政府根据母公司从在国外的子公司取得的股息，间接地推算出应由母公司承担的税额，并以此来冲抵母公司的应纳税款。间接抵免适用于不属于同一经济实体的跨国母、子公司之间外国税款的抵免，运用范围主要是母公司来自子公司的所得承担的外国税款。

免税制是指在个人所得税环节对股息所得免税。而减除法是指在企业所得税环节将用于支付股利的部分从税前利润中减除。免税制或减除法方案的优点在于只需要调整个人所得税或企业所得税，相对来说影响较小，容易实行，消除双重课税的效果也不差；缺点在于政府放弃的税收利益太多。

双率制，是指对企业的已分配利润适用较低税率，而对保留利润课以较高税率的办法。双率制的优点在于只需调整企业所得税，变动较小，实行容易，而且政府不会放弃过多的税收利益，比较容易保持税收收入的稳定，在政治程序上也比较便利，但是，该制度只能适度缓和而不能消除重复课税，对于再投资的问题也解决不好。原来实行双率制的国家都已转型，因此，它更适合作为一种过渡性安排。

（三）税收饶让抵免制度

税收饶让抵免是在税收抵免的基础上所作的制度安排，但它并不是旨在消除重复征税的一种方法，而是居民国对本国居民给予的一种税收优惠措施。税收饶让抵免的特殊性在于，它是一种“虚拟抵免”，即居民国对于其居民在国外得到税收减免优惠的那部分所得税，视同已经缴纳，同样给予税收抵免，而无须据实补征。税收饶让抵免实质上是在税收抵免制度的基础上发展起来的特殊税收抵免制度。

1. 税收饶让的内涵及分类

税收饶让抵免，简称税收饶让，是指一国政府对于本国居民在国外应纳所得税款中得到减免的部分，视同其已经缴纳，并允许其用得到外国减免的税款来抵免在本国应缴纳的税款。税收饶让与直接抵免密不可分，是税收抵免的延伸，其计算与税收抵免相结合。税收饶让的目的是保证税收优惠的实现和维护本国投资者的利益，不牵涉重复征税的免除问题。税收饶让并没有改变税收抵免的本质，也注意保持了来源地税收管辖权与居民税收管辖权之间的平衡，特别是在居住国行使居民税收管辖权时，必须尊重来源地税收管辖权。

尊重来源地税收管辖权优先性的思想在税收饶让中得到进一步延伸，来源地国的自由支配权和自主意志得到充分尊重，当来源地国自愿全部或局部放弃行使税收管辖权时，居住国也不应当将这部分放弃的税收利益据为己有。如果按照一般税收抵免制度，纳税人享受的来源地国给予的税收优惠待遇的所得，完全可以据实按照居住国的税法纳税，并不会因此增加纳税人的税负。但是，在实行税收饶让制度的情况下，居住国实际上是放弃了这部分可以得到的税收利益，以让利于本国居民，从而使来源地国的税收优惠措施能够得到具体落实。

居住国认可和支持来源地国给予的税收优惠，实际上放弃了本来可以得到的因给惠国实施税收优惠而溢出的部分税收利益，从而使跨国纳税人能够真正享受给惠国的税收优惠。

税收饶让有以下两种方式。差额饶让抵免，是指居住国对本国居民在非居住国享受的按协定规定的优惠税率与按税法税率征税的差额视同按税法税率已征税，予以抵免。定率饶让抵免，是指居住国对本国居民来源于外国的所得承担的税款，按税收协定规定的固定税率计算出来的税额给予抵免。

2. 税收饶让实践的分歧

税收饶让制度已经成为世界各国的共识，税收饶让一般发生在发达国家与发展中国家之间。发达国家与发展中国家的地位和国际经济政策不同，对税收饶让的态度也不尽相同。为吸引外资，发展中国家往往要实施一系列税收优惠规定，特别是在所得税领域要实行许多税收减免政策，从而使发达国家的大量投资者能够得到发展中国家给予的税收优惠。

如果居住国只是实行一般的税收抵免制度，则对于投资者所享有的给惠国的税收优惠部分也要予以补征，这就使跨国投资者无法最终得到税收优惠，并会使发展中国家让渡给纳税人的税款，转化为发达国家的税收收入，这对于世界经济的发展和发达国家与发展中国家间经济关系的协调，都是不利的。发展中国家一般都会要求发达国家实行税收饶让制度，目前，已有不少国家基于自身利益和互惠互利的考虑，在国内税法或相关的税收协定中，规定了税收饶让制度。但是，也有不少发达国家并不实行税收饶让制度，或者在双边税收协定中要求发展中国家给予对等的税收饶让。

尤其是，作为世界上最大资本输出国的美国，完全置国际共识于不顾，至今仍未向任何一个发展中国家提供税收饶让。美国坚持不提供税收饶让，其主要依据是资本中性原则，即所有资本都不受歧视地在全世界范围内承担相同或相近的税负，以便实现最有效率的资源配置。但是，这种假设是有前提的，即各国市场的竞争条件和交易成本基本一致，当然，这种假设是非常理想的状态，实际上并不存在，发展中国家无论是市场的基础设施和交易的法律保障等条件，都无法与发达国家相提并论。正是发展中国家税收优惠的存在，才使公平交易和资本中性的实现有了可能。所以，美国的立场并不见得有太充分的理论依据。

3. 税收中性原则与税收饶让

税收中性是西方税收学界所倡导和推行的一条重要原则。税收中性原则是以税收不干预经济、平等对待一切纳税人为目标的税收制度准则。一般认为，税收中性原则产生的理论基础是：英国古典经济学家亚当・斯密在其著作《国民财富的性质和原因的研究》中提出的“自由放任和自由竞争”的经济政策。税收中性与非中性其实并无本质区别，一国的税收以中性为主还是以非中性为主，取决于其当时所处的政治经济环境。其基本含义是：国家征税时，除了使人民因纳税而负担，最好不要使人民承受其他额外的经济负担和损失。

在当代，国家调节经济的职能扩大，课税都会自觉或不自觉地、或多或少地影响经济生活，要求一国的税制都按照税收中性原则建立是困难的。有人倡导在我国实行税收中性，实际上，这样是否符合我国现阶段市场经济发展的要求，是存在疑问的。税收中性原则只有在市场经济很发达的地方才能发挥作用。市场机制完善的国家，不是通过税收来调节经济的运行，国家进行资源配置也不是主要通过税收，这样降低税收对市场的影响会促进市场的发展。而我国市场经济发展时间短，市场不健全，需要国家适度干预来保证资源的合理配置、调节经济的运行，实行税收中性并无益处。除一国国内税制要求贯彻税收中性原则外，还有国际税收中性原则。国际税收中性原则要求税收对本国投资者和外国投资者都应保持中性，不应厚此薄彼，这样才能促使资本在国际上自由地、最有效地流动。

四、避税的内涵及法律规制

避税是现代税法实践面临的法律难题，理论上很有深入研究的必要。避税不仅存在于一国国内，而且存在于跨国经贸活动中。将避税视为各国行使税收管辖权的消极冲突，是一个理论认识上的突破，既可以将其与重复征税问题有机联系起来，又可以体现其与税收管辖权的关联程度。如果说重复征税是各国积极履行税收管辖权使然的话，避税实际上是违背各国意愿的，也就是说，各国并非主动放弃税收管辖权的行使，而是避税客观上导致各国实际上无法履行税收管辖权。因此，与重复征税问题更多地受到纳税人关注不同的是，各国政府对避税问题倾注了更大的注意力，避税问题的有效解决对税法宗旨的实现至关重要。

（一）避税的内涵及防范

避税是一个内容上容易混淆的概念，需要与多个相近概念进行区分才能更好地理解避税的法律规制问题。避税是一种普遍现象，只要人们有逐利之心，只要税收法律制度上存在漏洞，避税行为的发生就在所难免。避税行为跨越国境，就变成国际避税，即指纳税人的避税安排具备了涉外因素，与两个或两个以上国家的税收管辖权产生了联系。相比之下，跨国纳税人更可能利用国家和地区间税收法律制度的差异来实现跨国避税。以下首先从避税的内涵开始探讨。

1. 避税与相关概念的区分

避税问题关乎具体的税收征管、税法实效以及税法秩序等重要问题，在税收法定主义的制约下，传统的法律漏洞补充理论无法发挥积极功效。针对这种情况，各国税法都强调，当某一行为的法律形式与其经济实质不一致时，应当抛开法律形式的束缚，直接针对经济实质课税。避税是引发思考实质课税的理论与实践的根本原因。典型者如德国，其学说和判例关于税收规避的逻辑是：某种经济效果属于立法者原拟征税的对象；纳税人选择的方式使该经济效果与税法的连续性相断裂；纳税人所选择的是非正常的交易模式。①

从社会效益角度来说，避税会损害税法目的的实现。税法是一种社会制度，体现了人类对各种利益关系的判断与兼顾，体现了对社会效益最大化的追求。避税是一种逆法行为，可能损害国家利益和社会利益的实现，而且，在纳税人追求避税效果的过程中，纳税人不断地与各国征税机关进行博弈，由此造成征税成本的无谓耗损。因此，公平的税法制度应当将避税控制在合理范围内，当然，这种控制并不在于对纳税人所追求的利益的否定，而是要提高税法立法的技术，制定尽可能完善的税法体系，最大限度地减少人们避税的积极性。

正如大法官 Reddy 对避税的形容："规避征税而又不违反法律的艺术。"② 这表明各国对避税的理论认识和实践态度，也是解决避税问题的基本方向。简言之，避税的防范，并不在于制裁，而在于防患于未然。避税的概念之所以具有争议性，原因在于与此相近的一系列概念的存在。所谓避税，是指纳税人以并不直接违反税法文本规定但却违反其立法宗旨为前提而减少纳税义务的行为。③ 税收逃避是避税的上位概念，是相关主体通过采取一系列的手段，逃脱已成立的纳税义务，或者避免纳税义务成立，从而减轻或免除税负的各类行为的总称。

依据税收逃避的目的和合法性标准，税收逃避可以分为两种：第一，逃税行为，是为了逃脱已成立的纳税义务，不缴或少缴应纳税款，而采取的各种欺诈性的行为，它具有突出的违法性；第二，避税行为，是为了规避税法，避免纳税义务成立，而采取的各种正当的和不正当的行为。还有狭义避税行为说，即为了降低或免除税负，利用税法规定的漏洞而实施的避免纳税义务成立的各种行为。从理论上说，避税分为正当避税与不当避税两种，但在实践中要区分两者并不容易。本章讨论的避税限于正当避税。正当避税即便不是法律所引导和鼓励的，至少也不为法律所否定，仅仅具有道德上的可责难性。不当避税自然是法律反对的。

---

① 参见刘剑文、熊伟：《税法基础理论》，149 页，北京，北京大学出版社，2004。

② 转引自［美］罗伊·罗哈吉著，林海宁、范文祥译：《国际税收基础》，369 页，北京，北京大学出版社，2006。

③ 国际财政文献局（International Bureau of Fiscal Documentation，简称 IBFD）对避税所下的定义是：避税是指用合法手段以减少税收负担。该词含有贬义，通常表示纳税人通过个人或企业活动的巧妙安排，利用税法上的漏洞和缺陷，谋取税收利益。该定义有两个特征：一是具有合法形式，二是有悖于立法意图。而联合国税收专家小组对避税的解释是：避税相对而言是一个比较不明确的概念，很难用人们所普遍接受的措辞对它作出定义。一般地说，避税可以认为是纳税人采取利用某种法律上的漏洞或含糊之处的方式来安排自己的事务，以减少他本应承担的纳税数额。

正当避税包括节税与税收筹划两种行为：第一，节税，是指为降低或免除税负，依法作出的符合税法宗旨的各类避免纳税义务成立的行为；第二，税收筹划，是指通过依法事先作出筹划和安排，来尽可能取得更多的税收利益的行为。一种少纳税行为是否违背立法宗旨，是执法者的自由裁量行为。实践中，绝大多数国家并没有将判断避税这种自由裁量权赋予税务主管机关。避税在国际范围内的延伸和发展，即成为所谓的国际避税。

国际避税，是指跨国纳税人利用两个或两个以上国家的税法和国际税收协定规定的差别、漏洞、特例和缺陷，采取形式合法的公开手段达到规避、降低或延迟本应承担的纳税义务的目的。各国之间纳税义务确定标准、税率高低、税基宽窄、避免重复征税方法、税收管理水平等差异以及避税港的存在，都为跨国投资者选择征税主体提供了条件和机会，从而达到避税目的。各国对国际避税的认定方法与处理方式各有特色，如果当事人从事某项行为的真实意图是逃避税法的适用，即使其行为表面上符合法律规定，征税时也不承认这种形式。

2. 一般反避税条款

避税直接影响纳税人之间的税负公平以及国家财政收入的取得。反避税措施一般分为一般反避税条款和特别反避税条款，也可以通过税法解释等法律适用或者司法途径对避税行为进行否定，或者可以通过税制改革等防止避税。一般反避税条款是一般的防范性规定，其并不针对某一特定的行为类型，而是试图以法律规定的形式，通过要件描述，涵盖违反立法意图的所有避税行为，并对行政机关、司法机关认定避税的行为、重构正常合理行为以及征税行为中的权力进行分配，以实现对避税行为的立法否定以及反避税的权力配置。一般反避税条款是一系列规则的总和，是一套制度，可以包括很多具体的条款。①

英美法系国家通常没有规定一般反避税条款，美国的法官们在解释税法时一直比较激进，创建了很多反映国会制定所得税法时的预设意图的反避税规则。这些原则称为实质重于形式（substance over form）、分布交易（step transaction）、商业目的（bussiness purpose）、虚假交易（sham transaction）和经济实质（economic substance）。这些原则的外延并不清晰。除此之外，也有许多英美法系国家制定了法定的一般反避税条款。当法官对税法的解释未能成功或者不足以消除滥用税法的情形时，法定的反避税条款就被视为是必不可少的。

法国法院在税收领域特别发展了异常经营行为原则（the doctrine of abnormal management act）。异常经营行为是一种“不具备合理的商业目的而使企业承担费用或者损失，或者使企业丧失收益”的行为。《德国租税通则》规定：“法律上无效的交易，如果有经济后果，应该对其征税。该条同时规定虚假的交易在税收上不予认可。”“不能滥用法律上的构成可能性规避税法。如果发现有这种滥用，其税收后果将等同于与该经济情况相当的法律构成的税收后果。”许多大陆法系国家在税收领域接受了权利滥用的概念，

① 参见王晶：《一般反避税条款制定的必要性》，载刘剑文主编：《财税法论丛》，第6卷，321页，北京，法律出版社，2005。

但各国认识不一致。[1]

一般反避税条款是规制避税行为的主要法律依据。我国《企业所得税法》首次明确引入一般反避税条款，其第 47 条规定："企业实施其他不具有合理商业目的的安排而减少其应纳税收入或者所得额的，税务机关有权按照合理方法调整。"这一条措辞宽泛的反避税规定，主要目的是防范"避税交易"。而对于那些旨在为真正的商业目的而不是谋取税务利益进行的交易，以及不会导致滥用税法规定或整体税法的交易，所有的反避税规则都不再适用。

（二）具体的反避税规则

国际避税的存在，对国际经济交往和有关国家的财权收益以及纳税人的心理都会产生不可忽视的影响。因此，有关国家针对跨国纳税人进行国际避税所采用的各种方法，采取相应措施加以限制。除一般反避税条款外，大多数国家的税法都会规定具体的反避税条款。具体的反避税规则是法律直接规定的否决纳税人取得税收利益的某些行为的条款，其目标是阻却规避或滥用税法的具体的类型化行为。我国《企业所得税法》通过"特别纳税调整"一章建立了较为全面的反避税制度。[2] 一般来说，反避税制度包括以下几项具体规则。

1. 防止通过纳税主体的转移避税的措施

通过纳税主体的转移而避税，是最常见、最直接的避税方式，纳税主体主要有自然人和法人两种，因此，防止通过纳税主体的转移避税的措施也可分成两类。

对自然人利用移居国外的形式避税的限制。有的国家规定，对必须属于"真正的"和"全部的"移居才予以承认，方可脱离与本国的税收征纳关系，而对"部分的"和"虚假的"移居不予承认。德国法规定，纳税自然人虽已失去本国居民身份，但仍有经济联系的，应连续对其征收有关的所得税，视其为特殊的"非居民"。荷兰法规定，本国居民到国外定居不满 1 年就迁回，尚未取得外国居民身份者，应连续视为荷兰居民征税。有的国家甚至还规定，自然人只有到了退休年龄才准许移民国外。

对法人利用变更居民或公民身份的形式避税的限制。有的国家对法人的国际转移给予有条件的允许。荷兰法曾规定，准许本国企业在战时或其他类似祸害发生时迁移到荷属领地，而不作避税处理，但对于其他理由的迁移，一般认为是以避税为目的，而不予承认，仍连续负有纳税义务。英国法曾规定，如果一家公司未取得同意而迁出境外，将受到两种惩罚：一是公司将继续负有在英国的纳税义务，如同根本未迁移出境一样；二是将可能受到刑法中附加条款的制裁。法人居民身份的改变，目前多数国家已按照"主要管理机构所在地"的原则掌握，有的国家并对"主要管理机构"的具体标准作了较详细的规定，但由于没有统一的标准，仍有一些漏洞存在。

---

① 参见［美］维克多·瑟仁伊著，丁一译：《比较税法》，160～194 页，北京，北京大学出版社，2006。

② 所谓特别纳税调整，是指税务机关出于反避税目的而对纳税人特定纳税事项所作的税务调整，包括针对纳税人转让定价、资本弱化、避税港避税及其他避税情况所进行的税务调整。

2. 防止通过征税对象的转移避税的措施

通过征税对象的转移避税的做法主要发生在跨国的关联企业之间。这些企业之间的财务收支活动、利润分配形式体现着“集团利益”的特征，因此，对这种避税活动给予限制，关键是应坚持“独立竞争”标准，即按照有关联的公司任何一方与无关联的第三方公司，各自以独立经济利益和相互竞争的身份出现，在相同或类似的情况下，从事相同或类似的活动所应承担或归属的成本、费用或利润来考查、衡量某个公司的利润是否正常，是否在公司之间发生了不合理的安排。凡是符合“独立竞争”标准的，在征税时就可以承认，否则，要按照这一标准进行调整，这样就可以达到防止避税的目的。然而，公司之间的各种交易往来内容十分繁杂，各国情况差异较大，目前尚无统一的和公认的具体“独立竞争”标准，事实上也很难找到各国均适用的正常交易候选人和收费标准，有关国家都是参照本国或其他国家一般独立公司的情况，作出了原则性的规定。

3. 防止利用转让定价避税的措施

关联企业间的转让定价问题，一直是反避税的焦点所在。其中的关键环节就是如何判断关联企业间的定价不合理，也就是公平价格的标准如何选择、怎样确定。转让定价一般只会发生于关联企业内部。各国税法的差异，加上国际市场的结构性缺陷和交易性缺陷，给跨国公司最大限度地使用转移价格，以实现其全球战略提供了诱因和条件。在跨国投资活动中，投资商根据自己的战略目标和投资国的具体情况，利用各种手段将收入和费用在关联企业之间重新分配，使它设在国外的各子公司机构服从全球战略目标，以获取最大利润。

虽然减轻税负并非跨国公司转让定价的唯一目的，但转移定价的存在，确实造成国际税收秩序的失控。转让定价，又称转移定价，是指关联企业之间在销售货物、提供劳务、转让无形资产等时制定的价格。[①] 在跨国经济活动中，利用关联企业间的转让定价避税已经成为一种常见的避税方法。其一般做法是：高税国企业向其低税国关联企业销售货物、提供劳务、转让无形资产时制定低价；低税国企业向其高税国关联企业销售货物、提供劳务、转让无形资产时制定高价。总之，利润从高税国转移到低税国，就可以最大限度地减轻税负。

各国针对日益复杂和突出的转让定价问题，普遍采用正常交易原则作为税务处理的基本原则。正常交易原则是转让定价制度的核心原则，该原则现已被 OECD 所有成员国以及几乎所有其他发达国家和大部分发展中国家所接受。只有符合市场经济规则的交易，才能被认为是正常交易，而竞争是市场经济的本质所在，因此，只有存在竞争的交易，才能被认为是正常交易。从另一个角度来看，一项交易是否正常，可以从其交易价格是否正常来判断。当关联企业之间不当操纵转让价格，以非市场价格对其内部交易进行定

---

① 国际范围内并没有一个被普遍接受的关于转让定价的定义。OECD 1995 年《转让定价指南》（Transfer Pricing Guidelines for Multinational Enterprises and Tax Administrations）在“术语解释”中对包括“预先定价”“正常交易原则”等在内的 34 个重要的术语进行了定义，却没有对转让定价进行定义。

价时，该内部交易就是非正常交易。[①] 对于转让定价的调整，主要有以下五种方法。

（1）可比非受控价格法，是指将企业与其关联企业之间的业务往来价格，同其与非关联企业之间的业务往来价格进行分析、比较，从而确定公平成交价格。可比非受控价格法就是通过参考非受控交易的价格，来评价受控交易中的价格是不是正常交易价格。采用这种方法，必须考虑选用的交易与关联企业之间的交易具有可比性因素。

（2）再销售价格法，是指关联企业的买方将从关联企业的卖方购进的商品再销售给无关联关系的第三者时所取得的销售收入，减去关联企业中买方从非关联企业购进类似商品再销售给无关联的第三者时所发生的合理费用和按正常利润水平计算的利润后的余额，为关联企业中卖方的正常销售价格。

（3）成本加利润法，对于无可比照的价格，而且购进货物通过加工有了一定的附加值，已不再适用再销售价格法的情况，则采用以制造成本加上合理毛利，按正规的会计核算办法组成计税价格。

（4）交易利润法，是指以关联企业或非关联企业在可比非受控交易中所获得的利润为基础确定关联企业在正常交易中的正常交易价格。该方法以利润为基础，同时又要求交易具有一定的可比性。

（5）利润分割法，是指在正常交易原则下，对若干关联企业共同参与的交易活动中所产生的合并营业利润与亏损，根据其各自履行的职责和贡献大小，在有关各方之间加以分配的转让定价调整方法。利润分割法核算出所有联属企业在一受控交易中获得的将被分割的全部利润，然后在联属各方之间进行分配；该分配建立在有经济根据的基础之上，即事先被期望并在正常情况下达成的协议中反映出来的一种分配。

上述五种方法中，前三种是传统方法，都可谓是标准的方法，只能分别适用于符合一定条件的交易。各国在传统立法实践中，除了规定可比非受控价格法等三种具体的方法，往往还规定一种不明确的“其他方法”作为补充，也有的国家将“其他方法”称为“第四类方法”。

OECD 1995 年《转让定价指南》在三种传统方法的基础上增加了利润分割法和交易利润法两种具体的方法。这些新增加的方法都有一个共同的特点，那就是以利润为基础（profit-based），因而被称为利润定价法。其实这些方法就是“第四类方法”的具体化。

4. 防止利用避税地避税的措施

避税地，又称避税港，是指对所得和资产不征税或按最低税率征税及实行大量税收优惠的国家或地区。大多数避税地都是很小的国家和地区，主要分布在靠近南、北美洲的大西洋地区、欧洲地区、远东与太平洋地区。要防止跨国纳税人利用避税地达到避税的目的，税收实践中必须特别注意如何识别避税地，以警觉跨国纳税人刻意利用避税地避税的行为。

---

① 各国在何谓“正常交易价格”上并没有达成共识，各国和有关组织也没有对正常交易原则给予一个定义性的描述。OECD 1995 年《转让定价指南》试图通过引用《经合组织范本》第 9 条的表述对正常交易原则作如下定义：“正常交易原则指，OECD 成员国所同意的为税收目的确定转让定价的国际标准。它被规定在《经合组织范本》第 9 条，内容如下：两个存在商业或财务关系的企业之间的情况不同于两个独立企业之间的情况，因此，本应由其中一个企业取得的所得，但由于这些情况而没有取得的利润，可以计入该企业，并据以征税。”

避税地形成的原因很多，有历史原因、税制原因，也有经济发展等因素。一般情况下，成为一个避税地的必备条件是：独特的低税结构、安定的政治局势、理想的投资环境、宽松的政策法规和完善的保密制度。此外，要成为避税地，还必须配套实行有利于发展自由贸易的宽松的海关条例、银行管理条例、自由外汇市场机制等。特别是对于想移居的跨国纳税人来说，适宜的自然环境、一流的旅游资源和服务设施也是应具备的条件。避税地一般具有以下几个特征：低税、侧重对跨国投资者的税收优惠、避税区域明确以及政治体制的不完整性。

一般来说，一个国家或者地区为了吸引外国资本流入，繁荣本国或地区的经济，弥补自身的资本不足和改善国际收支水平，完全有权在本国或本国的一定区域和范围内，允许并鼓励外国政府和民间在此投资及从事各种经济贸易活动，同时对在这里从事投资、经营活动的企业和个人给予免纳税或少纳税的优惠待遇。但是，这种处分税收管辖权的自由应当有一定的限度，不能借此过度破坏国际税收秩序的和谐。针对避税地提供的过度税收优惠，一些国家从维护自身税收权益出发，分别在本国税法中作出规定予以防范。

避税地的存在，影响了国际资本的流动方向，增加了跨国公司的收入，从而促进了避税地的经济发展。避税地的税收优惠政策带动了其国内的建筑、运输、旅游、服务等相关行业的发展，增加了就业机会和外汇收入，促进了金融业的兴旺，并可改善本国的技术与管理等。目前，避税地大致有三种类型。

（1）纯粹或标准的避税地。这种类型的避税地如百慕大群岛、开曼群岛、巴哈马等，没有个人或公司所得税、财产税、遗产税和赠与税。

（2）普通或一般的避税地。这种类型的避税地一般只征收税率较低的所得税、财产税、遗产税和赠与税等税种。有些国家或地区还对来源于境外的所得免税。这种避税地具体可以分为两种情况：一种是对境内外所得和财产所得等征税，但税负较轻，对外国经营者给予特殊税收优惠的国家或地区，如巴林、中国澳门地区、瑞士等。另一种是只对境内所得或财产征收较轻税负的间接税，对来自境外的所得不征税的国家或地区，如巴拿马、中国香港地区等。

（3）不完全或局部的避税地。这种类型的避税地一般实行正常的税收制度，但有一些特殊的税收优惠政策或规定，或在国家的某一地区单独实行这些优惠政策或规定，如荷兰、希腊、加拿大等。

美国税法上对避税地的防范措施最复杂，也最典型：只要在国外某一公司的“综合选举权”股份总额中，有50%以上属于一些美国股东，而这些股东每人所持有的综合选举权股份又在10%以上时，这个公司就被视为被美国纳税人控制的外国公司，即外国基地公司。而且这个股权标准只要外国一家公司在一个纳税年度中的任何一天达到过，该公司当年就被视为外国基地公司。在上述条件下，凡按股息比例应归到各美国股东名下的所得，即使当年外国基地公司未分配，也均应计入各美国股东本人当年所得额中合并计税，这部分所得称为外国基地公司所得，其应缴外国税款可以获得抵免，以后这部分所得实际作为股息分配给美国股东时，则不再征税。这样规定的目的就是避免美国公司向避税地转移利润，长期积累所得进行避税。

5. 加强税收征管、协调税收执法

实现有效地反避税，实际上需要从税收立法到税收征管全过程的协调，而不仅仅是某一具体方法的运用。随着避税行为的隐蔽性、技术性的提高，反避税其实越来越难。因此，从根本上讲，加强税收征管、协调税收执法才是最基本的对策。具体来讲，应从以下几方面着手。

（1）纳税申报制度。严格要求一切从事跨国经济活动的纳税人及时、准确、真实地向国家税务机关申报自己的所有经营收入、利润、成本或费用列支等情况。这是反避税的重要环节。许多国家在其立法中都特别规定纳税人对与纳税义务有关的事项，负有向税务机关报告和举证的义务，如果纳税人对税务机关的处理，提不出相反的证据，就应当按照税务机关的决定执行。

（2）会计审计制度。与纳税申报制度密切相关的是如何对跨国纳税人的会计核算过程及结果进行必要的审核，以检查其业务或账目有无不实、不妥以及多摊成本费用和虚列支出等问题。目前，许多国家都严格了对涉及外国公司会计业务的审计制度，一般都要求外国公司，特别是股份公司所申报的各类报表一律要经过公证会计师的审核，否则不予承认。

（3）所得核定制度。许多国家采用假设或估计的方法确定国际纳税人的应税所得。征税可以基于一种假设或估计。这不是对税法的背弃，而是在一些特殊的情况下采取的有效办法。如在纳税人不能提供准确的成本或费用凭证，不能正确计算应税所得额时，可以由税务机关参照一定标准，估计或核定一个相应的所得额，然后据以征税。此举的目的多是避免跨国纳税人利用不准确的成本或费用避税，同时也可以简化征收手续。

总之，尽管不同国家的税法千差万别，但是，避税问题与实质重于形式理念在各个国家都普遍存在。避税问题，既可通过立法模式予以解决，也可依循司法途径予以解决。通过考察一般反避税条款和具体的反避税规则，不难发现，它们有的是相互重叠的。最好的情况是，这些国家在法律文本中列明一般性反避税条款，但事实上税务机关很少适用，仅仅是法院发展出了一套合理的，也就是并非太严格和完全按字面解释税法的方法。与此相类似的是这样一种情况，即立法中没有一般性反避税条款，但法院发展出了像商业目的标准这样的一般性反滥用原则。次优的一种方法是在法律文本中规定一般性反避税条款，税务机关在对法律规定作出严格或狭义解释的前提下适用这些条款。①

第四节　纳税人权利

权利，即法律关系的内容之一，是指法律对法律关系的主体能够作出或者不作出一定行为，以及其要求他人相应作出或不作出一定行为的许可和保障。纳税人的权利是指纳税人在依法履行纳税义务时，由税收法律、法规确认和保障的权利，以及当纳税人的

① 参见［美］V. 图若尼主编，国家税务总局政策法规司译：《税法的起草与设计》，第1卷，59页，北京，中国税务出版社，2004。

权利受到侵犯时，可以获得救助与补偿的权利。纳税人的权利一般是纳税人在税收法律关系中所享有的权利，包括实体法方面的权利，也包括程序法方面的权利。需要注意，此处所指“纳税人”包括纳税人和扣缴义务人。法律、行政法规规定负有纳税义务的单位和个人为纳税人。法律、行政法规规定负有代扣代缴、代收代缴税款义务的单位和个人为扣缴义务人。

我国现行税法日趋重视对纳税人的权利的确认和保障。纳税人的权利除了分别在《企业所得税法》《个人所得税法》等二十多项法律、行政法规中得到规定，更集中体现在《税收征收管理法》中。根据《税收征收管理法》及其相关法律法规的规定，纳税人的权利主要包括 14 项权利：(1) 知情权；(2) 保密权；(3) 税收监督权；(4) 纳税申报方式选择权；(5) 申请延期申报权；(6) 申请延期缴纳税款权；(7) 申请退还多缴税款权；(8) 依法享受税收优惠权；(9) 委托税务代理权；(10) 陈述与申辩权；(11) 对未出示税务检查证和税务检查通知书的拒绝检查权；(12) 税收法律救济权；(13) 依法要求听证的权利；(14) 索取有关税收凭证的权利。

与权利相对应的是义务。我国《宪法》规定，公民有依照法律纳税的义务。根据我国《税收征收管理法》的规定和国家税务总局《关于纳税人权利与义务的公告》(2009 年第 1 号，已修改) 的梳理，纳税人的依法纳税义务主要体现在 10 个方面：(1) 依法进行税务登记的义务；(2) 依法设置账簿、保管账簿和有关资料以及依法开具、使用、取得和保管发票的义务；(3) 财务会计制度和会计核算软件备案的义务；(4) 按照规定安装、使用税控装置的义务；(5) 按时、如实申报的义务；(6) 按时缴纳税款的义务；(7) 代扣、代收税款的义务；(8) 接受依法检查的义务；(9) 及时提供信息的义务；(10) 报告其他涉税信息的义务。

本章在此主要介绍纳税人之权利的内容及法律依据。[①]

一、知情权

根据《税收征收管理法》第 8 条第 1 款的规定，纳税人享有知情权。知情权又称信息权，是指公民对于国家重要决策、政府重要事务以及社会上当前发生的与普通公民利益密切相关的重大事件，有了解和知悉的权利。广义的知情权包括政治知情权、司法知情权、社会知情权和个人信息知情权。而税法中的知情权采取狭义的概念，即纳税人享有主动了解，全面、准确、适时知晓税收法律法规的权利，以及享有被告知与自身纳税义务有关的信息的权利。

根据我国法律的规定，纳税人的知情权主要体现在以下几个方面。

一是税收政策知情权。税收政策是征纳双方行使权利、履行义务的依据，知晓政策是纳税人交“明白税”的前提。为保护纳税人的税收政策知情权，一方面，税务机关应采取多种形式，广泛地向纳税人宣传相关法律法规和税收政策规定，为纳税人提供咨询

---

① 以下关于纳税人权利的介绍中所引用的【税法适用】部分的事例，均选自国家税务总局：《〈纳税人权利与义务公告〉解读》，2011-01-19。

服务。建立和完善税收宣传、政策公告、税收法规的送达制度，健全征税依据公告制度、征税决定送达制度、权利告知制度、说明理由制度等；另一方面，纳税人可以通过办税服务厅、12366 咨询热线、税务网站等渠道，咨询税收法规以及政策调整的相关情况，了解办税程序。

二是涉税程序知情权。涉税程序包括纳税人办理税收事项的时间要求、先后步骤以及需要提交的各种资料等。对于如何办理税务登记、纳税申报、延期申报，税务机关实施税务检查等事项时法定程序是什么，等等，纳税人都有依法了解和知悉的权利。例如，《税收征收管理法》第 59 条规定："税务机关派出的人员进行税务检查时，应当出示税务检查证和税务检查通知书，并有责任为被检查人保守秘密；未出示税务检查证和税务检查通知书的，被检查人有权拒绝检查。"这一条款赋予了纳税人对税收检查程序和检查人员身份的知情权。又如，《行政处罚法》第 44 条规定："行政机关在作出行政处罚决定之前，应当告知当事人拟作出的行政处罚内容及事实、理由、依据，并告知当事人依法享有的陈述、申辩、要求听证等权利。"《行政处罚法》第 63 条规定：行政机关作出责令停产停业、吊销许可证件、较大数额罚款等行政处罚决定之前，应当告知当事人有要求听证的权利；当事人要求听证的，行政机关应当组织听证。这些条款明晰了纳税人对处罚决定的知情权和听证知情权。

三是应纳税额核定知情权。应纳税额核定是税收征纳过程的关键环节，是税务机关针对纳税人的经营状况，依据法律、法规规定作出的关于纳税多少的决定。纳税人在接受应纳税额核定前，有权向作出核定的税务机关了解税额核定的法律依据、事实依据以及采用的方式和方法。

四是救济方法知情权。征纳双方在纳税、处罚、采用强制执行措施时发生争议或纠纷，纳税人有权得知申请行政复议、提起行政诉讼等方面的具体规定。《税收征收管理法》第 88 条第 2 款规定："当事人对税务机关的处罚决定、强制执行措施或者税收保全措施不服的，可以依法申请行政复议，也可以依法向人民法院起诉。"《行政复议法》第 47 条规定，"申请人、第三人及其委托代理人可以按照规定查阅被申请人提出的书面答复、作出行政行为的证据、依据和其他有关材料"。

为了使纳税人的知情权落到实处，税务机关要以提高办税效率、规范权力运行、保障纳税人知情、便于纳税人监督作为推行"办税公开"的出发点和立足点，除涉及国家秘密和依法受到保护的商业秘密、个人隐私外，都要以公开为原则、不公开为例外，全面、准确地公开办税事项，充分保障纳税人的知情权、参与权、监督权。

二、保密权

根据《税收征收管理法》第 8 条第 2 款的规定，纳税人享有要求税务机关为其商业秘密和个人隐私保密的权利。《税收征收管理法实施细则》第 5 条规定："税收征管法第八条所称为纳税人、扣缴义务人保密的情况，是指纳税人、扣缴义务人的商业秘密及个人隐私。纳税人、扣缴义务人的税收违法行为不属于保密范围。"

应该保密的信息，是指税务机关在税收征收管理工作中依法制作或者采集的，以一定形式记录、保存的涉及纳税人的商业秘密和个人隐私的信息。法律赋予税务机关在税收管理中获得纳税人生产经营信息和个人信息的权力和手段，但税务机关掌握的信息只能用于税务管理，不能用于其他方面，更不能因信息泄露而使纳税人的利益受到损害。因此，保障纳税人依法享有保密权，是规范税务机关的行政行为、保护纳税人的合法权益的基本要求。但需要指出的是，纳税人的税收违法行为信息不属于保密范围。

税法适用

某市税务局稽查局根据年度稽查计划安排，于 2009 年 7 月对 A 化工厂 2008 年度企业所得税缴纳情况进行专项检查，稽查人员王某利用企业所得税检查可以接触大量产品原材料数据的便利，将 A 化工厂投入大量研发资金开发成功的一个化工新产品的有关原料配方数据，泄露给自己开私营化工厂的亲戚，致使 A 化工厂的经济利益遭受损失。A 化工厂从维护自身合法权益，充分行使法律赋予的权利出发，将泄露该厂商业秘密给他人的稽查人员王某，向上一级税务机关进行投诉并要求赔偿。上级税务机关在查证事实的基础上，按照有关法律、法规的规定，对稽查局有关负责人及稽查人员王某给予了行政处分，并依法作出了赔偿决定。

三、税收监督权

根据《税收征收管理法》第 8 条第 5 款、第 9 条和第 13 条的规定，纳税人享有税收监督权，即纳税人对税务机关违反税收法律、行政法规的行为，如税务人员索贿受贿、徇私舞弊、玩忽职守，不征或者少征应征税款，滥用职权多征税款或者故意刁难等，可以进行检举和控告。同时，纳税人对其他纳税人的税收违法行为也有权进行检举。

纳税人的控告、检举权属于监督权的范畴。纳税人的监督权贯穿于税收征管的始终。充分发挥纳税人的监督力量，有利于保障税收法律、行政法规的有效实施，保护国家利益和纳税人的合法权益。

检举，就是向有关部门反映、揭露违法活动的情况，提供有关违法行为证据的一种方式。纳税人依法享有的控告、检举权受法律保护，不受任何单位和个人的干涉。由于纳税人在税收征管过程中是直接的当事人，所以对于税务机关及其工作人员违反税收法律、行政法规的行为，如税务人员索贿受贿、徇私舞弊、玩忽职守，不征或者少征应征税款，滥用职权多征税款或者故意刁难纳税人和扣缴义务人等行为，纳税人可以检举、控告，同时，纳税人对其他纳税人的税收违法行为也有权进行检举，并按规定可以获得奖励。国家税务总局和财政部于 2007 年 1 月 13 日联合发布的《检举纳税人税收违法行为奖励暂行办法》规定：对单位和个人实名向税务机关检举税收违法行为并经查实的，税务机关给予相关奖励。检举的税收违法行为经税务机关立案查实处理并依法将税款收缴入库后，根据本案检举时效、检举材料中提供的线索和证据翔实程度、检举内容与查实内容相符程度以及收缴入库的税款数额，检举人可获得不同数额的奖金。收缴入库税款数额在 1 亿元以上的，给予 10 万元以下的奖金。检举伪造、变造、倒卖、盗窃、骗取增值税专用发票以及可用于骗取出口退税、抵扣税款的其他发票行为的，也将获得不同数额的奖励。此外，检举非法印制、转借、倒卖、变造或者伪造完税凭证行为的，检举人也将获得相应的奖金。对有特别突出贡献的检举人，税务机关除给予物质奖励外，可以给予相应的精神奖励，但公开表彰宣传应当事先征得检举人的书面同意。

四、纳税申报方式选择权

根据《税收征收管理法》第 26 条的规定，纳税人享有纳税申报方式的选择权，即有权选择以某种方式办理纳税申报。纳税申报方式，是指纳税人在发生纳税义务或代扣代缴、代收代缴义务后，在申报期限内，依照税收法律、行政法规的规定向主管税务机关进行申报纳税的形式。它主要有以下几种：（1）上门申报，是指纳税人按期自行到主管税务机关办税服务厅办理纳税申报手续的申报方式，申报日期以主管税务机关签署的日期为准。（2）邮寄申报，是指纳税人将纳税申报表及有关资料装入专用邮寄信封，按期寄送主管税务机关的申报方式。邮寄申报以寄出的邮戳日期为实际申报日期。（3）数据电文申报，是指纳税人通过主管税务机关确定的电话语音、电子数据交换和网络传输等电子方式进行纳税申报。数据电文申报以主管税务机关收到申报数据的时间为实际申报日期。（4）其他申报方式，包括简易申报和简并征期两种。简易申报，是指实行定期定额缴纳税款的纳税人，在法律、行政法规规定的期限或者在主管税务机关依照法律、行政法规的规定确定的期限内缴纳税款的，主管税务机关可以视同已经完成申报。简并征期，是指经主管税务机关批准，可以采取将纳税期限合并为按季、半年、年的方式缴纳税款，具体期限由省级税务机关根据具体情况确定。

税法适用

A 公司于 2009 年 1 月向税务机关办理登记，每月通过上门的方式向税务机关办理纳税申报。2009 年 9 月，该公司由于办公场所搬迁，财务人员因距离主管税务机关较远，擅自通过邮寄方式将当月的纳税申报资料邮寄给主管税务机关来完成纳税申报。

此例中，A 公司在未经主管税务机关批准的情况下选择邮寄申报作为本单位的纳税申报方式，违反了《税收征收管理法》及《税收征收管理法实施细则》的规定。

五、申请延期申报权

根据《税收征收管理法》第 27 条的规定，纳税人享有申请延期申报的权利，即如果纳税人确因特殊困难不能按期办理纳税申报或者报送代扣代缴、代收代缴税款报告表，可在规定的期限内向税务机关提出延期申请，经税务机关核准，可在核准后的期限内再行办理纳税申报。该权利是在纳税人发生特殊困难时适用的，有利于保护纳税人的正常生产经营活动和合法权益。

不能按期办理纳税申报或者报送代扣代缴、代收代缴税款报告表，应当在规定的期限内向税务机关提出书面延期申请，经核准，可在核准的期限内办理。经核准延期办理申报、报送事项的，应当在税法规定的纳税期内按照上期实际缴纳的税额或者税务机关核定的税额预缴税款，并在核准的延期内办理税款结算。

六、申请延期缴纳税款权

根据《税收征收管理法》第 31 条的规定，纳税人享有申请延期缴纳税款权，即纳税人因特殊困难，不能按照法律、行政法规规定的期限缴纳税款时，依法享有申请延期缴纳税款的权利。经税务机关批准延期缴纳税款的，在批准的期限内，不加收滞纳金。特殊困难是指：（1）因不可抗力，导致纳税人发生较大损失，正常生产经营活动受到较大影响的；（2）当期货币资金在扣除应付职工工资、社会保险费后，不足以缴纳税款的。

纳税人因有特殊困难，不能按期缴纳税款的，经省、自治区、直辖市税务局批准，可以延期缴纳税款，但是最长不得超过 3 个月。计划单列市税务局可以参照省级税务机关的批准权限，审批纳税人的延期缴纳税款申请。

税法适用

A 公司 2014 年 11 月 13 日申报当月税款 10 万元，未在税款限缴期限内缴纳税款。11 月 18 日该公司以货款未收回、资金周转困难为由，向税务机关提出延期缴纳税款的申请，并提供了有关书面材料。税务机关经审查后认为，依据《税收征收管理法实施细则》第 42 条的规定，纳税人需要延期缴纳税款的，应该在缴纳税款期限届满前提出申请，并报送有关资料。但该公司提出申请已超过税务机关规定的税款限缴日期，所以税务机关不予批准，并从税款限缴期限届满次日起按日加收万分之五的滞纳金。

七、申请退还多缴税款权

根据《税收征收管理法》第 51 条的规定，纳税人享有退还多缴税款权，即纳税人对于自身多缴的、超过法律规定应缴税款的部分，有依法要求税务机关退还的权利。对于纳税人超过应纳税额缴纳的税款，税务机关发现后，应当立即办理退还手续；纳税人自结算缴纳税款之日起 3 年内发现的，可以向税务机关要求退还多缴的税款并加算银行同期存款利息。税务机关应当及时查实并立即办理退还手续，涉及从国库中退库的，依照法律、行政法规有关国库管理的规定退还。纳税人既有应退税款又有欠缴税款的，税务机关可以将应退税款和利息先抵扣欠缴税款；抵扣后有余额的，退还纳税人。

《税收征收管理法》第 51 条规定的加算银行同期存款利息的多缴税款退税不包括依法预缴税款形成的结算退税、出口退税和各种减免退税。退税利息按照税务机关办理退税手续当天中国人民银行规定的活期存款利率计算。

税法适用

A 企业于 2010 年 5 月 28 日发现，该企业 2 月份发生主营业务收入 100 万元，在 3

月 12 日进行申报时将计税依据误录入为 1 000 万元，导致多缴纳营业税税款 27 万元。该企业于 6 月 18 日向主管税务机关提出退税申请，填写了退税文书并提交了有关资料，经税务机关审核，于 7 月 5 日将多缴税款退还给了 A 企业，并支付同期存款利息。

八、依法享受税收优惠权

根据《税收征收管理法》第 8 条、第 33 条的规定，纳税人依法享受税收优惠的权利，即纳税人有权依照法律、行政法规的规定书面申请减税、免税。税收优惠，是指国家运用税收政策对特定行业、特定区域、特定类型的纳税人或者特定课税对象给予减轻或免除税收负担的一种优待。我国目前的税收优惠政策主要是减税、免税政策。此外，纳税人还可以依照税收协定的规定申请减税、免税或不征税的待遇。

减税是从应征税款中减征部分税款。免税是免征全部税款。减、免税分为报批类减、免税和备案类减、免税。报批类减、免税是指应由税务机关审批的减、免税项目；备案类减、免税是指取消审批手续的减、免税项目和不需税务机关审批的减、免税项目。税收协定是两国政府对纳税人的跨国所得进行税收管辖权划分的法律依据，对于不同类型的所得分别有不同的规定，主要包括在所得来源国减税、免税和不予征税等待遇。

减税、免税的申请须经法律、行政法规规定的减税、免税审查批准机关审批。减税、免税期满，应当自期满次日起恢复纳税。减税、免税条件发生变化的，应当自发生变化之日起 15 日内向税务机关报告；不再符合减税、免税条件的，应当依法履行纳税义务。纳税人享受的税收优惠需要备案的，应当按照税收法律、行政法规和有关政策规定，及时办理事前或事后备案。

享受减税、免税优惠的纳税人，减税、免税条件发生变化的，应当自发生变化之日起 15 日内向税务机关报告；不再符合减税、免税条件的，应当依法履行纳税义务；未依法纳税的，税务机关应当予以追缴。

九、委托税务代理权

根据《税收征收管理法》第 89 条的规定，纳税人享有委托税务代理的权利，即纳税人有权根据自身经营管理的需要自愿委托，或者根据相关税收法律、行政法规和规章的要求自行委托具有合法资格的机构或个人在代理权限内，以纳税人的名义依法向税务机关办理相关税务事宜的权利。

纳税人有权就以下事项委托税务代理人代为办理：设立、变更或者注销税务登记、除增值税专用发票外的发票领购手续、纳税申报或扣缴税款报告、税款缴纳和申请退税、制作涉税文书、审查纳税情况、建账建制、办理财务、税务咨询、申请税务行政复议、提起税务行政诉讼以及国家税务总局规定的其他业务。

税务代理分为全面代理、单项代理或临时代理、常年代理，纳税人可以根据自身情况选择不同的代理方式。纳税人选择税务代理应与税务代理人签订委托代理协议书。委托代理协议书应当载明代理人和被代理人名称、代理事项、代理权限、代理期限以及其他应明确的内容，并由代理人及其所在的代理机构和被代理人签名盖章。

需要注意的是，税务代理人违反税收法律、行政法规，造成纳税人未缴或者少缴税款的，除由纳税人缴纳或者补缴应纳税款、滞纳金外，税务机关将对税务代理人处以纳税人未缴或者少缴税款 50%以上 3 倍以下的罚款。

十、陈述与申辩权

《税收征收管理法》第 8 条第 4 款规定，纳税人享有陈述与申辩权。陈述权是指纳税人对税务机关作出的决定享有陈述自己意见的权利，申辩权是指纳税人对税务机关作出的决定所主张的事实、理由和依据享有申诉和解释说明的权利。如果纳税人有充分的证据证明自己的行为合法，税务机关就不得对其实施行政处罚；即使纳税人的陈述或申辩不充分合理，税务机关也应当向纳税人解释实施行政处罚的原因，不得因纳税人的申辩而加重处罚。

十一、对未出示税务检查证和税务检查通知书的拒绝检查权

根据《税收征收管理法》第 59 条的规定，纳税人享有对未出示税务检查证和税务检查通知书的拒绝检查权。税务机关派出的人员进行税务检查时，应当向纳税人出示税务检查证和税务检查通知书；对未出示税务检查证和税务检查通知书的，纳税人有权拒绝检查，有权拒绝提供账簿、凭证等涉税资料，并可以向税务机关进行检举。

税务检查证是税务检查人员进行税务检查的法定专用公务凭证，主要内容包括持证人姓名、照片、工作单位、检查范围、检查职责、发证机关、证号、税务检查证专用章、有效期限和发证时间。税务检查通知书是实施检查的税务机关开具给被查纳税人的告知书，载明了检查时间、检查人员的姓名、证号、检查涉及期间、实施检查的税务机关名称及文书号等，并盖有签发税务机关的公章。

税务人员进行税务检查时，应当出示税务检查证和税务检查通知书；无税务检查证和税务检查通知书的，纳税人、扣缴义务人及其他当事人有权拒绝检查。税务机关对集贸市场及集中经营业户进行检查时，可以使用统一的税务检查通知书。税务检查证和税务检查通知书的式样、使用和管理的具体办法，由国家税务总局制定。

税务机关如果要将纳税人以前会计年度的账簿、记账凭证、报表和其他有关资料调回税务机关进行检查，必须经县级以上税务局（分局）局长批准；要对纳税人当年的账簿、记账凭证、报表和其他有关资料进行检查，必须经设区的市、自治州以上税务局局长批准，否则，纳税人都有权拒绝。

十二、税收法律救济权

《税收征收管理法》第 8 条第 4 款规定，纳税人享有税收法律救济权。税收法律救济

权分为申请行政复议权、提起行政诉讼权和请求国家赔偿权，即纳税人对税务机关作出的决定，有权申请行政复议、提起行政诉讼、请求国家赔偿。此外，纳税人如果是本国居民，可以按照本国对外签署的避免双重征税协定（安排）的有关规定就税收歧视、国际双重征税等问题向税务机关提出启动国际相互协商程序的申请。

需要注意的是，如果纳税人对税务机关的征税行为不服，必须依照税务机关根据法律、法规确定的税额、期限，先行缴纳或者解缴税款和滞纳金，或者提供相应的担保，才可以在缴清税款和滞纳金以后或者所提供的担保得到作出具体行政行为的税务机关确认之日起 60 日内提出行政复议申请。对行政复议决定不服的，可以向人民法院提起行政诉讼。如果纳税人对征税行为以外的其他具体行政行为不服，可以申请行政复议，也可以直接向人民法院提起行政诉讼。但是，纳税人对税务机关作出逾期不缴纳罚款加处罚款的决定不服的，应当先缴纳罚款和加处罚款，再申请行政复议或者提起行政诉讼。

当税务机关的职务违法行为给纳税人和其他税务当事人的合法权益造成侵害时，纳税人和其他税务当事人可以要求税务行政赔偿。可以要求赔偿的情形主要包括以下两类：一是纳税人在限期内已缴纳税款，税务机关未立即解除税收保全措施，使纳税人的合法权益遭受损失的；二是税务机关滥用职权违法采取税收保全措施、强制执行措施或者采取税收保全措施、强制执行措施不当，使纳税人或者纳税担保人的合法权益遭受损失的。

税法适用

某市税务分局于 2008 年 7 月 10 日依法对 A 公司采取税收保全措施，扣押其香烟 2 箱。7 月 14 日该公司补交了所有的税款及滞纳金，要求解除税收保全措施。但该税务分局因未能及时解除税收保全措施，致使被扣押的 2 箱香烟受潮变质。A 公司以合法权益遭受侵害为由，要求税务机关予以赔偿。鉴于受损物已霉烂变质，税务机关受理后，依据《国家赔偿法》的有关规定，决定予以赔偿。

十三、依法要求听证的权利

根据《行政处罚法》第 63 条的规定，纳税人享有依法要求听证的权利，即纳税人对税务机关作出的罚款数额达到一定金额（对公民罚款 2 000 元以上、对法人或其他组织罚款 10 000 元以上）的税务行政处罚，依法享有要求税务机关举行听证的权利。听证主要是通过纳税人的质证、申辩与陈述来核实税务机关拟作出的行政处罚决定主体是否明确、违法事实是否清楚、证据是否真实充分、程序是否合法有效、法律依据是否引用准确。

税务机关在对纳税人作出规定金额以上罚款的行政处罚之前，应当向纳税人送达“税务行政处罚事项告知书”，告知已经查明的违法事实、证据、行政处罚的法律依据和拟将给予的行政处罚。对此，纳税人有权要求举行听证。税务机关应当应纳税人的要求组织听证。如果纳税人认为税务机关指定的听证主持人与本案有直接利害关系，纳税人有权申请主持人回避。对应当进行听证的案件，税务机关不组织听证，行政处罚决定就不能成立，但纳税人放弃听证权利或者被正当取消听证权利的除外。

十四、索取有关税收凭证的权利

根据《税收征收管理法》第 34 条和第 47 条的规定，纳税人享有索取有关税收凭证的权利。该权利主要包括两方面的内容：一是纳税人在缴纳税款时，有权要求税务机关开具完税凭证；二是当税务机关扣押或查封商品、货物或者其他财产时，纳税人有权向税务机关索取扣押收据或查封清单。纳税人要求扣缴义务人开具代扣、代收税款凭证的，扣缴义务人应当开具。

完税凭证是指税务机关征收税款、扣缴义务人代扣或代收税款时，向纳税人开具的、证明纳税人履行纳税义务的书面凭证，其种类包括：税收通用缴款书、出口货物税收专用缴款书、税收汇总专用缴款书、税收通用完税证、税收定额完税证、税收转账专用完税证、代扣代收税款凭证、税收罚款收据、税收收入退还书、印花税票。扣押收据和查封清单是税务机关在行使扣押权和查封权时，向当事人开具的证明所扣押、查封的商品、货物或其他财产的两种凭证。

税务机关扣押、查封纳税人商品、货物或其他财产，是在采取税收保全措施或者税收强制执行措施的时候运用的措施。税收保全措施的主要作用在于督促纳税人在纳税期限届满前缴纳税款，纳税人在规定的期限内缴纳税款的，税务机关必须立即解除税收保全措施；而税收强制执行措施是税务机关对未按规定的期限履行纳税义务的纳税人、扣缴义务人、纳税担保人等依法采取法定的强制手段，以迫使其履行法定义务的一种征管制度。由于扣押、查封纳税人的商品、货物或其他财产，涉及这些财产的退还或者抵缴税款的问题，即这些被扣押、查封的商品、货物或其他财产的所有权有可能发生转移，因而纳税人在税务机关扣押商品、货物或其他财产时有权要求其开付收据，或者在税务机关查封商品、货物或者其他财产时开付清单。收据、清单一方面是证明税务机关对纳税人的特定财产采取了保全措施，纳税人的商品、货物、其他财产受到了法律限制；另一方面也是在未来纳税人结清税款后解除保全措施退还财产时或用该财产抵缴税款时的依据。因此，如果税务机关不开具有关凭据，纳税人有权拒绝合作或不履行相关义务。

税法适用

2007 年 1 月，某县税务局个体分局核定个体户张某应纳税额为 800 元，经该税务机关责令缴纳，张某仍拒不缴纳。经县税务局局长批准，该分局指派两名税务人员依法扣押张某相当于 800 元税款的货物，因税务人员未携带扣押收据，故仅以收条代替。此案中，税务人员未提供有效税收凭证，扣押程序不合法，个体户张某有权拒绝。

深度阅读

1. [日] 金子宏．日本税法．战宪斌，郑林根，等译．北京：法律出版社，2004：

第二编第一章

2. ［日］北野弘久．税法学原论．郭美松，陈刚，译．5版．北京：中国检察出版社，2008：第十三章

3. 刘剑文．税收法律关系新论．法学研究，1999（2）

问题与思考

一、思考题

1. 有关税收法律关系的性质，存在权力关系说和债权债务关系说。对这两种学说如何评价？如何看待税法的私法化现象？

2. 有人主张，应该赋予地方政府税收立法权。请问：在中国现行立法体制下，赋予地方政府税收立法权有无必要？有何法律障碍？

3. 日本税法学者北野弘久在其著作《税法学原论》中指出："所谓纳税者基本权，是指纳税者在租税的征收与使用方面享有的固有的基本权。"谈谈你对这一观点的理解。

4. 如何理解国家税权？

5. 如何避免国际性的重复征税？

6. 如何区分避税与节税、税收筹划？

二、练习题

1. 下列哪些法律渊源是地方政府开征、停征某种税收的依据？（　　）（多选题）

A. 全国人大及其常委会制定的法律

B. 国务院依据法律授权制定的行政法规

C. 国务院有关部委制定的部门规章

D. 地方人大、地方政府发布的地方法规

2. 关于纳税人享有的权利，下列哪些选项是正确的？（　　）（多选题）

A. 向税务机关了解税收法律规定和纳税程序

B. 申请减税、免税、退税

C. 对税务机关的决定不服时，提出申辩，申请行政复议

D. 合法权益因税务机关违法行政而受侵害时，请求国家赔偿

3. 我国纳税人依法享有纳税人权利，下列属于纳税人权利的有（　　）。（2015年注册会计师全国统一考试《税法》多选题）

A. 依法申请减税

B. 控告税务人员的违法违纪行为

C. 对税务机关作出的决定享有申辩权

D. 要求税务机关为纳税人的商业秘密保密

4.《税收征收管理法》规定了纳税人的权利，下列哪些情形符合纳税人权利的规定？（　　）（多选题）

A. 张某要求查询丈夫的个人所得税申报信息，税务机关以保护纳税人秘密权为由予以拒绝

B. 甲公司对税务机关征收的一笔增值税计算方法有疑问，要求予以解释

C. 乙公司不服税收机关对其采取冻结银行存款的税收保全措施，申请行政复议

D. 个体工商户陈某认为税务所长在征税过程中对自己滥用职权、故意刁难，向上级税务机关提出控告

5. 下列关于税收法律关系的表述中，正确的是（　　）。(单选题)

A. 税法是引起法律关系的前提条件，税法可以产生具体的税收法律关系

B. 税收法律关系中权利主体双方法律地位并不平等，双方的权利义务也不对等

C. 代表国家行使征税职责的各级国家税务机关是税收法律关系中的权利主体之一

D. 税收法律关系总体上与其他法律关系一样，都是由权利主体、权利客体两方面构成

6. A国甲居民公司在B国设有一分公司。2010年甲公司在A国取得应纳税所得额为100万元，适用企业所得税税率为30%。分公司在B国取得应纳税所得额30万元，适用企业所得税税率为40%。两国计算应纳税所得额的口径一致，A国税务机构对甲公司征收的2010年企业所得税税额为（100＋30）×30%－30×40%＝27万元。A国对甲公司采用的消除国际重复征税的方法是（　　）。(单选题)

A. 全额免税法　　B. 直接抵免法中的全额抵免法

C. 累进免税法　　D. 直接抵免法中的限额抵免法

7. 下列关于国际重复征税消除方法的表述中，正确的是（　　）。(单选题)

A. 免税法可以分为全额免税法和累进免税法两种

B. 免税法以承认居民管辖权独占地位为前提，被世界各国普遍采用

C. 抵免法以承认居民管辖权优先为前提条件，但并不承认其独占地位

D. 抵免法中的直接抵免是指对跨国纳税人在非居住国非直接缴纳的税款，允许部分冲抵其居住国纳税义务

8. 下列关于税收征管和税收筹划的表述中，正确的有（　　）。(多选题)

A. 节税属于合法行为　　B. 逃税属于违法行为

C. 偷税属于违法行为　　D. 避税属于非违法行为

第四章

税法的产生与发展

本章概要

- 西方国家现代税法的特征
- 中国分税制改革的主要内容
- 中国现阶段税制改革的重点

第一节　中国古代税法的产生和历史沿革

一、税法的产生

税法是一个历史范畴。和其他社会现象一样，税法有其自身产生和发展的历史。税法不是自古以来就有的，而是人类社会进入阶级社会以后才出现的。

人类历史上曾处于一个漫长的原始公社制社会阶段。在这样的社会里，社会生产力和物质生产极不发达，人们通过劳动所获得的产品极少，只够勉强维持简单的生活，而几乎没有剩余。为了生存，人们不得不共同劳动、共同消费。因此，在漫长的原始社会里，没有私有财产，也不存在人与人之间的剥削关系。

随着生产的发展和劳动生产力的提高，人们的劳动产品除了满足自身的消费，开始有了剩余。剩余产品的出现，为私有制的产生准备了物质条件。而私有制正是产生阶级和剥削的根源。私有制的急剧发展，加速了原始社会氏族公社内部贫富的分化。由于债务等原因，氏族内大批贫穷的自由人逐渐沦为奴隶，而奴隶的劳动也逐渐成为社会的主要劳动。这样，整个社会也逐渐分化出两大对立的阶级——奴隶阶级和奴隶主阶级。

在奴隶和奴隶主之间，存在着阶级矛盾与斗争。正如列宁所指出的：所谓阶级，就是这样一些集团，由于它们在一定社会经济结构中所处的地位不同，其中一个集团能够占有另一个集团的劳动。[①] 奴隶主为了镇压奴隶的反抗，维护自己的阶级统治，迫切需要

① 参见《列宁选集》，3版（修订版），第4卷，11页，北京，人民出版社，2012。

建立一个全新的组织作为特殊的强制机关。这种全新的组织就是国家，国家由此产生。

国家与氏族不同，构成国家权力的不再是无形的舆论和虔诚的尊敬，而是军队、警察、监狱、法庭等国家机器。为了维持这些国家机器的运转，实现国家的阶级统治和社会管理的职能，必然要消耗一定的物质财富。而国家这个组织本身并不直接从事生产和创造财富，它所需要的物质财富只能从社会生产者手中取得。因此，国家需要强迫社会生产者将自己创造的财富的一部分固定地、无偿地交给国家。这样，就产生了反映奴隶主阶级意志的、由国家制定或认可并由国家强制力保证实施的税收行为规范——税法。至此，人类社会最早的税法历史类型——奴隶制税法应运而生。

可见，税法是一个历史范畴，它不是从来就有的，它是人类社会发展到一定历史阶段的产物，它是随着私有制的出现和国家的产生而产生的。

二、奴隶制社会的税法

夏、商、西周和春秋时期是我国历史上奴隶主统治的时代，也是我国税法发展的低级阶段。在这一时期，我国的税收法律制度较为简单，贡赋不分，租税合一，以土地税为主。另外，在税收立法上，我国奴隶制的税法体现了税赋均平的思想。这种立法思想对后世影响深远，成为后世税收立法的重要准绳。

我国从夏朝开始就有了征收贡赋的制度。《史记·十二本纪·夏本纪》载："自虞夏时，贡赋备矣。"《孟子·滕文公上》篇中也有记载："夏后氏五十而贡，殷人七十而助，周人百亩而彻，其实皆什一也。"夏朝的贡赋，包括万国之贡和平民之贡，是以若干年收成的平均数作为征收标准的一种定额贡赋制度。商朝的贡赋，实行助法，公田收入归国家，私田收入归自己，是一种力役制度。西周的贡赋，实行彻法，按井田计亩征收税赋，是一种按亩征收实物的课税制度。西周时，税法已有一定发展。据《周礼·天官·大宰》记载，西周有九种赋税，不仅有田赋和人头税，而且有商税和货税。

春秋时期，随着生产的发展，荒地被大量开垦，私田数量不断增加，井田制逐渐瓦解，各诸侯国相继实行"履亩而税"的赋税制度。齐桓公任管仲为相，率先改革，实行"相地而衰征"的办法，按土地的好坏分等征税。据《春秋》记载，公元前594年，鲁宣公实行"初税亩"，由按井田收税改为按亩收税，废除了井田制。所有这些，都标志着奴隶制税法向封建制税法的过渡。

三、封建制社会的税法

战国时期，我国开始进入封建社会。历代封建统治者都比较重视税收制度的建设，我国封建制的税法经历了一个从简单到复杂、从不够成熟到逐步完善的发展过程。

战国时期，由于社会经济的发展和激烈的兼并战争的需要，各诸侯国都非常重视赋税制度的建设，并用法律的形式将其固定下来。在赵国，无论是贵族还是平民，都要依法如数纳税，否则将被依法治罪。秦国在商鞅变法后，除按土地面积征收赋税外，还要按人头征收人头税。

秦统一中国后，承前代之社会变革，并发展了以往的赋税制度。公元前 216 年，秦颁布“使黔首自实田”的法令，规定有田的人都应自动向政府呈报占有土地的数量，并按规定缴纳赋税。《秦律》还规定，各级官吏已收田赋不上交即以匿田罪论处。秦朝的田赋包括田租、口赋和力役三种具体形式。汉承秦制，汉朝建立后，在赋税制度方面也承袭秦制，既征收田租，又对人丁户口征税；同时，在税收立法上反映了“礼法并用”“德主刑辅”的思想。“汉兴天下既定，高祖约法省禁，轻田租，什五而税一；量吏禄，度官用，以赋于民。”[①] 汉代轻田赋，初为什五税一，后一直为三十税一，汉代对人丁户口的课税有算赋、口赋、更赋和户赋四种。汉武帝时，常年对匈奴用兵而导致国家财政困难，遂颁布法令，规定对工商业者、高利贷者和车船所有者征收财产税，同时征收海税和关税。《汉律》还有关于不依法纳税的惩罚规定：“占不以实，家长不身自书，皆罚金二斤，没入所不自占物及贾钱县官也。”

三国两晋南北朝时期，我国封建制的税法有了进一步的发展。三国初期，魏武帝颁布法令：“其收田租亩四升，户出绢二匹，绵二斤而已，他不得擅兴发。”[②] 规定实行计亩而税，计户而征，开“户调”之先河。280 年，晋武帝颁布了占田、课田和户调的法令，规定男子可占地七十亩，女子可占地三十亩，官府按人口征收固定的田租。在田租之外，还要交户调。485 年，北魏孝文帝颁布均田令；次年，又颁布新的租调制，规定一夫一妇每年出绵一匹，粟二石。这些规定，促进了国家税负的均平。

隋唐时期是我国封建社会的繁荣发展时期。在这一时期，封建制的税法渐趋完备，各项制度得到健全，所谓“文物仪章，莫备于唐”。隋朝的赋税制度主要是沿袭北周的。隋初有规定，农民缴纳租调以“床”为单位，一夫一妻为一床。唐初的赋税实行租庸调制，租、庸、调是田租、力庸、户调三种赋税的统称，“有田则有租，有家则有调，有身则有庸”[③]。除了租庸调这些主要税收，唐代还有杂徭，以及按户等高下所征收的户税和按每亩交纳二升的标准征收的地税。“安史之乱”后，以丁户为本的租庸调制不再适应政治、经济形势发展的需要。780 年，唐德宗正式废除租庸调制，颁行两税法。两税法以地税、户税为基础，把土地、资源划分户等定税，分夏秋两季征收。两税法是税法史上从以人丁为课税对象转向以财产为课税对象、从实物之征转向货币之征的开端，体现了赋税发展的规律。另外，在唐代的税法中，开始有关于租税减免的规定。例如，因天灾而减少产量的，可以减征或免征租税。《唐律》还规定了官吏在税收方面的法律责任，里正、州官、县官负责按法令授田、收田、征课，三事失一者，则处以笞刑或杖刑。此外，课税违期也处笞、杖刑。

宋元时期的税法，基本上是在唐代税法的基础上制定的。宋朝的田赋分为公田之赋、民田之赋、城郭之赋、丁口之赋和杂变之赋五类。1069 年，宋神宗任用王安石进行变法，曾实行方田均税法。方田均税法以地划等，以土地数量和等级重新定税，并且规定，不服力役者可纳绢代役。这是税收法律制度的一大进步，标志着徭役向赋税的转化。元

---

① 吴兆莘：《中国税制史》，32 页，北京，商务印书馆，1998。

② 《三国志·魏书·武帝纪》。

③ 《新唐书·志》卷四十二。

朝课税繁重，而且南北田赋规定不一，北仿唐代的租庸调制，南袭唐代的两税法，“南重于粮，北重于役”[①]。元朝制定了盐税法令，开始对盐征税，后来又实行包税制，弊端较多。

明清时期是我国封建社会的后期。这一时期的封建制税法更趋完善，管理制度也更为健全。明朝轻徭薄赋，重本抑末，基本上沿用了两税法，规定征收夏税和秋粮两种田赋。1581 年明朝开始推行“一条鞭法”，实行赋役合一，计亩征银，以银征收，把赋税和各种费用合并征收，简化稽征手续。“一条鞭法”是我国赋税史上的一次重大改革，它改变了近两千年来赋与役平行征收的形式，使两者合一，基本完成了用货币征收代替实物征收的过程。[②]

清朝建立后，宣布沿用“一条鞭法”，并整修《赋役全书》。从康熙五十五年（1716 年）起，清政府开始推行地丁银制度，将丁税并入田亩征收。雍正初年，又在全国各地实行“摊丁入地，地丁合一”的办法，把之前固定的丁银平均摊入各地田赋银中，一体征收。地丁合一的推行，结束了长期以来地、户、丁分别征税的混乱现象，完成了赋役合并即人头税归入财产税的过程，同时取消了地主豪绅的免役特权。

北洋政府统治时期，曾借鉴西方国家的税制，颁布了一些单行税法。到了国民党政府统治时期，税收制度受西方影响更大，各个时期的法律对税收均有规定，在法律上统一了全国的税权。另外，从 1931 年至 1946 年，国民党政府还先后颁布了《营业税法》《所得税法》《印花税法》《货物税条例》《房产税条例》《契税条例》等一系列税收单行法律、法规。

第二节　外国现代税法的产生和演变

一、外国现代税法的产生

进入近代社会以后，资本主义制度开始在西欧各国确立起来，现代税法也伴随着资本主义生产方式的确立和资产阶级国家的产生而产生。

资产阶级革命胜利后，西方各国纷纷制定宪法和宪法性法律文件，用法律的形式确立自己统治的方式，确认革命胜利的成果。在所有这些宪法和宪法性文件中，都毫不例外地肯定了资产阶级国家的征税权。在英国，《大抗议书》《英国民权法》《权利法案》等几部资产阶级革命初期的宪法性文件都有依法征税、反对随意征税的内容。1791 年的法国宪法规定：“为了……公共赋税就成为必不可少的；赋税应在全体公民之间按其能力作平等的分摊。”在美国，1776 年制定的《独立宣言》明确提出反对英国殖民者的繁重课税，而《联邦组织法》《联邦条例》和 1787 年的《美利坚合众国宪法》确立了美国自己的赋税制度。在日本，1889 年制定的《大日本帝国宪法》第 21 条明确规定，“日本臣

① 刘剑文：《财政税收法》，34 页，北京，法律出版社，1997。

② 参见傅光明：《中国财政法制史》，432 页，北京，经济科学出版社，2002。

民，遵从法律所定，有纳税之义务”，并在“会计”一章中专门规定了有关赋税的原则和方法。后来，各国制定的宪法中也都有类似的规定。所有这些规定，都为现代税法的产生奠定了基础。

可见，现代税法是在资产阶级反对封建专制制度的过程中产生的，是伴随着资本主义国家的产生而产生的。

二、外国现代税法的历史演变

无论是哪一历史类型的税收法律制度，都有其历史演变过程，都经历了一定的历史发展阶段。西方国家现代税法的发展也不例外，它经历了一个由幼稚到成熟的发展过程。

在20世纪初期，各西方国家以消费税和关税等间接税为主要的税收收入，间接税法也是当时各国主要的税法部门。英国当时一直施行消费税法；美国于1787年根据宪法征收了国内消费税，又于1789年实施了《关税法令》。法国是这一时期广泛推行间接税法的主要代表。法国自资产阶级夺取政权之后，先后补充和增设了酒税、酒精税、糖税、盐税、烟草税、火柴税、奶油税、印花税、营业牌照税等，加上原来的关税，间接税达几十种，税收收入也远远大于直接税的收入。当时，各资本主义国家之所以如此重视间接税法，是有着深刻的社会历史原因的。一方面，间接税是资产阶级削弱封建贵族势力的主要手段。当时，被征税的商品大多由封建贵族消费，广大劳动人民的购买力非常有限。对此类商品征税，有助于资产阶级贵族在经济上削弱封建贵族和大地主的势力。另一方面，间接税有利于资本主义工商业的发展。间接税是对商品征税，只要被征税商品能够按较高的价格顺利销售出去，税负就可以转嫁到征税商品的购买者或消费者身上，资本家个人并不负担任何税款，资本家的利益并不受侵犯。这对于发展资本主义工商业非常有利。另外，对进口的工业品征收关税也有利于保护国内资本主义工商业的发展。

但是，随着资本主义生产的发展，经济交往的加强，以间接税为主的税收法律制度暴露出诸多弊端，原有的间接税日益成为商品流通的障碍。此时，以所得税法为代表并伴以财产税法的直接税法便日益受到重视。英国是资本主义国家中最早施行现代所得税法的国家。早在1779年，英国就开始征收所得税，此后又多次颁布和修改所得税法令。美国于1791年废除国内州际关税，并于1913年颁布了《联邦所得税法》。此后，法国、德国也相继开征所得税。在亚洲，日本在推行所得税方面走在了前列。日本于1887年引进所得税，并于1957年听取“夏普劝告”，建立了类似英美的以所得税为主体的税制模式。根据1936年的《社会保险法案》，美国又于1937年颁行了社会保险税法。随后，其他许多资本主义国家也相继施行了社会保险税法令。此外，在大力发展直接税法的同时，一些资本主义国家也对原有的间接税法进行了改革。1954年，法国对原来的间接税法进行了重大改革，并首创增值税。1968年以后，欧洲共同体国家相继全部推出了增值税，同时，亚洲、非洲、拉丁美洲的许多资本主义国家也相继推行了增值税。

现代税法发展的另一个表现就是独立的税收法典的制定。早在20世纪初，法国就制定了《普通税法典》和《海关法典》。此后，美国于1939年和1954年两次编定了《国内收入法典》，其中，1954年的《国内收入法典》虽屡经修改却一直沿用至今，它与司法判例、财政部的税法解释共同构成了美国税法的基本内容。此外，日本制定有《国税通则法》，德国制定有《税收通则法》，荷兰制定有《总税收条例》，巴西制定有《税收大典》。独立的税收法典的出现，表明资本主义社会现代税法正在成长为一个相对自成体系的部门法。

综上所述，现代税法经历了一个从幼稚到成熟、从低级到高级的发展过程。现代税法有以下几个特点：首先，随着资本主义的发展，所得税制已成为资本主义国家税收法律制度的中心内容。这是由所得税制度适应性强、征收合理、计算方便等特点决定的。其次，资本主义国家广泛利用税收作为调节经济的杠杆。随着资本主义的发展，资本主义国家除了把税收当作筹集财政收入的主要手段，还把它当作实现经济政策、发挥经济杠杆作用的重要工具。再次，货币征收成为现代税法规定的占统治地位的税收形式。当然，实物形式和力役形式并没有完全被取消。最后，与封建制国家的人头税和简单的直接税相比，资本主义国家的现代税法具有隐蔽性和合理性。

第三节 中华人民共和国税法制度的建立和发展

一、中华人民共和国税法制度的建立

中华人民共和国成立以后，我国统一的社会主义税法制度，是在革命根据地时期税收法律制度的基础上建立和发展起来的。

新民主主义革命时期，各个革命根据地都曾颁布过一些税收法令。早在 1928 年 12 月颁布的《井冈山土地法》中就规定："土地税依照生产情形分为三种：一、百分之十五；二、百分之十；三、百分之五。"[①] 1931 年，根据《中华苏维埃共和国中央执行委员会第一次会议关于颁布暂行税则的决议》，颁布了《中华苏维埃共和国暂行税则》，规定征收农业税、工业税、营业税和关税等税种；1933 年，又颁布了《农业税暂行税则》；1940 年 5 月 30 日，陕甘宁边区政府颁布了《陕甘宁边区货物税暂行条例》；1941 年和 1942 年，晋察冀边区和晋冀鲁边区政府分别颁布了《统一累进税条例》；此外，1943 年，陕甘宁边区政府还颁布了《陕甘宁边区酒类牌照税暂行办法》和《陕甘宁边区烟类税暂行条例》。革命根据地的这些税收法令，是中华人民共和国税法制度的雏形。

中华人民共和国成立之初，我国的税法制度很不统一，各地实行的税种、税目、税率和征收办法都不一致。

为了适应全国政治上统一、经济上迅速恢复和发展的需要，政务院根据《中国人民政治协商会议共同纲领》第 40 条的规定，于 1950 年 1 月颁布了中华人民共和国第一个统一税收法规——《全国税政实施要则》。该实施要则的颁布标志着我国社会主义统一税法制度的建立。《全国税政实施要则》规定在全国范围内征收货物税、工商业税、盐税、关税、薪给报酬所得税、存款利息所得税、印花税、遗产税、交易税、屠宰税、房产税、

① 张希坡：《革命根据地经济立法》，88 页，长春，吉林大学出版社，1994。

地产税、特种消费行为税和车船使用牌照税共 14 种税，其中，薪给报酬所得税和遗产税实际并未开征。此外，《全国税政实施要则》还规定了高度统一的税收管理体制。这主要表现在两个方面：一是税收立法权和税种的开征、停征、税目与税率增减调整的权力属于中央，二是税收的减免权大部分由中央政府掌握。

除了《全国税政实施要则》，政务院还先后公布实施了《契税暂行条例》《公营企业缴纳工商业税暂行办法》《房产税暂行条例（草案）》《地产税暂行条例（草案）》《利息所得税暂行条例》《屠宰税暂行条例》《印花税暂行条例》《货物税暂行条例》《特种消费行为税暂行条例》《车船使用牌照税暂行条例》《全国各级税务机关暂行组织规程》等税收法规。所有这些税收法规，对于统一和建立我国社会主义的税法制度，恢复和发展国民经济，起到了非常重要的作用。

二、中国改革开放前的税法制度的变化与调整

从 1950 年全国统一的社会主义税法制度的建立到党的十一届三中全会实行改革开放前的近三十年间，我国社会主义税法制度经历了 1953 年、1958 年和 1973 年的三次大调整。

（一）1953 年工商税法的修正

经过三年的恢复时期，到 1952 年，恢复国民经济的任务基本完成。从 1953 年起，我国进入经济建设和社会主义改造时期。为了适应这种新情况，1952 年 12 月 31 日，政务院发布了《关于税制若干修正及实行日期的通告》，同时公布了《商品流通税试行办法》，遵照"保证税收、简化税制"的原则，对原工商税制作了若干重要修正，并从 1953 年 1 月 1 日起施行。这次税法修正的主要内容包括：试行商品流通税；简化货物税；修订工商营业税；把棉纱统销税和棉花交易税并入商品流通税；取消特种消费行为税，改征文化娱乐税；把粮食、土布交易税改为征收货物税；停征药材交易税；交易税中只保留牲畜交易税等。这次税法的修正，扶植和保护了社会主义经济，减少了纳税环节和征税手续，使我国的工商税制能够适应当时改造资本主义工商业、促进个体经济走合作化道路的形势发展的需要。

（二）1958 年工商税制的改革和全国农业税法的统一

到 1956 年，我国对生产资料私有制的社会主义改造已基本完成，社会主义公有制经济基本上成为单一的所有制形式，原来配合对私有制改造的多种税、多次征收的税法制度已经不能适应这一新情况。在这种情况下，按照"基本上在原有税负的基础上简化税制"的方针，全国人民代表大会常务委员会于 1958 年 9 月原则通过了《工商统一税条例（草案）》，对原工商税制进行重大改革，试行工商统一税。其主要内容包括：简化税种，将原来的商品流通税、营业税、货物税、印花税合并为工商统一税；简化纳税环节和征税办法；调整了部分税率；将工商业税中的所得税改为独立的工商所得税等。这次税制改革使税种大大减少，税制也进一步简化。这次税制改革后，又有一些小的变动，如

1959 年停征了利息所得税、1966 年停征了文化娱乐税等。

在进行工商税制改革的同时，全国人民代表大会常务委员会于 1958 年 6 月通过了《农业税条例》，在全国范围内施行。该条例废除了原来在新解放区实行的累进税制，规定在全国统一按地区差别比例税率征收农业税，并贯彻了稳定负担、增产不增税的政策。这是中华人民共和国成立以来我国农业税收法律制度的一次重大变革，对于保证农村经济的发展发挥了巨大的作用。

（三）1973 年的工商税制改革

虽然 1958 年的工商税制改革大大减少了税种，简化了税制，但是，许多人仍然认为当时工商税的税种太多，税目、税率太多太杂。于是，税务主管部门在基本保持原有税负的前提下，按照“合并税种，简化征收方法，改革不合理的工商税收制度”的原则，拟定了《工商税条例（草案）》，国务院于 1972 年 3 月批准，从 1973 年 1 月起在全国试行。其主要内容包括：把工商统一税及其附加、城市房地产税、车船使用牌照税和屠宰税合并为工商税；简化税目和税率，对少数税率作了调整；改革征收制度，把一部分税收管理权限下放给地方掌握。这次工商税制改革，片面强调合并税种，简化税目、税率，简化征收办法。这一做法破坏了课税要素的统一规范性，使税收的经济调节职能大为削弱。

三、改革开放和社会主义建设时期税法制度的快速发展

1978 年党的十一届三中全会揭开了我国改革开放的序幕。自 1978 年到 1993 年，是我国改革开放和社会主义建设时期。随着我国大力推行经济体制改革和实行对外开放政策，国家对计划经济体制下形成的税制进行了重大改革，逐步形成了改革开放和社会主义建设时期的税制，社会主义税法制度得到了快速发展。

（一）改革开放初期建立的涉外税法制度

党的十一届三中全会以后，为适应我国对外开放和经济体制改革的发展需要，1980 年 9 月 10 日第五届全国人民代表大会第三次会议通过《中华人民共和国中外合资经营企业所得税法》《中华人民共和国个人所得税法》，1981 年 12 月 13 日第五届全国人民代表大会第四次会议通过《中华人民共和国外国企业所得税法》，1984 年 11 月 15 日国务院颁布《关于经济特区和沿海十四个港口城市减征、免征企业所得税和工商统一税的暂行规定》，1991 年 4 月第七届全国人民代表大会第四次会议将《中外合资经营企业所得税法》与《外国企业所得税法》合并，制定了《中华人民共和国外商投资企业和外国企业所得税法》，1993 年 12 月 29 日，第八届全国人民代表大会常务委员会通过了《关于外商投资企业和外国企业适用增值税、消费税、营业税等税收暂行条例的决定》等，这些涉外税收法律法规和决定的制定和实施，初步建立起了我国涉外税法制度，促进和保障了对外开放和经济体制改革。

（二）为实施国营企业“两步利改税”而制定的税法

国营企业“利改税”，是指国营企业把过去由向国家上缴利润的分配形式，改变为国家征税的分配形式，逐步把国家与国营企业的分配关系以税收形式固定下来。

国营企业第一步“利改税”：1983年国务院颁布的《关于国营企业利改税试行办法》规定：第一，在全国范围内开征国营企业所得税，对有盈利的大中型国营企业，按照55%的比例税率交纳所得税，税后利润再以各种形式在国家和国营企业之间进行分配。第二，对有盈利的小型国营企业，按八级超额累进税率交纳所得税，税后利润归企业自行支配，自负盈亏，国家不再拨款。

国营企业第二步“利改税”：1984年国务院公布的《国营企业第二步利改税试行办法》规定：第一，把国家原来对企业在生产流通领域中征收的综合性工商税改为按产品、按行业、按各个生产环节的增值额的不同，分别征收产品税、营业税、增值税以及盐税，分别适用于各个不同的企业。第二，恢复城市维护建设税、土地使用税、房产税和车船使用税四个地方税，并开征了资源税。第三，对国营企业形成的纯收益、利润，在进入分配领域时，对有盈余的国营企业继续征收所得税，并开征调节税。第四，明确了第二步“利改税”适用的范围，对亏损企业或微利企业进行补贴或减免税。为了实现“利改税”的第二步目标，国务院先后颁布了《中华人民共和国产品税条例（草案）》《中华人民共和国增值税条例（草案）》《中华人民共和国盐税条例（草案）》《中华人民共和国营业税条例（草案）》《中华人民共和国资源税条例（草案）》《中华人民共和国国营企业所得税条例（草案）》[①] 和《国营企业调节税征收办法》等七个税收行政法规。

（三）全面改革税制，初步形成以间接税为主的税法体系

在国营企业“两步利改税”制定税法的基础上，为推动税制的全面改革，自1985年至1989年，国务院先后发布了《中华人民共和国城市维护建设税暂行条例》、《中华人民共和国进出口关税条例》、《中华人民共和国集体企业所得税暂行条例》、《国营企业奖金税暂行规定》（修订）、《国营企业工资调节税暂行规定》、《集体企业奖金税暂行规定》、《事业单位奖金税暂行规定》、《中华人民共和国城乡个体工商业户所得税暂行条例》、《中华人民共和国房产税暂行条例》、《中华人民共和国车船使用税暂行条例》、《中华人民共和国个人收入调节税暂行条例》、《中华人民共和国耕地占用税暂行条例》、《中华人民共和国建筑税暂行条例》、《中华人民共和国私营企业所得税暂行条例》、《中华人民共和国印花税暂行条例》、《中华人民共和国筵席税暂行条例》和《中华人民共和国城镇土地使用税暂行条例》等17项税收行政法规。1991年4月9日，第七届全国人民代表大会第四次会议通过并公布施行《中华人民共和国外商投资企业和外国企业所得税法》。这些税收法律法规的颁布实施，在我国初步形成了以调整间接税为主的税法体系，促进和保障了工商税制全面改革的顺利进行。

---

① 由于当时未制定、颁布《中华人民共和国立法法》，法治尚不健全，所以《中华人民共和国产品税条例（草案）》等六个条例（草案），虽然名称为草案，但实际上是有法律效力的规范性文件。

四、社会主义市场经济时期税法制度的发展

党的第十四届三中全会于1993年11月14日通过《中共中央关于建立社会主义市场经济体制若干问题的决定》，该决定指出，社会主义市场经济体制是同社会主义基本制度结合在一起的。建立社会主义市场经济体制，就是要使市场在国家宏观调控下对资源配置起基础性作用。为实现这个目标，在税制改革方面，1993年12月25日，国务院批转了国家税务总局《工商税制改革实施方案》，明确要建立符合社会主义市场经济要求的税制体系，按照统一税法，公平税负，简化税制，合理分权，理顺分配关系，保障财政收入，全面深化工商税制改革。根据1993年《工商税制改革实施方案》，自1994年1月1日起开始全面实施新税制，这是我国社会主义市场经济体制条件下税收法制建设的一个里程碑。在全面推行新税制的同时，国家实行了分税制财政体制。社会主义市场经济时期税法制度的发展主要阐述1993年至2012年期间的税法制度的发展概况。

（一）1994年流转税制的改革和立法

流转税是我国税制结构的主体，也是此次税制改革的重心所在。改革前，我国的工商流转税主要有产品税、增值税、营业税和工商统一税四种，另外还有城市维护建设税、集市交易税和牲畜交易税三种。改革后，形成了以增值税为主体，增值税、消费税、营业税三税并立，双层次调节的新工商流转税制调整模式。

为了推动和保障流转税制的改革，1993年12月13日国务院颁布《中华人民共和国增值税暂行条例》《中华人民共和国消费税暂行条例》《中华人民共和国营业税暂行条例》等三个暂行条例。1993年12月29日第八届全国人民代表大会常务委员会第五次会议通过并颁布了《全国人民代表大会常务委员会关于外商投资企业和外国企业适用增值税、消费税、营业税等税收暂行条例的决定》。

（二）1994年所得税制的改革和立法

所得税制的改革包括个人所得税改革和企业所得税改革两方面的内容。

1. 1994年个人所得税的改革和立法

1993年10月31日，第八届全国人民代表大会常务委员会通过了《关于修改〈中华人民共和国个人所得税法〉的决定》。该决定针对原来个人所得税三税并存的问题，本着调节高收入、照顾中低收入、缓解社会分配不公的宗旨，重新修订了《个人所得税法》，废止了原《个人收入调节税暂行条例》和《城乡个体工商业户所得税暂行条例》，把这两种税统一归并到重新修订的新的个人所得税之中，从而初步建立了较为规范的个人所得税法律制度。

2. 1994年企业所得税的改革和立法

在企业所得税改革方面，针对原来按经济性质分立税种和课征制度的缺陷，核心是建立刚性的、统一的企业所得税制，来规范国家与企业的利润分配关系，促进企业在公

平竞争的条件下真正走向市场。企业所得税改革的主要内容是：合并原国营企业所得税、集体企业所得税、私营企业所得税为统一的内资企业所得税，即企业所得税，同时取消国营企业调节税。为了促进和巩固企业所得税改革的成果，1993 年 12 月 13 日，国务院发布《中华人民共和国企业所得税暂行条例》（自 1994 年 1 月 1 日施行）。

（三）1994 年其他税制的改革和立法

1994 年税制改革内容还包括：改革资源税，扩大其征税范围，采取按产品类别从量定额征税的办法。为此，1993 年 12 月 25 日，国务院重新修订颁布了《中华人民共和国资源税暂行条例》。为了规范土地、房地产市场交易秩序，合理调节土地增值收益，新开征土地增值税，1993 年 12 月 13 日，国务院发布《中华人民共和国土地增值税暂行条例》。1994 年税制改革方案还确定在适当的时候开征证券交易税和遗产税；并将屠宰税和筵席税的开征、停征权下放给地方。

（四）税收征收管理制度的改革和立法

1992 年 9 月 4 日第七届全国人民代表大会常务委员会第二十七次会议通过《中华人民共和国税收征收管理法》，自 1993 年 1 月 1 日起施行。1994 年税制改革，确定的税收征收管理制度改革的目标是，到 20 世纪末，彻底改变征管制度不严密、征管手段落后的局面，从根本上提高税收征管水平，建立起适应社会主义市场经济要求的、拥有现代技术支持的、科学严密的税收征收管理体制。

（五）1994 年税制改革后税收制度的完善与立法

21 世纪初的税制改革：我国从 2001 年开始逐步进行了增值税转型和营业税改征增值税两项改革。2003 年 10 月，党的十六届三中全会《中共中央关于完善社会主义市场经济体制若干问题的决定》再次明确分步实施税收制度改革的主要内容，即按照简税制、宽税基、低税率、严征管的原则，稳步推进税收改革。改革出口退税制度；统一各类企业税收制度；增值税由生产型改为消费型，将设备投资纳入增值税抵扣范围；完善消费税，适当扩大税基；改进个人所得税，实行综合和分类相结合的个人所得税制；实施城镇建设税费改革，条件具备时对不动产开征统一规范的物业税，相应取消有关收费；在统一税政前提下，赋予地方适当的税政管理权；创造条件逐步实现城乡税制统一。

2006 年 3 月，第十届全国人民代表大会第四次会议批准的《国民经济和社会发展第十一个五年规划纲要》第三十二章“推进财政税收体制改革”指出：调整和规范中央与地方、地方各级政府间的收支关系，建立健全与事权相匹配的财税体制。实行有利于促进科技进步、转变增长方式、优化经济结构的财税制度。其中第二节“完善税收制度”指出：在全国范围内实现增值税由生产型转为消费型。适当调整消费税征收范围，合理调整部分应税品目税负水平和征缴办法。适时开征燃油税。合理调整营业税征税范围和税目。完善出口退税制度。统一各类企业税收制度。实行综合和分类相结合的个人所得税制度。改革房地产税收制度，稳步推行物业税并相应取消有关收费。改革资源税制度。完善城市维护建设税、耕地占用税、印花税。

2011 年 3 月，第十一届全国人民代表大会第四次会议批准的《国民经济和社会发展第十二个五年规划纲要》第四十七章第三节之“改革和完善税收制度”指出：按照优化税制结构、公平税收负担、规范分配关系、完善税权配置的原则，健全税制体系，加强税收法制建设。扩大增值税征收范围，相应调减营业税等税收。合理调整消费税征收范围、税率结构和征税环节。逐步建立健全综合与分类相结合的个人所得税制度，完善个人所得税征管机制。继续推进费改税，全面推进资源税和耕地占用税改革。研究推进房地产税改革。逐步健全地方税体系，赋予省级政府适当税政管理权限。

1994 年税制改革后至 2011 年期间的税收立法成果：2007 年 3 月 16 日，第十届全国人民代表大会第五次会议审议通过《中华人民共和国企业所得税法》，统一了内外资企业所得税税率由 33%降为 25%。在这时期中，特别值得一提的是，2005 年 12 月 29 日，第十届全国人民代表大会常务委员会第十九次会议通过并公布《全国人民代表大会常务委员会关于废止〈中华人民共和国农业税条例〉的决定》，自 2006 年 1 月 1 日起我国全面取消农业税，在我国延续了两千多年的农业税从此退出历史舞台。

五、新时代中国式现代税收法治建设的发展

2012 年 11 月，党的十八大在北京胜利召开。从党的十八大开始，中国特色社会主义进入新时代。新时代的中国税制改革和中国式现代税收法治建设也进入一个新的历史时期。随着国家实行全面深化改革、深化税收制度改革、完善税收制度、落实税收法定原则的推进，新时代中国式现代税收法治建设取得了历史性成就。党的十八大以来，我国在税收立法、执法和司法方面取得了明显的进展。

（一）落实税收法定原则，税收立法进程加速

党的十八届三中全会通过的《中共中央关于全面深化改革若干重大问题的决定》明确指出：完善税收制度。同时，明确提出落实税收法定原则。2015 年 3 月，党中央审议通过了《贯彻落实税收法定原则的实施意见》，全国人民代表大会常务委员会根据上述实施意见，在每年的立法工作计划中安排相应的税收立法项目。

党的十八大后，全国人大常委会制定了《中华人民共和国关税法》《中华人民共和国印花税法》《中华人民共和国城市维护建设税法》《中华人民共和国契税法》《中华人民共和国耕地占用税法》《中华人民共和国车辆购置税法》《中华人民共和国船舶吨税法》《中华人民共和国环境保护税法》等 8 部税法；修正《中华人民共和国车船税法》《中华人民共和国企业所得税法》和《中华人民共和国个人所得税法》等三部税法。在税收法律制定和修改中，国家立法机关认真贯彻民主原则，广泛征求社会公众和专家学者意见，提高了立法质量。例如 2021 年《中华人民共和国契税法》生效后，各省陆续对法定幅度内契税税率的确定、税收减免事项具体方案向社会公开征求意见，并予以积极回应。此外，进一步优化了税收立法授权和备案制度，对税收授权立法的授权对象与备案机关作了详细安排，实现了与《立法法》的衔接。

党的二十大报告指出：“健全现代预算制度，优化税制结构，完善财政转移支付体

系”；“加大税收、社会保障、转移支付等的调节力度。完善个人所得税制度，规范收入分配秩序，规范财富积累机制，保护合法收入，调节过高收入，取缔非法收入”。由此可见，优化税制结构是调节收入分配的必然要求，是中国式现代化财政制度改革的应有之义，更是法治建设中需要持续推进的改革任务。

（二）税收执法水平不断提高

党的十八大以来，税收执法水平不断提高，并突出表现在以下方面。

第一，执法体制不断优化。2015 年 12 月中共中央办公厅、国务院办公厅印发《深化国税、地税征管体制改革方案》，促成了国税部门和地税部门两者“合作”。2018 年 7 月，中共中央办公厅、国务院办公厅印发了《国税地税征管体制改革方案》，实现了两者“合并”，优化了税收执法体制，降低了征纳成本。此外，山东省、海南省、黑龙江省等诸多省份还制定地方性的《税收保障条例》，对各部门综合治税、协税护税以及提供各类涉税信息的职责作出规定并加以刚性约束，为依法治税提供了规范化、制度化保障。

第二，执法规范化程度显著提高。随着国家税务总局《国家税务总局权力和责任清单（试行）》、《税务行政处罚裁量权行使规则》（已被修改）、《全国税务稽查规范》的陆续施行，税务机构全面推开税务执法全过程记录制度、重大执法决定法制审核制度、行政执法公示等制度，初步构建起了一个权责清晰、执法有尺、监督有力的税务行政执法体系。

（三）税收司法注重保障纳税人权利①

“无救济则无权利”，税收司法是税收法治运转的关键一环，对于保障纳税人的合法权利、限制税务机关权力具有重要意义。税收司法涉及税务行政诉讼与税务刑事诉讼两类，两者在纳税人权利保护方面均取得了长足进步。

一是在税务刑事诉讼方面，刑法“谦抑性”原则得到贯彻。税务刑事案件由于处于“罪刑法定”与“税收法定”两大原则的交叉领域，在纳税人权利保护体系中具有特殊意义。

二是在税务行政诉讼方面，案件增长数量趋于平稳。税制改革与税收立法进程的加快、税务行政执法规范程度的提高，不仅降低了部分涉税行政争议可能性，也为法官依法裁判提供了相对明确的依据与参照，有效保障了纳税人的合法权利。

（四）国际税收法治合作卓有成效

国际税法是协调不同国家或地区间税收关系的法律规范的总称，其作用在于通过合理分配与协调不同法律主体间的权益，在实现国际税收公平的基础上，保证和促进国际经济交往的正常发展。党的十八大以来，我国积极参与国际税收法治建设：2013 年签署《多边税收征管互助公约》；2015 年签署《金融账户涉税信息自动交换多边主管当局间协议》；2017 年签署《实施税收协定相关措施以防止税基侵蚀和利润转移的多边公约》。作

① 参见刘剑文、江利杰：《党的十八大以来我国税收法治建设的成就与未来展望》，《国际税收》2022 年第 10 期。

为 G20 成员，深度参与应对经济数字化税收挑战“双支柱”方案的设计、谈判，积极推动各方达成共识；与法国、德国、意大利、厄瓜多尔、智利等多个国家签订或重新签订避免重复征税的双边税收协定。2019 年 4 月我国发起建立了首个税收领域多边合作平台——“一带一路”税收征管合作机制。建立这一合作机制的目的是在坚持依法治税、提高税收确定性、加快税收争议解决、提升纳税服务、加强税收能力建设等领域开展税收合作、分享最佳实践，推动构建增长友好型税收环境。五年来，“一带一路”税收征管合作机制从亚欧大陆延伸到非洲、大洋洲和拉美，共有 36 个理事会成员、30 个观察员、20 个联盟成员、14 个合作方，“朋友圈”不断发展与壮大，已成为共建“一带一路”倡议下具有重要影响力的多边税收合作平台。

深度阅读

1. 俞光远．中国财税改革和财税法制建设 30 年回顾与展望．北京：中国税务出版社，2009

2. 李炜光．李炜光说财税．保定：河北大学出版社，2010：第三，四章

3. 翁礼华．皇粮国税：解读税史四千年．杭州：浙江古籍出版社，2006

4. 吴兆莘：中国税制史，北京：商务印书馆，1998

5. 周飞舟．分税制十年：制度及其影响．中国社会科学，2006（6）

6. 刘尚希．分税制的是与非．学习月刊，2012（6）

7. 贾康，刘薇．分税制改革三十年：回顾与展望．地方财政研究，2024（1）

问题与思考

1. 温家宝总理在第十一届全国人民代表大会第一次会议的中外记者见面会上指出：“其实一个国家的财政史是惊心动魄的。如果你读它，会从中看到不仅是经济的发展，而且是社会的结构和公平正义。”

请从税法发展的历史角度谈谈你对上述观点的认识。

2. 中国为何要在 1994 年实施分税制改革？

3. 中国新一轮税制改革应当坚持何种原则？改革的核心内容是什么？

4. 如何理解经济发展阶段、税制结构改革与税收法定原则的关系？

第二编

税收实体法制度

第五章
增值税法制度

本章概要

- 增值税的征税范围
- 增值税的税率
- 增值税应纳税额的计算

第一节　增值税法概述

一、增值税的含义

增值税（value added tax，VAT）是以商品（包括动产、不动产、无形资产）、劳务和服务为征税对象，以增值额为计税依据，多环节征收的一种流转税。[①] 这里的增值额，从理论上看是企业或个人在生产经营过程中新创造的价值，即相当于商品价值（C+V+M）中的V+M，包括工资、奖金、利息、利润和其他增值性费用。对理论上的增值额，可以从两个方面理解：其一，就某一生产单位而言，其理论增值额是该单位在一定时期内销售货物或提供劳务实现的商品销售额或经营收入额扣除为获得该销售额或收入额而付出的物质成本（相对于工资、奖金等人工成本而言，如外购原材料、燃料、动力、固定资产折旧、包装物和低值易耗品摊销等）后的余额，大体上相当于该企业活劳动所创造的价值。其二，就某一商品生产流通全过程而言，其理论增值额是该商品生产、流通各环节的增值额之和，相当于该商品流转到某一或最后环节时实现的销售额。

---

① 对于增值税，世界各国的称呼并不完全一致，如加拿大称之为货物及服务税，新加坡、斯里兰卡称之为商品劳务税，巴西称之为进口及商品流转税，墨西哥称之为生产经营税，日本称之为消费税，德国称之为营业加值税。参见刘剑文主编：《财税法学》，415页，北京，高等教育出版社，2004。

增值税是世界各国普遍征收的一种税收。在各国的增值税征收实践中，据以征税的增值额并非理论增值额，而是法定增值额。所谓法定增值额，是指各国政府根据各自的国情、政策需要，在其增值税法中明确规定的增值额。法定增值额与理论增值额可能一致，也可能不一致。原因在于，各国在确定法定增值额时，允许从销售额或收入额中扣除的项目或范围不同，主要表现为对外购固定资产的处理办法不同。增值税法中采用法定增值额作为征税对象，既可保证增值税计征的统一性、便于操作，又可根据国情和政策要求，作出合理的规定。

二、增值税的类型

各国在增值税立法中，出于财政收入目的或投资政策的考虑，在确定法定增值额时，除对一般性外购生产资料（指非固定资产项目）都普遍实行扣除外，对于某一纳税人的外购生产资料中的固定资产的价值扣除，往往作出不同的立法规定。根据确定增值额时扣除项目中对外购固定资产的处理方法的不同，可将增值税分为生产型增值税、收入型增值税和消费型增值税三种课征类型。

1. 生产型增值税

生产型增值税，对于外购的固定资产不允许作任何扣除。在此类型中，作为课税对象的法定增值额既包括新创造的价值，又包括当期计入成本的固定资产部分，即大致为理论增值额与固定资产折旧之和。从整个社会经济来看，它相当于国民生产总值，故被称为生产型增值税。生产型增值税不利于避免重复征税，但对于确保财政收入和限制投资有一定的作用。目前，世界上只有少数发展中国家实行生产型增值税。我国 2009 年 1 月 1 日前实行生产型增值税。

2. 收入型增值税

收入型增值税，只允许在纳税期内扣除固定资产当期的折旧部分。在此类型中，作为课税对象的法定增值额为工资、奖金、利息、利润和其他增值性费用之和，从整个社会经济来看，它相当于国民收入，故称为收入型增值税。收入型增值税不利于采用规范的发票抵扣法，在避免重复征税方面不够彻底，且对投资有一定的限制作用。目前，采用这种类型的国家较少，主要限于拉丁美洲的一些国家。

3. 消费型增值税

消费型增值税，允许将纳税期内当期购进的固定资产价值从当期的销售额中一次性全部扣除。在此类型中，作为课税对象的法定增值额为当期全部销售额或收入额扣除全部外购生产资料价款后的余额。从整个社会经济来看，它相当于征税对象中排除了任何投资，只限于消费资料，故称为消费型增值税。尽管消费型增值税在一定程度上会减少国家财政收入，但由于外购固定资产的成本可凭发票一次性全部扣除，更便于操作和管理，也有利于鼓励投资，加速设备更新，因而它被认为是最先进、最能体现增值税优越性的一种类型。西方发达国家多实行这种增值税。我国自 2009 年 1 月 1 日起在全国范围内实施的“增值税转型”，正是从生产型增值税转向消费型增值税。

延展阅读

法国是世界上最早实行增值税的国家。1946 年法国财政官员莫里斯·洛雷提出用增值税替代营业税的设想，1948 年法国正式采用增值税税制。1953 年，美国的密歇根州为解决财政赤字也决定开征增值税。1954 年，法国将增值税扩展到商业批发阶段。1967—1973 年，欧洲共同体（现称“欧盟”）成员国相继实行增值税，后来陆续被其他一些国家采用。目前，增值税已成为一个具有国际性的税种。这正像伦·A. 泰特所说：“增值税的兴起堪称税收史上一绝。没有别的任何税种能像增值税那样，在短短 30 年左右的时间里，从实践到理论横扫世界，使许多原先对其抱怀疑的学者们回心转意，令不少本来将其拒之门外的国家改弦更张……可以把增值税比喻为世界的马哈利特，多少人被其吸引倾倒……到终了谁也挡不住她的诱惑。”法国在 1968 年经过税收改革，实行具有现代意义的消费型增值税。①

1977 年，欧共体国家理事会为使欧共体各国实行共同的增值税税制，统一增值税计税基础而发布了关于成员国立法协调流转税第 6 号令。德国、荷兰、比利时、瑞典、奥地利等欧盟国家以此为蓝本，经过 6 年～10 年的改革过渡期，实现了向消费型增值税的转型。保加利亚、捷克、波兰、罗马尼亚、斯洛伐克五国均实行消费型增值税。而爱沙尼亚、匈牙利、立陶宛、拉脱维亚和斯洛文尼亚五国由于是前华约成员国，出于财政收入考虑，而实行收入型增值税。它们在未来的几年内，也将转采消费型增值税。

在美洲，巴西是最早实行消费型增值税的国家。巴西以其财政上取得的巨大成就，带动了其他国家相继实行消费型增值税或向消费型增值税转变。阿根廷本是实行收入型增值税最坚决的国家，但于 1999 年转采消费型增值税。现在，除洪都拉斯、多米尼加、海地实行收入型增值税外，其他美洲国家全部实行消费型增值税。

在非洲，各国实行增值税比较晚。除摩洛哥实行收入型增值税，塞内加尔实行生产型增值税外，其余一百多个国家都实行消费型增值税或正在进行消费型增值税的改革。

在亚洲，大多数国家均实行消费型增值税，只有印度尼西亚等少数国家实行生产型增值税。没有实行增值税的国家中，最著名的是美国。澳大利亚因其始终不愿放弃早已过时的批发销售税而拒绝实行增值税。其余未采纳增值税的国家或因其为岛屿型经济而不适于实行，或因其为石油输出国而财政富足不需开征。

三、增值税的特点

增值税和传统的流转税相比，具有以下四个方面的突出特点。

（1）避免重复征税，具有税收中性。增值税只对商品在生产流通过程中的价值增值额征收，具有税不重征的特点，从而彻底避免了传统流转税“道道征税、税上加税”的

① 参见朱文忠编著：《税务博览》，167 页，北京，中国税务出版社，1995。另有学者指出，作为理念形态的增值税是由德国人冯·西蒙、美国人亚当斯和法国人莫里斯·洛雷提出的。参见刘剑文主编：《财税法学》，419 页，北京，高等教育出版社，2004。

税负累积现象，使同一售价的商品不受流转环节多少的影响，始终保持同等的税收含量。这样有利于生产的专业化分工，不会对资源配置产生不利影响，符合市场经济发展的要求。

（2）税源广阔，具有普遍性。增值税具有普遍征收的特点。不但可以对制造业征收增值税，而且可以对服务业征收增值税；不但可以在生产环节征收增值税，而且可以在进口、批发、零售诸环节征收增值税。一切从事生产经营活动并取得经营收入的单位和个人都要缴纳增值税。

（3）增值税具有较强的经济适应性。增值税克服了传统流转税与商品经济发展不相适应的矛盾，各生产经营单位不会因生产组织形式、商品生产结构的不同和流转环节的多少而发生税负的变化，国家税收也不会因这些方面的变化而受到影响，因此，该税种具有较强的经济适应性。

（4）增值税的计算采用购进扣税法，凭进货发票注明税额抵扣税款，并在出口环节实行零税率征收。这样，在出口退税和税收钩稽方面增值税有着传统流转税所不具备的优点。

四、增值税的作用

增值税的上述特点，决定了其在组织财政收入、促进经济发展、拓展对外贸易等方面具有其他税种不可替代的作用。

（1）征税具有中性，不会干扰资源配置。由于增值税只对增值额征税，纳税人的税负不会因商品生产结构的改变和流通环节多少的不同而不同，因而课征增值税对纳税人的生产经营决策影响较小，不会扭曲市场资源的配置。

（2）有利于保障财政收入的稳定增长，因为：1）增值税实行普遍征收，税基较为广阔；2）增值税对商品销售和劳务提供征收，其收入能随消费的增长而自然增长；3）增值税收入不受企业生产组织形式、商品生产结构和流转环节变化的影响；4）增值税实行凭发票注明税额抵扣制度，环环相扣，只要发票印制、管理得法，就可以有效地防止偷漏税。

（3）有利于国际贸易的开展。由于增值税只对增值额征税，避免了重复征税的因素，且出口环节实行零税率，因而，一方面，对出口国家来说，可以准确计算退税，可避免退税不尽或退税过多的现象发生，有利于促进商品出口；另一方面，对于进口国家来说，可对进口商品足额征税，使其与本国商品负担同等的税收，从而便于保护本国民族工业的发展。凡此种种都有利于国际贸易的开展。

（4）具有相互钩稽机制，有利于防止偷漏税现象的发生。由于增值税对纳税人的应纳税额实行凭进货发票抵扣税额的办法计算，因而可以建立起纳税人之间相互钩稽的机制。因为对增值税来说，只要该商品的最后售价相同，其总体税负就是相同的。所以，上一环节少纳了税，下一环节就要多纳税，而凭发票抵扣就可促使购买方向销售方索要发票，从而在买卖双方建立起相互制约关系。此外，税务部门也可以通过发票对纳税人进行交叉审计，防止并及时发现偷漏税。

五、增值税法的产生和发展

增值税是在传统流转税的基础上发展起来的。传统流转税以商品流转额全额为计税依据，实行多环节征税。这种课税具有征税普遍、及时，收入稳定、可靠，计算简便等特点，适宜社会分工不发达、专业化程度较低的简单商品社会。而随着商品经济的发展，生产的专业化、社会化程度日益提高，社会分工越来越细，商品交易范围加大和交易环节增加，传统流转税按交易全额征税的弊端——台阶式重复征税、税上加税；鼓励大而全、小而全企业，不利于专业化分工协作；不利于拓展贸易范围（尤其是国际贸易的发展）等——越来越明显。对此，各国都在努力找寻解决之道。

早在第一次世界大战后，德国和美国就有人提出增值税的设想，但未被采纳。1936年，法国尝试在工业生产领域的产成品阶段实行一次性课征的“生产税”，以替代过去按流转全额“道道征税”的营业税，但未能成功。1948年，法国对生产税进行改造，将一次课征制改为分段征收、道道扣税，并允许从应纳税额中扣除购进原材料、零部件或半成品的价款中的已纳税款，从而使传统流转税有了实质性的进步，开始具有增值税的特征。1954年，法国对生产税作了进一步的改进，将扣除范围扩大到生产经营所用的一切投入物，包括购入的固定资产，同时把征收范围延伸到商业批发环节，并改其名为增值税。所以，现在人们一般认为，增值税发端于1954年的法国。

增值税既保留了传统流转税课征的普遍、收入稳定、征税及时等特点，又有效地防止了重复征税、税上加税的现象的发生，适应了专业化分工协作和拓展贸易范围等方面的需要，从而受到各国政府的青睐，被许多国家采用。

学术前沿

众所周知，增值税是20世纪后期在世界各国发展最快的税种，在欧洲尤为盛行。自从20世纪50年代法国开征增值税以来，目前已有160多个国家和地区开设了增值税①。然而，令人奇怪的是，作为税制改革的领头羊和素以税制庞杂、烦琐著称的美国从来没有在全国范围内实行增值税。迄今为止，美国仅有两个州（密歇根州和新罕布什尔州）开设过增值税。② 是什么原因使美国没有在全国范围内开征增值税？

有学者认为，美国没有征收增值税的原因有五点：第一，增值税本身具有缺陷，现实中的增值税不等于理想的增值税。第二，所得税是美国的主体税种，增值税的税收收入占比相对不会很高。第三，现行的零售销售税，不利于增值税的开征。第四，联邦制的特点是没有开征增值税的政治原因。第五，其他难题。其他国家（尤其是发达国家）在开征增值税的实践中暴露出来的问题，也加深了美国的顾虑。如在开征增值税的过渡

---

① 参见［美］艾伦·申克等著，熊伟等译：《增值税比较研究》，592～598页，北京，商务印书馆，2018。

② 密歇根州曾实行加法型单一营业税，被视为增值税的变体，目前已改为征收销售税和补充性使用税；新罕布什尔州实行的是营业事业税，被税务评论员视为增值税。参见［美］艾伦·申克等著，熊伟等译：《增值税比较研究》，商务印书馆2018年版，第580页；［英］安永（全球）公司著，国家税务总局货物和劳务税司译：《全球增值税和销售税指引（下册）》，921页，北京，中国税务出版社，2020。

期间，期初存货的税款抵扣问题很难处理。又如如何对金融机构征增值税的难题：增值税的税基只涉及实际流量（真实交易），而不包括金融业务。另有学者指出，美国之所以在引入增值税的过程中总是犹豫不决，主要原因有两点：一是担心增值税固有的局限性会产生消极后果，例如，累退效应产生不公平，税负归宿不稳定，税负转嫁可能会引起价格上升；二是引入增值税将会限制各州的独立性，缩减州的税权，从而引起中央和地方的摩擦冲突。

有学者进一步分析认为，一国的政治体制与思想传统对税种的选择有着重要影响。世界上还有许多实行联邦制的发达国家，平稳引入增值税的关键因素就在于其政治制度和传统思想。例如，德国在处理增值税的中央和地方关系时，采取了集中税权、分散征集、共享利益的办法。增值税的立法和制度由联邦统一确定，征集管理由各州执行。各州增值税收入由联邦和州分享，比例分别为70%和30%，联邦政府进行地区性收入平衡和调剂。分享制在德国行得通主要是由于德国实行的是强调政府的社会经济模式，且德国素有中央集权的传统。20世纪90年代初日本成功引入了增值税，关键原因是日本是个中央集权的国家，税收管理体制方面的立法权限高度集中于中央政府。法国之所以会在欧美发达国家中独树一帜，以间接税——增值税为主体税种，原因之一就是法国自大革命时期开始就有崇尚自由的传统。而中国在改革开放之初，就确定了“效率优先、兼顾公平”的原则，税种的选择也不例外。在1994年的税制改革中，中国选择了增值税作为主体税种，就是看中了增值税的中性、不扭曲经济的特点，这正是偏重效率的体现。①

我国于1979年引进增值税并开始在重复课税严重的机器机械、农机和日用机械产品等行业进行试点。在经过几年试点，积累了一定经验的基础上，国务院于1984年9月18日发布了《增值税条例（草案）》，自同年10月1日起实行。这标志着增值税作为一个独立的税种在我国正式建立。但随着社会主义市场经济体制目标的确立，原增值税的实施范围和《增值税条例（草案）》的内容已不能适应新形势发展的需要，迫切需要进行改革，建立一个对经济活动具有较强适应性的规范化的增值税制度。为此，国务院及其财政部门本着适应发展社会主义市场经济的需要，借鉴国际成功经验，结合我国具体国情，于1993年颁布了《增值税暂行条例》和《增值税暂行条例实施细则》（财法字〔1993〕第38号）。此即1994年的增值税改革。

1994年开始实施的《增值税暂行条例》，对于保障财政收入、调控国民经济发展发挥了积极作用。但由于实行的是生产型增值税，不允许企业抵扣购进固定资产的进项税额，因而存在重复征税问题，制约了企业技术改进的积极性。随着这些年来经济社会环境的发展变化，各界要求增值税由生产型向消费型转变的呼声很高。党的十六届三中全会明确提出适时实施增值税转型改革，“十一五规划”明确在“十一五”期间完成这一改革。自2004年7月1日起，经国务院批准，东北、中部等部分地区已先后进行改革试

① 参见董艳玲：《美国为何没有增值税》，载《瞭望》，2002（50）；赵敏、崔南方：《美国为何没有设立增值税》，载《华中科技大学学报（人文社会科学版）》，2002（5）；张玉晔：《美国为何不征收增值税》，载《财政与税务》，2003（12）。

点，取得了成功经验。为了进一步消除重复征税因素，降低企业设备投资的税收负担，鼓励企业技术进步和促进产业结构调整，有必要尽快在全国推开转型改革，尤其为应对国际金融危机对我国经济发展带来的不利影响，努力扩大需求，作为一项促进企业设备投资和扩大生产、保持我国经济平稳较快增长的重要举措，全面推行增值税转型改革的紧迫性更加突出。因此，2008 年 11 月 5 日国务院第 34 次常务会议修订了《增值税暂行条例》，决定自 2009 年 1 月 1 日起，在全国推开增值税转型改革。与此相适应，2008 年 12 月 15 日修订公布的《增值税暂行条例实施细则》也自 2009 年 1 月 1 日起实施。

需要注意的是，我国自 1994 年施行对货物和劳务分别征收增值税和营业税制度以来，这种税制在促进社会主义市场经济发展等方面发挥了重要的作用。但随着社会分工日益细化，这种税制结构下增值税纳税人外购劳务所负担的营业税、营业税纳税人外购货物所负担的增值税，均不能抵扣，重复征税问题未能完全消除，不利于经济结构调整和现代服务业发展。为进一步解决货物和劳务税制中的重复征税问题，完善税制制度，支持现代服务业的发展，国家从 2012 年 1 月 1 日开始，在部分地区和行业开展深化增值税制度改革试点，逐步地将目前征收营业税的行业改为征收增值税。按照建立健全有利于科学发展的财税制度要求，把营业税改征增值税，有利于消除重复征税，增强服务业的竞争能力，促进社会专业化分工，推动三次产业融合；有利于降低小额纳税人税负，扶持小微企业发展，带动扩大就业；有利于推动产业结构调整，促进科技创新。将增值税的征收范围覆盖所有的货物和劳务，不仅是与世界通行做法接轨，而且是健全有利于科学发展的税收制度的必然选择。

2011 年 11 月 16 日，经国务院同意，财政部和国家税务总局联合发布了《营业税改征增值税试点方案》，并首先选择在上海市开展交通运输业和部分现代服务业营业税改征增值税试点。同年，这两部门还制定了《交通运输业和部分现代服务业营业税改征增值税试点实施办法》《交通运输业和部分现代服务业营业税改征增值税试点有关事项的规定》。自 2012 年 8 月 1 日起至 2012 年年底，国务院扩大“营改增”试点至 10 省市。截至 2013 年 8 月 1 日，“营改增”试行范围已推广到全国。2013 年 12 月 4 日，国务院常务会议决定，从 2014 年 1 月 1 日起，将铁路运输和邮政服务业纳入“营改增”试点，至此交通运输业已全部被纳入“营改增”范围。自 2014 年 6 月 1 日起，电信业被纳入“营改增”试点范围。

2016 年 3 月 23 日，财政部和国家税务总局联合发布《关于全面推开营业税改征增值税试点的通知》（财税〔2016〕36 号），决定自 2016 年 5 月 1 日起，在全国范围内全面推开“营改增”试点，建筑业、房地产业、金融业、生活服务业等全部营业税纳税人，被纳入试点范围，由缴纳营业税改为缴纳增值税。2017 年 10 月 30 日《国务院关于废止〈中华人民共和国营业税暂行条例〉和修改〈中华人民共和国增值税暂行条例〉的决定》通过。自此，“营改增”试点扩大到覆盖了以前征收营业税的所有领域，营业税也因此退出了我国的历史舞台。

第二节　增值税的纳税主体

根据《增值税暂行条例》以及《营业税改征增值税试点实施办法》等文件的规定，增值税的纳税人，是指在我国境内销售货物、服务、无形资产、不动产或者提供加工、修理修配劳务以及进口货物的单位和个人。其中，单位，是指企业、行政单位、事业单位、军事单位、社会团体及其他单位；个人，是指个体工商户和其他个人。境内，是指销售货物的起运地或所在地在境内，以及应税行为发生在境内。境外的单位或者个人在境内发生应税行为，在境内未设有经营机构的，以购买方为增值税扣缴义务人，财政部和国家税务总局另有规定的除外。

为了提高增值税管理的效率，保障凭增值税专用发票抵扣税款制度的顺利实行，我国增值税制度将纳税人分为一般纳税人和小规模纳税人。纳税人的经营规模以及会计核算的健全程度是划分一般纳税人与小规模纳税人的主要依据。区分一般纳税人和小规模纳税人的主要意义在于，二者在增值税制度中的地位不同：一般纳税人可以领购和自行开具增值税专用发票，采用抵扣法缴纳增值税款；而小规模纳税人缴纳增值税款只能采取简易方法，不能采用抵扣法。目前，除被纳入自开增值税专用发票试点的月销售额超过 3 万元（或季销售额超过 9 万元）的住宿业、鉴证咨询业和建筑业小规模纳税人外，其他小规模纳税人均无权自行开具增值税专用发票。但是，为了既有利于加强专用发票的管理，又不影响小规模纳税人的生产经营活动，已办理税务登记的小规模纳税人（包括个体经营者）以及国家税务总局确定的其他可予代开增值税专用发票的纳税人发生增值税应税行为，需要开具专用发票时，可向其主管税务机关申请代开增值税专用发票。

一、一般纳税人

增值税一般纳税人，是指年应税销售额超过财政部、国家税务总局规定标准的增值税纳税人，或年应税销售额虽未超过规定标准但会计核算健全、能够提供准确税务资料，并向主管税务机关办理一般纳税人资格登记的增值税纳税人。其中，“年应税销售额”是指纳税人在连续不超过 12 个月的经营期内累计应征增值税销售额，包括免税销售额；“会计核算健全”是指能够按照国家统一的会计制度规定设置账簿，根据合法、有效凭证核算。

在 2015 年 4 月 1 日之前，根据《增值税一般纳税人资格认定管理办法》的规定，年应税销售额超过财政部、国家税务总局规定的小规模纳税人标准的，除本办法第 5 条规定外，应当向主管税务机关申请一般纳税人资格认定；年应税销售额未超过财政部、国家税务总局规定的小规模纳税人标准以及新开业的纳税人，可以向主管税务机关申请一般纳税人资格认定。自 2015 年 4 月 1 日起，根据《国家税务总局关于调整增值税一般纳税人管理有关事项的公告》（国家税务总局公告 2015 年第 18 号）的规定，增值税一般纳税人资格实行登记制，登记事项由增值税纳税人向其主管税务机关办理。2017 年 12 月 29 日，国家税务总局制定部门规章《增值税一般纳税人登记管理办法》（国家税务总局令第 43 号），对增值税一般纳税人登记管理作了全面规范。为贯彻落实该部门规章，国家税务总局于 2018 年 1 月发布《关于增值税一般纳税人登记管理若干事项的公告》（国家税务总局公告 2018 年第 6 号，部分失效），明确了相关规定的执行口径，同时废止了《国家税务总局关于调整增值税一般纳税人管理有关事项的公告》（国家税务总局公告 2015 年第 18 号）。

在很长一段时间内，我国增值税一般纳税人和小规模纳税人的年应税销售额标准，都是根据生产货物或者提供应税劳务、从事货物批发或者零售经营、“营改增”试点范围等不同行业和类型设定不同的标准。2018 年 4 月，财政部、国家税务总局联合印发《关于统一增值税小规模纳税人标准的通知》（财税〔2018〕33 号），规定增值税小规模纳税人标准为年应征增值税销售额 500 万元及以下，不再区分纳税人行业和类型。该文件自 2018 年 5 月 1 日起执行。

二、小规模纳税人

增值税的小规模纳税人，是指年应税销售额未超过财政部、国家税务总局规定标准（年应征增值税销售额 500 万元及以下）且未申请登记为增值税一般纳税人的增值税纳税人。年应税销售额超过规定标准的其他个人按小规模纳税人纳税；年应税销售额超过规定标准但不经常发生应税行为的单位和个体工商户可选择按照小规模纳税人纳税。

年应税销售额超过规定标准的纳税人符合“按照政策规定，选择按照小规模纳税人纳税的”情形，应当向主管税务机关提交书面说明；年应税销售额超过规定标准的其他个人（自然人），不需要提交书面说明。

第三节 增值税的征税范围

一、征税范围的一般规定

2016 年 5 月 1 日以后，伴随着《营业税改征增值税试点实施办法》以及相关配套政策的实施，“营改增”试点行业扩大到销售服务、无形资产或者不动产，增值税的征税范围覆盖第一产业、第二产业和第三产业。根据《增值税暂行条例》《营业税改征增值税试点实施办法》等规范性文件的规定，我国增值税的征税范围具体包括以下内容。

（一）销售货物

“货物”是指有形动产，包括电力、热力和气体在内。销售货物是指有偿转让货物的所有权。“有偿”不仅指从购买方取得货币，还包括取得货物或其他经济利益。

（二）提供加工和修理修配劳务

“加工”是指接收来料承做货物，加工后的货物所有权仍属于委托者的业务，即通常所说的委托加工业务。“委托加工业务”是指由委托方提供原料及主要材料，受托方按照委托方的要求制造货物并收取加工费的业务。“修理修配”是指受托对损伤和丧失功能的货物进行修复，使其恢复原状和功能的业务。这里的“提供加工和修理修配劳务”都是指有偿提供加工和修理修配劳务。但单位或个体工商户聘用的员工为本单位或雇主提供加工、修理修配劳务不包括在内。

（三）销售服务

销售服务，是指提供交通运输服务、邮政服务、电信服务、建筑服务、金融服务、现代服务、生活服务。各类服务的具体范围，根据财政部、国家税务总局制定的《销售服务、无形资产、不动产注释》确定。

（四）销售无形资产

销售无形资产，是指转让无形资产所有权或者使用权的业务活动。无形资产，是指不具有实物形态，但能带来经济利益的资产，包括技术、商标、著作权、商誉、自然资源使用权和其他权益性无形资产。技术，包括专利技术和非专利技术。自然资源使用权，包括土地使用权、海域使用权、探矿权、采矿权、取水权和其他自然资源使用权。其他权益性无形资产，包括基础设施资产经营权、公共事业特许权、配额、经营权（包括特许经营权、连锁经营权、其他经营权）、经销权、分销权、代理权、会员权、席位权、网络游戏虚拟道具、域名、名称权、肖像权、冠名权、转会费等。

（五）销售不动产

销售不动产，是指转让不动产所有权的业务活动。不动产，是指不能移动或者移动后会引起性质、形状改变的财产，包括建筑物、构筑物等。建筑物，包括住宅、商业营业用房、办公楼等可供居住、工作或者进行其他活动的建造物。构筑物，包括道路、桥梁、隧道、水坝等建造物。转让建筑物有限产权或者永久使用权的，转让在建的建筑物或者构筑物所有权的，以及在转让建筑物或者构筑物时一并转让其所占土地的使用权的，按照销售不动产缴纳增值税。

（六）进口货物

进口货物是指申报进入我国海关境内的货物。确定一项货物是否属于进口货物，必须看其是否办理了报关进口手续。通常，境外产品要输入境内，必须向我国海关申报进口，并办理有关报关手续。只要是报关进口的应税货物，均属于增值税征税范围，在进口环节缴纳增值税（享受免税政策的货物除外）。

需要注意，根据上述规定，纳税人有偿提供服务、有偿转让无形资产或者不动产，但属于下列非经营活动的情形除外：（1）行政单位收取的同时满足以下条件的政府性基金或者行政事业性收费：1）由国务院或者财政部批准设立的政府性基金，由国务院或者省级人民政府及其财政、价格主管部门批准设立的行政事业性收费；2）收取时开具省级以上（含省级）财政部门监（印）制的财政票据；3）所收款项全额上缴财政。（2）单位或者个体工商户聘用的员工为本单位或者雇主提供取得工资的服务。（3）单位或者个体工商户为聘用的员工提供服务。（4）财政部和国家税务总局规定的其他情形。

掌握增值税制度的征税范围，还必须正确理解“在境内销售”的具体含义。根据现行法律规定，在境内销售服务、无形资产或者不动产，是指：（1）服务（租赁不动产除外）或者无形资产（自然资源使用权除外）的销售方或者购买方在境内；（2）所销售或者租赁的不动产在境内；（3）所销售自然资源使用权的自然资源在境内；（4）财政部和国家税务总局规定的其他情形。下列情形不属于在境内销售服务或者无形资产：（1）境外单位或者个人向境内单位或者个人销售完全在境外发生的服务。（2）境外单位或者个人向境内单位或者个人销售完全在境外使用的无形资产。（3）境外单位或者个人向境内单位或者个人出租完全在境外使用的有形动产。（4）财政部和国家税务总局规定的其他情形。

二、视同销售的行为

根据《增值税暂行条例》及其实施细则的规定，纳税人的下列情形视同销售货物，均要征收增值税：（1）将货物交付其他单位或者个人代销；（2）销售代销货物；（3）设有两个以上机构并实行统一核算的纳税人，将货物从一个机构移送其他机构用于销售，但相关机构设在同一县（市）的除外；（4）将自产或者委托加工的货物用于非增值税应税项目；（5）将自产、委托加工的货物用于集体福利或者个人消费；（6）将自产、委托加工或者购进的货物作为投资，提供给其他单位或者个体工商户；（7）将自产、委托加工或者购进的货物分配给股东或者投资者；（8）将自产、委托加工或者购进的货物无偿赠送其他单位或者个人。

根据《营业税改征增值税试点实施办法》及相关文件的规定，纳税人的下列情形视同销售服务、无形资产或者不动产，均要征收增值税：（1）单位或者个体工商户向其他单位或者个人无偿提供服务，但用于公益事业或者以社会公众为对象的除外。（2）单位或者个人向其他单位或者个人无偿转让无形资产或者不动产，但用于公益事业或者以社会公众为对象的除外。（3）财政部和国家税务总局规定的其他情形。

第四节　增值税的税率和征收率

一、增值税税率的种类

由于增值税的中性税收特征及一般实行税款抵扣的计税方法，增值税的税率档次不宜过多。从世界各国增值税税率的设置情况来看，一般有以下几种类型。

（1）基本税率。这是根据一国生产力发展水平、财政政策的需要、消费者的承受能力，并考虑历史上流转税税负水平后确定的适用于绝大多数销售货物和应税劳务的税率。

（2）低税率，即对基本生活用品和劳务确定的适用税率。由于增值税税负最终构成消费者的支出，所以，设置低税率的根本目的是鼓励某些货物或劳务的消费，或者说是照顾消费者的利益，保证消费者对基本生活用品的消费。各国一般对实行低税率的货物和劳务采取在税制中单独列举品目的方式。一般来说，采用低税率的货物和劳务不宜过多，否则会影响增值税发挥其应有的作用。

（3）高税率，即对奢侈品、非生活必需品或劳务确定的适用税率。采用高税率是为了发挥增值税的宏观调控作用，限制某些货物和劳务的消费，增加财政收入。

（4）零税率。一般来说，各国增值税都规定有零税率，其实施范围主要是出口货物。

如果不包括对出口货物实施的零税率在内，一般来说，实行增值税的国家凡采取两档税率的，大都是一个基本税率、一个低税率；凡采取三档税率的，大都是一个基本税率、一个低税率和一个高税率，或者是一个基本税率、两个低税率；有少数国家采用三档以上的税率。

二、我国的增值税税率、征收率、扣除率和预征率

1. 增值税税率

目前，我国增值税税率共有三档。其中，纳税人销售货物，销售加工修理修配劳务、有形动产租赁服务，进口货物，除特定情形外，税率为17%；纳税人销售交通运输、邮政、基础电信、建筑、不动产租赁服务，销售不动产，转让土地使用权，销售或者进口“（1）粮食等农产品、食用植物油、食用盐；（2）自来水、暖气、冷气、热水、煤气、石油液化气、天然气、二甲醚、沼气、居民用煤炭制品；（3）图书、报纸、杂志、音像制品、电子出版物；（4）饲料、化肥、农药、农机、农膜；（5）国务院规定的其他货物”，税率为11%；纳税人销售服务、无形资产，除特定情形外，税率为6%；纳税人出口货物及跨境销售规定范围内的服务、无形资产，税率为0。

2. 增值税征收率

征收率主要适用于增值税小规模纳税人，以及适用简易计税项目的一般纳税人。目前，我国增值税征收率主要包括5%和3%两个档次。适用5%的征收率计算增值税的情形包括小规模纳税人销售自建或者取得的不动产，一般纳税人选择简易计税方法计税的不动产销售等。除适用5%征收率的情形之外，增值税小规模纳税人以及采用简易计税项目的一般纳税人计算税款时适用的征收率一般为3%。不过，相关增值税文件中存在1%征收率和0.5%征收率的表述，但严格来说它们并不是常规的标准征收率，而是临时性的过渡政策。例如，《财政部、税务总局关于增值税小规模纳税人减免增值税政策的公告》（财政部、税务总局公告2023年第19号）规定，“增值税小规模纳税人适用3%征收率的应税销售收入，减按1%征收率征收增值税”。该文件执行至2027年12月31日。再如，《国家税务总局关于明确二手车经销等若干增值税征管问题的公告》（国家税务总局

公告2020年第9号）规定，“自2020年5月1日至2023年12月31日，从事二手车经销业务的纳税人销售其收购的二手车……纳税人减按0.5%征收率征收增值税”。该政策被《财政部、税务总局关于延续实施二手车经销有关增值税政策的公告》（财政部、税务总局公告2023年第63号）规定延续执行至2027年12月31日。此外，增值税文件中还存在“按简易办法依3%征收率减按2%征收增值税”及“按照5%的征收率减按1.5%计算缴纳增值税”的表述，但这些文件并没有明确2%和1.5%属于征收率。

3. 扣除率和预征率

除增值税税率和增值税征收率之外，增值税制度中还存在扣除率和预征率的概念。其中，扣除率是指增值税一般纳税人购进农产品可以抵扣的比率，包括9%和10%两档扣除率：从简易计税方法依照3%征收率的小规模纳税人取得的增值税专用发票，扣除率为9%；取得（开具）农产品销售发票或收购发票的，扣除率为9%；购进用于生产销售或委托受托加工13%税率货物的农产品，扣除率为10%。预征率主要针对不动产和建筑行业，包括3%、2%、1.5%和1%等四个档次。例如，房地产开发企业中的一般纳税人，出租其2016年5月1日后自行开发的与机构所在地不在同一县（市）的房地产项目，应按照3%预征率在不动产所在地预缴税款后，向机构所在地主管税务机关进行纳税申报；一般纳税人跨县（市、区）提供建筑服务，适用一般计税方法计税的，以取得的全部价款和价外费用扣除支付的分包款后的余额，按照2%的预征率计算应预缴税款；住房租赁企业向个人出租住房适用简易计税方法并进行预缴的，减按1.5%预征率预缴增值税；适用3%预征率的预缴增值税项目，减按1%预征率预缴增值税。①

第五节 增值税应纳税额的计算

增值税的计算方法有直接计算法和间接计算法之分。所谓直接计算法，是指先直接计算出增值额，再乘以税率，求出应纳增值税的方法。具体运用上又分为加法（将构成增值额的各要素相加）和减法（又称扣额法，以产品销售额扣除法定扣除额后的余额作为增值额）。所谓间接计算法，又称扣税法，是指并不直接计算增值额，而采用抵扣税款的方法，计算应纳增值税的税额。

我国目前除对小规模纳税人采用简易征收法并不得抵扣进项税额外，对于一般纳税人，均采用国际上通行的（购进）扣税法，在计算纳税人的应纳增值税税额时，按照税法规定的范围凭进货发票注明的税额，从当期的销项税额中抵扣购进货物或者应税劳务已缴纳的增值税税额（进项税额）。其中，“当期”是个非常重要的时间限定，具体是指税务机关依照税法规定对纳税人确定的纳税期限。只有在纳税期限内实际发生的销项税额、进项税额，才是法定的当期销项税额或当期进项税额。

---

① 适用1%预征率的政策为临时性政策，文件依据是《财政部、税务总局关于增值税小规模纳税人减免增值税政策的公告》（财政部、税务总局公告2023年第19号），本公告执行至2027年12月31日。

一、销项税额的确定

销项税额，是指纳税人销售货物、加工修理修配劳务、服务、无形资产或者不动产，按照销售额或应税劳务收入和规定的税率计算并向购买方收取的增值税税额。其计算公式为：

销项税额＝当期销售额×适用税率

增值税的应税销售额，是指纳税人发生应税行为所取得的全部价款和价外费用，财政部和国家税务总局另有规定的除外。价外费用，是指价外收取的各种性质的费用，包括手续费、补贴、基金、集资费、返还利润、奖励费、违约金、延期付款利息、包装费、包装物租金、储备费、优质费、运输装卸费、代收款项、代垫款项及其他各种性质的价外收费，但不包括以下项目：（1）向购买方收取的销项税额。（2）受托加工应征消费税的消费品所代收代缴的消费税。（3）同时符合以下两个条件的代垫运费：第一，承运部门的运费发票开具给购货方的；第二，销货方将该项发票转交给购货方的。（4）代为收取并符合规定的政府性基金或者行政事业性收费。（5）以委托方名义开具发票代委托方收取的款项。

理解应税销售额的计算，还应注意以下特殊问题：第一，纳税人兼营销售货物、劳务、服务、无形资产或者不动产，适用不同税率或者征收率的，应当分别核算适用不同税率或者征收率的销售额；未分别核算的，从高适用税率。第二，一项销售行为如果既涉及服务又涉及货物，为混合销售行为。从事货物的生产、批发或者零售的单位和个体工商户的混合销售行为，按照销售货物缴纳增值税；其他单位和个体工商户的混合销售行为，按照销售服务缴纳增值税。第三，纳税人兼营免税、减税项目的，应当分别核算免税、减税项目的销售额；未分别核算的，不得免税、减税。第四，纳税人发生应税行为，开具增值税专用发票后，发生开票有误或者销售折让、中止、退回等情形的，应当按照国家税务总局的规定开具红字增值税专用发票；未按照规定开具红字增值税专用发票的，不得扣减销项税额或者销售额。第五，纳税人发生应税行为，将价款和折扣额在同一张发票上分别注明的，以折扣后的价款为销售额；未在同一张发票上分别注明的，以价款为销售额，不得扣减折扣额。第六，纳税人发生应税行为，价格明显偏低或者偏高且不具有合理商业目的的，或者发生视同销售服务、无形资产或者不动产行为而无销售额的，主管税务机关有权依法确定销售额。

销售额以人民币计算。纳税人按照人民币以外的货币结算销售额的，应当折合成人民币计算，折合率可以选择销售额发生的当天或者当月 1 日的人民币汇率中间价。纳税人应当在事先确定采用何种折合率，确定后 12 个月内不得变更。

二、进项税额的确定

增值税的进项税额，是指纳税人购进货物、加工修理修配劳务、服务、无形资产或者不动产，支付或者负担的增值税税额。进项税额是与销项税额相对应的一个概念，在开具增值税专用发票的情况下，它们之间的对应关系是：销售方收取的销项税额，就是购买方支付的进项税额。对于任何一个增值税的一般纳税人而言，其在经营活动中，既会发生销售货物、加工修理修配劳务、服务、无形资产或者不动产的行为，又会发生购进货物、加工修理修配劳务、服务、无形资产或者不动产的行为，因此，每一个一般纳税人都会有收取的销项税额和支付的进项税额。增值税的核心就是用纳税人收取的销项税额抵扣其支付的进项税额，其余额即为纳税人实际应缴纳的增值税税额。当然，哪些进项税额准予抵扣，在各国的增值税法中都是有严格规定的。纳税人若违反规定，随意抵扣进项税额，在法律上将以偷税论处。

1. 准予从销项税额中抵扣的进项税额项目

根据我国现行增值税制度的规定，下列进项税额准予从销项税额中抵扣。

（1）从销售方取得的增值税专用发票（含税控机动车销售统一发票，下同）上注明的增值税税额。

（2）从海关取得的海关进口增值税专用缴款书上注明的增值税税额。

（3）购进农产品，除取得增值税专用发票或者海关进口增值税专用缴款书外，按照农产品收购发票或者销售发票上注明的农产品买价（包括纳税人购进农产品时在农产品收购发票或者销售发票上注明的价款和按规定缴纳的烟叶税）和相应的扣除率计算的进项税额。购进农产品，按照《农产品增值税进项税额核定扣除试点实施办法》抵扣进项税额的除外。进项税额的计算公式为：

进项税额＝买价×扣除率

（4）从境外单位或者个人购进服务、无形资产或者不动产，自税务机关或者扣缴义务人取得的解缴税款的完税凭证上注明的增值税税额。

（5）自2024年4月29日起，自然人报废产品出售者向资源回收企业销售报废产品，符合条件的资源回收企业可以向出售者开具发票，资源回收企业可以按规定抵扣反向开具的增值税专用发票上注明的税款。①

准予抵扣的项目和扣除率的调整，由国务院决定。

2. 不得从销项税额中抵扣的进项税额项目

根据我国现行增值税制度的规定，下列项目的进项税额不得从销项税额中抵扣。

（1）用于简易计税方法计税项目、免征增值税项目、集体福利或者个人消费的购进货物、加工修理修配劳务、服务、无形资产和不动产。其中涉及的固定资产、无形资产、不动产，仅指专用于上述项目的固定资产、无形资产（不包括其他权益性无形资产）、不动产。纳税人的交际应酬消费属于个人消费。

（2）非正常损失的购进货物，以及相关的加工修理修配劳务和交通运输服务。

（3）非正常损失的在产品、产成品所耗用的购进货物（不包括固定资产）、加工修理修配劳务和交通运输服务。

---

① 参见《国家税务总局关于资源回收企业向自然人报废产品出售者“反向开票”有关事项的公告》（国家税务总局公告2024年第5号）。

（4）非正常损失的不动产，以及该不动产所耗用的购进货物、设计服务和建筑服务。

（5）非正常损失的不动产在建工程所耗用的购进货物、设计服务和建筑服务。纳税人新建、改建、扩建、修缮、装饰不动产，均属于不动产在建工程。

（6）购进的旅客运输服务、贷款服务、餐饮服务、居民日常服务和娱乐服务。

（7）财政部和国家税务总局规定的其他情形。

上述第四项、第五项所称货物，是指构成不动产实体的材料和设备，包括建筑装饰材料和给排水、采暖、卫生、通风、照明、通信、煤气、消防、中央空调、电梯、电气、智能化楼宇设备及配套设施。

此外，纳税人取得的增值税扣税凭证不符合法律、行政法规或者国家税务总局有关规定的，其进项税额不得从销项税额中抵扣。增值税扣税凭证，是指增值税专用发票、海关进口增值税专用缴款书、农产品收购发票、农产品销售发票和完税凭证。纳税人凭完税凭证抵扣进项税额的，应当具备书面合同、付款证明和境外单位的对账单或者发票；资料不全的，其进项税额不得从销项税额中抵扣。

3. 加计抵减政策

加计抵减政策是指对于符合一定条件的企业，允许按照当期可抵扣进项税额加计一定比例抵减应纳增值税税额。目前主要包括以下几种情况：

（1）《财政部、税务总局关于先进制造业企业增值税加计抵减政策的公告》（财政部、税务总局公告 2023 年第 43 号）规定，自 2023 年 1 月 1 日至 2027 年 12 月 31 日，允许先进制造业企业按照当期可抵扣进项税额加计 5％抵减应纳增值税税额。

（2）《财政部、税务总局关于工业母机企业增值税加计抵减政策的通知》（财税〔2023〕25 号）规定，自 2023 年 1 月 1 日至 2027 年 12 月 31 日，对生产销售先进工业母机主机、关键功能部件、数控系统的增值税一般纳税人，允许按当期可抵扣进项税额加计 15％抵减企业应纳增值税税额。

（3）《财政部、税务总局关于集成电路企业增值税加计抵减政策的通知》（财税〔2023〕17 号）规定，自 2023 年 1 月 1 日至 2027 年 12 月 31 日，允许集成电路设计、生产、封测、装备、材料企业，按照当期可抵扣进项税额加计 15％抵减应纳增值税税额。

三、应纳税额的计算

增值税的计税方法，包括一般计税方法和简易计税方法。一般纳税人发生应税行为时，使用一般计税方法计税。一般纳税人发生财政部和国家税务总局规定的特定应税行为时，可以选择使用简易计税方法计税，但一经选择，36 个月内不得变更。小规模纳税人发生应税行为时，使用简易计税方法计税。境外单位或者个人在境内发生应税行为时，在境内未设有经营机构的，扣缴义务人按照下列公式计算应扣缴税额：

应扣缴税额＝购买方支付的价款÷（1＋税率）×税率

1. 一般纳税人应纳税额的计算

增值税一般纳税人，按照一般计税方法的应纳税额，是指当期销项税额抵扣当期进项税额后的余额。当期销项税额小于当期进项税额、不足抵扣时，其不足部分可以结转下期继续抵扣。其计算公式为：

应纳税额＝当期销项税额－当期进项税额

纳税人使用一般计税方法计税的，因销售折让、中止或者退回而退还给购买方的增值税税额，应当从当期的销项税额中扣减；因销售折让、中止或者退回而收回的增值税税额，应当从当期的进项税额中扣减。

有下列情形之一者，应当按照销售额和增值税税率计算应纳税额，不得抵扣进项税额，也不得使用增值税专用发票：（1）一般纳税人会计核算不健全，或者不能够提供准确税务资料的。（2）应当办理一般纳税人资格登记而未办理的。

一般纳税人进口应税货物，按照组成计税价格和规定的税率计算应纳税额。组成计税价格和应纳税额的计算公式为：

组成计税价格＝关税完税价格＋关税＋消费税

应纳税额＝组成计税价格×税率

使用一般计税方法的纳税人，兼营简易计税方法计税项目、免征增值税项目而无法划分不得抵扣的进项税额的，按照下列公式计算不得抵扣的进项税额：

不得抵扣的进项税额＝当期无法划分的全部进项税额×［（当期简易计税方法计税项目销售额＋免征增值税项目销售额）÷当期全部销售额］

主管税务机关可以按照上述公式，依据年度数据，对不得抵扣的进项税额进行清算。

2. 小规模纳税人应纳税额的计算

小规模纳税人发生应税行为时，按照简易计税方法计税。以简易计税方法计税的应纳税额，是指按照销售额和增值税征收率计算的增值税税额，不得抵扣进项税额。其计算公式为：

应纳税额＝销售额×征收率

上述公式中的销售额，是指纳税人发生应税行为时向购买方收取的全部价款和价外费用，但不包括按征收率收取的增值税税额。

若小规模纳税人取得的销售收入为含增值税税额的销售额，则小规模纳税人应先将含税销售额换算为不含税销售额后，才能计算应纳税额。其计算公式为：

应纳税额＝含税销售额÷（1＋征收率）×征收率

纳税人使用简易计税方法计税的，因销售折让、中止或者退回而退还给购买方的销售额，应当从当期销售额中扣减。扣减当期销售额后仍有余额造成多缴的税款，可以从以后的应纳税额中扣减。

四、增值税专用发票管理规定

我国对增值税实行国际通行的“扣税法”，即凭进项发票注明税款进行抵扣。现行增值税的扣税凭证包括增值税专用发票、从海关取得的完税凭证、购进免税农产品取得的经主管税务机关批准使用的收购凭证和普通发票、收购废旧物资取得的经主管税务机关批准使用的收购凭证、支付运输费取得的由运输部门和运输单位开具的结算单据（普通发票）。其中，增值税专用发票，是指增值税一般纳税人销售货物或者提供应税劳务所开具的发票，是购买方支付增值税税额并可按照增值税有关规定据以抵扣增值税进项税额的凭证。它是根据增值税征收管理需要而设计的，是最主要、最重要的扣税凭证，对增值税的计算和管理起着决定性的作用。因此，《增值税暂行条例》明确规定，纳税人销售货物或者应税劳务，应当向索取增值税专用发票的购买方开具增值税专用发票，并在增值税专用发票上分别注明销售额和销项税额，但属于下列情形之一的，不得开具增值税专用发票：(1) 向消费者个人销售货物或者应税劳务的；(2) 销售货物或者应税劳务适用免税规定的。另外，如前所述，根据《国家税务总局关于资源回收企业向自然人报废产品出售者“反向开票”有关事项的公告》(国家税务总局公告 2024 年第 5 号)，自 2024 年 4 月 29 日起，自然人报废产品出售者向资源回收企业销售报废产品，符合条件的资源回收企业可以向出售者开具发票，资源回收企业可以按规定抵扣反向开具的增值税专用发票上注明的税款。

增值税专用发票主要是由一般纳税人开具和使用。按照以往的规定，小规模纳税人需要使用增值税专用发票的，只能在预缴税款后向税务机关申请代开发票。“营改增”后，税务机关代开发票的压力明显增加。为保障全面推开“营改增”试点工作顺利实施，国家税务总局进一步优化纳税服务，自 2016 年 8 月 1 日起，在全国 91 个城市开展了住宿业增值税小规模纳税人自行开具增值税专用发票试点工作，2016 年 11 月，将试点范围扩大至全国。住宿业小规模纳税人可以自开发票，一方面有效提升了开票的便利性，有助于提升小微企业的竞争能力，帮助小微企业发展壮大；另一方面，方便了“营改增”后接受服务的纳税人及时取得增值税专用发票，进一步完善了增值税抵扣链条。同时，这一做法也有效减轻了税务机关的工作量，优化了纳税服务资源配置。

为了加强对增值税专用发票的管理，国家税务总局于 2006 年 10 月 17 日修订了 1993 年发布的《增值税专用发票使用规定》(部分失效)，这是我国增值税专用发票管理的重要依据。该规定明确了增值税专用发票的基本联次、领购要求，专用发票的开具、认证管理，使用增值税专用发票的违法处理。此外，《刑法》还对虚开增值税专用发票等犯罪行为作了规定。2024 年 3 月，最高人民法院、最高人民检察院联合发布《关于办理危害税收征管刑事案件适用法律若干问题的解释》(法释〔2024〕4 号)，对虚开增值税专用发票相关犯罪的认定口径进行了明确。

第六节　增值税的优惠和出口货物退（免）税

一、起征点

根据我国增值税制度的规定，纳税人的销售额未达到国务院财政、税务主管部门规定的增值税起征点的，免征增值税；达到起征点的，依照规定，全额计算缴纳增值税。增值税起征点的适用范围限于个人，不适用于登记为一般纳税人的个体工商户。

增值税起征点的幅度的具体规定如下：（1）销售货物的，为月销售额 5 000 元～20 000 元；（2）销售应税劳务的，为月销售额 5 000 元～20 000 元；（3）按次纳税的，为每次（日）销售额 300 元～500 元。

起征点的调整由财政部和国家税务总局规定。省、自治区、直辖市财政厅（局）和国家税务局应当在规定的幅度内，根据实际情况确定本地区适用的起征点，并报财政部和国家税务总局备案。

需要说明的是，虽然当前增值税制度规定的月销售额起征点为最高 20 000 元，但财政部和国家税务总局曾多次发文规定，“月销售额不超过 10 万元、季度销售额不超过 30 万元”“月销售额不超过 15 万元、季度销售额不超过 45 万元”的增值税小规模纳税人免征增值税，其中，10 万元、30 万元、15 万元、45 万元是否属于起征点并不明确。目前，根据《国家税务总局关于增值税小规模纳税人减免增值税等政策有关征管事项的公告》（国家税务总局公告 2023 年第 1 号），增值税小规模纳税人发生增值税应税销售行为，免征增值税的按期销售额口径统一调整为合计月销售额未超过 10 万元（以 1 个季度为 1 个纳税期的，季度销售额未超过 30 万元）。

二、减免规定

增值税的免征、减征，是我国增值税优惠制度的重要内容。纳税人发生应税行为，适用免税、减税规定的，可以放弃免税、减税，依照增值税制度的规定缴纳增值税；放弃免税、减税后，36 个月内不得再申请免税、减税。纳税人发生应税行为，同时适用免税和零税率规定的，纳税人可以选择适用免税或者零税率。

根据我国现行《增值税暂行条例》及其实施细则的规定，下列项目免征增值税。

（1）农业生产者销售的自产农产品。其中，农业是指种植业、养殖业、林业、牧业、水产业；农业生产者包括从事农业生产的单位和个人；农产品是指初级农产品，具体范围由财政部、国家税务总局确定。

（2）避孕药品和用具。

（3）古旧图书。具体是指向社会收购的古书和旧书。

（4）直接用于科学研究、科学试验和教学的进口仪器、设备。

（5）外国政府、国际组织无偿援助的进口物资和设备。

（6）由残疾人的组织直接进口供残疾人专用的物品。

（7）销售自己使用过的物品。具体是指其他个人自己使用过的物品。

除上述规定外，增值税的免税、减税项目由国务院规定。任何地区、部门均不得规定免税、减税项目。

根据《财政部、国家税务总局关于全面推开营业税改征增值税试点的通知》（财税〔2016〕36 号，部分失效）及其附件“营业税改征增值税试点过渡政策的规定”，以及《财政部、税务总局关于租入固定资产进项税额抵扣等增值税政策的通知》（财税〔2017〕

90 号)，下列项目免征增值税。

（1）托儿所、幼儿园提供的保育和教育服务。托儿所、幼儿园，是指经县级以上教育部门审批成立、取得办园许可证的实施 0～6 岁学前教育的机构，包括公办和民办的托儿所、幼儿园、学前班、幼儿班、保育院、幼儿园。公办托儿所、幼儿园免征增值税的收入是指，在省级财政部门和价格主管部门审核、报省级人民政府批准的收费标准以内收取的教育费、保育费。民办托儿所、幼儿园免征增值税的收入是指，在报经当地有关部门备案并公示的收费标准范围内收取的教育费、保育费。超过规定收费标准的收费，以开办实验班、特色班和兴趣班等为由另外收取的费用，以及与幼儿入园挂钩的赞助费、支教费等超过规定范围的收入，不属于免征增值税的收入。

（2）养老机构提供的养老服务。养老机构，是指依照民政部《养老机构设立许可办法》（民政部令第 48 号）设立并依法办理登记的为老年人提供集中居住和照料服务的各类养老机构。养老服务，是指上述养老机构按照民政部《养老机构管理办法》（民政部令第 49 号）的规定，为收住的老年人提供的生活照料、康复护理、精神慰藉、文化娱乐等服务。①

（3）残疾人福利机构提供的育养服务。

（4）婚姻介绍服务。

（5）殡葬服务。殡葬服务，是指收费标准由各地价格主管部门会同有关部门核定，或者实行政府指导价管理的遗体接运（含抬尸、消毒）、遗体整容、遗体防腐、存放（含冷藏）、火化、骨灰寄存、吊唁设施设备租赁、墓穴租赁及管理等服务。

（6）残疾人员本人为社会提供的服务。

（7）医疗机构提供的医疗服务。医疗机构，是指依据《医疗机构管理条例》及《医疗机构管理条例实施细则》的规定，经登记取得“医疗机构执业许可证”的机构，以及军队、武警部队各级各类医疗机构。医疗服务，是指医疗机构按照不高于地（市）级以上价格主管部门会同同级卫生主管部门及其他相关部门制定的医疗服务指导价格（包括政府指导价和按照规定由供需双方协商确定的价格等）为就医者提供《全国医疗服务价格项目规范》所列的各项服务，以及医疗机构向社会提供卫生防疫、卫生检疫的服务。②

（8）从事学历教育的学校提供的教育服务。

（9）学生勤工俭学提供的服务。

（10）农业机耕、排灌、病虫害防治、植物保护、农牧保险以及相关技术培训业务，家禽、牲畜、水生动物的配种和疾病防治。③

---

① 此外，根据《财政部、国家税务总局关于明确养老机构免征增值税等政策的通知》（财税〔2019〕20 号）规定，本项的养老机构，包括依照《中华人民共和国老年人权益保障法》依法办理登记，并向民政部门备案的为老年人提供集中居住和照料服务的各类养老机构。

② 根据《财政部、税务总局关于延续实施医疗服务免征增值税等政策的公告》（财政部、税务总局公告 2023 年第 68 号），医疗机构接受其他医疗机构委托，按照不高于地（市）级以上价格主管部门会同同级卫生主管部门及其他相关部门制定的医疗服务指导价格（包括政府指导价和按照规定由供需双方协商确定的价格等），提供《全国医疗服务价格项目规范》所列的各项服务，可适用本项规定的免征增值税政策，执行期限为 2027 年 12 月 31 日。

③ 根据《国家税务总局关于取消增值税扣税凭证认证确认期限等增值税征管问题的公告》（国家税务总局公告 2019 年第 45 号，部分失效）第 5 条的规定，动物诊疗机构提供的动物疾病预防、诊断、治疗和动物绝育手术等动物诊疗服务，属于第 10 项所称“家禽、牲畜、水生动物的配种和疾病防治”。

（11）纪念馆、博物馆、文化馆、文物保护单位管理机构、美术馆、展览馆、书画院、图书馆在自己的场所提供文化体育服务取得的第一道门票收入。

（12）寺院、宫观、清真寺和教堂举办文化、宗教活动的门票收入。

（13）行政单位之外的其他单位收取的符合《营业税改征增值税试点实施办法》第10条规定条件的政府性基金和行政事业性收费。

（14）个人转让著作权。

（15）个人销售自建自用住房。

（16）2018年12月31日前，公共租赁住房经营管理单位出租公共租赁住房。

（17）台湾地区航运公司、航空公司从事海峡两岸海上直航、空中直航业务在大陆取得的运输收入。

（18）纳税人提供的直接或者间接国际货物运输代理服务。纳税人提供直接或者间接国际货物运输代理服务，向委托方收取的全部国际货物运输代理服务收入，以及向国际运输承运人支付的国际运输费用，必须通过金融机构进行结算。纳税人为内地（大陆）与香港、澳门、台湾地区之间的货物运输提供的货物运输代理服务参照国际货物运输代理服务有关规定执行。委托方索取发票的，纳税人应当就国际货物运输代理服务收入向委托方全额开具增值税普通发票。

（19）以下利息收入：1）2016年12月31日前，金融机构农户小额贷款（单笔且该农户贷款余额总额在10万元以下的贷款）；2）国家助学贷款；3）国债、地方政府债；4）中国人民银行对金融机构的贷款；5）住房公积金管理中心用住房公积金在指定的委托银行发放的个人住房贷款；6）外汇管理部门在从事国家外汇储备经营过程中，委托金融机构发放的外汇贷款；7）统借统还业务中，企业集团或企业集团中的核心企业以及集团下属财务公司按不高于支付给金融机构的借款利率水平或者支付的债券票面利率水平的利率，向企业集团或者集团内下属单位收取的利息。统借方向资金使用单位收取的利息时，其结算利率高于支付给金融机构的借款利率水平或者支付的债券票面利率水平的，该利益应全额缴纳增值税。①

（20）被撤销金融机构以货物、不动产、无形资产、有价证券、票据等财产清偿债务。

（21）保险公司开办的一年期以上人身保险产品取得的保费收入。

（22）下列金融商品的转让收入：1）合格境外投资者（QFII）委托境内公司在境内从事证券买卖业务；2）香港市场投资者（包括单位和个人）通过“沪港通”买卖上海证券交易所上市A股；3）香港市场投资者（包括单位和个人）通过基金互认买卖内地基金份额；4）证券投资基金（封闭式证券投资基金、开放式证券投资基金）管理人运用基金买卖股票、债券；5）个人从事金融商品转让业务。

（23）金融同业往来利息收入。

（24）国家商品储备管理单位及其直属企业承担商品储备任务，从中央或者地方财政

---

① 根据《财政部、税务总局关于延续实施医疗服务免征增值税等政策的公告》（财政部、税务总局公告2023年第68号），企业集团内单位（含企业集团）之间的资金无偿借贷行为免征增值税政策执行至2027年12月31日。

取得的利息补贴收入和价差补贴收入。

（25）纳税人提供技术转让、技术开发和与之相关的技术咨询、技术服务。

（26）同时符合所规定条件的合同能源管理服务。

（27）2017年12月31日前，科普单位的门票收入，以及县级及以上党政部门和科协开展科普活动的门票收入。

（28）政府举办的从事学历教育的高等、中等和初等学校（不含下属单位）举办进修班、培训班取得的全部归该学校所有的收入。

（29）政府举办的职业学校设立的主要为在校学生提供实习场所并由学校出资自办、由学校负责经营管理、经营收入归学校所有的企业，从事《销售服务、无形资产或者不动产注释》中的“现代服务”（不含融资租赁服务、广告服务和其他现代服务）、“生活服务”（不含文化体育服务、其他生活服务和桑拿、氧吧）业务活动取得的收入。

（30）家政服务企业由员工制家政服务员提供家政服务取得的收入。

（31）福利彩票、体育彩票的发行收入。

（32）军队空余房产租赁收入。

（33）为了配合国家住房制度改革，企业、行政事业单位按“房改”成本价、标准价出售住房取得的收入。

（34）将土地使用权转让给农业生产者用于农业生产。

（35）涉及家庭财产分割的个人无偿转让不动产、土地使用权。

（36）土地所有者出让土地使用权和土地使用者将土地使用权归还给土地所有者。

（37）县级以上地方人民政府或自然资源行政主管部门出让、转让或收回自然资源使用权（不含土地使用权）。

（38）随军家属就业：1）为安置随军家属就业而新开办的企业，自领取税务登记证之日起，其提供的应税服务3年内免征增值税；2）享受税收优惠政策的企业，随军家属必须占企业总人数的60%（含）以上，并有军（含）以上政治和后勤机关出具的证明；3）从事个体经营的随军家属，自办理税务登记事项之日起，其提供的应税服务3年内免征增值税。随军家属必须有师以上政治机关出具的可以表明其身份的证明。按照上述规定，每一名随军家属可以享受一次免税政策。

（39）军队转业干部就业：1）从事个体经营的军队转业干部，自领取税务登记证之日起，其提供的应税服务3年内免征增值税；2）为安置自主择业的军队转业干部就业而新开办的企业，凡安置自主择业的军队转业干部占企业总人数60%（含）以上的，自领取税务登记证之日起，其提供的应税服务3年内免征增值税。享受上述优惠政策的自主择业的军队转业干部必须持有师以上部队颁发的转业证件。

（40）个人将购买不足2年的住房对外销售的，按照5%的征收率全额缴纳增值税；个人将购买2年以上（含2年）的住房对外销售的，免征增值税。上述政策适用于北京市、上海市、广州市和深圳市之外的地区。

（41）个人将购买不足2年的住房对外销售的，按照5%的征收率全额缴纳增值税；个人将购买2年以上（含2年）的非普通住房对外销售的，以销售收入减去购买住房价款后的差额按照5%的征收率缴纳增值税；个人将购买2年以上（含2年）的普通住房对外销售的，免征增值税。上述政策仅适用于北京市、上海市、广州市和深圳市。

三、增值税即征即退和扣减规定

（一）增值税即征即退

（1）一般纳税人提供管道运输服务，对其增值税实际税负超过3%的部分实行增值税即征即退政策。

（2）经中国人民银行、国家金融监督管理总局或者商务部批准从事融资租赁业务的试点纳税人中的一般纳税人，提供有形动产融资租赁服务和有形动产融资性售后回租服务，对其增值税实际税负超过3%的部分实行增值税即征即退政策。

上述所称增值税实际税负，是指纳税人当期提供应税服务实际缴纳的增值税税额占纳税人当期提供应税服务取得的全部价款和价外费用的比例。

（二）增值税扣减规定

1. 退役士兵创业就业

（1）自2023年1月1日至2027年12月31日，自主就业退役士兵从事个体经营的，自办理个体工商户登记当月起，在3年（36个月，下同）内按每户每年20 000元为限额依次扣减其当年实际应缴纳的增值税、城市维护建设税、教育费附加、地方教育附加和个人所得税。限额标准最高可上浮20%，各省、自治区、直辖市人民政府可根据本地区实际情况在此幅度内确定具体限额标准。

纳税人年度应缴纳税款小于上述扣减限额的，减免税额以其实际缴纳的税款为限；大于上述扣减限额的，以上述扣减限额为限。纳税人的实际经营期不足1年的，应当按月换算其减免税限额。换算公式为：减免税限额=年度减免税限额÷12×实际经营月数。城市维护建设税、教育费附加、地方教育附加的计税依据是享受本项税收优惠政策前的增值税应纳税额。

（2）2023年1月1日至2027年12月31日，招用自主就业退役士兵，与其签订1年以上期限劳动合同并依法缴纳社会保险费的，自签订劳动合同并缴纳社会保险当月起，在3年内按实际招用人数予以定额依次扣减增值税、城市维护建设税、教育费附加、地方教育附加和企业所得税优惠。定额标准为每人每年6 000元，最高可上浮50%，各省、自治区、直辖市人民政府可根据本地区实际情况在此幅度内确定具体定额标准。

2. 重点群体创业就业

（1）脱贫人口（含防止返贫监测对象）、持“就业创业证”（注明“自主创业税收政策”或“毕业年度内自主创业税收政策”）或“就业失业登记证”（注明“自主创业税收政策”）的人员，具体包括：1）纳入全国防止返贫监测和衔接推进乡村振兴信息系统的脱贫人口。2）在人力资源社会保障部门公共就业服务机构登记失业半年以上的人员。3）零就业家庭、享受城市居民最低生活保障家庭劳动年龄内的登记失业人员。4）毕业年度内高校毕业生。高校毕业生是指实施高等学历教育的普通高等学校、成人高等学校应届毕业的学生；毕业年度是指毕业所在自然年，即1月1日至12月31日。

自2023年1月1日至2027年12月31日，上述人员从事个体经营的，自办理个体工商户登记当月起，在3年（36个月）内按每户每年20 000元为限额依次扣减其当年实际应缴纳的增值税、城市维护建设税、教育费附加、地方教育附加和个人所得税。限额标准最高可上浮20%，各省、自治区、直辖市人民政府可根据本地区实际情况在此幅度内确定具体限额标准。

（2）自2023年1月1日至2027年12月31日，企业招用脱贫人口，以及在人力资源社会保障部门公共就业服务机构登记失业半年以上且持“就业创业证”或“就业失业登记证”（注明“企业吸纳税收政策”）的人员，与其签订1年以上期限劳动合同并依法缴纳社会保险费的，自签订劳动合同并缴纳社会保险当月起，在3年内按实际招用人数予以定额依次扣减增值税城市维护建设税、教育费附加、地方教育附加和企业所得税优惠。定额标准为每人每年6 000元，最高可上浮30%，各省、自治区、直辖市人民政府可根据本地区实际情况在此幅度内确定具体定额标准。

四、出口货物退（免）税管理规定

所谓出口货物退（免）税，是指货物报关出口销售后，将纳税人在国内实际承担的税收按规定的出口退税率计算退税并退还增值税、消费税，或者免征出口环节增值税、消费税的制度。对出口产品实行退税政策是国际惯例，是国家支持外贸出口的重要手段。根据WTO规则的要求，WTO各成员方可以对本成员方出口产品实行退税，但退税的最大限度不能超过出口产品在其境内已征的税款。在此范围内，各成员方可以根据自身的经济发展需要和财政承受能力，确定恰当的出口退税水平。国际通行的税收规则，一般都是以法定的征税税率确定出口货物的退税率。其目的在于鼓励产品出口，以不含税价格进入国际市场，增强产品的竞争能力。

我国《增值税暂行条例》规定：纳税人出口货物适用退（免）税规定的，应当向海关办理出口手续，凭出口报关单等有关凭证，在规定的出口退（免）税申报期内按月向主管税务机关申报办理该项出口货物的退（免）税。具体办法由国务院财政、税务主管部门制定。出口货物办理退税后发生退货或者退关的，纳税人应当依法补缴已退的税款。据此，财政部、国家税务总局自1994年以来，制定了《出口货物退（免）税管理办法（试行）》（已被修改）和《生产企业出口货物“免、抵、退”税管理操作规程（试行）》（失效）等规范性文件。目前，出口退（免）税已经成为我国调整产业结构和出口结构、促进外贸发展、保证国际收支平衡的重要宏观调控手段。

我国现行出口货物退（免）税法律制度明确了可退（免）税的企业范围和货物范围，并根据货物类别确定不同级别的出口退税率；同时，在管理方面规定了出口退（免）税登记管理、申报和审批等具体程序规则。

第七节　增值税的征收管理

一、纳税义务发生时间

（1）纳税人销售货物的，纳税义务发生时间为收讫销售款项或者取得索取销售款项凭据的当天；先开具发票的，为开具发票的当天。其中，收讫销售款项或者取得索取销售款项凭据的当天，按销售结算方式的不同，具体为：1）采取直接收款方式销售货物的，不论货物是否发出，均为收到销售款或者取得索取销售款凭据的当天；2）采取托收承付和委托银行收款方式销售货物的，为发出货物并办妥托收手续的当天；3）采取赊销和分期收款方式销售货物的，为书面合同约定的收款日期的当天，无书面合同的或者书面合同没有约定收款日期的，为货物发出的当天；4）采取预收货款方式销售货物的，为货物发出的当天，但生产销售生产工期超过 12 个月的大型机械设备、船舶、飞机等货物，为收到预收款或者书面合同约定的收款日期的当天；5）委托其他纳税人代销货物的，为收到代销单位的代销清单或者收到全部或者部分货款的当天，未收到代销清单及货款的，为发出代销货物满 180 天的当天；6）销售应税劳务的，为提供劳务同时收讫销售款或者取得索取销售款的凭据的当天；7）纳税人发生《增值税暂行条例实施细则》所列视同销售货物行为的，为货物移送的当天。

（2）纳税人销售服务、无形资产、不动产的，纳税义务发生时间为纳税人发生应税行为并收讫销售款项或者取得索取销售款项凭据的当天；先开具发票的，为开具发票的当天。其中，收讫销售款项，是指纳税人销售服务、无形资产、不动产过程中或者完成后收到款项。取得索取销售款项凭据的当天，是指书面合同确定的付款日期；未签订书面合同或者书面合同未确定付款日期的，为服务、无形资产转让完成的当天或者不动产权属变更的当天。

（3）纳税人提供建筑服务、租赁服务采取预收款方式的，其纳税义务发生时间为收到预收款的当天。

（4）纳税人从事金融商品转让的，为金融商品所有权转移的当天。

（5）纳税人发生《营业税改征增值税试点实施办法》所列“视同销售服务、无形资产或者不动产”行为的，其纳税义务发生时间为服务、无形资产转让完成的当天或者不动产权属变更的当天。

（6）进口货物的，为报关进口的当天。

（7）增值税扣缴义务的发生时间为纳税人增值税纳税义务发生的当天。

二、纳税地点

（1）固定业户应当向其机构所在地的主管税务机关申报纳税。总机构和分支机构不在同一县（市）的，应当分别向各自所在地的主管税务机关申报纳税；经国务院财政、税务主管部门或者其授权的财政、税务机关批准，可以由总机构汇总，向总机构所在地的主管税务机关申报纳税。

（2）固定业户到外县（市）销售货物或者提供应税劳务的，应当向其机构所在地的主管税务机关申请开具外出经营活动税收管理证明，并向其机构所在地的主管税务机关申报纳税；未开具证明的，应当向销售地或者劳务发生地的主管税务机关申报纳税；未向销售地或者劳务发生地的主管税务机关申报纳税的，由其机构所在地的主管税务机关补征税款。

（3）非固定业户销售货物或者提供应税行为的，应当向销售地或应税行为发生地的主管税务机关申报纳税；未申报纳税的，由其机构所在地或者居住地主管税务机关补征税款。

（4）其他个人提供建筑服务，销售或者租赁不动产，转让自然资源使用权的，应向建筑服务发生地、不动产所在地、自然资源所在地主管税务机关申报纳税。

（5）进口货物的，应当向报关地海关申报纳税。

此外，扣缴义务人应当向其机构所在地或者居住地的主管税务机关申报、缴纳其应扣缴的税款。

三、纳税期限

增值税的纳税期限分别为1日、3日、5日、10日、15日、1个月或者1个季度。纳税人的具体纳税期限，由主管税务机关根据纳税人应纳税额的大小分别核定。以1个季度为纳税期限的规定适用于小规模纳税人、银行、财务公司、信托投资公司、信用社，以及财政部和国家税务总局规定的其他纳税人。不能按照固定期限纳税的，可以按次纳税。

纳税人以1个月或者1个季度为1个纳税期的，自期满之日起15日内申报纳税；以1日、3日、5日、10日或者15日为1个纳税期的，自期满之日起5日内预缴税款，于次月1日起15日内申报纳税并结清上月应纳税款。

扣缴义务人解缴税款的期限，依照上述规定执行。

纳税人进口货物，应当自海关填发海关进口增值税专用缴款书之日起15日内缴纳税款。

深度阅读

1. 全国人大常委会预算工作委员会．增值税法律制度比较研究．北京：中国民主法制出版社，2010

2. 杨小强．中国增值税法：改革与正义．北京：中国税务出版社，2008

3. 杨默如．中国增值税扩大征收范围改革研究：基于营业税若干项目改征增值税的测算．北京：中国税务出版社，2010：第二、三、四、六章

4. ［美］维多克·瑟仁伊．比较税法．丁一，译．北京：北京大学出版社，2006：

第八章
5.［美］艾伦·申克，等．增值税比较研究．熊伟，等译．北京：商务印书馆，2018

问题与思考

一、思考题

1. 增值税是20世纪后期在世界各国发展最快的税种，在欧洲尤为盛行。自从20世纪50年代法国开征增值税以来，目前已有170多个国家和地区开设了增值税。

请根据增值税的特点分析增值税在全球迅猛发展的原因。

2. 请分析增值税在税制结构中的利与弊及其法律应对。

3. 何谓法定增值额？何谓理论增值额？区分法定增值额和理论增值额有什么意义？

4. 区分一般纳税人和小规模纳税人的标准和意义是什么？

5. 何谓退税率？我国政府为什么要规定退税率而不按法定税率退税？

6. 我国为何要全面实施营业税改征增值税的改革？

二、练习题

1. 关于增值税的说法，下列哪一选项是错误的？（　　）（单选题）

A. 增值税的税基是销售货物或者提供加工、修理修配劳务以及进口货物的增值额

B. 增值税起征点的范围只限于个人

C. 农业生产者销售自产农业产品的，免征增值税

D. 进口图书、报纸、杂志的，免征增值税

2. 下列出口货物中，免税但不予退税的有（　　）。（多选题）

A. 古旧图书　　B. 避孕药品和用具

C. 国家计划内出口的原油　　D. 来料加工复出口的货物

第六章
消费税法制度

本章概要

- 消费税的基本特征
- 消费税的征税范围
- 消费税的税目与税率
- 消费税制的改革

第一节 消费税法概述

一、消费税的概念和特征

消费税是以特定消费品或者消费行为为征税对象，以销售额或销售数量为计税依据而征收的一种流转税和间接税。[①] 目前，世界上无论是实行以所得税等直接税为主体税种的国家，还是实行以增值税等间接税为主体税种的国家，都普遍开征消费税。我国现行消费税是1994年税制改革时新设置的一个税种，目的是在对货物普遍征收增值税的基础上，选择少数消费品再征收一道消费税，借以调节产品结构、引导方向，保证国家财政收入。我国现行消费税属于中央税，在中央财政收入中所占的比重仅次于增值税所占的比重。

消费税与增值税等税种同属于对流转额课征的间接税，但消费税具有以下显著特点。

1. 征税对象的特定选择性

消费税和增值税等不同，其税目一般是针对特定的消费品或消费行为而选择征收的，

---

① 关于何为消费税，有多种理解。在经济学理论上，有一种广义的理解认为：以消费作为税基的税种统称为消费税，以此与以收入作为税基的所得税进行比较。消费税既可以是对个人或家庭的消费支出额课征（消费支出税），也可以是对商品或劳务的销售额课征（销售税或周转税）。在实践中，日本已经明确把以商品和服务交易作为课税对象的税种正式命名为消费税，这种消费税实际上类似于西方国家的增值税，如多环节课征，后一个环节在纳税时可以扣除前一个环节已纳税款等，其最终计税依据只限于消费资料。因此，日本将具有增值税性质的商品税称为消费税，也并非没有道理。但是这种意义上的消费税范围非常广，几乎包含了通常所理解的商品税，而这也反映出消费税有逐步扩大的趋势。参见徐孟洲主编：《税法原理》，160页，北京，中国人民大学出版社，2008。

其税率也是针对不同的应税商品设计的。从理论上说，消费税通过选择性征税，可以选择向由高收入者消费得更多的奢侈品征税，并实行差别税率，使其体现累进的特点。这有助于提高资源的配置效率，有利于实现税收公平。

各国对消费税征税范围的选择一般是出于限制消费、节约资源、增加财政收入等方面的考虑，体现“寓禁于征”的政策。因此，多数国家的消费税的共同之处就是把非必需品、奢侈品、嗜好品、高档消费品等列入征税范围，即使已经确定的征税项目也不是一成不变的，而是随着经济情况的变化有增有减。在我国，消费税的课税对象目前主要是奢侈品、高能耗消费品、限制消费品、不可再生资源和一些有特定财政意义的普通消费品。

2. 征税环节的相对单一性

和增值税的多环节缴纳不同，消费税不是在生产、流通、消费全过程的各个环节多次征收，而只是选择在生产或零售等某一环节一次征收，实行一次课税制。

出于节省征收成本、提高征收效率、防止税源流失的考虑，各国对多数产品一般选择在生产环节征税。这样有利于实行税源控制，提高征税效率。我国也是如此。

3. 税率设计的灵活性、差别性

消费税针对不同税目设置不同的税率，以体现消费税的调节作用。消费税的税率既有比例税率，又有定额税率。实践中，一般对价格差异较大且便于按价格核算的应税消费品从价定率征收；对价格差异较小，且品种、规格比较单一的大宗应税消费品从量定额征收。

消费税以销售额或销售数量为计税依据，不进行任何扣除，同时，纳税环节相对单一，因而计税准确、管理简便、易于操作。

4. 税收负担具有转嫁性

消费税是一种典型的间接税，无论在哪个环节征收，也无论实行价内税还是价外税，消费品中所含消费税税款都会转嫁到消费者身上，由消费者负担。

消费税的上述特点，决定了消费税具有两大作用：一是调节作用。通过对征税对象和税目的不同选择、税率高低的设计和征收环节的确定，消费税可以起到调整产业结构、调整消费结构、调节收入分配、促进税收公平的作用。二是财政作用。通过选择税源集中、收入比较稳定的高档消费品作为征税对象，以及设计较高的税率等，消费税可以为政府筹措稳定、可观的财政收入。

二、消费税的产生和发展

消费税的历史源远流长，远在古罗马帝国时代，由于农业、手工业的发展和城市的崛起、商业的繁荣，对商品课征的税，如盐税、酒税、矿产品税等，开始出现。这些税实质上都是对货物征收的消费税。欧洲的中古至近古时代，产品税或货物税已发展成为国家财政收入的主要来源，消费税逐步成为世界上一百多个国家长期推行的一个税种。如美国在独立战争后，为了解决日益困难的财政问题，在时任财政部部长汉密尔顿的倡导下，于1791年正式开征了高额的土产酒税，但遭到了酒农的激烈抵抗，最后被迫取消；到南北战争时期，为了筹措战争经费，才又正式施行国内产品税，但只限于酒税和烟草税。最后受两次世界大战和大萧条的经济危机的影响，美国又逐步引入其他消费税税种。

20世纪以后，随着累进所得税的推行，消费税的主体税种地位在西方许多发达资本主义国家受到削弱，为所得税所替代。但因消费税的独特调节作用，在20世纪80年代的世界性税制改革之前，消费税的变化并不像其他税种的变化那么明显，只是征税范围有所调整，多数从量计税的税率形式为适应物价上涨的形势而调整为从价计税的税率形式，并取消了一些累退性特别强的或小额的消费税。人们也更注意利用消费税来反对污染和促进节能，并且出现了欧盟消费税一体化的新形势。

自20世纪80年代以来，世界性的税制改革浪潮风起云涌。各国税法改革方案的一个共同特点就是出现了由过去强调直接税转向以直接税和间接税并重，甚至偏重间接税的趋势。虽然商品劳务税的改革以推行消费型增值税为主，但在其改革措施中，也有一部分重点被放在消费税上。如美国扩大了消费税的课税范围，同时还普遍提高了税率；英国、德国也将提高消费税税率作为改革重点。除此之外，一些国家也开始扩展消费税的调节目标，使消费税的特定调节功能向纵深拓展。可见，消费税至今仍然是各国不可缺少的十分重要的一个税种。

延展阅读

美国的消费税立法原则简明、规范，强调经济调节职能，并易于贯彻执行，主要表现为以下四点：(1) 受益原则，即以从国家提供的某种特殊服务或公共性服务设施中的受益程度为依据，凡从中受益者应尽纳税义务，受益多者多纳税，受益少者少纳税。例如，对使用公路等公共产品者课征汽车产品及燃料税，税收收入用于公路等公共产品的建设和维护。(2) 节约性课征原则，即国家根据供求状况、消费品的性质以及其在人们生活消费中所处的地位不同，选择那些资源供给缺乏、不宜大量消费的非生活必需品进行课征。(3) 限制性课征原则，即国家根据法律规定和税收调节的要求，对那些应禁止或应限制的消费行为课税，如烟、酒、麻药、鸦片等。(4) 差别课税原则，即对不同性质的消费品课税，要体现税负的差别。一般来说，按限制性课征原则课征的消费税的税负要重，这样才能起到抑制消费的作用；按受益原则课征的消费税不宜过重，否则，它将与国家提供服务的宗旨相矛盾；按节约性课征原则课征的消费税，其税率的高低要根据消费品供给的可能和人们的支付能力而定，最佳点应确定在既有利于节约消费又要使消费者有一定的需求之处。①

我国早在周代就开征了“山泽之赋”。春秋时期的管仲首创盐、铁专卖，之后我国对盐、铁实行时而专卖、时而征税的制度。汉朝的时候开征了酒税；唐朝中叶至宋朝末年对酒实行以专卖为主、征税为辅的政策；元朝初年实行专卖，后改为征税；明朝相沿未

① 参见刘磊：《税收控制论》，300～301页，北京，中国财政经济出版社，1999。

变；清朝初年禁酒，禁令除后，亦未征酒税，清朝末年各省征收烟酒税捐。茶税的征收始于唐朝；宋朝、元朝、明朝、清朝都开征过茶税。北洋政府财政部曾经订立过《国家地方税法草案》，其中规定了烟税、酒税、茶税和糖税等消费税性质的税种。抗日战争开始后，为了弥补庞大的财政赤字，国民党政府将统税、烟酒税和矿产税合并，开征了专门的货物税，此外，还开征了“战时消费税”。

我国于20世纪50年代征收的货物税和特种消费行为税，1958年至1973年征收的工商统一税，1973年至1983年征收的工商税中相当于货物税的部分，1983年至1993年征收的产品税、增值税，实际上其中有一部分相当于消费税，只是未以“消费税”命名。而在1983年征收的烧油特别税、1989年对小轿车和彩色电视机开征的特别消费税，是一种选择性消费税。至于作为独立税种的消费税在我国是在1994年税制改革中为了配合普遍推行增值税而新确立和开征的，它是在原产品税、工商统一税的基础上形成的，对我国境内从事生产、委托加工和进口应税消费品的单位和个人，就其销售额或销售数量，在特定环节征收的一种税。它是在普遍征收增值税的基础上，根据消费政策、产业政策的要求，有选择地对部分消费品征收，故我国的消费税属于选择性消费税。在我国商品流转领域消费税的特殊调节和增值税的普遍调节相配合，形成我国流转税的双重调节机制，这对于保障中央财政收入、调节消费行为起到了重要的作用。

三、消费税法的概念和表现形式

消费税法是调整消费税关系的法律规范系统。目前，我国调整消费税征纳关系的法律依据主要包括：《中华人民共和国消费税暂行条例》（1993年12月13日国务院颁布，2008年11月5日修订，以下简称《消费税暂行条例》）、《中华人民共和国消费税暂行条例实施细则》（1993年12月25日财政部发布，2008年12月15日修订，以下简称《消费税暂行条例实施细则》）等。

四、消费税制的改革与完善

完善消费税是现行税制改革的一项重要内容，我国应根据经济发展和产业结构、消费结构的新变化，对消费税进行调整和改革。1994年税制改革时，消费税只是一个具有特殊调节意义的税种，在选择征税品目方面有所保留。近三十年的实践表明，税源趋于老化，征税品目少，征税的许多产品属于夕阳产业，税收增量小，不利于税收收入的持续增长，故有必要进行一些调整和改革。消费税的改革方向是在目前主体税目不变的情况下，重点调整征税品目和税率，加强征管，堵漏征收：对一些不利于环保的产品和一些高档消费品征税，体现了国家的宏观调控政策；针对企业的避税行为，制定相应的措施加强税收征管，完善征税方式，增强税收对一些消费品的直接调控能力；根据不同的情况，可提高或者降低部分产品的消费税税率，甚至取消部分产品的消费税。

第二节　消费税的纳税主体和征税范围

一、纳税主体

我国消费税法所规定的纳税主体，是指在中华人民共和国境内生产、委托加工和进口《消费税暂行条例》规定的消费品的单位和个人，以及国务院确定的销售《消费税暂行条例》规定的消费品的其他单位和个人。其中，所称单位，是指企业、行政单位、事业单位、军事单位、社会团体及其他单位；所称个人，是指个体工商户及其他个人；所称在中华人民共和国境内，是指生产、委托加工和进口属于应当缴纳消费税的消费品的起运地或者所在地在我国境内。

具体而言，我国消费税法规定的纳税主体包括以下几类。

（1）生产应税消费品者。应税消费品的生产者在销售应税消费品时，应当缴纳消费税。但是，纳税人自产自用的应税消费品，用于连续生产应税消费品的，不纳税；用于其他方面的，于移送使用时纳税。其中，所称“用于连续生产应税消费品”，是指纳税人将自产自用的应税消费品作为直接材料生产最终应税消费品，自产自用应税消费品构成最终应税消费品的实体。所称“用于其他方面”，是指纳税人将自产自用应税消费品用于生产非应税消费品、在建工程、管理部门、非生产机构、提供劳务、馈赠、赞助、集资、广告、样品、职工福利、奖励等方面。

（2）委托加工应税消费品者。委托加工应税消费品，是指由委托方提供原料和主要材料，受托方只收取加工费和代垫部分辅助材料加工应税消费品。对于由受托方提供原材料生产应税消费品的，或者受托方先将原材料卖给委托方，然后再接受加工应税消费品的，以及由受托方以委托方名义购进原材料生产应税消费品的，不论在财务上是否作销售处理，都不得作为委托加工应税消费品，而应当按照销售自制应税消费品缴纳消费税。

（3）进口应税消费品者。进口应税消费品的单位和个人，在进口环节要缴纳消费税。为了降低征税成本，进口应税消费品的消费税由海关代征；个人携带或者邮寄进境的应税消费品的消费税，连同关税一并计征。

（4）零售应税消费品者。我国主要在生产和委托加工环节征收消费税，且采取的是单一环节征税，即在以后的批发、零售等环节中，由于价款中已包含消费税，所以，不必再缴纳消费税。但根据《消费税暂行条例》的规定，国务院可以确定对某些消费品在零售环节征收消费税。例如，经国务院批准，自 1995 年 1 月 1 日起，金银首饰消费税由在生产、销售环节（亦包括进口环节）征收改为在零售环节征收，相应的纳税人是指在我国境内从事金银首饰零售业务者或受托加工（另有规定者除外）、受托代销金银首饰的受托方（包括单位和个人）；自 2002 年 1 月 1 日起，钻石及钻石饰品亦由在生产、进口环节征收改为在零售环节征收，相应的纳税人是指在我国境内从事钻石及钻石饰品零售业务的单位和个人。

(5) 批发应税消费品者。该环节只针对在我国境内从事卷烟批发业务的单位和个人。对于纳税人批发销售的所有牌号规格的卷烟，按其销售额（不含增值税）征收5%的消费税，纳税地点为卷烟批发企业的机构所在地；总机构与分支机构不在同一地区的，由总机构申报纳税。

二、征税范围

消费税法确定的征税范围，是指消费税法规定的征收消费税的消费品及消费行为的种类。大多数国家的消费税法只对部分消费品、消费行为征收消费税。虽然少数国家的消费税法规定对全部消费品课征消费税，但同时规定对若干消费品或消费行为免税。我国实行的是有选择性的有限型消费税。目前，我国消费税法规定的征税范围是在中华人民共和国境内生产、委托加工和进口法定的“应税消费品”。“应税消费品”是根据我国现阶段经济发展状况、居民的消费水平和消费结构及财政的需要，并借鉴国外成功的经验和通行做法，以正面列举的方法加以规定的，一般生活必需品未被列入征税范围。对消费税的征税范围，可以根据国家经济发展变化和消费结构的变化情况作出适当的调整。

我国现行消费税法确定的征税范围主要包括以下四个方面的内容：(1) 过度消费会对人类健康、社会秩序、生态环境等方面造成危害的特殊消费品，如烟、酒、鞭炮、焰火等；(2) 奢侈品和非生活必需品，如贵重首饰及珠宝玉石、化妆品等；(3) 高能耗及高档消费品，如小汽车、摩托车、游艇、高档手表等；(4) 不可再生和不可替代的消费品，如成品油、木制一次性筷子、实木地板等。

第三节　消费税的税目与税率

我国现行消费税法确定了15个税目，分别采用比例税率和固定税额标准征收消费税（见表6-1）。消费税税目、税率的调整，由国务院决定。

表6-1　消费税税目和税率表

税　目	税　率
一、烟	
1. 卷烟	
工业	
(1) 甲类卷烟	56%加0.003元/支
(2) 乙类卷烟	36%加0.003元/支
商业批发	11%加0.005元/支
2. 雪茄	36%
3. 烟丝	30%

续表

税　　目	税　　率
4. 电子烟	生产（进口）环节：36% 批发环节：11%
二、酒	
1. 白酒	20%加0.5元/500克（或者500毫升）
2. 黄酒	240元/吨
3. 啤酒	
(1) 甲类啤酒	250元/吨
(2) 乙类啤酒	220元/吨
4. 其他酒	10%
三、高档化妆品	15%
四、贵重首饰及珠宝玉石	
1. 金银首饰、铂金首饰和钻石及钻石饰品	5%
2. 其他贵重首饰和珠宝玉石	10%
五、鞭炮、焰火	15%
六、成品油	
1. 汽油	1.52元/升
2. 柴油	1.2元/升
3. 航空煤油	1.2元/升
4. 石脑油	1.52元/升
5. 溶剂油	1.52元/升
6. 润滑油	1.52元/升
7. 燃料油	1.2元/升
七、摩托车	
1. 气缸容量（排气量，下同）250毫升的	3%
2. 气缸容量在250毫升（不含）以上的	10%
八、小汽车	
1. 乘用车	
(1) 气缸容量（排气量，下同）在1.0升（含1.0升）以下的	1%
(2) 气缸容量在1.0升以上至1.5升（含1.5升）的	3%
(3) 气缸容量在1.5升以上至2.0升（含2.0升）的	5%
(4) 气缸容量在2.0升以上至2.5升（含2.5升）的	9%
(5) 气缸容量在2.5升以上至3.0升（含3.0升）的	12%
(6) 气缸容量在3.0升以上至4.0升（含4.0升）的	25%

续表

税　　目	税　　率
(7) 气缸容量在4.0升以上的	40%
2. 中轻型商用客车	5%
3. 超豪华小汽车	生产环节按子税目1和子税目2的规定征收；在零售环节加征消费税，税率为10%
九、高尔夫球及球具	10%
十、高档手表	20%
十一、游艇	10%
十二、木制一次性筷子	5%
十三、实木地板	5%
十四、电池	4%
十五、涂料	4%

(1) 根据《财政部、国家税务总局关于调整和完善消费税政策的通知》(财税〔2006〕33号，部分失效) 的规定，新增高尔夫球及球具、高档手表、游艇、木制一次性筷子、实木地板税目。取消护肤护发品税目，将原属于护肤护发品征税范围的高档护肤类化妆品列入化妆品税目。具体而言，化妆品税目征收范围包括各类美容、修饰类化妆品，高档护肤类化妆品和成套化妆品。美容、修饰类化妆品是指香水、香水精、香粉、口红、指甲油、胭脂、眉笔、唇笔、蓝眼油、眼睫毛以及成套化妆品。舞台、戏剧、影视演员化妆用的上妆油、卸装油、油彩，不属于本税目的征收范围。高档护肤类化妆品的征收范围另行制定。

(2) 根据《财政部、国家税务总局关于调整乘用车消费税政策的通知》(财税〔2008〕105号) 的规定，从2008年9月1日起调整汽车消费税政策。具体包括：一是提高大排量乘用车的消费税税率，排气量在3.0升以上至4.0升(含4.0升) 的乘用车，税率由15%上调至25%，排气量在4.0升以上的乘用车，税率由20%上调至40%；二是降低小排量乘用车的消费税税率，排气量在1.0升(含1.0升) 以下的乘用车，税率由3%下调至1%。调整汽车消费税政策，旨在抑制大排量汽车的生产和消费，鼓励小排量汽车的生产和消费，有利于降低汽柴油消耗、减少空气污染，促进国家节能减排工作目标的实现。

(3) 按照《财政部、国家税务总局关于继续提高成品油消费税的通知》(财税〔2015〕11号) 规定，从2015年1月13日起，将汽油、石脑油、溶剂油和润滑油的消费税单位税额由1.4元/升提高到1.52元/升。将柴油、航空煤油和燃料油的消费税单位税额由1.1元/升提高到1.2元/升。航空煤油继续暂缓征收。

(4) 根据《财政部、国家税务总局关于调整烟产品消费税政策的通知》(财税〔2009〕84号) 的规定，自2009年5月1日实施烟产品消费税改革。甲类卷烟，即每标准条(200支) 调拨价格在70元(不含增值税) 以上(含70元) 的卷烟，税率调整为56%；乙类卷烟，即每标准条调拨价格在70元(不含增值税) 以下的卷烟，税率调整为36%。

(5) 根据《财政部、国家税务总局关于调整消费税政策的通知》(财税〔2014〕93号) 的规定，自2014年12月1日起，第一，取消气缸容量250毫升(不含) 以下的小排量摩托车消费税。气缸容量250毫升和250毫升(不含) 以上的摩托车继续分别按3%和10%的税率征收消费税。第二，取消汽车轮胎税目。第三，取消车用含铅汽油消费税，汽油税目不再划分二级子目，统一按照无铅汽油税率征收消费税。第四，取消酒精消费税。取消酒精消费税后，"酒及酒精" 品目相应改为"酒"，并继续按现行消费税政策执行。

(6) 根据《财政部、国家税务总局关于对电池、涂料征收消费税的通知》(财税〔2015〕16号) 的规定，为促进节能环保，经国务院批准，自2015年2月1日起对电池、涂料征收消费税。第一，将电池、涂料列入消费税征收范围，在生产、委托加工和进口环节征收，适用税率均为4%。第二，对无汞原电池、金属氢化物镍蓄电池(又称"氢镍蓄电池"或"镍氢蓄电池")、锂原电池、锂离子蓄电池、太阳能电池、燃料电池和全钒液流电池免征消费税。2015年12月31日前对铅蓄电池缓征消费税；自2016年1月1日起，对铅蓄电池按4%税率征收消费税。对施工状态下挥发性有机物(Volatile Organic Compounds，VOC) 含量低于420克/升(含) 的涂料免征消费税。

(7) 根据《财政部、国家税务总局关于调整卷烟消费税的通知》(财税〔2015〕60号) 的规定，自2015年5月10日起，将卷烟批发环节从价税税率由5%提高至11%，并按0.005元/支加征从量税。纳税人兼营卷烟批发和零售业务的，应当分别核算批发和零售环节的销售额、销售数量；未分别核算批发和零售环节销售额、销售数量的，按照全部销售额、销售数量计征批发环节消费税。

（8）根据《财政部、国家税务总局关于调整化妆品消费税政策的通知》（财税〔2016〕103号）的规定，自2016年10月1日起，取消对普通美容、修饰类化妆品征收消费税，将“化妆品”税目名称更名为“高档化妆品”。征收范围包括高档美容、修饰类化妆品、高档护肤类化妆品和成套化妆品。税率调整为15%。高档美容、修饰类化妆品和高档护肤类化妆品是指生产（进口）环节销售（完税）价格（不含增值税）在10元/毫升（克）或15元/片（张）及以上的美容、修饰类化妆品和护肤类化妆品。同时，进口环节的“高档美容、修饰类化妆品、高档护肤类化妆品”消费税税率也由30%下调为15%。

（9）根据《财政部、国家税务总局关于调整小汽车进口环节消费税的通知》（财关税〔2016〕63号）的规定，自2016年12月1日起，对我国驻外使领馆工作人员、外国驻华机构及人员、非居民常住人员、政府间协议规定等应税（消费税）进口自用，且完税价格在130万元及以上的超豪华小汽车消费税，按照生产（进口）环节税率和零售环节税率（10%）加总计算，由海关代征。

（10）根据《财政部、国家税务总局关于对超豪华小汽车加征消费税有关事项的通知》（财税〔2016〕129号）的规定，为了引导合理消费，促进节能减排，经国务院批准，自2016年12月1日起，对超豪华小汽车加征消费税。具体内容包括：1）在“小汽车”税目下增设“超豪华小汽车”子税目。征收范围为每辆零售价格130万元（不含增值税）及以上的乘用车和中轻型商用客车，即乘用车和中轻型商用客车子税目中的超豪华小汽车。对超豪华小汽车，在生产（进口）环节按现行税率征收消费税基础上，在零售环节加征消费税，税率为10%。2）将超豪华小汽车销售给消费者的单位和个人为超豪华小汽车零售环节纳税人。

（11）根据《财政部、税务总局关于部分成品油消费税政策执行口径的公告》（财政部、税务总局公告2023年第11号）的规定，为促进成品油行业规范健康发展，根据《财政部、国家税务总局关于提高成品油消费税税率的通知》（财税〔2008〕167号），将符合《成品油消费税征收范围注释》规定的部分成品油消费税政策执行口径公告如下：一、对烷基化油（异辛烷）按照汽油征收消费税。二、对石油醚、粗白油、轻质白油、部分工业白油（5号、7号、10号、15号、22号、32号、46号）按照溶剂油征收消费税。三、对混合芳烃、重芳烃、混合碳八、稳定轻烃、轻油、轻质煤焦油按照石脑油征收消费税。四、对航天煤油参照航空煤油暂缓征收消费税。

（12）根据《财政部、海关总署、税务总局关于对电子烟征收消费税的公告》（财政部、海关总署、税务总局公告2022年第33号）的规定，为完善消费税制度，维护税制公平统一，更好发挥消费税引导健康消费的作用，决定自2022年11月1日起，将电子烟纳入消费税征收范围，在烟税目下增设电子烟子目。电子烟是指用于产生气溶胶供人抽吸等的电子传输系统，包括烟弹、烟具以及烟弹与烟具组合销售的电子烟产品。烟弹是指含有雾化物的电子烟组件。烟具是指将雾化物雾化为可吸入气溶胶的电子装置。在境内生产（进口）、批发电子烟的单位和个人为消费税纳税人。电子烟生产环节纳税人，是指取得烟草专卖生产企业许可证，并取得或经许可使用他人电子烟产品注册商标（以下称持有商标）的企业。通过代加工方式生产电子烟的，由持有商标的企业缴纳消费税。电子烟批发环节纳税人，是指取得烟草专卖批发企业许可证并经营电子烟批发业务的企业。电子烟进口环节纳税人，是指进口电子烟的单位和个人。电子烟实行从价定率的办法计算纳税。生产（进口）环节的税率为36%，批发环节的税率为11%。

（13）根据《财政部、税务总局关于继续对废矿物油再生油品免征消费税的公告》（财政部、税务总局公告2023年第69号）的规定，为继续支持促进资源综合利用和环境保护，对以回收的废矿物油为原料生产的润滑油基础油、汽油、柴油等工业油料免征消费税。废矿物油，是指工业生产领域机械设备及汽车、船舶等交通运输设备使用后失去或降低功效更换下来的废润滑油。纳税人利用废矿物油生产的润滑油基础油、汽油、柴油等工业油料免征消费税，应同时符合下列条件：一是纳税人必须取得生态环境部门颁发的“危险废物（综合）经营许可证”，且该证件上核准生产经营范围应包括“利用”或“综合经营”字样；二是生产原料中废矿物油重量必须占到90%以上；三是利用废矿物油生产的产品与利用其他原料生产的产品应分别核算。本政策执行至2027年12月31日。

纳税人兼营不同税率的应税消费品，应当分别核算不同税率应税消费品的销售额、销售数量；未分别核算销售额、销售数量，或者将不同税率的应税消费品组成成套消费品销售的，从高适用税率。

第四节　消费税应纳税额的计算

一、消费税的一般计税方法

根据我国现行消费税法的规定，消费税实行从价定率、从量定额，或者从价定率和从量定额复合计税（以下简称复合计税）的办法计算应纳税额。具体计算公式为：

实行从价定率办法计算的应纳税额＝销售额×比例税率

实行从量定额办法计算的应纳税额＝销售数量×定额税率

实行复合计税办法计算的应纳税额＝销售额×比例税率＋销售数量×定额税率

纳税人销售的应税消费品，以人民币计算销售额。纳税人以人民币以外的货币结算销售额的，应当折合成人民币计算。

纳税人应税消费品的计税价格明显偏低并无正当理由的，由主管税务机关核定其计税价格。关于计税价格的核定权限规定如下：（1）卷烟、白酒和小汽车的计税价格由国家税务总局核定，送财政部备案；（2）其他应税消费品的计税价格由省、自治区和直辖市国家税务局核定；（3）进口的应税消费品的计税价格由海关核定。

（一）应税消费品销售额的确定

应税消费品的销售额为纳税人销售应税消费品而向购买方收取的全部价款和价外费用。其中，所称“价外费用”，是指价外向购买方收取的手续费、补贴、基金、集资费、返还利润、奖励费、违约金、滞纳金、延期付款利息、赔偿金、代收款项、代垫款项、包装费、包装物租金、储备费、优质费、运输装卸费以及其他各种性质的价外收费。但下列项目不包括在内：（1）同时符合以下条件的代垫运输费用：1）承运部门的运输费用发票开具给购买方的；2）纳税人将该项发票转交给购买方的。（2）同时符合以下条件的代为收取的政府性基金或者行政事业性收费：1）由国务院或者财政部批准设立的政府性基金，由国务院或者省级人民政府及其财政、价格主管部门批准设立的行政事业性收费；2）收取时开具省级以上财政部门印制的财政票据；3）所收款项全额上缴财政。

应税消费品的销售额，不包括应向购货方收取的增值税税款。纳税人应税消费品的销售额中未扣除增值税税款或者因不得开具增值税专用发票而发生价款和增值税税款合并收取的，在计算消费税时，应当换算为不含增值税税款的销售额。其换算公式为：

应税消费品的销售额＝含增值税的销售额÷（1＋增值税税率或者征收率）

应税消费品连同包装物销售的，无论包装物是否单独计价以及在会计上如何核算，包装物的销售额应并入应税消费品的销售额中缴纳消费税。如果包装物不作价随同产品销售，而是收取押金，则此项押金不应并入应税消费品的销售额中征税。但因逾期未收回的包装物不再退还的或者已收取的时间超过12个月的押金，应并入应税消费品的销售额，按照应税消费品的适用税率缴纳消费税。至于既作价随同应税消费品销售又另外收取押金的包装物的押金，凡纳税人在规定的期限内没有退还的，均应并入应税消费品的销售额，按照应税消费品的适用税率缴纳消费税。

（二）应税消费品销售数量的确定

应税消费品的销售数量，根据以下情况分别确定：（1）销售应税消费品的，为应税消费品的销售数量；（2）自产自用应税消费品的，为应税消费品的移送使用数量；（3）委托加工应税消费品的，为纳税人收回的应税消费品数量；（4）进口应税消费品的，为海关核定的应税消费品进口征税数量。

二、自产自用应税消费品的计税方法

纳税人自产自用的应税消费品，按照纳税人生产的同类消费品的销售价格计算纳税；没有同类消费品销售价格的，按照组成计税价格计算纳税。

实行从价定率办法计算纳税的组成计税价格的计算公式为：

组成计税价格＝（成本＋利润）÷（1－比例税率）

实行复合计税办法计算纳税的组成计税价格的计算公式为：

组成计税价格＝（成本＋利润＋自产自用数量×定额税率）÷（1－比例税率）

上述所称“同类消费品的销售价格”，是指纳税人或者代收代缴义务人当月销售的同类消费品的销售价格，如果当月同类消费品各期销售价格高低不同，应按销售数量加权平均计算。但销售的应税消费品有下列情况之一的，不得被列入加权平均计算：（1）销售价格明显偏低且无正当理由的。（2）无销售价格的。当月无销售或者当月未完结的，应按照同类消费品上月或者最近月份的销售价格计算纳税。

三、委托加工应税消费品的计税方法

委托加工的应税消费品，按照受托方的同类消费品的销售价格计算纳税；没有同类消费品的销售价格的，按照组成计税价格计算纳税。

实行从价定率办法计算纳税的组成计税价格的计算公式为：

组成计税价格＝（材料成本＋加工费）÷（1－比例税率）

实行复合计税办法计算纳税的组成计税价格的计算公式为：

组成计税价格＝（材料成本＋加工费＋委托加工数量×定额税率）÷（1－比例税率）

四、进口应税消费品的计税方法

进口的应税消费品，按照组成计税价格计算纳税。

实行从价定率办法计算纳税的组成计税价格的计算公式为：

组成计税价格＝（关税完税价格＋关税）÷（1－消费税比例税率）

实行复合计税办法计算纳税的组成计税价格的计算公式为：

组成计税价格＝（关税完税价格＋关税＋进口数量×消费税定额税率）÷（1－消费税比例税率）

第五节 消费税的征收管理

根据我国现行消费税法的规定，消费税由国家税务局负责征收管理（进口环节的消费税由海关代为征收管理），所得收入归中央政府所有，列入经常性财政收入。但根据《国务院关于实施成品油价格和税费改革的通知》（国发〔2008〕37 号）的规定，成品油税费改革中，新增成品油消费税连同由此相应增加的增值税、城市维护建设税和教育费附加具有专项用途，不作为经常性财政收入，不计入现有与支出挂钩项目的测算基数，除由中央本级安排的替代航道养护费等支出外，其余全部由中央财政通过规范的财政转移支付方式分配给地方。此外，我国《消费税暂行条例》还对消费税的纳税时间、期限、地点以及退（免）税作了具体的规定。

一、纳税时间

纳税人生产的应税消费品，于纳税人销售时纳税。纳税人自产自用的应税消费品，用于连续生产应税消费品的，不纳税；用于其他方面的，于移送使用时纳税。

委托加工的应税消费品，除受托方为个人外，由受托方在向委托方交货时代收代缴税款。委托加工的应税消费品，委托方用于连续生产应税消费品的，所纳税款准予按规定抵扣。

进口的应税消费品，于报关进口时纳税。

二、纳税期限

消费税的纳税期限分别为 1 日、3 日、5 日、10 日、15 日、1 个月或者 1 个季度。纳税人的具体纳税期限，由主管税务机关根据纳税人应纳税额的大小分别核定；不能按照固定期限纳税的，可以按次纳税。

纳税人以 1 个月或者 1 个季度为 1 个纳税期的，自期满之日起 15 日内申报纳税；以 1 日、3 日、5 日、10 日或者 15 日为 1 个纳税期的，自期满之日起 5 日内预缴税款，于次月 1 日起 15 日内申报纳税并结清上月应纳税款。

纳税人进口应税消费品，应当自海关填发海关进口消费税专用缴款书之日起 15 日内缴纳税款。

三、纳税地点

纳税人销售的应税消费品，以及自产自用的应税消费品，除国务院财政、税务主管部门另有规定外，应当向纳税人机构所在地或者居住地的主管税务机关申报纳税。目前，财政、税务主管部门主要规定了两种特殊情况下的纳税地点：（1）纳税人到外县（市）

销售或者委托外县（市）代销自产应税消费品的，于应税消费品销售后，向机构所在地或者居住地主管税务机关申报纳税。（2）纳税人的总机构与分支机构不在同一县（市）的，应当分别向各自机构所在地的主管税务机关申报纳税；经财政部、国家税务总局或者其授权的财政、税务机关批准，可以由总机构汇总向总机构所在地的主管税务机关申报纳税。

委托加工的应税消费品，除受托方为个人外，由受托方向机构所在地或者居住地的主管税务机关解缴消费税税款。受托人为个人的，由委托方向其机构所在地或者居住地主管税务机关申报纳税。

进口的应税消费品，由进口人或者其代理人向报关地海关申报纳税。

四、退（免）税规定

对纳税人出口的应税消费品，免征消费税；国务院另有规定的除外。出口应税消费品的免税办法，由国务院财政、税务主管部门规定。

出口的应税消费品办理退税后，发生退关或者国外退货，进口时予以免税的，报关出口者必须及时向其机构所在地或者居住地主管税务机关申报补缴已退的消费税税款。纳税人直接出口的应税消费品办理免税后，发生退关或者国外退货，进口时已予以免税的，经机构所在地或者居住地主管税务机关批准，可暂不办理补税，待其转为国内销售时，再申报补缴消费税。

纳税人销售的应税消费品，如因质量等原因由购买者退回，经机构所在地或者居住地主管税务机关审核批准后，可退还已缴纳的消费税税款。

深度阅读

1. ［荷］塞伯仁·科诺森．消费税理论与实践：对烟、酒、赌博、污染和驾驶车辆征税．李维萍，译．北京：中国税务出版社，2010

2. ［日］金子宏．日本税法．战宪斌，郑林根，等译．北京：法律出版社，2004：第二编第三章第六节

3. 张守文．消费税制度改革的发展导向．税务研究，2022（3）

问题与思考

一、思考题

1. 据“中国新闻网”2011年9月28日报道，中国内地奢侈品消费市场将在2014年超越日本及美国，并预料未来10年，内地将贡献40%消费增长到奢侈品市场。面对这种预测，有人建议提高奢侈品消费税的税率，把从那些花得起大价钱购买奢侈品的人那里征得的税收，以二次分配的形式，用于低收入群体的生活补助。也有人反对提高奢侈品消费税，理由是这会促使富人到海外去购买奢侈品。还有人担心，提高奢侈品消费税，

会导致奢侈品价格上升，进而导致市场萎缩，税基缩小，影响财政收入。

请结合消费税法的原理与制度，分析对奢侈品的课税问题。

2. 有学者认为，我国现行的消费税税率确定的出发点不是调节消费行为，而是平衡财政收入，因此，该税率的确定具有不科学性。我国对绝大部分消费品都实行从价定额或比例税率计征，只对啤酒、黄酒、汽油、柴油实行从量定额计征。我国的消费税法，对那些供求基本平衡、价格差异不大、计量单位规范的消费品，规定按定额税率课征，而对那些供求矛盾突出、价格差异较大、变化较大，且计量单位不规范的消费品，规定按比例税率课征。

请对上述观点进行评析，并就消费税税率设计的原理与规则完善提出建议。

3. 有学者认为，我国现行消费税征税范围存在“越位”与“缺位”的情形。一方面，现行消费税把某些生活必需品和少数生产资料列入了征税范围。随着社会经济的发展，人们的消费水平和消费结构都发生了很大变化，一些过去被认为是高档消费品的商品已逐步成为人们的生活必需品或生产资料，如摩托车、黄酒、酒精、轮胎等商品，对这些消费品或生产资料征收消费税，势必限制人们的消费，使部分行业的生产发展受到影响，不符合我国的消费政策和产业政策的要求，导致了消费税征收范围的“越位”。另一方面，现行消费税未把一些高档娱乐消费纳入征税范围，导致了消费税征收范围的“缺位”。

请对上述观点进行评析，并就消费税征收范围的改革与完善提出建议。

二、练习题

1. 2010 年 8 月某首饰厂从某商贸企业购进一批珠宝玉石，增值税发票注明价款 50 万元，增值税税款 8.5 万元，打磨后再将其销售给首饰商城，收到不含税价款 90 万元。已知珠宝玉石消费税税率为 10%，该首饰厂以上业务应缴纳消费税（　　）。（单选题）

A. 4 万元　　B. 5 万元　　C. 9 万元　　D. 14 万元

2. 企业生产销售的下列产品中，属于消费税征税范围的是（　　）。（2016 年注册会计师全国统一考试《税法》单选题）

A. 电动汽车　　B. 体育用鞭炮药引线

C. 铅蓄电池　　D. 销售价格为 9 000 元的手表

3. 某市一高尔夫球具生产企业 2016 年 9 月 1 日以分期收款方式销售一批球杆，价税合计为 140.4 万元，合同约定客户于 9 月 5 日、11 月 5 日各支付 50%价款，9 月 5 日按照约定收到 50%的价款，但并未给客户开具发票。已知高尔夫球具消费税税率为 10%。该企业 9 月就该项业务应缴纳的消费税为（　　）。（2016 年注册会计师全国统一考试《税法》单选题）

A. 6 万元　　B. 12 万元　　C. 0　　D. 14.04 万元

4. 下列关于消费税税收管理的表述中，正确的是（　　）。（2016 年注册会计师全国统一考试《税法》单选题）

A. 消费税收入分别入中央库和地方库

B. 委托个体工商户加工应税消费品应纳的消费税由受托方代收向其所在地主管税务机关申报缴纳

C. 消费税由国家税务局负责征收

D. 消费税纳税人总分支机构在同一地级市但不同县的，由市级税务机关审批同意后汇总缴纳消费税

5. 下列关于缴纳消费税适用计税依据的表述中，正确的有（　　）。(2016 年注册会计师全国统一考试《税法》多选题)

A. 换取生产资料的自产应税消费品应以纳税人同类消费品平均价格作为计税依据

B. 作为福利发放的自产应税消费品应以纳税人同类消费品最高价格作为计税依据

C. 委托加工应税消费品应当首先以受托人同类消费品销售价格作为计税依据

D. 投资入股的自产应税消费品应以纳税人同类应税消费品最高售价作为计税依据

6. 甲地板厂（以下简称“甲厂”）生产实木地板，2015 年 8 月发生下列业务：(1) 外购一批实木素板并支付运费，取得的增值税专用发票注明素板金额 50 万元、税额 8.5 万元，取得运输业增值税专用发票注明运费金额 1 万元、税额 0.11 万元。(2) 甲厂将外购素板 40%加工成 A 型实木地板，当月对外销售并开具增值税专用发票注明销售金额 40 万元、税额 6.8 万元。(3) 受乙地板厂（以下简称“乙厂”）委托加工一批 A 型实木地板，双方约定由甲厂提供素板，乙厂支付加工费。甲厂将剩余的外购实木素板全部投入加工，当月将加工完毕的实木地板交付乙厂，开具的增值税专用发票注明收取材料费金额 30.6 万元、加工费 5 万元，甲厂未代收代缴消费税。(其他相关资料：甲厂直接持有乙厂 30%股份，实木地板消费税税率为 5%。)

要求：根据上述资料，按照下列序号回答问题，如有计算需计算出合计数。(2015 年注册会计师全国统一考试《税法》计算题)

1) 判断甲厂和乙厂是否为关联企业并说明理由。

2) 计算业务 (2) 应缴纳的消费税税额。

3) 判断业务 (3) 是否为消费税法规定的委托加工业务并说明理由。

4) 指出业务 (3) 的消费税纳税义务人、计税依据确定方法及数额。

5) 计算业务 (3) 应缴纳的消费税税额。

7. 某企业为增值税一般纳税人，2016 年 9 月的经营状况如下：(1) 生产食用酒精一批，将其中的 50%用于销售，开具的增值税专用发票注明金额 10 万元、税额 1.7 万元。(2) 将剩余 50%的食用酒精作为酒基，加入食品添加剂调制成 38 度的配制酒，当月全部销售，开具的增值税专用发票注明金额 18 万元、税额 3.06 万元。(3) 配制葡萄酒一批，将 10%的葡萄酒用于生产酒心巧克力，采用赊销方式销售、不含税总价为 20 万元，货已经交付，合同约定 10 月 31 日付款。(4) 将剩余 90%的葡萄酒装瓶对外销售，开具的增值税专用发票注明金额 36 万元、税额 6.12 万元。(其他相关资料：企业当期通过认证可抵扣的进项税额为 8 万元，消费税税率为 10%。)

要求：根据上述资料，按照下列序号回答问题，如有计算需计算出合计数。(2016

年注册会计师全国统一考试《税法》计算题）

1）计算业务（1）应缴纳的消费税。

2）计算业务（2）应缴纳的消费税。

3）计算业务（3）应缴纳的消费税。

4）计算业务（4）应缴纳的消费税。

5）计算该企业9月应缴纳的增值税。

第七章

关税法律制度

本章概要

本章概要

- 进出口关税制度
- 保税制度
- 加重关税制度
- 船舶吨税制度

第一节　关税制度概述

一、关税的概念和特点

关税是以进出口货物和进境物品为征税对象，由海关在进出口环节征收的税种，属于流转税。关税有狭义和广义之分：狭义的关税仅指一国海关根据其进出口税则对进出境货物所征收的税；广义的关税除包括狭义的关税之外，还包括由海关征收的船舶吨税和在进口环节代征的国内税，如我国海关对进口环节代征的增值税、消费税等。本章中除特别说明外，一般均指狭义的关税。关税是一国主权的重要体现，具有较强的政策性。

为了使关税征纳工作规范有序，维护国家主权，确保财政收入，各国都十分重视关税法的制定与实施。我国的关税征收事关国家主权和利益，既是财政收入重要来源，也是实施宏观调控和贸易、产业政策的重要手段，在服务大局等方面也发挥着重要作用。改革开放以来，我国关税法律制度建设持续加强和完善。1985 年，国务院发布《中华人民共和国进出口关税条例》和《中华人民共和国海关进出口税则》。2003 年，根据我国加入世界贸易组织后进一步调整完善关税制度的实际需要，国务院重新制定了《中华人民共和国进出口关税条例》，此后四次对部分条款作了修订。1986 年至 2022 年，全国累计征收关税 49 638.8 亿元，关税年收入从 1986 年的 151.6 亿元增至 2022 年的 2 860.3

亿元，年均增长 8.5%。①

近年来，关税领域出现了新情况新变化，有必要在总结《进出口关税条例》实施经验的基础上制定关税法：一是立法法明确要求税种的设立、税率的确定和税收征收管理等税收基本制度需要制定法律。二是为积极有效应对国内国际形势变化，需要在完善关税制度的同时，强化关税作为国内国际双循环调节器的作用，丰富法律应对措施。三是按照主动对接国际高标准经贸规则有关要求，需要及时将关税征收管理有关成熟经验做法上升为法律制度。基于此，2024 年 4 月 26 日，第十四届全国人大常委会第九次会议通过了《中华人民共和国关税法》（以下简称《关税法》），自 2024 年 12 月 1 日起施行，前述《中华人民共和国进出口关税条例》同时废止。此外，作为《关税法》附件的“中华人民共和国进出口税则”由国务院关税税则委员会发布。《关税法》的出台，对于发展对外贸易、扩大制度型开放、推动高质量发展具有重要意义，同时也是落实税收法定改革任务的一项重要举措。

关税是流转税中的一个独立税种，与其他国内商品税相比，关税具有以下几个显著特点。

1. 关税的征收对象只限于进出关境或国境的有形货物和物品

这里的“货物”，是指以贸易为目的而进出关境或国境的商品物资；“物品”，是指非以贸易为目的的、由入境旅客或运输工具服务人员携带的行李物品，个人邮递物品以及其他个人自用物品。作为关税征收对象的货物范围虽然十分广泛，但又具体、确定。关于这一点从《海关进出口税则》中列举的税目就可得知。

2. 关税的课税环节是进出口环节，其课征范围以关境为界

关税的课税环节是进出口环节，这是关税最重要的特征。关税实行进出关境环节一次性课征，在国内流通的任何环节均不再征收关税。这里的“关境”，是指全面实施统一海关法令的境域。在一般情况下，一个国家的关境与国境领域范围是统一的，但两者也有不一致的时候。当存在关税同盟国的时候，几个国家组成共同关境、实施统一的关税法和共同对外税则，由于同盟国之间彼此货物进出国境不征关税，仅来自或运往非同盟国的货物在进出共同关境时才被征收关税，因而这时关境就大于其成员国的各自国境；而当一国的国境内设有自由港或自由贸易区时，虽然它们处于其国境内，但从课税的角度考察，由于对进出自由港或自由贸易区的货物依法免予征税，因而这时其关境就小于国境。

我国实行改革开放以后，1987 年的《海关法》中第一次使用了关境的概念，我国实行关境关税。在香港特别行政区和澳门特别行政区回归后，由于它们继续保持自由港的地位，因而我国的国境大于关境。

3. 关税的计税依据为完税价格

完税价格是关税法中特有的概念，通常是以货物或物品的离岸价格（FOB，成本加

---

① 参见贺荣：《关于〈中华人民共和国关税法（草案）〉的说明》，2023 年 10 月 20 日在第十四届全国人民代表大会常务委员会第六次会议上。

税费）或到岸价格（CIF，成本加运费和保险费）来确定的。当离岸价格或到岸价格不能确定时，由海关估定。

4. 关税的征税主体是海关

关税是由海关代表国家征收的一种税。海关是国家设在边境、沿海口岸或国家指定的其他水、陆、空国际通道的进出关境监督管理机关。各类国内税收一般由国家税务机关负责征收、管理。关税由海关征收与关税的特殊性有关，同时这也是关税的一个特点。在我国，关税由海关总署及其领导下的各地方口岸海关负责征收。

5. 关税具有较强的调节功能

关税是针对来自国外（或境外）的或输往国外（或境外）的商品而设置的税种。关税课征对象的特殊性决定了关税的涉外性。因此，关税的征收与减免影响到贸易对方国家（或地区）的经济利益。对一个国家来说，关税不但是本国经济的调节工具，而且是国家间经济合作与交流的一个重要工具或手段。运用和充分发挥关税的调节功能，维护本国的经济利益，是各国的通行做法。从这个角度讲，关税的调节作用显而易见。

6. 关税法规相对独立并自成体系

我国的关税法规以《海关法》为主，包括《进出口关税条例》《海关进出口税则》《海关稽查条例》《海关行政处罚实施条例》《海关审定进出口货物完税价格办法》等，形成了一个相对独立的法律、法规体系。无论是从征税对象、征税主体，还是从税收其他诸多要素来讲，关税法规体系与其他法规体系有较大差异。

二、关税的分类

根据不同的标准，关税可被分为不同的种类。

1. 根据征税对象的流向，关税可被分为进口关税、出口关税和过境关税

（1）进口关税，简称进口税，是海关对进入本国关境的货物或物品征收的一种关税。它是最主要的一种关税。目前，世界各国征收的关税主要是进口关税。进口关税一般是在货物、物品进入国境或关境时征收，或在货物从自由港、自由贸易区或保税仓库等地运往该国的国内市场销售或使用时征收。进口关税是各国政府限制进口、保护本国市场、筹集财政收入的最基本的工具。

（2）出口关税，简称出口税，是海关对运出本国关境的货物或物品所征收的一种关税。为了鼓励本国商品的出口，提高国际竞争力，各国一般只对少数限制出口的货物或物品征收出口关税，有些发达国家纷纷削减甚至取消出口税。但在发展中国家，出口关税仍是政府取得财政收入和保护本国某些主要资源及限制某些商品输出的重要手段。我国为了保护本国稀缺的自然资源，或限制、调控某些特定商品的出口，目前也只是对少数货物征收出口税。

（3）过境关税，简称过境税，是海关对通过本国关境运往其他国家或地区的货物和物品所征收的一种关税。过境，是指外国货物和物品运输的起点和终点都不在本国境内，仅在本国的口岸停留，又原样运出本国的关境。早期国家的过境税，意在筹集财政收入。

随着世界各国交通运输业的发展，货物渠道的多元化，过境关税逐渐衰弱，相反，过境货物在过境国的交通运输、银行、保险、商业、仓储等方面所创造的利润令人刮目相看。因此，目前各国一般均不征收过境关税。

2. 依据关税征税的目的不同，关税可以分为财政关税和保护关税

（1）财政关税，又称收入关税，是以增加国家财政收入为主要目的而征收的关税。这类关税一般选择进口数量大、消费量大、负担能力强的非生活必需品和非生产性消费品，或本国不能生产且不准备生产又无替代品的消费品作为征税对象。其税率一般较低。财政关税在各国历史上曾占据主要的地位。随着资本主义制度的发展和现代经济制度的确立，财政关税的作用被大大地削弱了，其收入在财政收入中所占的比重也大幅度下降，代之而起的是保护贸易政策和保护关税。

（2）保护关税，是以保护本国民族工商业和经济发展为主要目的而征收的关税。其征税对象一般为本国需要发展的和国际竞争性很强的商品。保护关税的税率一般较高，从而可以削弱进口商品在本国市场的竞争力，达到保护本国民族工业的目的。从理论上讲，保护关税的税额一般应等于或略高于进口商品的成本和本国同类商品成本的差额。保护关税政策的内容主要是：对国内需要保护的同类商品的进口使用保护关税，对非必需品或奢侈品的进口实行比保护关税的税率更高的税率，对本国需要的商品实行较低税率或免税以鼓励进口，对鼓励出口的商品免税，对限制出口的商品征税，实行优惠关税和差别关税。

3. 以征收关税的计征标准不同，关税可分为从价关税、从量关税、选择关税、复合关税、滑动关税

我国目前征收的关税以从价关税为主，少量采用从量关税、复合关税和滑动关税。

（1）从价关税，是以进出口货物或物品的价格为计税依据的关税。如我国进口货物以到岸价格、出口货物以离岸价格为完税价格计征的关税，都属于从价关税。从价关税通常采用比例税率，其关税收入和关税负担随着商品价格的变化而变化，这有利于发挥关税的保护作用。

（2）从量关税，是以进口货物的计量单位（数量、重量、长度、体积等）为计税依据而计征的一种关税。从量关税一般采用定额税率，具有税额计算简便、通过手续快捷等特点，并能起到抑制质次价廉的商品或故意低瞒价格的商品的进口的作用。目前，我国对原油、部分鸡产品、啤酒、胶卷等进口货物分别以重量、容积、面积计征从量关税。

（3）选择关税，是对同一税目的货物同时规定从价关税和从量关税两种征税方式，由海关征税时选择其中的一种进行课征的关税。采用选择关税的，在物价上涨时，海关从价计税；物价下跌时，海关从量计税。这一课征方法的优点在于有效抵御物价波动，发挥关税的保护作用。

（4）复合关税，是对同一税目货物同时采取从价与从量两种标准计征的关税。海关实际征收时，或以从价关税为主加征从量关税，或以从量关税为主加征从价关税。一般情况下，是以从价计征为主，以从量税率调整其税负水平。这种复合关税，既可以发挥从量关税抑制低价商品进口的特点，又可以发挥从价关税税负合理、稳定的优点。目前，我国对录像机、放像机、数字照相机和摄录一体机征收复合关税。

（5）滑动关税，又称滑准关税，即按市场商品价格的涨落，对同一税目的货物，按照其价格的高低设定不同的税率，对进口货物按其价格水平适用相应税率课税。当进口货物的价格高于上限时，采用较低税率；低于下限时，采用较高税率；在价格幅度以内时，按原定税率征税。其目的是保护国内生产免受国外物价波动的影响，保护国内有关货物价格的稳定。目前，我国对新闻纸征收滑动关税。

4. 以关税计征有无优惠为标准，关税可分为普通关税、加重关税、优惠关税

（1）普通关税，是指既无任何优惠也不受任何歧视的关税。

（2）加重关税，是指为达到某一特定目的，征收进口税时除按税则规定征收一般正税以外，还额外征收附加税，即在征收进口正税的基础上，有针对性地附加征收的临时性关税，如反倾销税、反补贴税、报复性关税和保障措施等。这种关税一般针对特定的国家或货物，其目的是加强关税的保护作用或用作争取与外国签订贸易协定的手段。

（3）优惠关税，是指对来自某些特定的受惠国的进口货物适用比普通税率低的优惠税率的关税。优惠关税按其优惠程度又分为最惠国待遇关税、普惠制关税和特惠关税。

第二节 进出口关税制度

根据《关税法》第 2 条、第 3 条的规定，国家准许进出口的货物、进境物品，由海关依照本法和有关法律、行政法规的规定征收关税。进口货物的收货人、出口货物的发货人、进境物品的携带人或者收件人，是关税的纳税人。从事跨境电子商务零售进口的电子商务平台经营者、物流企业和报关企业，以及法律、行政法规规定负有代扣代缴、代收代缴关税税款义务的单位和个人，是关税的扣缴义务人。据此可知，关税被细化为两类：一类是进出口货物关税，另一类是进境物品进口税。

一、进出口货物关税制度

进出口货物关税，是指在货物进出口过程中，由进口货物的收货人、出口货物的发货人缴纳的关税。

1. 进出口货物关税的税率设置

进出口货物关税包括进口关税和出口关税。进口关税设置最惠国税率、协定税率、特惠税率、普通税率等税率。出口关税设置出口税率。对实行关税配额管理的进出口货物，设置关税配额税率。对进出口货物在一定期限内可以实行暂定税率。

关税税率的适用应当符合相应的原产地规则。完全在一个国家或者地区获得的货物，以该国家或者地区为原产地；两个以上国家或者地区参与生产的货物，以最后完成实质性改变的国家或者地区为原产地。国务院根据中华人民共和国缔结或者共同参加的国际条约、协定对原产地的确定另有规定的，依照其规定。进口货物原产地的具体确定，依照本法和国务院及其有关部门的规定执行。

(1) 最惠国税率。原产于共同适用最惠国待遇条款的世界贸易组织成员的进口货物，原产于与中华人民共和国缔结或者共同参加含有相互给予最惠国待遇条款的国际条约、协定的国家或者地区的进口货物，以及原产于中华人民共和国境内的进口货物，适用最惠国税率。

(2) 协定税率。原产于与中华人民共和国缔结或者共同参加含有关税优惠条款的国际条约、协定的国家或者地区且符合国际条约、协定有关规定的进口货物，适用协定税率。根据我国与有关国家或者地区已签署并生效的自由贸易协定和优惠贸易安排，2024年对20个协定项下、原产于30个国家或者地区的部分商品实施协定税率。

(3) 特惠税率。原产于中华人民共和国给予特殊关税优惠安排的国家或者地区且符合国家原产地管理规定的进口货物，适用特惠税率。根据海关总署的公告，我国2024年继续给予43个与我建交并完成换文手续的最不发达国家零关税待遇，实施特惠税率，适用商品范围和税率维持不变。不再给与瓦努阿图零关税待遇。

(4) 普通税率。原产于上述(1)(2)(3)项规定以外的国家或者地区的进口货物，以及原产地不明的进口货物，适用普通税率。

(5) 暂定税率。适用最惠国税率的进口货物有暂定税率的，适用暂定税率。适用协定税率的进口货物有暂定税率的，从低适用税率；其最惠国税率低于协定税率且无暂定税率的，适用最惠国税率。适用特惠税率的进口货物有暂定税率的，从低适用税率。适用普通税率的进口货物，不适用暂定税率。适用出口税率的出口货物有暂定税率的，适用暂定税率。

根据《国务院关税税则委员会关于2024年关税调整方案的公告》(税委会公告2023年第10号)，自2024年1月1日起，对部分商品的进出口关税进行调整。海关总署据此制定了《关于执行2024年关税调整方案等政策有关事宜的公告》，自2024年1月1日起，对1010项商品(不含关税配额商品)实施进口暂定税率，继续对铬铁等107项商品征收出口关税，对其中68项商品实施出口暂定税率；为促进新材料产业发展，降低高纯铝出口关税。

(6) 关税配额税率。实行关税配额管理的进出口货物，关税配额内的适用关税配额税率，有暂定税率的适用暂定税率；关税配额外的，其税率的适用按照《关税法》第12条、第13条的规定执行。根据海关总署的公告，我国2024年继续对小麦等8类商品实施关税配额管理，税率不变。其中，对尿素、复合肥、磷酸氢铵3种化肥的配额税率继续实施1%的暂定税率。继续对配额外进口的一定数量棉花实施滑准税。

关税税率的调整，按照下列规定执行：(1) 需要调整中华人民共和国在加入世界贸易组织议定书中承诺的最惠国税率、关税配额税率和出口税率的，由国务院关税税则委员会提出建议，经国务院审核后报全国人民代表大会常务委员会决定。(2) 根据实际情况，在中华人民共和国加入世界贸易组织议定书中承诺的范围内调整最惠国税率、关税配额税率和出口税率，调整特惠税率适用的国别或者地区、货物范围和税率，或者调整普通税率的，由国务院决定，报全国人民代表大会常务委员会备案。(3) 特殊情况下最惠国税率的适用，由国务院决定，报全国人民代表大会常务委员会备案。协定税率在完成有关国际条约、协定的核准或者批准程序后，由国务院关税税则委员会组织实施。实行暂定税率的货物范围、税率和期限由国务院关税税则委员会决定。与关税税目调整相关的税率的技术性转换，由国务院关税税则委员会提出建议，报国务院批准后执行。关税税率依照前述规定调整的，由国务院关税税则委员会发布。

依法对进口货物征收反倾销税、反补贴税、保障措施关税的，其税率的适用按照有关反倾销、反补贴和保障措施的法律、行政法规的规定执行。

2. 进出口货物计税价格的确定

进口货物的计税价格以成交价格以及该货物运抵我境内输入地点起卸前的运输及其相关费用、保险费为基础确定。进口货物的成交价格，是指卖方向我国境内销售该货物时买方为进口该货物向卖方实付、应付的，并按照《关税法》第 25 条、第 26 条规定调整后的价款总额，包括直接支付的价款和间接支付的价款。

进口货物的成交价格应当符合下列条件：(1) 对买方处置或者使用该货物不予限制，但法律、行政法规规定的限制、对货物转售地域的限制和对货物价格无实质性影响的限制除外；(2) 该货物的成交价格没有因搭售或者其他因素的影响而无法确定；(3) 卖方不得从买方直接或者间接获得因该货物进口后转售、处置或者使用而产生的任何收益，或者虽有收益但能够按照《关税法》第 25 条、第 26 条的规定进行调整；(4) 买卖双方没有特殊关系，或者虽有特殊关系但未对成交价格产生影响。

进口货物的下列费用应当计入计税价格：(1) 由买方负担的购货佣金以外的佣金和经纪费；(2) 由买方负担的与该货物视为一体的容器的费用；(3) 由买方负担的包装材料费用和包装劳务费用；(4) 与该货物的生产和向中华人民共和国境内销售有关的，由买方以免费或者以低于成本的方式提供并可以按适当比例分摊的料件、工具、模具、消耗材料及类似货物的价款，以及在我国境外开发、设计等相关服务的费用；(5) 作为该货物向我国境内销售的条件，买方必须支付的、与该货物有关的特许权使用费；(6) 卖方直接或者间接从买方获得的该货物进口后转售、处置或者使用的收益。

进口时在货物的价款中列明的下列费用、税收，不计入该货物的计税价格：(1) 厂房、机械、设备等货物进口后进行建设、安装、装配、维修和技术服务的费用，但保修费用除外；(2) 进口货物运抵中华人民共和国境内输入地点起卸后的运输及其相关费用、保险费；(3) 进口关税及国内税收。

出口货物的计税价格以该货物的成交价格以及该货物运至我国境内输出地点装载前的运输及其相关费用、保险费为基础确定。进口货物的成交价格不符合《关税法》第 24 条第 3 款规定条件，或者成交价格不能确定的，海关经了解有关情况，并与纳税人进行价格磋商后，依次以下列价格估定该货物的计税价格：(1) 与该货物同时或者大约同时向我国境内销售的相同货物的成交价格。(2) 与该货物同时或者大约同时向我国境内销售的类似货物的成交价格。(3) 与该货物进口的同时或者大约同时，将该进口货物、相同或者类似进口货物在我境内第一级销售环节销售给无特殊关系买方最大销售总量的单位价格，但应当扣除下列项目：同等级或者同种类货物在我国境内第一级销售环节销售时通常的利润和一般费用以及通常支付的佣金，进口货物运抵我国境内输入地点起卸后的运输及其相关费用、保险费，进口关税及国内税收。(4) 按照下列各项总和计算的价格：生产该货物所使用的料件成本和加工费用，向我国境内销售同等级或者同种类货物通常的利润和一般费用，该货物运抵我国境内输入地点起卸前的运输及其相关费用、保险费。（5）以合理方法估定的价格。纳税人可以向海关提供有关资料，申请调整上述第（3）项和第（4）项的适用次序。

出口货物的成交价格，是指该货物出口时卖方为出口该货物应当向买方直接收取和间接收取的价款总额。出口关税不计入计税价格。

出口货物的成交价格不能确定的，海关经了解有关情况，并与纳税人进行价格磋商后，依次以下列价格估定该货物的计税价格：（1）与该货物同时或者大约同时向同一国家或者地区出口的相同货物的成交价格；（2）与该货物同时或者大约同时向同一国家或者地区出口的类似货物的成交价格；（3）按照下列各项总和计算的价格：我境内生产相同或者类似货物的料件成本、加工费用，通常的利润和一般费用，境内发生的运输及其相关费用、保险费；（4）以合理方法估定的价格。

海关可以依申请或者依职权，对进出口货物、进境物品的计税价格、商品归类和原产地依法进行确定。必要时，海关可以组织化验、检验，并将海关认定的化验、检验结果作为确定计税价格、商品归类和原产地的依据。

3. 进出口货物关税的税收优惠

下列进出口货物、进境物品，免征关税：（1）国务院规定的免征额度内的一票货物；（2）无商业价值的广告品和货样；（3）进出境运输工具装载的途中必需的燃料、物料和饮食用品；（4）在海关放行前损毁或者灭失的货物、进境物品；（5）外国政府、国际组织无偿赠送的物资；（6）我国缔结或者共同参加的国际条约、协定规定免征关税的货物、进境物品；（7）依照有关法律规定免征关税的其他货物、进境物品。

下列进出口货物、进境物品，减征关税：（1）在海关放行前遭受损坏的货物、进境物品；（2）我国缔结或者共同参加的国际条约、协定规定减征关税的货物、进境物品；（3）依照有关法律规定减征关税的其他货物、进境物品。减征关税，应当根据海关认定的受损程度办理。

根据维护国家利益、促进对外交往、经济社会发展、科技创新需要或者由于突发事件等原因，国务院可以制定关税专项优惠政策，报全国人民代表大会常务委员会备案。

减免税货物应当依法办理手续。需由海关监管使用的减免税货物应当接受海关监管，在监管年限内转让、移作他用或者进行其他处置，按照国家有关规定需要补税的，应当补缴关税。对需由海关监管使用的减免税进境物品，参照前述规定执行。

保税货物复运出境的，免征关税；不复运出境转为内销的，按照规定征收关税。加工贸易保税进口料件或者其制成品内销的，除按照规定征收关税外，还应当征收缓税利息。

暂时进境或者暂时出境的下列货物、物品，可以依法暂不缴纳关税，但该货物、物品应当自进境或者出境之日起6个月内复运出境或者复运进境；需要延长复运出境或者复运进境期限的，应当根据海关总署的规定向海关办理延期手续：（1）在展览会、交易会、会议以及类似活动中展示或者使用的货物、物品；（2）文化、体育交流活动中使用的表演、比赛用品；（3）进行新闻报道或者摄制电影、电视节目使用的仪器、设备及用品；（4）开展科研、教学、医疗卫生活动使用的仪器、设备及用品；（5）在第（1）项至第（4）项所列活动中使用的交通工具及特种车辆；（6）货样；（7）供安装、调试、检测设备时使用的仪器、工具；（8）盛装货物的包装材料；（9）其他用于非商业目的的货物、物品。这些所列货物、物品在规定期限内未复运出境或者未复运进境的，应当依法缴纳关税。前述规定所列之外的其他暂时进境的货物、物品，应当根据该货物、物品的计税价格和其在境内滞留时间与折旧时间的比例计算缴纳进口关税；该货物、物品在规定期限届满后未复运出境的，应当补足依法应缴纳的关税。前述规定所列之外的其他暂时出境货物，在规定期限届满后未复运进境的，应当依法缴纳关税。

以下情形中的货物不征收关税：（1）因品质、规格原因或者不可抗力，出口货物自出口之日起 1 年内原状复运进境的，不征收进口关税。因品质、规格原因或者不可抗力，进口货物自进口之日起 1 年内原状复运出境的，不征收出口关税。特殊情形下，经海关批准，可以适当延长前述规定的期限，具体办法由海关总署规定。（2）因残损、短少、品质不良或者规格不符原因，进出口货物的发货人、承运人或者保险公司免费补偿或者更换的相同货物，进出口时不征收关税。被免费更换的原进口货物不退运出境或者原出口货物不退运进境的，海关应当对原进出口货物重新按照规定征收关税。纳税人应当在原进出口合同约定的请求赔偿期限内且不超过原进出口放行之日起 3 年内，向海关申报办理免费补偿或者更换货物的进出口手续。

4. 进出口货物关税的征收管理

关税实行从价计征、从量计征、复合计征的方式征收。实行从价计征的，应纳税额按照计税价格乘以比例税率计算。实行从量计征的，应纳税额按照货物数量乘以定额税率计算。实行复合计征的，应纳税额按照计税价格乘以比例税率与货物数量乘以定额税率之和计算。

关税征收管理可以实施货物放行与税额确定相分离的模式。关税征收管理应当适应对外贸易新业态新模式发展需要，提升信息化、智能化、标准化、便利化水平。进出口货物的纳税人、扣缴义务人可以按照规定选择海关办理申报纳税。纳税人、扣缴义务人应当按照规定的期限和要求如实向海关申报税额，并提供相关资料。必要时，海关可以要求纳税人、扣缴义务人补充申报。进出口货物的纳税人、扣缴义务人应当自完成申报之日起 15 日内缴纳税款；符合海关规定条件并提供担保的，可以于次月第 5 个工作日结束前汇总缴纳税款。因不可抗力或者国家税收政策调整，不能按期缴纳的，经向海关申请并提供担保，可以延期缴纳，但最长不得超过 6 个月。纳税人、扣缴义务人未在前述规定的纳税期限内缴纳税款的，自规定的期限届满之日起，按日加收滞纳税款万分之五的滞纳金。税款尚未缴纳，纳税人、扣缴义务人依照有关法律、行政法规的规定申请提供担保要求放行货物的，海关应当依法办理担保手续。

进出口货物的纳税人在规定的纳税期限内有转移、藏匿其应税货物以及其他财产的明显迹象，或者存在其他可能导致无法缴纳税款风险的，海关可以责令其提供担保；纳税人不提供担保的，经直属海关关长或者其授权的隶属海关关长批准，海关可以实施下列强制措施：（1）书面通知银行业金融机构冻结纳税人金额相当于应纳税款的存款、汇款；（2）查封、扣押纳税人价值相当于应纳税款的货物或者其他财产。纳税人在规定的纳税期限内缴纳税款的，海关应当立即解除强制措施。

自纳税人、扣缴义务人缴纳税款或者货物放行之日起 3 年内，海关有权对纳税人、扣缴义务人的应纳税额进行确认。海关确认的应纳税额与纳税人、扣缴义务人申报的税额不一致的，海关应当向纳税人、扣缴义务人出具税额确认书。纳税人、扣缴义务人应当按照税额确认书载明的应纳税额，在海关规定的期限内补缴税款或者办理退税手续。经海关确认应纳税额后需要补缴税款但未在规定的期限内补缴的，自规定的期限届满之日起，按日加收滞纳税款万分之五的滞纳金。

因纳税人、扣缴义务人违反规定造成少征或者漏征税款的，海关可以自缴纳税款或者货物放行之日起 3 年内追征税款，并自缴纳税款或者货物放行之日起，按日加收少征或者漏征税款万分之五的滞纳金。对走私行为，海关追征税款、滞纳金的，不受前述规定期限的限制，并有权核定应纳税额。海关发现海关监管货物因纳税人、扣缴义务人违反规定造成少征或者漏征税款的，应当自纳税人、扣缴义务人应缴纳税款之日起 3 年内追征税款，并自应缴纳税款之日起按日加收少征或者漏征税款万分之五的滞纳金。

海关可以对纳税人、扣缴义务人欠缴税款的情况予以公告。纳税人未缴清税款、滞纳金且未向海关提供担保的，经直属海关关长或者其授权的隶属海关关长批准，海关可以按照规定通知移民管理机构对纳税人或者其法定代表人依法采取限制出境措施。

纳税人、扣缴义务人未按照规定的期限缴纳或者解缴税款的，由海关责令其限期缴纳；逾期仍未缴纳且无正当理由的，经直属海关关长或者其授权的隶属海关关长批准，海关可以实施下列强制执行措施：（1）书面通知银行业金融机构划拨纳税人、扣缴义务人金额相当于应纳税款的存款、汇款；（2）查封、扣押纳税人、扣缴义务人价值相当于应纳税款的货物或者其他财产，依法拍卖或者变卖所查封、扣押的货物或者其他财产，以拍卖或者变卖所得抵缴税款，剩余部分退还纳税人、扣缴义务人。海关实施强制执行时，对未缴纳的滞纳金同时强制执行。

海关发现多征税款的，应当及时通知纳税人办理退还手续。纳税人发现多缴税款的，可以自缴纳税款之日起 3 年内，向海关书面申请退还多缴的税款。海关应当自受理申请之日起 30 日内查实并通知纳税人办理退还手续，纳税人应当自收到通知之日起 3 个月内办理退还手续。按照规定退还关税的，应当加算银行同期活期存款利息。

根据《关税法》的规定，对规避本法第二章、第三章有关规定，不具有合理商业目的而减少应纳税额的行为，国家可以采取调整关税等反规避措施。纳税人未履行纳税义务或者在减免税货物、保税货物监管期间，有解散、破产或者其他依法终止经营情形的，应当在清算前向海关报告。海关应当依法清缴税款、滞纳金。海关征收的税款优先于无担保债权，法律另有规定的除外。纳税人欠缴税款发生在纳税人以其财产设定抵押、质押之前的，税款应当先于抵押权、质权执行。纳税人欠缴税款，同时被行政机关处以罚款、没收违法所得，其财产不足以同时支付的，应当先缴纳税款。

关税征收中相关主体的责任：（1）报关企业接受纳税人的委托，以纳税人的名义办理报关纳税手续，因报关企业违反规定造成海关少征、漏征税款的，报关企业对少征或者漏征的税款及其滞纳金与纳税人承担纳税的连带责任。报关企业接受纳税人的委托，以报关企业的名义办理报关纳税手续的，报关企业与纳税人承担纳税的连带责任。（2）除不可抗力外，在保管海关监管货物期间，海关监管货物损毁或者灭失的，对海关监管货物负有保管义务的单位或者个人应当承担相应的纳税责任。（3）海关因关税征收的需要，可以依法向有关政府部门和机构查询纳税人的身份、账户、资金往来等涉及关税的信息，有关政府部门和机构应当在职责范围内予以协助和配合。海关获取的涉及关税的信息只能用于关税征收目的。

根据《关税法》附则的规定，进口环节海关代征税的征收管理，适用关税征收管理的规定。船舶吨税的征收，《中华人民共和国船舶吨税法》未作规定的，适用关税征收管理的规定。《中华人民共和国海南自由贸易港法》对海南自由贸易港的关税事宜另有规定的，依照其规定。

二、进境物品进口税制度

进境物品的关税以及进口环节海关代征税（包括增值税、消费税）合并为进口税，由海关依法征收。进境物品的携带人或者收件人，是进境物品进口税的纳税人。

进口税从价计征，其计算公式为：

进口税税额＝完税价格×进口税税率

根据《关税法》第 5 条的规定，个人合理自用的进境物品，按照简易征收办法征收关税。超过个人合理自用数量的进境物品，按照进口货物征收关税；个人合理自用的进境物品，在规定数额以内的免征关税；进境物品关税简易征收办法和免征关税数额由国务院规定，报全国人民代表大会常务委员会备案。

海关应当按照有关规定对进境物品进行归类，确定计税价格和确定适用税率。为适应形势发展的需要，海关总署于 2018 年 10 月 25 日发布《关于〈中华人民共和国进境物品归类表〉和〈中华人民共和国进境物品完税价格表〉的公告》（海关总署公告 2018 年第 140 号），对 2016 年公布的“进境物品归类表”及“进境物品完税价格表”的归类和税率进行相应调整，归类原则和完税价格确定原则不变。进境物品，适用海关填发税款缴款书之日实施的税率和完税价格。

《关税法》第四章“税收优惠和特殊情形关税征收”中，第 32 条规定的免征关税的情形、第 33 条规定的减征关税情形、第 37 条规定的暂不缴纳关税情形，同样适用于进境物品进口税的征收。

海关总署规定数额以内的个人自用进境物品，免征进口税。海关总署制定的《中华人民共和国海关对中国籍旅客进出境行李物品的管理规定》（1996 年 8 月 10 日公布，2010 年修正、2017 年修改）规定：第一，中国籍旅客携运进境的行李物品，在本规定所附“中国籍旅客带进物品限量表”规定的征税或免税物品品种、限量范围内的，海关准予放行，并分别验凭旅客有效出入境旅行证件及其他有关证明文件办理物品验放手续。第二，中国籍旅客携运进境物品，超出规定免税限量仍属自用的，经海关核准可征进口税放行。第三，中国籍旅客进出境行李物品，超出自用合理数量及规定的限量、限值或品种范围的，应当按照进口货物依法办理相关手续，否则，海关不予放行。

根据“中国籍旅客带进物品限量表”（1996 年）的规定，类别品种限量如下：(1) 物品衣料、衣着、鞋、帽、工艺美术品和价值人民币 1 000 元以下（含 1 000 元）的其他生活用品自用合理数量范围内免税，其中价值人民币 800 元以上，1 000 元以下的物品每种限一件。(2) 物品烟草制品。酒精饮料：第一，香港、澳门地区居民及因私往来香港、澳门地区的内地居民，免税香烟 200 支，或雪茄 50 支，或烟丝 250 克，免税 12 度以上酒精饮料限 1 瓶（0.75 升以下）；第二，其他旅客，免税香烟 400 支，或雪茄 100 支，或烟丝 500 克，免税 12 度以上酒精饮料限 2 瓶（1.5 升以下）。(3) 物品价值人民币 1 000 元以上，5 000 元以下（含 5 000 元）的生活用品：第一，驻境外的外交机构人员、我出国留学人员和访问学者、赴外劳务人员和援外人员，连续在外每满 180 天（其中留学人员和访问学者物品验放时间从注册入学之日起算至毕业结业之日止），远洋船员在外每满 120 天任选其中 1 件免税；第二，其他旅客每公历年度内进境可任选其中 1 件征税。对不满 16 周岁者，海关只放行其旅途需用的第（1）类物品。

表 7-1　中华人民共和国进境物品归类表

税号	物品类别	范围	税率
01000000	食品、饮料、药品	食品：包括乳制品、糖制品、调味品，人参、高丽参、红参、奶粉及其他保健品、补品等； 饮料：包括矿泉水、汽水，咖啡、茶，其他无酒精饮料。 药品：包括中药酒等。	15%
		国家规定减按 3%征收进出口环节增值税的抗癌药品。	3%
02000000	酒	包括啤酒、葡萄酒（香槟酒）、黄酒、果酒、清酒、米酒、白兰地、威士忌、伏特加、朗姆酒、金酒、白酒、保健酒、鸡尾酒、利口酒、龙舌兰、柯迪尔酒、梅子酒等用粮食、水果等含淀粉或糖的物质发酵或配制而制成的含乙醇的酒精饮料。	50%
03000000	烟	包括卷烟、雪茄烟、再造烟草、均化烟草、其他烟草及烟草代用品的制品，烟丝、斗烟、水烟、烟末等。	50%
04000000	纺织品及其制成品	衣着：包括外衣、外裤、内衣裤、衬衫/T 恤衫、其他衣着等； 配饰：包括帽子、丝巾、头巾、围巾、领带、腰带、手套、袜子、手帕等； 家纺用品：包括毛毯、被子、枕头、床罩、睡袋、幔帐等； 其他：包括毛巾、浴巾、桌布、窗帘、地毯等。	25%
05000000	皮革服装及配饰	包括各式皮革服装及皮质配饰。	25%
06000000	箱包及鞋靴	箱：包括各种材质的箱子； 挎包、背包、提包：包括各种材质的挎包、背包、提包； 钱包、钥匙包：包括各种材质的钱包、钥匙包、卡片包； 其他：包括化妆包、包装袋（盒、箱）等。	25%
		鞋靴：包括皮鞋、皮靴、运动鞋、其他鞋靴等。	

续表

税号	物品类别	范围	税率
07000000	表、钟及其配件、附件	高档手表：完税价格在人民币 10 000 元及以上的手表。	50%
		表：包括高档手表外其他各种表； 钟：包括座钟、挂钟、台钟、落地钟等； 配件附件：包括各种表、钟的配件、附件。	25%
08000000	金银、贵重首饰及珠宝玉石	贵重首饰及珠宝玉石（不含钻石）：包括天然或养殖珍珠、宝石或半宝石（不含钻石），用天然或养殖珍珠、宝石或半宝石（不含钻石）制成的物品，以贱金属为底的非镶嵌钻石的包贵金属首饰。	50%
		钻石及钻石首饰。	25%
		金银：包括金、银、铂等贵金属及包贵金属，贵金属及包贵金属制的首饰（以贱金属为底的非镶嵌钻石的包贵金属首饰除外）、金银器和其他制品。	15%
09000000	化妆品、洗护用品	化妆品：包括芳香类化妆品、唇用化妆品、眼用化妆品、指（趾）甲化妆品、粉状化妆品和特殊功能类化妆品等。 芳香类化妆品：香水和花露水； 唇用化妆品：唇膏、唇彩、唇线笔等； 眼用化妆品：睫毛膏（液、油）、眼线笔（液）、眉笔、眼影、眼睑膏等； 指（趾）甲化妆品：洗甲（趾）液、去指（趾）甲油、指（趾）甲油、指（趾）甲膏等； 粉状化妆品：粉底、粉饼、扑面粉、胭脂（粉）、腮红（粉）等； 其他美容品或化妆品：用于消除皱纹、美化唇型的皮内注射美容制品。	50%或25%
		洗护用品：包括清洁用品、护肤用品、护发用品和其他洗护用品。 清洁用品：洗面奶（乳、皂）、洁面霜（露、蜜、粉、啫喱）、卸妆水（乳、膏、液、油）、鼻贴膜、去黑头膏（液）、剃须膏（泡沫）、磨砂膏、按摩膏、去角质膏（粉），牙膏、牙粉、牙线、漱口水，香皂、浴液、洗手液； 护肤用品：化妆水（含爽肤水、柔肤水、紧肤水、护肤水、收缩水）、须后水、面霜、眼霜、日霜、晚霜、冷霜、防晒霜（油）、晒黑油、祛斑霜、护肤膏（霜、露、乳液、喷雾）、隔离霜、面膜、面膜膏（粉）、眼膜、颈膜、护手霜、润唇膏，痱子粉、爽身粉、皮肤护理软膏； 护发用品：洗/护发液、发乳、发油、发蜡、焗油膏、发胶、发泥、定型水（啫喱、摩丝）、烫发剂、染发剂； 其他用品：丰（美、健）乳霜、纤体霜（膏）、健美霜、紧致霜、除臭露（剂）、精油、防蚊液等。	50%或25%

续表

税号	物品类别	范围	税率
10000000	家用医疗、保健及美容器材	医疗器材：包括呼吸器具、矫形器具、夹板及其他骨折用具，血糖计、血糖试纸、电动洗眼器、红外线耳探热针、空气制氧机、治疗用雾化机、电动血压计、病人用拐杖、病人用轮椅等及上述物品的配件、附件； 保健器材：包括按摩床、按摩椅等及上述物品的配件、附件； 美容器材：包括蒸汽仪、喷雾器、化妆/美容专用工具等及上述物品的配件、附件。	25%
11000000	厨卫用具及小家电	厨房用具：包括各种材料制的餐具、刀具、炊具、灶具，锅、壶、杯、盘、碗、筷子、勺、铲、餐刀、餐叉、切菜刀、案板、削皮刀、绞肉机、食品研磨机、搅拌器、净水器、煤气灶、煤气点火器等；电饭煲、微波炉、电磁炉、抽油烟机、消毒碗柜、家用洗碗机、电烤箱、面包机、豆浆机、酸奶机、榨汁机、咖啡机、制冰机、饮水机、食品调理机、煮蛋器等厨房用具及配件、附件； 卫生用具、洁具：包括热水器、水龙头、淋浴用具、坐便器及配件、附件等。 小家电：包括灯具、风扇、电暖器、电热毯、电熨斗、电吹风机、电动剃须刀、电动毛发推剪器，增湿机、除湿机、增除湿一体机、空气清新机、家用吸尘器、扫地机器人、地板打蜡机、电动剪草机等电器及上述物品的配件、附件等。	25%
		电话机等信息技术产品：包括固定电话机、手持移动电话机、可视电话机、寻呼机等。	15%
12000000	家具	包括各种材料制的沙发、组合式家具、柜、橱、台、桌、椅、书架、床、床垫、坐具等。	15%
13000000	空调及其配件、附件	包括空气调节器及其配件、附件等。	25%
14000000	电冰箱及其配件、附件	包括各式电冰箱、冰柜、红酒柜及其配件、附件等。	25%
15000000	洗衣设备及其配件、附件	包括波轮式洗衣机、滚筒式洗衣机、干衣机/烘干机、脱水机、家用地毯洗涤机等及上述物品的配件、附件。	25%
16000000	电视机及其配件、附件	包括各式电视机、电视收音联合机、电视收音录音联合机、电视录像联合机等及上述物品的配件、附件。	25%
17000000	摄影（像）设备及其配件、附件	包括电视摄像机、照相机（数字照相机除外）、照相制版机、放大机，胶卷、胶片、感光纸、镜箱、闪光灯、滤色镜、测光表、曝光表、遮光罩、水下摄影罩、半身镜、接镜环、取景器、自拍器、洗相盒、显影罐等。	25%
		视频摄录一体机、数字照相机、存储卡等信息技术产品。	15%

续表

税号	物品类别	范围	税率
18000000	影音设备及其配件、附件	包括录音笔、录音机、收音机、MP3 播放机、MP4 播放机、收录音机、数码录放音器、电唱机、激光电唱机、放像机、录像机、激光视盘机、（单）功能座、音箱、自动伴唱机、卡拉 OK 混音器等及上述物品的配件、附件。	
		耳机及耳塞机，磁盘、磁带、光学媒体、半导体媒体以及其他影音类信息技术产品。	
19000000	计算机及其外围设备	包括个人计算机及其存储、输入、输出设备和附件、零部件。	15%
20000000	书报、刊物及其他各类印刷品	包括书报、刊物及其他各类印刷品。	15%
21000000	教育用影视资料	包括教育专用的电影片、幻灯片，原版录音带、录像带、磁盘、磁带、光学媒体、半导体媒体、唱片，地球仪、解剖模型、人体骨骼模型、教育用示意牌等。	15%
22000000	文具用品、玩具、游戏品、节日或其他娱乐用品	文具用品：包括各种书写用具及材料、照相簿、集邮簿、印刷日历、月历、放大镜、望远镜、绘图用颜料、装订用具、誊写钢板等各种文具用品。	25%
		玩具：包括三轮车、单脚滑行车、踏板车及类似的带轮玩具；玩偶车；玩偶；缩小（按比例缩小）的模型及类似娱乐用模型；智力玩具等及上述物品的零件及附件。 游戏品（视频游戏控制器及设备、桌上或室内游戏用品）：包括电子游戏机和视频游戏控制器、扑克牌、中国象棋、国际象棋、跳棋等棋类用品、麻将及类似桌上游戏用品等，及其上述游戏的零件、附件。 节日或其他娱乐用品：包括圣诞节、狂欢节等节日用品、魔术道具及嬉戏品等。	15%
23000000	邮票、艺术品、收藏品	包括中国大陆及境外各种邮票、小型张、纪念封等，纪念币，以及艺术品、收藏品。	25%
24000000	乐器	包括各种键盘类、弓弦类、拨弦类、打击类、管乐类等乐器及节拍器、音叉、定音器等器具及上述乐器的配件、附件。	25%
25000000	运动用品、钓鱼用品	高尔夫球及球具：包括高尔夫球杆和高尔夫球。	50%
		除高尔夫球以外各种球类，各种健身器具、航空和航海模型、钓鱼用品等，一般体育活动、体操、竞技、游泳、滑冰、滑雪及其他户内外活动用具及其配件、附件。	25%
26000000	自行车	包括不带发动机、电动机的自行车、三轮脚踏车、婴孩车及其他非机动脚踏车，及上述物品的配件、附件。	25%
27000000	其他物品	其他不能归入上述类别的物品。	25%

三、保税制度

保税制度，是指海关对特定进口货物暂不征收进口税而保留征税权，指定存放场所并加以监管的一种管理制度。这里所称的特定进口货物即是保税货物，是指经过海关批准，未办理纳税手续进境，在境内储存、加工、装配之后复运出境的货物。保税货物属于海关监管的货物，如在限期内复运出口就不征税；未经海关许可并补缴税款，不能在国内市场擅自出售；未经海关许可，也不能擅自开拆、提取、交付、发运、调换、改装、抵押、转让或者更换标记。

保税制度是对保税货物加以监管的一种制度，它是关税制度的重要组成部分。通过这种制度，可以简化通关手续，提高通关速度和效率，促进对外经济贸易活动的开展。我国保税制度始于 1981 年，到目前为止已先后建立了保税仓库、保税工厂、保税区。

1. 保税仓库

保税仓库是指专门存放经海关核准入境的保税货物的仓库。这种仓库储存的货物仅限于供来料加工、进料加工复出口的料件，暂时存放之后复运出口的货物，以及经海关批准缓办纳税手续进境的货物。在保税仓库内储存的保税货物的储存时间一般以 1 年为限，如有特殊情况，经过海关批准，可以适当延长。

我国目前的保税仓库有三种类型：（1）转口贸易保税仓库，是对转口贸易项下的进出口货物实施保税监管的仓库。在此保税仓库内，对转口贸易项下的进出口货物可以免征进出口关税和其他税收；如果需要改变包装、加刷唛码，必须在海关的监管下进行。（2）寄售维修保税仓库，是对引进先进技术设备提供售后服务进口的维修零备件，可以免办纳税进口手续存入的海关监管仓库。（3）加工贸易备料保税仓库，是对加工贸易的免税进口备用物料实施保税监管的仓库。在此保税仓库内的来料加工、进料加工项下的免税进口备用物料，经过海关核准后提取加工出口的，海关根据实际出口数量征收或免征原进口物料的关税。

2. 保税工厂

保税工厂，是指经过海关批准并在海关监管之下建立的，加工、生产、制造或者存放外销产品的专门工厂、车间，其使用的进口的原材料、零部件、元器件等是免税的。海关可对保税工厂定期抽查，也可派员驻厂监管。

保税工厂对于为外商加工、装配成品和为制造出口产品而进口的原材料、元器件、零部件、配套件、辅料、包装物料和加工过程中直接消耗的数量合理的化学物品，可以缓办纳税进口手续，待加工成品出口以后，按照实际耗用的进口料件免税。

进口的原材料、元器件、零部件必须在规定的期限内加工为成品复出口。如果有特殊情况，工厂经理人可以向海关申请延长其经营加工的期限。产品拟转为内销或者因故不能在规定期限内出口的，应当补办纳税手续。

3. 保税区

保税区，即指设置在一国关境内的专门用于对保税货物进行加工、生产，或存储外销产品的特定地区。我国的保税区设立在出入境比较便利且易于管理的地方，并以与外界隔离的全封闭方式，由海关对存入和加工保税货物予以监管。建立保税区的目的是创造较好的投资、经营环境，开展加工、包装、运输、仓储、商品展出和转口贸易等业务，为扩大对外贸易，发展转口贸易、过境贸易和加工出口业务提供服务。

自 1990 年至今，经国务院批准，我国在上海、天津、大连、青岛、深圳（沙头角、福田和盐田港）、宁波、厦门、广州、福州、海口、张家港、汕头、珠海等若干城市设立了保税区。这些保税区与国际上的自由贸易区和自由港类似，设在保税区内的企业和机构可以享受进出口税收、外汇等方面的优惠。

保税区进口的货物应限于保税区内使用，保税区内的企业生产的产品应全部销往国外。前述货物和产品未经批准不得转让、销售到非保税区；经批准转让、销售到非保税区的，要按照规定申请进口许可证并照章征税。

四、加重关税制度

加重关税，属于特别关税的一种，具体是指在特定情况下，一国政府为保护国内民族产业或维护民族尊严，针对特定的或来自特定国家的进口货物，在一般进口税之外加征的一种临时进口附加税。加重关税主要包括反倾销税、反补贴税、保障措施和报复性关税四种。我国《关税法》第 16 条规定："依法对进口货物征收反倾销税、反补贴税、保障措施关税的，其税率的适用按照有关反倾销、反补贴和保障措施的法律、行政法规的规定执行。"

1. 反倾销税

反倾销税是对外国以低于正常价值向本国倾销的进口货物，按较高的税率征收的一种进口附加税。所谓倾销，是指一国以低于正常价值的出口价格向他国出口产品的不正当竞销行为。征收反倾销税的目的是通过增加进口货物的成本，来抵制外国货物的倾销，保护本国生产和国内市场。

根据《反倾销条例》（国务院令第 328 号，2001 年 11 月 26 日公布，2004 年 3 月 31 日修订）的规定，进口产品以倾销方式进入中华人民共和国市场，并对已经建立的国内产业造成实质损害或者产生实质损害威胁，或者对建立国内产业造成实质阻碍的，依照该条例的规定进行调查，采取反倾销措施。对倾销的调查和确定，由商务部负责。

2. 反补贴税

反补贴税，又称"抵消关税""平衡税"，是指进口国对外国政府或公共机构直接或间接给予出口津贴或补贴的进口货物所征收的一种进口附加税。所谓"补贴"，是指出口国（地区）政府或者其任何公共机构提供的并为接受者带来利益的财政资助以及任何形式的收入或者价格支持。征收反补贴税的目的在于通过增加进口货物的成本，抵消其所享受的补贴，削弱其在本国市场的竞争能力。

根据我国《反补贴条例》（国务院令第 329 号，2001 年 11 月 26 日公布，2004 年 3 月 31 日修订）的规定，进口产品存在补贴，并对已经建立的国内产业造成实质损害或者产生实质损害威胁，或者对建立国内产业造成实质阻碍的，依照该条例的规定进行调查，采取反补贴措施。对补贴的调查和确定，由商务部负责。

3. 保障措施

保障措施又称保障条款，是国际贸易协定中常见的一种条款，具有自由贸易的“安全阀”之称，受到世界各国的重视。根据《关税及贸易总协定》（以下简称 GATT）第 19 条的规定，在特定情况下，允许任何一个缔约方为保障本国经济利益而免除总协定的一些义务。该条款的目的在于，使成员国在特殊情况下免除其承诺的义务或不履行协定所规定的行为，从而对履行协定所造成的严重损害进行补救，或者避免严重损害可能产生的后果。

根据我国《保障措施条例》（国务院令第 330 号，2001 年 11 月 26 日公布，2004 年 3 月 31 日修订）的规定，进口产品数量增加，并对生产同类产品或者直接竞争产品的国内产业造成严重损害或者严重损害威胁的，依照该条例的规定进行调查，采取保障措施。对进口产品数量增加及损害的调查和确定，由商务部负责；其中，涉及农产品的保障措施的国内产业损害调查，由商务部会同农业部进行。保障措施分为两类：一类是有明确证据表明进口产品数量增加，再不采取临时保障措施将对国内产业造成难以补救的损害的紧急情况下，可以作出初裁决定，并采取临时保障措施。临时保障措施采取提高关税的形式。另一类是终裁决定确定进口产品数量增加，并由此对国内产业造成损害的，可以采取保障措施。保障措施可以采取提高关税、数量限制等形式。实施保障措施应当符合公共利益。

4. 报复性关税

报复性关税，是指进口国在他国对本国出口的货物给予不利待遇或有所歧视时，对从该国进口的货物进行报复，加重征收的一种进口附加税。

根据我国《关税法》的规定，任何国家或者地区不履行与我国缔结或者共同参加的国际条约、协定中的最惠国待遇条款或者关税优惠条款，国务院关税税则委员会可以提出按照对等原则采取相应措施的建议，报国务院批准后执行。任何国家或者地区违反与我国缔结或者共同参加的国际条约、协定，对我国在贸易方面采取禁止、限制、加征关税或者其他影响正常贸易的措施的，对原产于该国家或者地区的进口货物可以采取征收报复性关税等措施。征收报复性关税的货物范围、适用国别或者地区、税率、期限和征收办法，由国务院关税税则委员会提出建议，报国务院批准后执行。

第三节　船舶吨税制度

船舶吨税，简称吨税，是对自境外港口进入境内港口的船舶，按照船舶净吨位和吨税执照期限征收的一种税。船舶吨税为世界多数国家所开征，具有使用费性质，是外国船舶因使用本国港口和助航设施而向本国缴纳的使用费。我国船舶吨税的现行征税依据是《中华人民共和国船舶吨税法》（以下简称《船舶吨税法》，自 2018 年 7 月 1 日起施行，2018 年 10 月 26 日修正）。

一、纳税人和征税范围

根据《船舶吨税法》的规定，自中华人民共和国境外港口进入境内港口的船舶（以下简称应税船舶），应当依法缴纳船舶吨税。应税船舶的使用人或其委托的外轮代理公司，都是船舶吨税的纳税人。

《船舶吨税法》第 9 条规定，下列船舶免征吨税：（1）应纳税额在人民币 50 元以下的船舶。（2）自境外以购买、受赠、继承等方式取得船舶所有权的初次进口到港的空载船舶。（3）吨税执照期满后 24 小时内不上下客货的船舶。（4）非机动船舶（不包括非机动驳船）。非机动船舶，是指自身没有动力装置，依靠外力驱动的船舶；非机动驳船，是指在船舶管理部门登记为驳船的非机动船舶。（5）捕捞、养殖渔船。捕捞、养殖渔船，是指在中华人民共和国渔业船舶管理部门登记为捕捞船或者养殖船的船舶。（6）避难、防疫隔离、修理、改造、终止运营或者拆解，并不上下客货的船舶。（7）军队、武装警察部队专用或者征用的船舶。（8）警用船舶。（9）依照法律规定应当予以免税的外国驻华使领馆、国际组织驻华代表机构及其有关人员的船舶。（10）国务院规定的其他船舶，并由国务院报全国人大常委会备案。

二、船舶吨税的税率与应纳税额的计算

我国的船舶吨税设置有优惠税率和普通税率。中华人民共和国籍的应税船舶，船籍国（地区）与中华人民共和国签订含有相互给予船舶税费最惠国待遇条款的条约或者协定的应税船舶，适用优惠税率；其他应税船舶，适用普通税率（见表 7－2）。

表 7－2　吨税税目税率表

<table>
<tr><th rowspan="3">税目
（按船舶净吨位划分）</th><th colspan="6">税率（元/净吨）</th><th rowspan="3">备注</th></tr>
<tr><th colspan="3">普通税率
（按执照期限划分）</th><th colspan="3">优惠税率
（按执照期限划分）</th></tr>
<tr><th>1 年</th><th>90 日</th><th>30 日</th><th>1 年</th><th>90 日</th><th>30 日</th></tr>
<tr><td>不超过 2 000 净吨</td><td>12.6</td><td>4.2</td><td>2.1</td><td>9.0</td><td>3.0</td><td>1.5</td><td rowspan="4">（1）拖船按照发动机动率每千瓦折合净吨位 0.67 吨。
（2）无法提供净吨位证明文件的游艇，按照发动机功率每千瓦折合净吨位 0.05 吨。
（3）拖船和非机动驳船分别按相同净吨位船舶税率的 50%计征税收。</td></tr>
<tr><td>超过 2 000 净吨，但不超过 10 000 净吨</td><td>24.0</td><td>8.0</td><td>4.0</td><td>17.4</td><td>5.8</td><td>2.9</td></tr>
<tr><td>超过 10 000 净吨，但不超过 50 000 净吨</td><td>27.6</td><td>9.2</td><td>4.6</td><td>19.8</td><td>6.6</td><td>3.3</td></tr>
<tr><td>超过 50 000 净吨</td><td>31.8</td><td>10.6</td><td>5.3</td><td>22.8</td><td>7.6</td><td>3.8</td></tr>
</table>

船舶吨税按照船舶净吨位和吨税执照期限征收。净吨位，是指由船籍国（地区）政府授权签发的船舶吨位证明书上标明的净吨位。吨税执照期限，是指按照公历年、日计

算的期间。在吨税执照期限内，应税船舶发生下列情形之一的，海关按照实际发生的天数批注延长吨税执照期限：（1）避难、防疫隔离、修理，并不上下客货；（2）军队、武装警察部队征用。

船舶吨税的应纳税额按照船舶净吨位乘以适用税率计算。吨税由海关负责征收。海关征收吨税应当制发缴款凭证。

深度阅读

1. ［日］朝仓弘教．世界海关和关税史．吕博，安丽，张韧，译．北京：中国海关出版社，2006

2. 邓纲．非关税措施的理论、立法和实践．厦门：厦门大学出版社，2007

3. 宁清同．保税港区法律问题研究．北京：法律出版社，2011

问题与思考

一、思考题

关于保税区，有学者指出：各个部门对保税区的性质与定位的认识不尽相同，制定政策的出发点也不尽相同，因而必然造成各个部门的政策相互冲撞、相互矛盾。以保税区的定性定位为例，《海关法》和海关总署发布的《保税区海关监管办法》规定：保税区是海关监管的特定区域，是我国境内进出口货物都管的特殊监管区域。这是把保税区当作放大了的保税仓库来监管。商务部则认为保税区是"境内关外"，也就不存在进出口经营权、出口配额、许可证等问题。财政部门从理论上认为，可以把保税区企业视为境外企业，但认为退税无章可循。国家税务总局则把保税区企业视为境内企业。国家市场监督管理总局对保税区外商投资企业机构的规定与对外商投资企业的国民待遇政策明显矛盾。这种法律规定的不统一及频繁变动，一方面导致保税区的运作各行其是，另一方面也容易给外商一种错觉，认为保税区只是权宜之计，动摇了其长期投资的信心，同时也使保税区内的企业在实际操作中面临许多法律上的疑惑。

请结合我国现行规定，就保税区法律制度的改革与完善提出建议。

二、练习题

1. 下列各项关于关税适用税率的表述中，正确的是（　　）。（单选题）

A. 出口货物，按货物实际出口离境之日实施的税率征税

B. 进口货物，按纳税义务人申报进口之日实施的税率征税

C. 暂时进口货物转为正式进口需予补税时，按其申报暂时进口之日实施的税率征税

D. 查获的走私进口货物需补税时，按海关确认的其实际走私进口日期实施的税率征税

2. 下列关于关税税率的表述中，正确的有（　　）。（多选题）

A. 查获的走私进口货物需补税的，应按查获日期实施的税率征税

B. 对由于税则归类的改变而需补税的，应按原征税日期实施的税率征税

C. 对经批准缓税进口的货物交税时，应按货物原进口之日实施的税率征税

D. 暂时进口货物转为正式进口需补税时，应按其暂时进口之日实施的税率征税

3. 下列各项中，应计入出口货物完税价格的是（　　）。（单选题）

A. 出口关税税额

B. 单独列明的支付给境外的佣金

C. 货物在我国境内输出地点装载后的运输费用

D. 货物运至我国境内输出地点装载前的保险费

4. 下列税费中，应计入进口货物关税完税价格的是（　　）。（2015 年注册会计师全国统一考试《税法》单选题）

A. 单独核算的境外技术培训费用

B. 报关时海关代征的增值税和消费税

C. 由买方单独支付的入关后的运输费用

D. 进口货物运抵我国境内输入地点起卸前的保险费

5. 下列机构中，有权决定征收特别关税的货物、适用国别、税率，期限和征收办法的是（　　）。（2016 年注册会计师全国统一考试《税法》单选题）

A. 财政部　　B. 海关总署

C. 商务部　　D. 国务院关税税则委员会

第八章
个人所得税法律制度

本章概要

- 居民纳税人与非居民纳税人
- 个人所得税的征税对象
- 个人工资、薪金所得的应纳税额计算
- 个人所得税法规定的优惠制度

第一节　个人所得税法概述

所得税亦称收益税，是以法人、自然人和其他经济组织在一定期间内的纯所得（或称净收入）额为征税对象的一种直接税，主要包括企业所得税与个人所得税。① 所得税自英国始创，至今已有二百多年的历史，现已成为各国税制结构体系中具有举足轻重地位的税种，特别是在经济发达的国家，它几乎影响到了社会生活的各个层面。② 正如有学者所言，"没有任何税比所得税更为民主，更富有人性及社会性"③。所得税具有税收丰富之特性，能适应现代社会高度发展的国家财政需求；且所得税系以所得归属人为中心，特别斟酌、考量纳税人之个别状态与家庭负担。④ 正是由于这种特点，所得税被大多数经济

---

① 在美国，所得税的概念是关于个人所得的税和关于法人所得的税，也即是将个人所得税与法人所得税结合起来理解的统一的所得税概念。但在德国和日本采取的是区别开来的所得税概念，即关于个人所得的税称为所得税，关于法人所得的税称为法人税。而且，日本所谓的法人税，是一个更广泛的概念，除法人所得税外，还有退职年金、公积金的法人税以及清算所得的法人税，但其中最重要的还是法人所得税。正因如此，日本税法学界金子宏教授指出，法人税在其性质上也是关于所得的税，只是在日本和德国被区别开来罢了。参见［日］金子宏著，战宪斌、郑林根等译：《日本税法》，138、193 页，北京，法律出版社，2004。

② 参见宋丙涛：《西方所得税历史的启示》，载《涉外税务》，1993（7）。

③ Neumark，Theorie und Praxis der Modernen Einkommensbesteuerung，1947，S. 1.

④ 参见葛克昌：《所得税与宪法》，3 页，北京，北京大学出版社，2004。

学家视为良税，并被世界各国广为采纳，逐渐成为一个永久性的税种。

所得税法是以所得税征纳关系为调整对象的法律规范的总称。个人所得税法是所得税法的重要组成部分。

一、个人所得税法的产生和发展

个人所得税是针对个人（自然人）取得的各项应税所得而征收的一种所得税，始创于英国，至今全球已有 140 多个国家开征了这一税种。我国在 1950 年政务院颁布的《全国税政实施要则》中，曾设置了薪金报酬所得税和存款利息所得税，但由于当时个人收入水平低，因而薪金报酬所得税实际上并未开征。利息所得税于当年开征，主要是对个人的存款利息所得、公债和其他证券利息所得以及其他利息所得征收所得税，但此税已于 1959 年停征。

1980 年 9 月 10 日，第五届全国人民代表大会第三次会议审议通过了《中华人民共和国个人所得税法》（以下简称《个人所得税法》），即日起实施。同年 12 月 14 日，经国务院批准，财政部公布了《个人所得税法实施细则》，对在中国境内居住的个人的所得和不在中国境内居住的个人从中国取得的所得，都要征税。这项重要立法是中国税制建设的一个重大发展，对于我国在国际经济交往中合理地实施我国的税收管辖权，按照平等互利原则处理国家间的税收权益和鼓励外籍人员来华从事业务，都有着积极的意义。

1986 年 1 月，国务院为了稳定国家与个体工商户之间的分配关系，调节个体工商户与其他居民的收入差距，颁布了《城乡个体工商业户所得税暂行条例》（已失效），适用于从事工业、商业、服务业、建筑安装业、交通运输业以及其他行业的，经批准开业的城乡个体工商业户。

1986 年 9 月，为了适应改革开放以后出现的公民收入水平差距拉大的情况，调节公民的收入水平，国务院出台了《个人收入调节税暂行条例》（已失效），自 1987 年 1 月 1 日起，对个人收入达到应税标准的中国公民征收个人收入调节税，纳税人不再按照 1980 年的《个人所得税法》缴纳个人所得税。换言之，1980 年的《个人所得税法》仅适用于在我国的外籍人员。

客观而言，自 1980 年以来制定的三部个人所得税法律、法规，对于促进对外经济技术交流与合作、缓解社会分配不公的矛盾、增加财政收入等都发挥了积极作用。但是，随着经济形势的发展，这些税收法律、法规逐渐暴露出一些矛盾和问题，主要是：造成了税制和税法的不统一，使不同税种的纳税主体之间的税赋差距加大，在个人所得税、个人收入调节税的课税要素方面存在一些不科学、不合理之处等。因此，我们迫切需要进行一次个人所得税法的整合，统一税法，公平税负，简化税制，建立一部统一的，既适用于中、外籍纳税人，也适用于个体工商业户和其他人员的新的个人所得税法。

1993 年 10 月 31 日，第八届全国人民代表大会常务委员会第四次会议通过了《关于修改〈中华人民共和国个人所得税法〉的决定》，公布了修改后的《个人所得税法》，自

1994 年 1 月 1 日起施行，并同时废止《城乡个体工商业户所得税暂行条例》和《个人收入调节税暂行条例》，自此结束了我国个人所得税、个体工商户所得税和个人收入调节税并立的税收法制结构时代，进入了统一的个人所得税法时代。

目前，我国现行有效的个人所得税法主要包括《个人所得税法》（根据 2018 年 8 月 31 日第十三届全国人民代表大会常务委员会第五次会议《关于修改〈中华人民共和国个人所得税法〉的决定》第七次修正）和《个人所得税法实施条例》（根据 2018 年 12 月 18 日中华人民共和国国务院令第 707 号第四次修订），以及财政部、国家税务总局等部委和地方政府部门发布的有关个人所得税征收管理的系列规范性文件。

表 8-1　《个人所得税法》历次修改

时间	依据	主要修改内容
1993 年 10 月 31 日修正，自 1994 年 1 月 1 日起施行	根据第八届全国人民代表大会常务委员会第四次会议《关于修改〈中华人民共和国个人所得税法〉的决定》第一次修正	(1) 将“个体工商户的生产、经营所得”“对企事业单位的承包经营、承租经营所得”“稿酬所得”“财产转让所得”“偶然所得”列入征税对象，确立了 11 类应税所得项目； (2) 修改了税率结构； (3) 废止了 1986 年 1 月 7 日国务院发布的《城乡个体工商业户所得税暂行条例》和 1986 年 9 月 25 日国务院发布的《个人收入调节税暂行条例》。
1999 年 8 月 30 日修正并公布、施行	根据第九届全国人民代表大会常务委员会第十一次会议《关于修改〈中华人民共和国个人所得税法〉的决定》第二次修正	(1) 将“储蓄存款利息”排除出免征个人所得税的范围； (2) 增加一条，作为第 12 条：“对储蓄存款利息所得征收个人所得税的开征时间和征收办法由国务院规定。”
2005 年 10 月 27 日修正，自 2006 年 1 月 1 日起施行	根据第十届全国人民代表大会常务委员会第十八次会议《关于修改〈中华人民共和国个人所得税法〉的决定》第三次修正	(1) 将工资、薪金所得税前扣除标准由 800 元提高至 1 600元； (2) 修改第 8 条，规定：“个人所得超过国务院规定数额的，在两处以上取得工资、薪金所得或者没有扣缴义务人的，以及具有国务院规定的其他情形的，纳税义务人应当按照国家规定办理纳税申报。扣缴义务人应当按照国家规定办理全员全额扣缴申报。”
2007 年 6 月 29 日修正并公布、施行	根据第十届全国人民代表大会常务委员会第二十八次会议《关于修改〈中华人民共和国个人所得税法〉的决定》第四次修正	将第 12 条修改为：“对储蓄存款利息所得开征、减征、停征个人所得税及其具体办法，由国务院规定。”即赋予国务院对储蓄存款利息所得税的开征、减征、停征权。
2007 年 12 月 29 日修正，自 2008 年 3 月 1 日起施行	根据第十届全国人民代表大会常务委员会第三十一次会议《关于修改〈中华人民共和国个人所得税法〉的决定》第五次修正	将工资、薪金所得税前扣除标准由 1 600 元提高至 2 000 元。

续表

时间	依据	主要修改内容
2011年6月30日修改，自2011年9月1日起施行	根据第十一届全国人民代表大会常务委员会第二十一次会议《关于修改〈中华人民共和国个人所得税法〉的决定》第六次修正	(1) 将工资、薪金所得税前扣除标准由2 000元提高至3 500元； (2) 将工资、薪金所得适用的税率由9级超额累进税率调整为7级超额累进税率，取消15%和40%两档税率，将最低一档税率由5%降为3%，适当扩大了3%和10%两个低档税率的适用范围，还扩大了最高税率45%的覆盖范围，加大了对高收入者的收入的调节力度； (3) 相应调整个体工商户、承包承租经营者、独资企业和合伙企业自然人投资者所得税率级距； (4) 延长申报缴纳税款的期限。
2018年8月31日修正并公布，自2019年1月1日起施行	根据第十三届全国人民代表大会常务委员会第五次会议《关于修改〈中华人民共和国个人所得税法〉的决定》第七次修正	(1) 明确引入了居民个人和非居民个人的概念，并将在中国境内居住的时间这一判定居民个人和非居民个人的标准，由是否满1年调整为是否满183天。 (2) 首次将劳务报酬、稿酬和特许权使用费三项所得与工资、薪金所得合并为综合所得计算纳税。 (3) 综合所得基本减除费用标准从3 500元提高到5 000元。虽然还实行七档超额累进税率，但扩大了3%、10%和20%三档低税率的级距。 (4) 在此前“三险一金”专项扣除的基础上，将子女教育、继续教育、大病医疗、住房贷款利息、住房租金、赡养老人等6项支出设为专项附加扣除。 (5) 将个体工商户的生产、经营所得调整为经营所得，适当调整各档税率的级距。

表8-2　《个人所得税法实施条例》历次修改

时间	依据	主要修改内容
2005年12月19日修订，自2006年1月1日起施行	根据《国务院关于修改〈中华人民共和国个人所得税法实施条例〉的决定》（国务院令第452号）第一次修订	(1) 将企事业单位的承包经营、承租经营所得的税前必要费用扣除标准提高至1 600元。 (2) 增加第25条：按照国家规定，单位为个人缴付和个人缴付的基本养老保险费、基本医疗保险费、失业保险费、住房公积金，从纳税义务人的应纳税所得额中扣除。 (3) 在第36条中规定：“纳税义务人有下列情形之一的，应当按照规定到主管税务机关办理纳税申报：（一）年所得12万元以上的；（二）从中国境内二处或者二处以上取得工资、薪金所得的；（三）从中国境外取得所得的；（四）取得应纳税所得，没有扣缴义务人的；（五）国务院规定的其他情形”。
2008年2月18日修订，自2008年3月1日起施行	根据《国务院关于修改〈中华人民共和国个人所得税法实施条例〉的决定》（国务院令第519号）第二次修订	(1) 将企事业单位的承包经营、承租经营所得的税前必要费用扣除标准提高至2 000元； (2) 将附加减除费用标准由3 200元调整为2 800元。

续表

时间	依据	主要修改内容
2011年7月19日修订，自2011年9月1日起施行	根据《国务院关于修改〈中华人民共和国个人所得税法实施条例〉的决定》（国务院令第600号）第三次修订	(1) 将企事业单位承包经营、承租经营所得的税前必要费用扣除标准提高至3 500元； (2) 将《个人所得税法》第6条第3款所说的附加减除费用标准调整为1 300元。
2018年12月18日修订，自2019年1月1日起施行	根据国务院令第707号第四次修订	(1) 加大对符合居民个人标准的境外人士的税收优惠力度； (2) 为支持鼓励自主创业，对个体工商户等经营主体在计算经营所得时给予家庭生计必要支出减除； (3) 明确个人缴付符合国家规定的企业年金、职业年金，购买符合国家规定的商业健康保险、税收递延型商业养老保险的支出，以及国务院规定的其他项目，可以依法扣除。

二、个人所得税法的课征模式

个人所得税法是各国税法体系中的重要内容，但由于不同国家的经济、政治、法律制度不同，因而个人所得税法中的课征模式也不尽相同，呈现出分类所得税制、综合所得税制、混合所得税制和单一所得税制等征税模式。

（一）分类所得税制

分类所得税制，是指将纳税人的所得划分为若干类别，对不同类别的所得额规定不同的费用扣除标准和适用税率，分项计征所得税的课征模式。这种模式是以“所得源泉论”为理论基础的，认为所得是有连续来源的收益，其来源具有循环性和反复性。我国目前的个人所得税法采用的就是分类所得税制课征模式。

分类所得税制的优点是：第一，它可按不同性质的所得，分别采用不同的税率，实行差别待遇，通常对劳务性所得征轻税而对投资所得征重税，从而有利于实现特定的政策目标。第二，这种模式可广泛采用源泉扣缴法，从而既可以控制税源，又能大大减少汇算清缴的麻烦，提高了征税效率，降低了征税成本。该种课征模式的缺点在于：无法综合收入和费用，难以按纳税人全面的税收负担能力征税，难以体现“公平税负、合理负担”和量能课税的原则；多种来源所得同时并存，分别征税，容易造成逃税、避税的结果。

分类所得税制的一种特殊的发展形式是二元所得税制，即将个人来自不同经济活动（生产经营、个体经营、雇佣、土地租赁）的所得分为劳动所得和资本所得，作为个人所得税法中的两个独立税基，按不同税率征税。这种二元所得税制受到越来越多国家的青睐，例如，北欧的挪威、芬兰、瑞典、丹麦等国家已经实行了这种征税模式。

（二）综合所得税制

综合所得税制，是指将纳税人全年的各种所得汇总求和，统一扣除费用后，就其余额按统一的累进税率计征所得税的课征模式。目前，大多数国家都实行综合所得税制。

综合所得税制的优点是：第一，在全面考核纳税人所得的基础上进行征税，能够较好地体现纳税人的实际税收负担水平，符合税收公平原则。第二，平等对待各种来源所得，对各种所得适用相同的边际税率，纳税人难以通过转移所得或更改所得性质进行避税。第三，它不会影响所得的最优组合，符合税收中性原则。但这种课征模式对纳税申报有很强的依赖性，要真正实施起来必须满足一定的条件，如纳税人普遍具有良好的纳税意识，有健全的税收征管制度、完备的税务代理制度等。

（三）混合所得税制

混合所得税制，亦称分类综合所得税制。严格意义上的混合所得税制是分类所得税制和综合所得税制的综合使用，即对某些种类的所得采用源泉征税，到纳税年度终了时再将各类所得汇总，统一计税。不过，在税收实践中，它已被泛化，形成了通常意义上的混合所得税制，即将收入根据不同的来源进行分类，对某些收入项目分类单独计征所得税，而对某些项目进行合并，适用累进税率计征税收。这种模式能够区别对待纳税人不同种类的所得，兼顾纳税人全面的支付能力，但对税收管理仍有较高的要求。严格意义上的混合所得税制更是如此。

（四）单一所得税制

完全的单一所得税制是对各种所得按单一税率征一次税，即对全部净所得（资本所得、劳务所得和其他所得减去全部扣除）按统一税率计征，工资和资本所得被同等征税。爱沙尼亚是最早采用单一所得税制的国家，于1994年对个人所得和公司所得按26%的税率征税，此后逐渐降低税率，到2007年，其税率降到20%。俄罗斯、斯洛伐克等中东欧国家纷纷效仿爱沙尼亚，进行单一所得税制改革。

采用单一所得税制的主要理由是，可以更好地实现横向公平，相同处境的纳税人待遇相同。对所有类型的个人所得和公司所得实行单一所得税率，可以减少所得在个人和公司之间的转移，减少资本配置的扭曲，增加投资和提升企业行为的积极性，提高经济效率。不过，要说明的是，俄罗斯和斯洛伐克没有实行完全的单一所得税制，因为完全的单一所得税制是对各种所得按单一所得税率征一次税，而这两个国家都对劳动所得单独征收社会保障税，这样，将所得在资本所得和劳动所得之间转移还是有好处的。另外，单一所得税制模式简单，透明度高，可降低纳税人的遵从成本，更有利于税务机关的管理。不过，单一所得税制也存在缺点，即无论纳税人的纳税能力大小，无论所得来源，都按相同税率纳税，难以实现纵向公平原则。①

---

① 参见王逸：《综合所得税制不再是各国的共同选择》，载《中国税务报》，2007-03-14。

第二节　个人所得税的纳税主体

个人所得税的纳税主体，是指依照税法以及相关政策、法规的规定负有直接纳税义务的个人。世界各国在确定个人所得税的纳税人和纳税义务方面，普遍采用了居民和非居民概念。居民纳税人负有无限纳税义务，就其源于全球的所得（包括境内、境外所得）纳税；非居民纳税人仅负有有限纳税义务，即仅就源于该国境内的所得纳税。

各国判定居民的标准主要有三个：一是住所标准。这里所讲的住所是一个法律上的概念，通常是指一个人长期居住的地方而非临时居住场所。二是时间标准。一般以纳税人在某一国家停留的时间来计算，凡达到该国税法规定标准的即为该国的居民纳税人；反之，则为非居民纳税人。三是意愿标准。通常是以纳税人是否有在该国定居或永久居留的意愿来判定其是居民还是非居民。如美国规定，凡持有“绿卡”的外国公民均为美国税收意义上的居民纳税人。

我国现行个人所得税法参照国际通行做法，采用住所和居住时间两个标准，将纳税人区分为居民纳税人和非居民纳税人，使其分别承担不同的纳税义务。需要注意的是，为了实现公平税负，支持和鼓励个人投资兴办企业，促进国民经济持续、快速、健康发展，国务院决定，自 2000 年 1 月 1 日起，对个人独资企业和合伙企业停止征收企业所得税，其投资者的生产经营所得，比照个体工商户的生产、经营所得征收个人所得税。因此，个人独资企业和合伙企业的投资者也是个人所得税的纳税主体。

一、居民纳税人

根据《个人所得税法》第 1 条的规定，居民纳税人是指在中国境内有住所，或者无住所而一个纳税年度内在中国境内居住累计满 183 天的个人。由此可见，居民纳税人分为两类：一是在中国境内有住所的个人，二是在中国境内无住所但一个纳税年度内居住累计满 183 天的个人。

所谓“在中国境内有住所的个人”，是指因户籍、家庭、经济利益关系而在中国境内习惯性居住的个人。这里所说的“习惯性居住”，是判定纳税义务人属于居民还是非居民的一个重要依据，它是指个人待学习、工作、探亲等原因消除之后，没有理由在其他地方继续居留时，所要回到的地方，而不是指实际居住或在某一个特定时间内的居住地。一个纳税人因学习、工作、探亲、旅游等，原来在中国境外居住，但是这些原因消除之后，如果其必须回到中国境内居住，则中国为该人的习惯性居住地。尽管该纳税人在一个纳税年度内，甚至连续几个纳税年度内，都未在中国境内居住过，但他仍然是中国居民纳税人，应就其来自全球的应纳税所得，向中国缴纳个人所得税。

所谓“无住所而一个纳税年度内在中国境内居住累计满 183 天的个人”，是指在一个纳税年度（公历 1 月 1 日起至 12 月 31 日止）内，在中国境内居住累计满 183 天的个人。需要注意的是，现行税法中的“中国境内”不含香港、澳门和台湾地区。

居民纳税人应当就其源于中国境内和境外的所得，依法缴纳个人所得税。需要注意的是，依据《个人所得税法实施条例》第 4 条的规定，在中国境内无住所的个人，在中国境内居住累计满 183 天的年度连续不满 6 年的，经向主管税务机关备案，其来源于中国境外且由境外单位或者个人支付的所得，免予缴纳个人所得税；在中国境内居住累计满 183 天的任一年度中有一次离境超过 30 天的，其在中国境内居住累计满 183 天的年度的连续年限重新起算。该条例第 5 条规定，在中国境内无住所的个人，在一个纳税年度内在中国境内居住累计不超过 90 天的，其来源于中国境内的所得中，由境外雇主支付并且不由该雇主在中国境内的机构、场所负担的部分，免予缴纳个人所得税。

二、非居民纳税人

非居民纳税人，是指在中国境内无住所又不居住，或者无住所而在境内居住累计不满 183 天的个人。非居民纳税人承担有限纳税义务，仅就其源于中国境内的所得，向中国缴纳个人所得税。源于中国境内的所得，是从所得来源的角度来说的，即非居民在中国境内工作或提供劳务，或者因其他经济行为取得源于中国境内的所得，无论其支付地点是否在中国境内，都属于源于中国境内的所得。

非居民纳税人的情况比较复杂，涉及的所得来源及其支付形式比较多。为了兼顾相关国家的财政利益，中国个人所得税法根据国际惯例，对非居民纳税人的纳税义务范围作出了具体的规定。

三、所得来源的确定

所得来源地，是确定对该项所得是否应该征收个人所得税的重要依据。对于居民纳税人而言，因为其要承担无限纳税义务，所以，有关判断其所得来源地的问题，相对来说就不那么重要。但是，对于非居民纳税人，由于只就其来源于中国境内的所得征税，因而判断其所得来源地，就显得十分重要。对于中国的个人所得税而言，所得来源地的判断应反映经济活动的实质，要遵循方便税务机关实行有效征管的原则。其具体规定如下：(1) 工资、薪金所得，以纳税人任职、受雇的公司、企业、事业单位、机关、团体、部队、学校等单位的所在地，作为所得来源地。(2) 劳务报酬所得，以纳税人实际提供劳务的地点，作为所得来源地。(3) 特许权使用费所得，以特许权的使用地，作为所得来源地。(4) 经营所得，以生产、经营活动实现地，作为所得来源地。(5) 利息、股息、红利所得，以支付利息、股息、红利的企业、机构、组织的所在地，作为所得来源地。(6) 财产租赁所得，以被租赁财产的使用地，作为所得来源地。(7) 不动产转让所得，以不动产坐落地为所得来源地；动产转让所得，以实现转让的地点为所得来源地。

所得来源地与所得支付地并不是同一概念，有时两者是一致的，有时却是不同的。《个人所得税法实施条例》规定，除国务院财政、税务主管部门另有规定外，下列所得，不论支付地点是否在中国境内，均为来源于中国境内的所得：(1) 因任职、受雇、履约等在中国境内提供劳务取得的所得；(2) 将财产出租给承租人在中国境内使用而取得的所得；（3）许可各种特许权在中国境内使用而取得的所得；（4）转让中国境内的不动产等财产或者在中国境内转让其他财产取得的所得；（5）从中国境内企业、事业单位、其他组织以及居民个人取得的利息、股息、红利所得。

第三节　个人所得税的征税对象与税率

个人所得税以个人取得的各项所得为征税对象。个人所得的形式，包括现金、实物、有价证券和其他形式的经济利益。所得为实物的，应当按照取得的凭证上所注明的价格计算应纳税所得额；无凭证的实物或者凭证上所注明的价格明显偏低的，参照市场价格核定应纳税所得额。所得为有价证券的，根据票面价格和市场价格核定应纳税所得额。所得为其他形式的经济利益的，参照市场价格核定应纳税所得额。

由于个人取得所得的途径、方式是多样的，所以，我国个人所得税法根据在我国纳税人取得收入的实际情况，列举了三大类应征税的个人所得，分别适用相应的税率。个人取得的所得，难以界定应纳税所得项目的，由主管税务机关确定。

一、综合所得

综合所得包括工资、薪金所得，劳务报酬所得，稿酬所得和特许权使用费所得四项。工资、薪金所得，是指个人因任职或者受雇而取得的工资、薪金、奖金、年终加薪、劳动分红、津贴、补贴以及与任职或者受雇有关的其他所得。劳务报酬所得，是指个人从事劳务取得的所得，包括从事设计、装潢、安装、制图、化验、测试、医疗、法律、会计、咨询、讲学、翻译、审稿、书画、雕刻、影视、录音、录像、演出、表演、广告、展览、技术服务、介绍服务、经纪服务、代办服务以及其他劳务取得的所得。稿酬所得，是指个人因其作品以图书、报刊等形式出版、发表而取得的所得。特许权使用费所得，是指个人提供专利权、商标权、著作权、非专利技术以及其他特许权的使用权取得的所得；提供著作权的使用权取得的所得，不包括稿酬所得。

综合所得适用3%至45%的超额累进税率，具体税率见表8-3。

表8-3　个人所得税税率表（综合所得适用）

级数	全年应纳税所得额	税率（%）
1	不超过36 000元的	3
2	超过36 000元至144 000元的部分	10
3	超过144 000元至300 000元的部分	20
4	超过300 000元至420 000元的部分	25
5	超过420 000元至660 000元的部分	30
6	超过660 000元至960 000元的部分	35
7	超过960 000元的部分	45

二、经营所得

经营所得是指个体工商户从事生产、经营活动取得的所得；个人独资企业投资人、合伙企业的个人合伙人来源于境内注册的个人独资企业、合伙企业生产、经营的所得；个人依法从事办学、医疗、咨询以及其他有偿服务活动取得的所得；个人对企业、事业单位承包经营、承租经营以及转包、转租取得的所得；个人从事其他生产、经营活动取得的所得。经营所得适用5%至35%的超额累进税率，具体税率见表8-4。

表8-4 个人所得税税率表（经营所得适用）

级数	全年应纳税所得额	税率（%）
1	不超过30 000元的	5
2	超过30 000元至90 000元的部分	10
3	超过90 000元至300 000元的部分	20
4	超过300 000元至500 000元的部分	30
5	超过500 000元的部分	35

三、利息、股息、红利所得，财产租赁所得，财产转让所得和偶然所得

利息、股息、红利所得是指个人拥有债权、股权等而取得的利息、股息、红利所得。利息、股息、红利所得，以每次收入额为应纳税所得额。财产租赁所得，是指个人出租不动产、机器设备、车船以及其他财产取得的所得。财产租赁所得，每次收入不超过4 000元的，减除费用800元；4 000元以上的，减除20%的费用，其余额为应纳税所得额。财产转让所得，是指个人转让有价证券、股权、合伙企业中的财产份额、不动产、机器设备、车船以及其他财产取得的所得。财产转让所得，以转让财产的收入额减除财产原值和合理费用后的余额，为应纳税所得额。偶然所得，是指个人得奖、中奖、中彩以及其他偶然性质的所得。偶然所得，以每次收入额为应纳税所得额。利息、股息、红利所得，财产租赁所得，财产转让所得和偶然所得均适用比例税率，税率为20%。

第四节 个人所得税的应纳税额计算

计算个人所得税的应纳税额，必须首先区分三大类应纳税项目以及具体细目，计算出每项收入的应纳税所得额，然后再将应纳税所得额乘以相应的税率，即可得出每项收入的应纳税额。

在计算个人所得税的应纳税额时，需要注意两点：第一，纳税义务人从中国境外取

得的所得，准予其在应纳税额中扣除已在境外缴纳的个人所得税税额。但扣除额不得超过该纳税义务人境外所得依照我国个人所得税法的规定计算的应纳税额。第二，个人将其所得向教育、扶贫、济困等公益事业进行捐赠，捐赠额未超过纳税义务人申报的应纳税所得额的30%的部分，可以从其应纳税所得额中扣除。国务院规定对公益慈善事业捐赠实行全额税前扣除的，依据规定扣除。

一、综合所得的应纳税额计算

（一）综合所得的应纳税所得额

综合所得包括工资、薪金所得，劳务报酬所得，稿酬所得和特许权使用费所得四项。劳务报酬所得、稿酬所得、特许权使用费所得以收入减除20%的费用后的余额为收入额。稿酬所得的收入额减按70%计算。

居民个人取得综合所得以每一纳税年度收入额减除费用6万元以及专项扣除、专项附加扣除和依法确定的其他扣除后的余额为全年应纳税所得额。减除费用6万元是在统筹考虑了城镇居民人均基本消费支出、每个就业者平均负担的人数以及居民消费价格指数等因素后综合确定的。专项扣除是指居民个人按照国家规定的范围和标准缴纳的基本养老保险、基本医疗保险、失业保险等社会保险费以及住房公积金等，还包括个人缴付的符合国家规定的企业年金、职业年金，个人购买符合国家规定的商业健康保险、税收递延型商业养老保险的支出，以及国务院规定可以扣除的其他项目。专项附加扣除包括个人所得税法规定的子女教育、继续教育、大病医疗、住房贷款利息、住房租金、赡养老人等6项。2018年12月13日，国务院发布《个人所得税专项附加扣除暂行办法》，自2019年1月1日起施行。《个人所得税专项附加扣除暂行办法》对6项专项附加扣除的扣除标准、适用条件等作了详细规定。2023年8月，国务院发布《关于提高个人所得税有关专项附加扣除标准的通知》（国发〔2023〕13号），决定，提高3岁以下婴幼儿照护等三项个人所得税专项附加扣除标准：（1）3岁以下婴幼儿照护专项附加扣除标准，由每个婴幼儿每月1 000元提高到2 000元；（2）子女教育专项附加扣除标准，由每个子女每月1 000元提高到2 000元；（3）赡养老人专项附加扣除标准，由每月2 000元提高到3 000元。其中，独生子女按照每月3 000元的标准定额扣除；非独生子女与兄弟姐妹分摊每月3 000元的扣除额度，每人分摊的额度不能超过每月1 500元。

专项扣除、专项附加扣除和依法确定的其他扣除，以居民个人一个纳税年度的应纳税所得额为限额；一个纳税年度扣除不完的，不结转以后年度扣除。

居民个人取得综合所得，按年计算个人所得税。

综合所得应纳税所得额的计算公式为：

综合所得应纳税所得额＝综合应税项目收入－基本减除费用（60 000元）－专项扣除（“三险一金”、企业年金、商业健康保险等）－专项附加扣除（子女教育、大病医疗等）

（二）综合所得的应纳税额

综合所得的应纳税额的计算公式为：

应纳税额=应纳税所得额×适用税率-速算扣除数

（三）累计预扣预缴应纳税所得额和预扣率

向个人支付所得的单位或者个人为扣缴义务人，扣缴义务人在向居民个人支付工资、薪金所得时，应当按照累计预扣法计算预扣税款，并按月办理扣缴申报。

累计预扣法，是指扣缴义务人在一个纳税年度内预扣预缴税款时，以纳税人在本单位截至当前月份的工资、薪金所得累计收入减除累计免税收入、累计减除费用、累计专项扣除、累计专项附加扣除和累计依法确定的其他扣除后的余额为累计预扣预缴应纳税所得额，适用个人所得税预扣率表（见表8-5），计算累计应预扣预缴税额，再减除累计减免税额和累计已预扣预缴税额，其余额为本期应预扣预缴税额。余额为负值时，暂不退税。纳税年度终了后余额仍为负值时，由纳税人通过办理综合所得年度汇算清缴，税款多退少补。

表8-5 个人所得税预扣率表（居民个人工资、薪金所得预扣预缴适用）

级数	累计预扣预缴应纳税所得额	预扣率（%）	速算扣除数
1	不超过36 000元	3	0
2	超过36 000元至144 000元的部分	10	2 520
3	超过144 000元至300 000元的部分	20	16 920
4	超过300 000元至420 000元的部分	25	31 920
5	超过420 000元至660 000元的部分	30	52 920
6	超过660 000元至96 0000元的部分	35	85 920
7	超过960 000元的部分	45	181 920

具体计算公式如下：

本期应预扣预缴税额=（累计预扣预缴应纳税所得额×预扣率-速算扣除数）-累计减免税额-累计已预扣预缴税额；

累计预扣预缴应纳税所得额=累计收入-累计免税收入-累计减除费用-累计专项扣除-累计专项附加扣除-累计依法确定的其他扣除

其中：累计减除费用，按照5 000元/月乘以纳税人当年截至本月在本单位的任职受雇月份数计算。

扣缴义务人向居民个人支付劳务报酬所得、稿酬所得、特许权使用费所得时，应当按照以下方法按次或者按月预扣预缴税款：劳务报酬所得、稿酬所得、特许权使用费所得以收入减除费用后的余额为收入额；其中，稿酬所得的收入额减按70%计算。

减除费用：预扣预缴税款时，劳务报酬所得、稿酬所得、特许权使用费所得以收入减除20%的费用后的余额为收入额。稿酬所得的收入额减按70%计算。

应纳税所得额：劳务报酬所得、稿酬所得、特许权使用费所得，以每次收入额为预扣预缴应纳税所得额，计算应预扣预缴税额。劳务报酬所得适用个人所得税预扣率表（见表8-6），稿酬所得、特许权使用费所得适用20%的比例预扣率。

表8-6　个人所得税预扣率表（居民个人劳务报酬所得预扣预缴适用）

级数	预扣预缴应纳税所得额	预扣率（%）	速算扣除数
1	不超过20 000元	20	0
2	超过20 000元至50 000元的部分	30	2 000
3	超过50 000元的部分	40	7 000

居民个人办理年度综合所得汇算清缴时，应当依法计算劳务报酬所得、稿酬所得、特许权使用费所得的收入额，并入年度综合所得计算应纳税款，税款多退少补。

非居民个人的工资、薪金所得，以每月收入额减除费用5 000元后的余额为应纳税所得额；劳务报酬所得、稿酬所得、特许权使用费所得，以每次收入额为应纳税所得额，适用个人所得税税率表（见表8-7）计算应纳税额。劳务报酬所得、稿酬所得、特许权使用费所得以收入减除20%后的余额为收入额，其中，稿酬所得的收入额减按70%计算。

表8-7　个人所得税税率表

（非居民个人工资、薪金所得，劳务报酬所得，稿酬所得，特许权使用费所得适用）

级数	应纳税所得额	税率（%）	速算扣除数
1	不超过3 000元	3	0
2	超过3 000元至12 000元的部分	10	210
3	超过12 000元至25 000元的部分	20	1 410
4	超过25 000元至35 000元的部分	25	2 660
5	超过35 000元至55 000元的部分	30	4 410
6	超过55 000元至80 000元的部分	35	7 160
7	超过80 000元的部分	45	15 160

税法适用

职工王某2019年1月取得工资收入15 000元，“三险一金”、企业年金、商业健康保险等专项扣除为3 000元，子女教育、住房租金、赡养老人等专项附加扣除为4 000元。请计算其当月应纳个人所得税税额。

计算方法：每月可以先扣除5 000元的基本减除费用，再扣除“三险一金”、企业年金、商业健康保险等专项扣除3 000元，最后扣除专项附加扣除4 000元，然后乘以预扣率，计算出个人劳务报酬所得预扣预缴应纳税额。

当月预扣预缴应纳税所得额=15 000元-5 000元-3 000元-4 000元=3 000元

当月应纳税额＝3 000 元×3%＝90 元

税法适用

2019 年 1 月，张某获得劳务报酬 5 000 元、稿酬所得 8 000 元、特许权使用费 30 000 元。请计算其预扣预缴应纳税额。

(1) 个人劳务报酬所得预扣预缴应纳税额计算方法：先扣除 20%的费用，计算出个人劳务报酬所得预扣预缴应纳税所得额，然后乘以预扣率，计算出个人劳务报酬所得预扣预缴应纳税额。

个人劳务报酬所得预扣预缴应纳税所得额为：5 000 元×（1－20%）＝4 000 元

个人劳务报酬所得预扣预缴应纳税额为：4 000 元×20%＝800 元

(2) 稿酬所得预扣预缴应纳税额计算方法：先扣除 20%的费用，计算出稿酬所得收入额；再乘以 70%，得到稿酬所得预扣预缴应纳税所得额；然后乘以 20%的比例预扣率，计算出个人稿酬所得预扣预缴应纳税额。

稿酬所得预扣预缴应纳税所得额为：[8 000 元×（1－20%）]×70%＝4 480 元

稿酬所得预扣预缴应纳税额为：4 480 元×20%＝896 元

(3) 特许权使用费所得预扣预缴应纳税额计算方法：先扣除 20%的费用，计算出特许权使用费所得预扣预缴应纳所得额，然后乘以 30%的比例预扣率并减去 2 000 元速算扣除数，计算出特许权使用费所得预扣预缴应纳税额。

特许权使用费所得预扣预缴应纳所得额为：30 000 元×（1－20%）＝24 000 元

特许权使用费所得预扣预缴应纳税额：(24 000×30%）－2000＝5 200 元

张某预扣预缴应纳税额＝800 元＋896 元＋5 200 元＝6 896 元

（四）计算综合所得应纳税额时应注意以下几个特殊问题

为贯彻落实修改后的《个人所得税法》，财政部、国家税务总局发布《关于个人所得税法修改后有关优惠政策衔接问题的通知》（财税〔2018〕164 号）。

1. 关于全年一次性奖金、中央企业负责人年度绩效薪金延期兑现收入和任期奖励的规定

(1) 根据《财政部、税务总局关于延续实施全年一次性奖金个人所得税政策的公告》（财政部、税务总局公告 2023 年第 30 号）的相关规定，在 2027 年 12 月 31 日前，居民个人取得全年一次性奖金，符合《国家税务总局关于调整个人取得全年一次性奖金等计算征收个人所得税方法问题的通知》（国税发〔2005〕9 号）规定的，不并入当年综合所得，以全年一次性奖金收入除以 12 个月得到的数额，按照本公告所附按月换算后的综合所得税率表（见表 8－8），确定适用税率和速算扣除数，单独计算纳税。计算公式为：

应纳税额＝全年一次性奖金收入×适用税率－速算扣除数

居民个人取得全年一次性奖金，也可以选择并入当年综合所得计算纳税。

表 8-8　按月换算后的综合所得税率表

级数	全月应纳税所得额	税率（%）	速算扣除数
1	不超过 3 000 元的	3	0
2	超过 3 000 元至 12 000 元的部分	10	210
3	超过 12 000 元至 25 000 元的部分	20	1 410
4	超过 25 000 元至 35 000 元的部分	25	2 660
5	超过 35 000 元至 55 000 元的部分	30	4 410
6	超过 55 000 元至 80 000 元的部分	35	7 160
7	超过 80 000 元的部分	45	15 160

（2）中央企业负责人取得年度绩效薪金延期兑现收入和任期奖励，符合《国家税务总局关于中央企业负责人年度绩效薪金延期兑现收入和任期奖励征收个人所得税问题的通知》（国税发〔2007〕118 号，部分失效）之规定的，在 2023 年 12 月 31 日前，可以选择不并入当年综合所得，也可以选择并入当年综合所得进行年度汇算。

选择不并入当年综合所得的，以该笔收入除以 12 个月得到的数额，按照按月换算后的综合所得税率表（见表 8-8），确定适用税率和速算扣除数，单独计算纳税。计算公式为：

应纳税额＝年度绩效薪金延期兑现收入和任期奖励×月度适用税率－速算扣除数

2. 关于上市公司股权激励的规定

根据《财政部、国家税务总局关于上市公司股权激励有关个人所得税政策的公告》（财务部、税务总局公告 2024 年第 2 号）的规定，境内上市公司授予个人的股票期权、限制性股票和股权奖励，经向主管税务机关备案，个人可自股票期权行权、限制性股票解禁或取得股权奖励（以下简称行权）之日起，在不超过 36 个月的期限内缴纳个人所得税。纳税人在此期间内离职的，应在离职前缴清全部税款。本公告所称境内上市公司是指其股票在上海证券交易所、深圳证券交易所、北京证券交易所上市交易的股份有限公司。本公告自 2024 年 1 月 1 日起执行至 2027 年 12 月 31 日，纳税人在此期间行权的，可按本公告规定执行。纳税人在 2023 年 1 月 1 日后行权且尚未缴纳全部税款的，可按本公告规定执行，分期缴纳税款的期限自行权日起计算。证券监管部门同税务部门建立信息共享机制，按季度向税务部门共享上市公司股权激励相关信息，财政、税务、证券监管部门共同做好政策落实工作。

上述公司股权激励的应纳税额，不并入当年综合所得，全额单独适用综合所得税率表，计算纳税。计算公式为：

应纳税额＝股权激励收入×适用税率－速算扣除数

居民个人一个纳税年度内取得两次以上（含两次）股权激励的，应合并按《关于个人所得税法修改后有关优惠政策衔接问题的通知》第 2 条第 1 项的规定计算纳税。

3. 关于个人领取企业年金、职业年金的规定

个人达到国家规定的退休年龄，领取的企业年金、职业年金，符合《财政部、人力资源和社会保障部、国家税务总局关于企业年金、职业年金个人所得税有关问题的通知》（财税〔2013〕103号，部分失效）规定的，不并入综合所得，全额单独计算应纳税款。其中按月领取的，适用月度税率表计算纳税；按季领取的，平均分摊计入各月，按每月领取额适用月度税率表计算纳税；按年领取的，适用综合所得税率表计算纳税。

个人因出境定居而一次性领取的年金个人账户资金，或个人死亡后，其指定的受益人或法定继承人一次性领取的年金个人账户余额，适用综合所得税率表计算纳税。对个人除上述特殊原因外一次性领取年金个人账户资金或余额的，适用月度税率表计算纳税。

二、经营所得的应纳税额计算

取得经营所得的个人，每一纳税年度的收入总额减除成本、费用以及损失后的余额为应纳税所得额。这里所称的成本、费用，是指生产、经营活动中发生的各项直接支出和分配计入成本的间接费用以及销售费用、管理费用、财务费用；所称损失，是指生产、经营活动中发生的固定资产和存货的盘亏、毁损、报废损失，转让财产损失，坏账损失，自然灾害等不可抗力因素造成的损失以及其他损失。

取得经营所得的个人，没有综合所得的，计算其每一纳税年度的应纳税所得额时，应当减除费用6万元、专项扣除、专项附加扣除以及依法确定的其他扣除。专项附加扣除在办理汇算清缴时减除。

从事生产、经营活动，未提供完整、准确的纳税资料，不能正确计算应纳税所得额的，由主管税务机关核定应纳税所得额或者应纳税额。

税法适用

王某依法从事咨询活动，年度收入总额250 000元，成本、费用100 000元。王某没有综合所得，全年专项扣除36 000元、专项附加扣除24 000元。请计算王某的应纳税额。

计算方法：先将每一纳税年度的收入总额减除成本、费用以及损失，然后减除费用6万元；再减除专项扣除、专项附加扣除以及依法确定的其他扣除，得到经营所得的应纳税所得额；最后乘以经营所得适用的超额累进税率，计算出经营所得应纳税额。

王某的应纳税所得额＝250 000元－100 000元－60 000元－36 000元－24 000元＝30 000元

王某的应纳税额＝30 000元×5%＝1 500元

三、财产租赁所得，财产转让所得，利息、股息、红利所得和偶然所得的应纳税额计算

（1）财产租赁所得，每次收入不超过4 000元的，减除费用800元；在4 000元以上

的，减除20%的费用，其余额为应纳税所得额。据此适用20%的比例税率计算其应纳税额。

（2）财产转让所得，以转让财产的收入额减除财产原值和合理费用后的余额，为应纳税所得额。据此适用20%的比例税率计算其应纳税额。

（3）利息、股息、红利所得和偶然所得，以每次收入额为应纳税所得。据此适用20%的比例税率计算其应纳税额。

四、境外已纳税额的扣除

在对纳税人的境外所得征税时，会存在其境外所得已在来源国家或者地区缴税的实际情况。基于国家之间对同一所得应避免双重征税的原则，我国在对纳税人的境外所得行使税收管辖权时，对该所得在境外已纳税额，采取了分不同情况从应征税额中予以扣除的做法。

税法规定，纳税人在我国境外取得的所得，准予其在应纳税额中扣除已在境外缴纳的个人所得税税额，但抵免额不得超过该纳税人境外所得依照我国税法规定计算的应纳税额。

对于上述这条规定，需要说明如下几点。

（1）所说的已在境外缴纳的个人所得税税额，是指纳税人从我国境外取得的所得，依照该所得来源国家或者地区的法律应当缴纳并且实际已经缴纳的税额。

（2）所说的依照我国税法规定计算的应纳税额，是指纳税人抵免已在境外缴纳的综合所得、经营所得以及其他所得的所得税税额的限额（以下简称抵免限额）。除国务院财政、税务主管部门另有规定外，来源于我国境外一个国家（地区）的综合所得抵免限额、经营所得抵免限额以及其他所得抵免限额之和，为来源于该国家（地区）所得的抵免限额。纳税人在我国境外一个国家或者地区实际已经缴纳的个人所得税税额，低于依照上述规定计算出的该国家或者地区的抵免限额的，应当在我国缴纳差额部分的税款；超过该国家或者地区抵免限额的，其超过部分不得在本纳税年度的应纳税额中抵免，但是可以在以后纳税年度的该国家或者地区抵免限额的余额中补扣，补扣期限最长不得超过5年。

（3）纳税人依照税法的规定申请抵免已在境外缴纳的个人所得税税额时，应当提供境外税务机关出具的税款所属年度的有关纳税凭证。

（4）为了保证正确计算抵免限额及合理抵免境外已纳税额，税法要求：对于纳税人从中国境内和境外取得的综合所得、经营所得，应当分别合并计算应纳税额；从中国境内和境外取得的其他所得，应当分别单独计算应纳税额。

第五节　个人所得税法规定的税收优惠制度

为了促进科技进步，支持社会福利、慈善事业，减轻某些纳税人的实际困难，我国个人所得税法对某些所得项目和纳税人作了免税、减税的优惠规定；此外，财政部、国家税务总局在个人所得税法的实施过程中，还规定了一些暂免征收个人所得税的政策。

一、个人所得税法的免税优惠

下列各项个人所得，免纳个人所得税：

（1）省级人民政府、国务院部委和中国人民解放军军以上单位，以及外国组织、国际组织颁发的科学、教育、技术、文化、卫生、体育、环境保护等方面的奖金。

（2）国债和国家发行的金融债券利息。其中，国债利息，是指个人持有中华人民共和国财政部发行的债券而取得的利息；国家发行的金融债券利息，是指个人持有经国务院批准发行的金融债券而取得的利息。

（3）按照国家统一规定发给的补贴、津贴。具体是指按照国务院规定发给的政府特殊津贴、院士津贴，以及国务院规定免纳个人所得税的其他补贴、津贴。

（4）福利费、抚恤金、救济金。其中，福利费是指根据国家有关规定，从企业、事业单位、国家机关、社会团体提留的福利费或者工会经费中支付给个人的生活补助费；救济金是指各级人民政府民政部门支付给个人的生活困难补助费。

（5）保险赔款。

（6）军人的转业费、复员费、退役金。

（7）按照国家统一规定发给干部、职工的安家费、退职费、基本养老金或者退休费、离休费、离休生活补助费。

（8）依照我国有关法律规定应予免税的各国驻华使馆、领事馆的外交代表、领事官员和其他人员的所得。

（9）中国政府参加的国际公约、签订的协议中规定免税的所得。

（10）经国务院财政部门批准免税的所得。

二、个人所得税法的减税优惠

有下列情形之一的，经批准可以减征个人所得税：（1）残疾、孤老人员和烈属的所得；（2）因自然灾害遭受重大损失的；（3）其他经国务院财政部门批准减税的。

具体减征幅度和期限由省、自治区、直辖市人民政府规定。

此外，根据《财政部、国家税务总局关于个人非货币性资产投资有关个人所得税政策的通知》（财税〔2015〕41 号）的规定，为进一步鼓励和引导民间个人投资，经国务院批准，将在上海自由贸易试验区试点的个人非货币性资产（包括股权、不动产、技术发明成果以及其他形式的非货币性资产）投资分期缴税政策推广至全国，自 2015 年 4 月 1 日起施行。个人以非货币性资产投资，属于个人转让非货币性资产和投资同时发生。对个人转让非货币性资产的所得，应按照“财产转让所得”项目，依法计算缴纳个人所得税。个人应在发生上述应税行为的次月 15 日内向主管税务机关申报纳税。纳税人一次性缴税有困难的，可合理确定分期缴纳计划并报主管税务机关备案后，在自发生上述应税行为之日起不超过5个公历年度内（含），分期缴纳个人所得税。个人在以非货币性资产投资交易过程中取得现金补价的，现金部分应优先用于缴税；现金不足以缴纳的部分，可分期缴纳。个人在分期缴税期间转让其持有的上述全部或部分股权，并取得现金收入的，该现金收入应优先用于缴纳尚未缴清的税款。

第六节　个人所得税法的扣缴、申报和汇算清缴制度

一、个人所得税法的源泉扣缴制度

我国个人所得税法采取源泉扣缴制度，即个人所得税以取得应税所得的个人为纳税人，以支付所得的单位或者个人为扣缴义务人，扣缴义务人在向个人支付应税款项时，应当依照税法规定代扣税款，按时缴库，并专项记载备查。上文所述的支付，包括现金支付、汇拨支付、转账支付和以有价证券、实物以及其他形式作出的支付。

根据《个人所得税法》、《个人所得税法实施条例》以及《国家税务总局个人所得税扣缴申报管理办法（试行）》等文件的规定，我国个人所得税法中的源泉扣缴制度实施全员全额扣缴申报。所谓全员全额扣缴申报，是指扣缴义务人应当在代扣税款的次月15日内，向主管税务机关报送其支付所得的所有个人的有关信息、支付所得数额、扣除事项和数额、扣缴税款的具体数额和总额以及其他相关涉税信息资料。扣缴义务人每月或者每次预扣、代扣的税款，应当在次月15日内缴入国库，并向税务机关报送“个人所得税扣缴申报表”。

扣缴义务人首次向纳税人支付所得时，应当按照纳税人提供的纳税人识别号等基础信息，填写“个人所得税基础信息表（A表）”，并于次月扣缴申报时向税务机关报送。扣缴义务人对纳税人向其报告的相关基础信息变化情况，应当于次月扣缴申报时向税务机关报送。

扣缴义务人向居民个人支付工资、薪金所得时，应当按照累计预扣法计算预扣税款，并按月办理扣缴申报。先计算累计应预扣预缴税额，再减除累计减免税额和累计已预扣预缴税额，其余额为本期应预扣预缴税额。余额为负值时，暂不退税。纳税年度终了后余额仍为负值时，由纳税人通过办理综合所得年度汇算清缴，税款多退少补。

按照税法规定代扣代缴个人所得税和依法办理个人所得税全员全额扣缴申报，是扣缴义务人的法定义务，必须依法履行。扣缴义务人依法履行代扣代缴义务的，纳税人不得拒绝。纳税人拒绝的，扣缴义务人应当及时报告税务机关。

扣缴义务人有未按照规定向税务机关报送资料和信息、未按照纳税人提供的信息而虚报虚扣专项附加扣除、应扣而未扣税款、不缴或少缴已扣税款、借用或冒用他人身份等行为的，依照《税收征收管理法》等相关法律、行政法规处理。

税务机关对扣缴义务人按照所扣缴的税款，付给2%的手续费。

二、个人所得税法的纳税申报和汇算清缴制度

《个人所得税法》第 10 条规定，个人所得超过国务院规定数额的，在两处以上取得工资、薪金所得或者没有扣缴义务人的，以及具有国务院规定的其他情形的，纳税义务人应当按照国家规定办理纳税申报。据此，《个人所得税法实施条例》以及国家税务总局 2018 年 12 月 21 日发布的《个人所得税扣缴申报管理办法（试行）》等规范性文件，对个人所得税法中的纳税申报制度作出了具体的规定。

（一）纳税申报的情形

凡依据《个人所得税法》负有纳税义务的纳税人，有下列情形之一的，应当依法办理纳税申报：（1）取得综合所得需要办理汇算清缴；（2）取得应税所得没有扣缴义务人；（3）取得应税所得，扣缴义务人未扣缴税款；（4）取得境外所得；（5）因移居境外注销中国户籍；（6）非居民个人在中国境内从两处以上取得工资、薪金所得；（7）国务院规定的其他情形。

扣缴义务人应当按照国家规定办理全员全额扣缴申报，并向纳税人提供其个人所得和已扣缴税款等信息。

（二）取得综合所得需要办理汇算清缴的情形

凡依据《个人所得税法》负有纳税义务的纳税人，有下列情形之一的，需要办理汇算清缴：（1）从两处以上取得综合所得，且综合所得年收入额减除专项扣除的余额超过 6 万元；（2）取得劳务报酬所得、稿酬所得、特许权使用费所得中一项或者多项所得，且综合所得年收入额减除专项扣除的余额超过 6 万元；（3）纳税年度内预缴税额低于应纳税额；（4）纳税人申请退税。

纳税人申请退税，应当提供其在中国境内开设的银行账户，并在汇算清缴地就地办理税款退库。

需要办理汇算清缴的，应当在取得所得的次年 3 月 1 日至 6 月 30 日内办理汇算清缴。

深度阅读

1. 温海滢．个人所得税制度设计的理论研究．北京：中国财政经济出版社，2007

2. 余显财．个人所得税与劳动者福利改进：基于功能定位分析的改革取向．上海：上海财经大学出版社，2011

3. 高培勇．个人所得税：迈出走向“综合与分类相结合”的脚步．北京：中国财政经济出版社，2011

4. ［美］维多克·瑟仁伊．比较税法．丁一，译．北京：北京大学出版社，2006：第四章

问题与思考

一、思考题

1. 能否推行以家庭为单位申报个人所得税制度?

2006 年“两会”期间，广东省全国政协委员陈开枝提出了全国政协的“7 号提案”——建议推行以家庭为单位申报个人所得税的方式，并举例说明：两对夫妇，总收入都是 3 000 元。一对夫妇，妻子失业，丈夫月收入 3 000 元，如果扣除 1 600 元的免征额（现已调整为 3 500 元），另外 1 400 元要缴纳个人所得税；而另一对夫妇各收入 1 500 元，两人的收入都达不到个税起征点，他们不需要缴税。

国家税务总局有关负责人早在 2005 年即对此有过表态，认为从世界范围来看，确实有些国家在个人所得税上采用“夫妻联合申报”或“家庭申报”的征税方式，这样税收负担更加公平、合理。但实行这种方式，必须同时具备三个前提条件：首先是采用综合税制或混合税制模式；其次是全社会的法制建设水平较高，全体公民依法纳税意识较强；最后是税务机关有很强的税收征管能力，能够掌握纳税人的真实情况。如果不同时具备这三项条件而采用“夫妻联合申报”或“家庭申报”的征税方式，就会产生巨大的征管漏洞，导致大量税收流失，同时还会产生新的不公平问题。从现实来看，我国要具备这些条件，还需要较长时间，因此，目前还不适宜以家庭为纳税单位。

思考：中国的个人所得税法改革，究竟应当维持个人申报纳税，还是应当以家庭或者夫妻为申报纳税单位？其中存在哪些异同？需要考虑哪些理论与制度层面的问题？

2. 编辑、记者“没稿费”的问题

国家税务总局于 2002 年对北京市地方税务局作出《关于个人所得税若干业务问题的批复》（国税函〔2002〕146 号，部分失效），确定对不同人员采取不同的征收方式：(1) 任职、受雇于报纸、杂志等单位的记者、编辑等专业人员，因在本单位报纸、杂志上发表作品取得的所得，属于因任职、受雇而取得的所得，应与其当月工资收入合并，按“工资、薪金所得”项目征收个人所得税；(2) 除上述专业人员以外，其他人员在本单位的报纸、杂志上发表作品取得的所得，应按“稿酬所得”项目征收个人所得税。“写稿拿的是稿费。既然税法有关于‘稿酬所得’的纳税规定，为什么不是按照它而是按照‘工资、薪金’纳税?”编辑、记者对此深感困惑。

思考：如何评析国家税务总局的上述文件?

3. “月饼税”的合法性问题

2009 年 9 月中旬，国家税务总局发布通知，就企业向职工发放交通、通信补贴扣缴个税等相关问题进行了明确，对各类交通补贴与通信补贴也要收税，意思就是所有收入都要纳税。《上海青年报》的相关报道中为了形象地说明此事，用中秋节的月饼举例，说是单位发月饼也在缴税的范围当中。无独有偶，2009 年 9 月 16 日，江苏南京市地税部门也接到一些市民电话，咨询企业发放月饼及代用券等中秋物品给员工，应该如何代扣代缴个人所得税。南京市地税部门相关人士表示，根据《个人所得税法实施条例》的规定，单位发放月饼等任何实物均应并入工资薪金所得扣缴个人所得税。由此引发了“月饼税”

征收的合法性与合理性问题，并产生了“月饼税”之后会不会有“粽子税”等疑问。

思考：请从个人所得税法的原理与制度出发，分析上述事件。

二、练习题

1. 下列关于个人所得税的表述中，正确的有（　　）。（多选题）

A. 在中国境内无住所，且一个纳税年度内在中国境内居住满 365 天的个人，为居民纳税人

B. 连续或累计在中国境内居住不超过 90 天的非居民纳税人，其所取得的中国境内所得并由境内支付的部分免税

C. 在中国境内无住所，且一个纳税年度内在中国境内一次居住不超过 30 天的个人，为非居民纳税人

D. 在中国境内无住所，但在中国境内居住超过 5 年的个人，从第 6 年起的以后年度中，凡在境内居住满 1 年的，就源于中国境内外的全部所得缴纳个人所得税

2. 根据《个人所得税法》的规定，某大学教授在 2017 年 6 月份的下列哪些收入应缴纳个人所得税？（　　）（多选题）

A. 工资 5 000 元

B. 在外兼课取得报酬 6 000 元

C. 出版教材一部，获稿酬 1.2 万元

D. 被评为优秀教师，获奖金 5 000 元

3. 关于个人所得税，下列哪些表述是正确的？（　　）（2015 年国家司法考试卷一多选题）

A. 以课税对象为划分标准，个人所得税属于动态财产税

B. 非居民纳税人是指不具有中国国籍但有源于中国境内所得的个人

C. 居民纳税人从中国境内、境外取得的所得均应依法缴纳个人所得税

D. 劳务报酬所得适用比例税率，对劳务报酬所得一次收入畸高的，可实行加成征收

4. 为了完成会计师事务所交办的涉及中国某项目的财务会计报告，永居甲国的甲国人里德来到中国工作半年多，圆满完成报告并获得了相应的报酬。依相关法律规则，下列哪些选项是正确的？（　　）（2015 年国家司法考试卷一多选题）

A. 里德是甲国人，中国不能对其征税

B. 因里德在中国停留超过了 183 天，中国对其可从源征税

C. 如中国已对里德征税，则甲国在任何情况下均不得对里德征税

D. 如里德被甲国认定为纳税居民，则应对甲国承担无限纳税义务

5. 根据《个人所得税法》，关于个人所得税的征缴，下列哪一说法是正确的？（　　）（2016 年国家司法考试卷一单选题）

A. 自然人买彩票多倍投注，所获一次性奖金特别高的，可实行加成征收

B. 扣缴义务人履行代扣代缴义务的，税务机关按照所扣缴的税款付给 2% 的手续费

C. 在中国境内无住所又不居住的个人，在境内取得的商业保险赔款，应缴纳个人所得税

D. 夫妻双方每月取得的工资薪金所得可合并计算，减除费用 7 000 元后的余额，为应纳税所得额

6. 某作家的一部长篇小说从 2018 年 5 月 1 日起在某报纸副刊上连载，每日刊出一期，至 5 月 31 日结束，共刊出 31 期，每期稿酬 500 元。2018 年 2 月 10 日，该作家取得预付稿酬 3 000 元，开始连载后，报社每周支付一次稿酬。至 5 月 31 日已支付完全部稿酬。下列关于报社代扣代缴个人所得税的表述中，正确的是（　　）。（单选题）

A. 应以每周支付稿酬作为一次稿酬据以代扣代缴个人所得税

B. 应以每月实际支付的稿酬作为一次稿酬据以代扣代缴个人所得税

C. 应以预付稿酬作为一次稿酬据以代扣代缴个人所得税

D. 应以实际支付的全部稿酬作为一次稿酬据以代扣代缴个人所得税

7. 下列中国公民应进行个人所得税自行申报的有（　　）。（2015 年注册会计师全国统一考试《税法》多选题）

A. 从我国境外取得专利权转让所得的李某

B. 2014 年取得股票转让所得 16 万元的王某

C. 取得年经营所得 12 万元的个体工商户赵某

D. 每月从我国境内两家企业分别取得工资所得的张某

8. 下列关于个人所得税税制模式的表述中，正确的有（　　）。（2016 年注册会计师全国统一考试《税法》多选题）

A. 实行分类征收制模式便于征收管理，但不利于平衡纳税人税负

B. 实行综合征收制模式征收管理相对复杂，但有利于平衡纳税人税负

C. 我国目前个人所得税实行分类征收制模式

D. 我国个人所得税制的改革方向是由分类征收制向分类与综合相结合的模式转变

9. 中国公民张先生是某民营非上市公司的个人大股东，同时也是一位作家。2019 年 5 月取得的部分实物或现金收入如下：（1）公司为其购买了一辆轿车并将车辆所有权办到其名下，该车购买价为 35 万元。经当地主管税务机关核定，公司在代扣个人所得税税款时允许税前减除的数额为 7 万元。（2）将本人一部长篇小说手稿的著作权拍卖取得收入 5 万元，同时拍卖一幅名人书法作品取得收入 35 万元。经税务机关确认，所拍卖的书法作品原值及相关费用为 20 万元。（3）受邀为某企业家培训班讲课两天，取得讲课费 3 万元。（4）当月转让上月购入的境内某上市公司股票，扣除印花税和交易手续费等，净盈利 5 320.56 元。同时因持有该上市公司的股票取得公司分配的 2018 年年度红利 2 000 元。（5）因有一张购物发票中奖，得 1 000 元奖金。

要求：根据上述资料，按序号回答下列问题，如有计算，每问需计算出合计数。

1）计算公司为张先生购买轿车应代扣代缴的个人所得税。

2）计算长篇小说手稿著作权拍卖收入应缴纳的个人所得税。

3）计算书法作品拍卖所得应缴纳的个人所得税。

4）计算讲课费收入应缴纳的个人所得税。

5）计算销售股票净盈利和取得的股票红利共应缴纳的个人所得税。

6）计算发票中奖收入应缴纳的个人所得税。

10. 某上市公司高级工程师王先生，2018 年度取得个人收入项目如下：（1）扣除“五险一金”后的每月工资 9 800 元，12 月份取得年终奖 72 000 元。（2）从 1 月 1 日起出租两居室住房用于居住，扣除相关税费后的每月租金所得 6 000 元，全年共计 72 000 元。12 月 31 日出租另一套三居室住房预收 2019 年上半年租金 42 000 元。（3）2 月 8 日对 2014 年 1 月公司授予的股票期权 30 000 股行权，每股施权价为 8 元，行权当日该股票的收盘价为 15 元。（4）10 月 26 日通过拍卖市场拍卖祖传字画一幅，拍卖收入 56 000 元，不能提供字画原值凭据。（5）11 月因实名举报某企业的污染行为，获得当地环保部门奖励 20 000 元，同时因其参与的一项技术发明获得国家科技进步二等奖，分得奖金 50 000 元。

要求：根据以上资料，按照下列序号计算回答问题，如有计算，需计算出合计数。

1）计算全年工资所得和年终奖应缴纳的个人所得税。

2）计算出租两居室住房取得的租金收入应缴纳的个人所得税。

3）计算股票期权所得应缴纳的个人所得税。

4）计算拍卖字画收入应缴纳的个人所得税。

5）回答王先生 11 月获得的奖金应如何缴纳个人所得税并简要说明理由。

6）回答王先生在 2019 年年初对 2018 年度取得的所得进行个人所得税申报时，在“财产租赁所得”项目下应填报的所得数额。

第九章

企业所得税法律制度

本章概要

- 企业所得税的居民纳税人与非居民纳税人
- 企业所得税的征税范围
- 企业所得税的税前扣除标准
- 企业所得税的应纳税额计算
- 企业所得税的税收优惠制度
- 企业所得税的特别纳税调整

第一节　企业所得税法概述

一、企业所得税法的概念

所得税是由取得所得的主体缴纳的、以其纯所得额为计税依据的一类税，是一种典型的直接税。[①]

企业所得税法是调整国家与企业之间所得税税收关系的法律规范体系。它是调整国家与企业之间分配关系的重要法律规范，直接影响到企业的税后利润及其分配，关系到不同企业间的公平竞争及企业有效经营机制的形成，甚至影响着整个社会的稳定和发展。因此，企业所得税法历来受到我国政府的高度重视，被视为调节国家经济的重要手段之一。2007 年 3 月 16 日，第十届全国人民代表大会第五次会议通过了《中华人民共和国企业所得税法》（以下简称《企业所得税法》，该法于 2017 年第一次修正，2018 年第二次

① 从其他国家对企业所得征税的税种来看，多数国家称之为“公司所得税”（如美国、英国、加拿大、澳大利亚、法国等），也有国家称之为“法人税”（如日本、德国），还有国家称之为“企业所得税”（如意大利）。

修正）。国务院2007年制定了《中华人民共和国企业所得税法实施条例》（2019年修订）。它们是我国对各类企业、公司、涉外企业和其他取得收入的组织征收所得税的主要法律依据。

二、企业所得税的特点

1. 体现税收公平原则

税收公平原则在税法领域的最简明含义就是要对所有的纳税主体“一视同仁”。为此，税法应使国家税收在一国负有纳税义务的主体之间公平分配，使所有的纳税主体按其实质负担税收的能力，负担其应负的税收。同时，在对各种税收法律关系的处理中，各纳税主体必须法律地位平等，受到平等的对待。

在原国内企业与国外企业分立的企业所得税模式下，内资企业与外资企业、民营企业与国有企业间在实际税率、税前扣除标准、税收优惠方面均存在差异。这种安排起到过积极的作用，但内资企业的实际税负高于外资企业的实际税负，而民营企业在税前可扣除费项较少，享受税收优惠的限制较多，导致其实际税负较高。这就人为地造成内资企业与外资企业、民营企业与国有企业在市场竞争中的不平等地位。《企业所得税法》规定了“四统一”，即统一内资企业、外资企业的企业所得税，统一并适当降低企业所得税税率，统一和规范税前扣除办法和标准，统一税收优惠政策；并实行“产业优惠为主、区域优惠为辅”的新税收优惠体系，使内、外资企业实现税收负担公平，共同享受同等的税收优惠政策和税前扣除标准。这有利于减少税收对市场竞争的扭曲，调动内、外资企业两个积极性，促进内、外资企业和谐发展。

2. 征税以量能课税为原则

量能课税原则是税收公平原则的法律体现，是宪法平等原则在税法上的具体化，是指赋税的课征不以形式上实现依法律课征、满足财政需要为已足，在实质上要求赋税负担必须在一国公民之间公平分配，使所有的纳税人按其实质负担赋税的能力，负担其应负的赋税。[①] 所得税的负担轻重与纳税人所得的多少有着内在联系，征税应以纳税能力为依据，凡具有相同纳税能力者应负担相同的税负。所谓“等者等之，不等者不等之”。依量能课税原则，纳税能力强者应多纳税，纳税能力弱者可少纳税，无纳税能力者则不纳税。

企业所得税的计税依据是应纳税所得额，而不是收入额。这是所得税与增值税的最大区别。而应纳税所得额体现的是纳税人的纯所得，是在扣除了税法允许扣除的项目后的余额。如果应纳税所得额为负数，那么纳税人不用缴纳企业所得税。应纳税所得额越多，则缴纳的所得税越多。

3. 将纳税人分为居民和非居民

居民是指按照一国法律，依据住所、居住时间、注册登记地或者管理机构所在地，

---

① 参见伍玉联：《量能课税原则的法哲学解释》，载《华侨大学学报》（哲学社会科学版），2007（1）。

或其他类似标准，在该国负有全面纳税义务的人，包括个人居民和法人居民。非居民是指不符合一国居民身份，在该国负有有限纳税义务的人。居民身份和非居民身份的确定，能够区别不同类型的纳税人，明确税收管辖权，另外还关系到对本国居民缴纳的外国所得税能否给予抵免的问题。

4. 贯彻区域发展平衡、可持续发展的指导思想

《企业所得税法》为促进西部大开发地区、民族自治地方的经济发展及民营企业的发展作了税收优惠的规定。民族自治地方的自治机关对本民族自治地方的企业应缴纳的企业所得税中属于地方分享的部分，可以决定减征或者免征；对符合条件的小型微利企业实行 20%的优惠税率。这些规定有利于民族自治地方的相关企业继续享有税收优惠，有利于吸引投资和增强企业财力，有利于西部大开发地区和民族自治地方的经济发展。小型微利企业多是民营企业，对这类企业给予优惠，主要是对民营企业给予优惠，将为民营企业的发展壮大起到推动作用。

《企业所得税法》采取了多种方式，重点对基础设施建设、农业发展及环境保护与节能、安全生产、公益事业等领域的项目给予税收优惠，有利于产业结构的优化，促进国民经济持续、健康发展。

5. 鼓励企业自主创新

《企业所得税法》中关于国家需要重点扶持的高新技术企业的优惠利率的规定、加计扣除的规定，对企业符合条件的技术转让所得免税的规定、加速固定资产折旧的规定，以及特定区域内符合条件的高新技术企业享受过渡性税收优惠的规定等，都是加强我国企业自主创新能力建设的重要举措，有利于鼓励高新技术产业的迅速发展，也有利于引导各类企业的自主创新，不断提高企业的核心竞争力。

6. 通过特别纳税调整，体现实质课税原则

特别纳税调整，是指税务机关出于实现反避税目的而对纳税人特定纳税事项所作的税务调整。为防范和制止企业使用各种避税手段规避企业所得税，《企业所得税法》第六章规定了特别纳税调整内容，体现了“从严征管”原则。这些规定是对实质课税原则的贯彻。实质课税原则所注重的是足以代表纳税人纳税能力的经济事实，而不是其外观的法律行为形式。因此，在解释和适用税法时，应根据实质的经济事实而非外观的法律行为作出判断，以便按照纳税人的实际纳税能力公平课税。

第二节　企业所得税法的产生和发展

一、中华人民共和国成立至改革开放前的企业所得税法

中华人民共和国成立后，1950 年政务院公布了《工商业税暂行条例》。这是我国最早对企业所得税作出规定的法规，其征收对象主要是私营企业和城乡个体工商业户，不包括国有企业（当时称国营企业）。1958 年，随着我国对资本主义工商业的社会主义改

造基本完成，私营企业不复存在，城乡个体工商业户亦基本消失。因此，1958 年我国的工商税制也进行了重大改革，所得税成为一个独立税种，称为“工商所得税”。当时规定，除国有企业外，凡是国内从事工商业等经营活动、有利润所得的经济单位和个人都要缴纳工商所得税，但实际上该税主要是对集体企业征收的。国有企业上缴利润，而不缴纳所得税。

在以后的二十多年时间里，国家对国有企业一直实行“统收统支”的制度，即国有企业实现的利润统一上缴，对国有企业不征收所得税，而国有企业生产经营所需的资金由国家统一拨给，发生的亏损由财政弥补。这种税制是计划经济时代的产物。随着我国的经济体制改革和对外开放的深入，这种税制越来越不适应新形势的需要，必须加以改革。

二、改革开放初期的企业所得税法

改革开放后，1983 年和 1984 年国务院先后转批了《财政部关于国营企业利改税试行办法》（失效）和《国营企业第二步利改税试行办法》（失效），在全国范围对国营企业实行“利改税”，把国营企业上缴利润改为按国家规定的税种及税率缴纳税金，税后利润完全由企业自主支配。1984 年 9 月 18 日国务院发布了《国营企业所得税条例（草案）》（失效），初步将国家与国营企业的分配关系通过法律固定下来。

1985 年 4 月 11 日，为了适应集体企业的发展状况和经济体制改革的要求，国务院发布了《集体企业所得税暂行条例》（失效），对全国城乡集体企业取得的生产经营所得和其他所得，统一征收集体企业所得税。1988 年 6 月 25 日，为了加强对私营企业的生产经营和收入分配的监督、管理，国务院颁布了《私营企业所得税暂行条例》（失效），开始征收私营企业所得税。至此，我国企业所得税形成了三足鼎立的局面。

在 1979 年实行对外开放政策以后，前来我国洽谈投资、合作的外国公司、企业及其他经济组织日益增多。为了维护国家权益，促进对外经济技术交流，更好地利用外资和引进先进技术，1980 年 9 月，全国人民代表大会通过了我国第一部涉外税法，即《中外合资经营企业所得税法》（失效）。此后，1981 年 12 月，全国人民代表大会又颁布了《外国企业所得税法》（失效）。至此，覆盖各类涉外企业的我国涉外企业所得税制已初具规模。这两部在改革开放初期制定的税法，在贯彻对外开放政策、维护国家权益、鼓励外商投资、促进对外经济合作等方面，都发挥了重要作用。

三、1994 年税制改革后的企业所得税法

内资企业所得税三税并立的格局，导致它们在税率和税收优惠措施等方面形成了巨大的差异。例如，国有大中型企业的法定税率为 55%，国有小型企业和集体企业实行 10%至 55%的八级超额累进税率，私营企业则实行 35%的比例税率。另外，各类企业的所得税税前还贷的优惠政策繁多、差异大，造成各类企业之间税负的严重不公，并且国

家税收收入逐年下降，财政难以承受。在此情况下，国家不得不通过征收能源交通重点建设基金和预算外调节基金（以下简称两金）等形式予以弥补。这使国家和企业的分配关系严重扭曲，也使所得税的调节功能弱化。另外，多种新的经营方式和产权组织形式的企业，使这种所得税税制面临新的困难。

为了解决我国内资企业所得税税制存在的上述矛盾和问题，使之适应建立社会主义市场经济体制的要求，国务院决定对企业所得税税制进行改革，并于 1993 年 12 月 13 日发布了《企业所得税暂行条例》（失效），自 1994 年 1 月 1 日起实施。国务院发布的《国营企业所得税条例（草案）》《国营企业调节税征收办法》《集体企业所得税暂行条例》《私营企业所得税暂行条例》同时废止，并取消了“两金”和税前还贷。这样，从 1994 年起，我国各种类型的内资企业开始适用统一的所得税法，使我国的企业所得税税制的发展向前迈进了一大步。

在涉外税制方面，随着我国对外开放向纵深发展，我国引进外资的规模不断扩大、渠道不断增多，原有的两个涉外企业所得税法在很多方面都不能适应现实的需要，法律与现实的矛盾及立法中的不足之处日益显现出来。为适应形势发展的需要，在总结两部税法实施 10 年来的问题和经验的基础上，按照税负从轻、优惠从宽、手续从简的原则，1991 年，第七届全国人民代表大会第四次会议通过并颁布了《外商投资企业和外国企业所得税法》（失效），代替了原有的两个涉外企业所得税法，并于同年 7 月 1 日开始实施。至此，我国的企业所得税税制形成了《企业所得税暂行条例》（适用于内资企业）与《外商投资企业和外国企业所得税法》（适用于外商投资企业和外国企业）并存的局面。

四、“两法合并” 后的企业所得税法

内外有别的两套企业所得税税制，给予外商投资企业比较多的税收优惠。这对于改革开放、吸引外资、促进经济发展发挥了重要作用。但是，随着改革的深入，我国社会经济情况发生了很大变化，社会主义市场经济体制初步建立。加入 WTO 后，我国国内市场对外资进一步开放，内资企业也逐渐融入世界经济体系之中，面临越来越大的竞争压力。若继续区别内资、外资企业而采取不同的税收政策，必将使内资企业处于不平等竞争的地位，影响统一、规范、公平竞争的市场环境的建立。为此，我国对企业所得税法进行了“两法合并”的改革：2007 年 3 月 16 日通过《企业所得税法》。《企业所得税法》根据 2017 年 2 月 24 日第十二届全国人民代表大会常务委员会第二十六次会议《关于修改〈中华人民共和国企业所得税法〉的决定》第一次修正。根据 2018 年 12 月 29 日第十三届全国人民代表大会常务委员会第七次会议《关于修改〈中华人民共和国电力法〉等四部法律的决定》第二次修正。《企业所得税法实施条例》也于 2007 年 11 月 28 日经国务院第 197 次常务会议通过，作为《企业所得税法》的配套法规，自 2008 年 1 月 1 日起施行。2019 年 4 月 23 日，中华人民共和国国务院令第 714 号公布，对《中华人民共和国企业所得税法实施条例》部分条款予以修正。

第三节　企业所得税的纳税主体和征税对象

一、纳税主体

根据《企业所得税法》第 1 条的规定，在中华人民共和国境内，企业和其他取得收入的组织为企业所得税的纳税人，依照《企业所得税法》的规定缴纳企业所得税。个人独资企业、合伙企业不适用《企业所得税法》（自 2000 年 1 月 1 日起，我国对个人独资企业和合伙企业征收个人所得税。为了避免重复征税，这两种企业不再是企业所得税的纳税人）。个人独资企业、合伙企业是指依照中国法律、行政法规成立的个人独资企业、合伙企业。

《企业所得税法》按照通行的国际惯例，将纳税人分为居民企业和非居民企业两种。所谓居民企业，是指依法在中国境内成立的，或者依照外国（地区）法律成立但实际管理机构在中国境内的企业。依法在中国境内成立的企业，包括依照中国法律、行政法规在中国境内成立的企业、事业单位、社会团体以及其他取得收入的组织。依照外国（地区）法律成立的企业，包括依照外国（地区）法律成立的企业和其他取得收入的组织。实际管理机构，是指对企业的生产经营、人员、账务、财产等实施实质性全面管理和控制的机构。所谓非居民企业，是指依照外国（地区）法律成立且实际管理机构不在中国境内，但在中国境内设立机构、场所的，或者在中国境内未设立机构、场所，但有来源于中国境内所得的企业。此处所称机构、场所，是指在中国境内从事生产、经营活动的机构、场所，包括：（1）管理机构、营业机构、办事机构；（2）工厂、农场、开采自然资源的场所；（3）提供劳务的场所；（4）从事建筑、安装、装配、修理、勘探等工程作业的场所；（5）其他从事生产、经营活动的机构、场所。非居民企业委托营业代理人在中国境内从事生产经营活动的，包括委托单位或者个人经常代其签订合同，或者储存、交付货物等，该营业代理人被视为非居民企业在中国境内设立的机构、场所。可见，我国《企业所得税法》对居民企业的判断采“登记注册地标准”和“实际管理机构地标准”相结合的标准。

区分居民企业和非居民企业的意义主要在于确定征税的范围以及纳税人的纳税义务。居民企业承担全面（无限）纳税义务，“应当就其来源于中国境内、境外的所得缴纳企业所得税”。而非居民企业承担有限纳税义务，一般只就其来源于我国境内的所得纳税。根据《企业所得税法》第 3 条第 2 款和第 3 款的规定，非居民企业在中国境内设立机构、场所的，应当就其所设机构、场所取得的来源于中国境内的所得，以及发生在中国境外但与其所设机构、场所有实际联系的所得，缴纳企业所得税；非居民企业在中国境内未设立机构、场所的，或者虽设立机构、场所，但取得的所得与其所设机构、场所没有实际联系的，应当就其来源于中国境内的所得缴纳企业所得税。所谓实际联系，是指非居民企业在中国境内设立的机构、场所拥有据以取得所得的股权、债权，以及拥有、管理、控制据以取得所得的财产等。

二、征税对象

企业所得税的征税对象即企业所得税的征税范围，是指企业的生产、经营所得和其他所得。对此可以从以下三个方面来加以说明。

（1）就国家行使税收管辖权划分，征税对象包括我国的居民企业从我国境内取得的各项所得和来源于境外的各项所得，以及非居民企业来源于我国境内的应税所得。这是因为按照国际惯例，我们为了维护国家主权和经济利益，在行使地域税收管辖权（或称收入来源地税收管辖权）时，不但要对在我国境内从事经济活动的所得和来源于我国境内的收入行使征税的管辖权，而且要对在本国居住的居民企业来源于世界各地的全部所得行使税收管辖权。居民企业为中国企业，国家对其行使居民税收管辖权，因此，居民企业应将其来源于境内、境外的所得扣除为了取得这些所得而发生的成本费用支出后的余额，作为应纳税所得额。当然，为避免重复征税，对居民企业在境外缴纳的所得税税款，准予在总机构汇总纳税时，从其应纳税额中予以抵免。

在确定一项所得的来源地时，按照以下原则确定：1）对于销售货物所得，按照交易活动发生地确定；2）对于提供劳务所得，按照劳务发生地确定；3）对于转让财产所得，不动产转让所得按照不动产所在地确定，动产转让所得按照转让动产的企业或者机构、场所所在地确定，权益性投资资产转让所得按照被投资企业所在地确定；4）对于股息、红利等权益性投资所得，按照分配所得的企业所在地确定；5）对于利息所得、租金所得、特许权使用费所得，按照负担、支付所得的企业或者机构、场所所在地确定，或者按照负担、支付所得的个人的住所地确定；6）对于其他所得，由国务院财政、税务主管部门确定。

（2）就所得的类别划分，征税对象包括销售货物所得、提供劳务所得、转让财产所得、股息/红利等权益性投资所得、利息所得、租金所得、特许权使用费所得、接受捐赠所得和其他所得。

（3）就是否为在业经营所得划分，征税对象包括在业经营所得和清算所得。前者是指纳税人在开业经营时在账册上所记载的生产、经营所得和其他所得，后者是指企业的全部资产可变现价值或者交易价格减除资产净值、清算费用以及相关税费等后的余额。清算所得应依法缴纳企业所得税。

投资方企业从被清算企业分得的剩余资产中相当于从被清算企业累计未分配利润和累计盈余公积中应当分得的部分，应当确认为股息所得；剩余资产减除上述股息所得后的余额，超过或者低于投资成本的部分，应当确认为投资资产转让所得或者损失。

第四节　企业所得税的税率和应纳税额的计算

一、企业所得税的税率

企业所得税的税率有普通税率和优惠税率之分。普通税率有两种情况：一般来说，企业所得税的税率为25%；但非居民企业在中国境内未设立机构、场所但取得来源于中国境内的所得，或者虽设立机构、场所，但取得与其所设机构、场所没有实际联系的所得，适用税率为20%，但是，根据《企业所得税法实施条例》第91条的规定，该项所得减按10%的税率征收。

优惠税率也有两种情况：符合条件的小型微利企业，减按20%的税率征收企业所得税；国家需要重点扶持的高新技术企业，减按15%的税率征收企业所得税。

上述小型微利企业是指从事国家非限制和禁止行业，且同时符合年度应纳税所得额不超过300万元、从业人数不超过300人、资产总额不超过5 000万元这三个条件的企业。

从业人数，包括与企业建立劳动关系的职工人数和企业接受的劳务派遣用工人数。从业人数和资产总额指标，应按企业全年的季度平均值确定。其具体计算公式如下：

季度平均值＝（季初值＋季末值）÷2

全年季度平均值＝全年各季度平均值之和÷4

年度中间开业或者终止经营活动的，以其实际经营期作为一个纳税年度确定上述相关指标。

二、企业所得税应纳税额的计算

（一）企业所得税的计税依据

企业所得税的计税依据是应纳税所得额，即纳税人每一纳税年度的收入总额，减除不征税收入、各项扣除以及允许弥补的以前年度亏损后的余额。所称亏损，是指企业依照《企业所得税法》和《企业所得税法实施条例》的规定，将每一纳税年度的收入总额减除不征税收入、免税收入和各项扣除后小于零的数额。

要正确计算企业所得税的应纳税额，必须首先确定应纳税所得额。企业应纳税所得额的计算，以权责发生制为原则，属于当期的收入和费用的，不论款项是否收付，均作为当期的收入和费用；不属于当期的收入和费用的，即使款项已经在当期收付，均不作为当期的收入和费用。《企业所得税法实施条例》和国务院财政、税务主管部门另有规定的除外。企业应纳税额的大小，取决于应纳税所得额的大小。

1. 收入总额

收入总额是指企业以货币形式和非货币形式从各种来源取得的收入。企业取得收入的货币形式，包括现金、存款、应收账款、应收票据、准备持有至到期的债券投资以及债务的豁免等。企业取得收入的非货币形式，包括固定资产、生物资产、无形资产、股权投资、存货、不准备持有至到期的债券投资、劳务以及有关权益等。企业以非货币形式取得的收入，应当按照公允价值确定收入额。公允价值，是指按照市场价格确定的价值。

收入总额的具体内容包括以下几项。

（1）销售货物收入。销售货物收入，是指企业销售商品、产品、原材料、包装物、低值易耗品以及其他存货取得的收入。

（2）提供劳务收入。提供劳务收入，是指企业从事建筑安装、修理修配、交通运输、仓储租赁、金融保险、邮电通信、咨询经纪、文化体育、科学研究、技术服务、教育培训、餐饮住宿、中介代理、卫生保健、社区服务、旅游、娱乐、加工以及其他劳务服务活动取得的收入。

（3）转让财产收入。转让财产收入，是指企业转让固定资产、生物资产、无形资产、股权、债权等财产取得的收入。

（4）股息、红利等权益性投资收益。股息、红利等权益性投资收益，是指企业因权益性投资从被投资方取得的收入。股息、红利等权益性投资收益，除国务院财政、税务主管部门另有规定外，按照被投资方作出利润分配决定的日期确认收入的实现。

（5）利息收入。利息收入，是指企业将资金提供他人使用但不构成权益性投资，或者因他人占用本企业资金取得的收入，包括存款利息、贷款利息、债券利息、欠款利息等收入。利息收入，按照合同约定的债务人应付利息的日期确认收入的实现。

（6）租金收入。租金收入，是指企业提供固定资产、包装物或者其他有形资产的使用权取得的收入。租金收入，按照合同约定的承租人应付租金的日期确认收入的实现。

（7）特许权使用费收入。特许权使用费收入，是指企业提供专利权、非专利技术、商标权、著作权以及其他特许权的使用权取得的收入。特许权使用费收入，按照合同约定的特许权使用人应付特许权使用费的日期确认收入的实现。

（8）接受捐赠收入。接受捐赠收入，是指企业接受的来自其他企业、组织或者个人无偿给予的货币性资产、非货币性资产。接受捐赠收入，按照实际收到捐赠资产的日期确认收入的实现。

（9）其他收入。其他收入，是指企业取得的除上述收入外的其他收入，包括企业资产溢余收入、逾期未退包装物押金收入、确实无法偿付的应付款项、已作坏账损失处理后又收回的应收款项、债务重组收入、补贴收入、违约金收入、汇兑收益等。

企业的下列生产经营业务可以分期确认收入的实现：（1）以分期收款方式销售货物的，按照合同约定的收款日期确认收入的实现；（2）企业受托加工制造大型机械设备、船舶、飞机，以及从事建筑、安装、装配工程业务或者提供其他劳务等，持续时间超过12个月的，按照纳税年度内完工进度或者完成的工作量确认收入的实现。

采取产品分成方式取得收入的，按照企业分得产品的日期确认收入的实现，其收入额按照产品的公允价值确定。

企业发生非货币性资产交换，以及将货物、财产、劳务用于捐赠、偿债、赞助、集资、广告、样品、职工福利或者利润分配等用途的，应当视同销售货物、转让财产或者提供劳务，但国务院财政、税务主管部门另有规定的除外。

2. 不征税收入

不征税收入是《企业所得税法》中新创设的一个概念。我国税法规定不征税收入，其主要目的是将部分非经营活动或非营利活动带来的经济利益流入从应税总收入中扣除。目前，我国存在的组织形式多样，除企业外，有半政府机构（比如事业单位），有公益慈善组织，还有其他复杂的社会团体和民办非企业单位等。严格来讲这些机构是不以营利活动为目的的，其收入的形式主要有财政拨款以及为承担行政性职能所收取的行政事业性收费等，对上述行政事业性收费、政府性基金征税没有实际意义。

不征税收入，是指从性质和根源上不属于企业营利性活动带来的经济利益、不负有纳税义务并不作为应纳税所得额组成部分的收入。不征税收入与免税收入不同：从根源和性质上说，不征税收入不属于营利性活动带来的经济利益，而是专门从事特定活动所取得的收入，这些收入从企业所得税的原理来讲不应列入征税范围的收入范畴。而免税收入是纳税人应税收入的重要组成部分，只是国家为了实现某些经济和社会目标，在特定时期或对特定项目取得的经济利益给予的税收优惠照顾，而在一定时期又有可能恢复征收。

根据《企业所得税法》第 7 条的规定，下列收入为不征税收入。

（1）财政拨款。财政拨款，是指各级人民政府对纳入预算管理的事业单位、社会团体等组织拨付的财政资金，但国务院和国务院财政、税务主管部门另有规定的除外。

（2）依法收取并纳入财政管理的行政事业性收费、政府性基金。行政事业性收费，是指依照法律、法规等的有关规定，按照国务院规定的程序批准，在实施社会公共管理，以及在向自然人、法人或者其他组织提供特定公共服务的过程中，向特定对象收取并纳入财政管理的费用。政府性基金，是指企业依照法律、行政法规等的有关规定，代政府收取的具有专项用途的财政资金。《企业所得税法》规定行政事业性收费和政府性基金为不征税收入，主要是基于以下考虑：一是收取行政事业性收费和政府性基金的组织或机构一般是承担行政性职能或从事公共事务的，它们不以营利为目的，一般不作为应税收入的主体；二是行政事业性收费和政府性基金一般通过财政的“收支两条线”管理，封闭运行，对其征税没有实际意义。

（3）国务院规定的其他不征税收入。其他不征税收入，是指企业取得的，由国务院财政、税务主管部门规定专项用途并经国务院批准的财政性资金。设置“其他不征税收入”这一兜底条款，主要是考虑到适应社会发展的需要，承担公共管理职能的非营利性组织可能会取得一些新的不征税收入。其他不征税收入的界定权属于国务院。

3. 准予扣除的项目

（1）企业实际发生的与取得收入有关的、合理的支出，包括成本、费用、税金、损失和其他支出。此处所称有关的支出，是指与取得收入直接相关的支出；所称合理的支出，是指符合生产经营活动常规，应当计入当期损益或者有关资产成本的必要和正常的支出。企业发生的支出应当区分收益性支出和资本性支出。对收益性支出在发生当期直接扣除；对资本性支出应当分期扣除或者计入有关资产成本，不得在发生当期直接扣除。对于企业的不征税收入用于支出所形成的费用或者财产，不得扣除或者计算对应的折旧、摊销扣除。除《企业所得税法》和《企业所得税法实施条例》另有规定外，对于企业实际发生的成本、费用、税金、损失和其他支出，不得重复扣除。

成本，是指企业在生产、经营活动中发生的销售成本、销货成本、业务支出以及其他耗费。

费用，是指企业在生产、经营活动中发生的销售费用、管理费用和财务费用，已经计入成本的有关费用除外。

税金，是指企业发生的除企业所得税和允许抵扣的增值税以外的各项税金及其附加。

损失，是指企业在生产、经营活动中发生的固定资产和存货的盘亏、毁损、报废损失，转让财产损失，呆账损失，坏账损失，自然灾害等不可抗力因素造成的损失以及其他损失。对于企业发生的损失，减除责任人赔偿和保险赔款后的余额，依照国务院财政、税务主管部门的规定扣除。企业已经作为损失处理的资产，在以后纳税年度又全部收回或者部分收回时，应当计入当期收入。

其他支出，是指除成本、费用、税金、损失外，企业在生产经营活动中发生的与生产、经营活动有关的、合理的支出。

（2）企业发生的合理的工资、薪金支出。工资、薪金，是指企业每一纳税年度支付给在本企业任职或者受雇的员工的所有现金形式或者非现金形式的劳动报酬，包括基本工资、奖金、津贴、补贴、年终加薪、加班工资，以及与员工任职或者受雇有关的其他支出。

（3）企业依照国务院有关主管部门或者省级人民政府规定的范围和标准为职工缴纳的基本养老保险费、基本医疗保险费、失业保险费、工伤保险费、生育保险费等基本社会保险费，以及住房公积金。对于企业为投资者或者职工支付的补充养老保险费、补充医疗保险费，在国务院财政、税务主管部门规定的范围和标准内，准予扣除。

（4）企业依照国家有关规定为特殊工种职工支付的人身安全保险费和国务院财政、税务主管部门规定可以扣除的其他商业保险费。但对于企业为投资者或者职工支付的除前述之外的商业保险费，不得扣除。

（5）企业在生产经营活动中发生的合理的不需要资本化的借款费用。对于企业为购置、建造固定资产、无形资产和经过 12 个月以上的建造才能达到预定可销售状态的存货发生借款的，在有关资产购置、建造期间发生的合理的借款费用，应当作为资本性支出计入有关资产的成本，并依照《企业所得税法实施条例》的规定扣除。

（6）企业在生产经营活动中发生的下列利息支出：1）非金融企业向金融企业借款的利息支出、金融企业的各项存款利息支出和同业拆借利息支出、企业经批准发行债券的利息支出；2）非金融企业向非金融企业借款的利息支出，不超过按照金融企业同期同类贷款利率计算的数额的部分。

（7）企业在货币交易中以及纳税年度终了时将人民币以外的货币性资产、负债按照期末即期人民币汇率中间价折算为人民币时产生的汇兑损失，但是已经计入有关资产成本以及与向所有者进行利润分配相关的部分除外。

（8）企业在规定扣除标准之内发生的福利费支出、拨缴的工会经费、发生的职工教育经费支出，发生的与生产、经营活动有关的业务招待费支出，以及符合条件的广告费和业务宣传费支出。

对于企业发生的职工福利费支出，不超过工资、薪金总额 14％的部分，准予扣除。

对于企业拨缴的工会经费，不超过工资、薪金总额 2％的部分，准予扣除。

除国务院财政、税务主管部门另有规定外，对于企业发生的职工教育经费支出，不超过工资、薪金总额 2.5％的部分，准予扣除；超过部分，准予在以后纳税年度结转扣除。

对于企业发生的与生产经营活动有关的业务招待费支出，按照发生额的 60%扣除，但最高不得超过当年销售（营业）收入的 5‰。

对于企业发生的符合条件的广告费和业务宣传费支出，除国务院财政、税务主管部门另有规定外，不超过当年销售（营业）收入 15%的部分，准予扣除；超过部分，准予在以后纳税年度结转扣除。根据《财政部、国家税务总局关于广告费和业务宣传费支出税前扣除有关事项的公告》（财政部、税务总局公告 2020 年第 43 号），自 2021 年 1 月 1 日起至 2025 年 12 月 31 日期间，执行下列特殊政策：1）对化妆品制造或销售、医药制造和饮料制造（不含酒类制造）企业发生的广告费和业务宣传费支出，不超过当年销售（营业）收入 30%的部分，准予扣除；超过部分，准予在以后纳税年度结转扣除。2）对签订广告费和业务宣传费分摊协议的关联企业，其中一方发生的不超过当年销售（营业）收入税前扣除限额比例内的广告费和业务宣传费支出可以在本企业扣除，也可以将其中的部分或全部按照分摊协议归集至另一方扣除。另一方在计算本企业广告费和业务宣传费支出企业所得税税前扣除限额时，可将按照上述办法归集至本企业的广告费和业务宣传费不计算在内。3）烟草企业的烟草广告费和业务宣传费支出，一律不得在计算应纳税所得额时扣除。

（9）企业依照法律、行政法规有关规定提取的用于环境保护、生态恢复等方面的专项资金。但上述专项资金提取后改变用途的，不得扣除。

（10）企业参加财产保险，按照规定缴纳的保险费。

（11）企业根据生产、经营活动的需要租入固定资产支付的租赁费，按照以下方法扣除：1）以经营租赁方式租入固定资产发生的租赁费支出，按照租赁期限均匀扣除；2）以融资租赁方式租入固定资产发生的租赁费支出，按照规定构成融资租入固定资产价值的部分应当提取折旧费用，分期扣除。

（12）企业发生的合理的劳动保护支出。

（13）对于非居民企业在中国境内设立的机构、场所，就其中国境外总机构发生的与该机构、场所的生产经营有关的费用，能够提供总机构出具的费用汇集范围、定额、分配依据和方法等证明文件，并合理分摊的，准予扣除。

（14）企业通过公益性社会组织或者县级（含县级）以上人民政府及其组成部门和直属机构，用于慈善活动、公益事业的捐赠支出，在年度利润总额 12%以内的部分，准予在计算应纳税所得额时扣除；超过年度利润总额 12%的部分，准予结转以后 3 年内在计算应纳税所得额时扣除。企业当年发生及以前年度结转的公益性捐赠支出，准予在当年税前扣除的部分，不能超过企业当年年度利润总额的 12%。企业发生的公益性捐赠支出未在当年税前扣除的部分，准予向以后年度结转扣除，但结转年限自捐赠发生年度的次年起计算最长不得超过三年。企业在对公益性捐赠支出计算扣除时，应先扣除以前年度结转的捐赠支出，再扣除当年发生的捐赠支出。其中，年度利润总额，是指企业依照国家统一会计制度的规定计算的大于零的数额。公益性捐赠，是指企业通过公益性社会组织或者县级以上人民政府及其部门，用于符合法律规定的慈善活动、公益事业的捐赠。公益性社会组织，是指同时符合下列条件的慈善组织以及其他社会组织：依法登记，具有法人资格；以发展公益事业为宗旨，且不以营利为目的；全部资产及其增值为该法人所有；收益和营运结余主要用于符合该法人设立目的的事业；终止后的剩余财产不归属任何个人或者营利组织；不经营与其设立目的无关的业务；有健全的财务会计制度；捐赠者不以任何形式参与该法人财产的分配；国务院财政、税务主管部门会同国务院民政部门等登记管理部门规定的其他条件。公益性社会组织应当依法取得公益性捐赠税前扣除资格。

4. 不得扣除的项目

（1）根据《企业所得税法》第 10 条的规定，在计算应纳税所得额时，下列支出不得扣除。

1）向投资者支付的股息、红利等权益性投资收益款项。纳税人的这部分支出是从税后利润中支出的，是对被投资者税后利润的分配，本质上不是企业取得经营收入的正常的费用支出，因此，不允许在税前扣除。对于向投资者支付的权益性投资收益款项，各国的所得税法均不允许在税前扣除，应遵循国际惯例。

2）企业所得税税款。企业所得税税款是纳税人的应纳税所得额乘以适用的税率计算的乘积，是在确定了应纳税所得额后才确定的应纳税额，所以在计算应纳税所得额时，不得预先将应缴纳的企业所得税税款扣除，否则会出现计算企业所得税税款时循环倒算的问题。再者，企业所得税税款本质上是企业利润分配的支出，是国家参与企业经营成果分配的一种形式，而非为取得经营收入实际发生的费用支出，故不能作为企业的成本费用在税前扣除。

3）税收滞纳金。税收滞纳金是税务机关对未按规定期限缴纳税款的纳税人按比例附加征收的，纳税人、扣缴义务人因违反税法规定而应缴纳的款项应由纳税人、扣缴义务人自己承担。如果允许在计算应纳税所得额时予以扣除，那么税收滞纳金的实际承担人就是国家。征收税收滞纳金的主要目的是督促纳税人按期缴纳税款，减少欠税，保证税款及时入库，所以，不允许在税前扣除税收滞纳金。

4）罚金、罚款和被没收财物的损失。纳税人的生产、经营因违反国家法律、法规和规章，被有关部门处以的罚金、罚款和被没收财物的损失，也应由纳税人承担。如果允许纳税人在计算应纳税所得额时将它们予以扣除，则这些损失就转嫁到国家头上。真实、合法和合理是纳税人在经营活动中发生的费用支出可以进行税前扣除的基本原则。不管费用是否实际发生，或合理与否，如果是非法支出，即使按财务会计法规或制度可以作为费用，也不能在税前扣除。罚金、罚款和被没收财物的损失，本质上都是违反了国家法律、法规或行政性规定所造成的损失，不属于正常的经营性支出。如果允许企业将罚金、罚款和被没收财物的损失作为费用和损失在税前列支，等于在税收上承认其违法经营，并用国家应收的税款弥补其罚没的损失。因此，罚金、罚款和被没收财物的损失不允许在税前扣除。

5）非公益性的捐赠以及超过扣除标准的公益性捐赠。纳税人超出税法规定，用于公益性捐赠之外的捐赠，以及超过扣除标准以外的公益性捐赠，不得扣除。主要原因在于：一是捐赠支出本身并不是与取得经营收入有关的正常、必要的支出，不符合税前扣除的基本原则，原则上不允许在税前扣除；二是如果允许公益性捐赠以外的捐赠支出、赞助支出在税前扣除，纳税人往往会以捐赠名义进行不合理甚至非法的支出，导致税收流失，不利于加强对公益性捐赠以外的捐赠支出的税收管理。

6）赞助支出。赞助支出，是指企业发生的与生产经营活动无关的各种非广告性质支出。

7）未经核定的准备金支出。未经核定的准备金支出，是指不符合国务院财政、税务主管部门规定的各项资产减值准备、风险准备等准备金支出。财务会计制度规定，基于资产的真实性和谨慎性原则考虑，为防止企业虚增资产或虚增利润，保证企业因市场变化、科学技术的进步或者企业经营管理不善等原因即产生的资产实际价值的变动能够客观真实地得到反映，要求企业合理地预计各项资产可能发生的损失，提取准备金。过去，企业所得税法规定，坏账准备金，商品削价准备金，金融企业的呆账、坏账准备金，按税法规定的比例允许在税前扣除；其他的准备金，如存货跌价准备金、短期投资跌价准备金、长期投资减值准备金、风险准备金（包括投资风险准备金）以及国家税收法规规定可提取的准备金之外的任何形式的准备金，均不得在税前扣除。企业只有按照税法标准认定该项资产实际发生的损失时，其损失金额才可在税前扣除。企业所得税法一般不允许企业提取各种形式的准备金，主要是考虑到以下因素：一是企业所得税税前允许扣除的项目，原则上必须遵循真实发生的据实扣除原则，只有企业实际发生的损失才允许在税前扣除；反之，企业非实际发生的损失，一般不允许扣除。而企业各项资产减值准备金的提取，是由会计人员根据会计制度和自身职业判断进行的，不同的企业提取的比例不同，允许企业准备金扣除可能成为企业会计人员据以操纵的工具，而税务人员从企业外部很难判断企业会计人员据以提取准备金的依据充分合理与否。二是由于市场复杂多变，各行业市场风险不同，税法上难以对各种准备金规定一个合理的提取比例，如果规定统一比例，会导致税负不公。三是企业提取各种准备金实际上是为了减少市场经营风险，但这种风险应由企业自己承担，不应转嫁到国家身上。因此，尽管企业提取的资产跌价准备金或减值准备金在提取年度在税前不允许扣除，但企业资产损失实际发生时，允许在实际发生年度扣除，从而体现了企业所得税据实扣除和确定性的原则。四是各国所得税法一般都不允许各种准备金的税前扣除。我国当前面临企业法人治理结构不合理、内控机制不完善等状况，许多企业利用提取准备金的办法达到逃避税收的目的。但由于人寿保险、财产保险、风险投资和其他具有特殊风险的金融工具风险大，各国所得税法都允许提取一定比例的准备金在税前扣除。

8）与取得收入无关的其他支出。

（2）根据《企业所得税法实施条例》第 49 条的规定，对于企业之间支付的管理费、企业内营业机构之间支付的租金和特许权使用费，以及非银行企业内营业机构之间支付的利息，不得扣除。

（3）企业在汇总计算缴纳企业所得税时，其境外营业机构的亏损不得抵减境内营业机构的盈利。

5. 非居民企业在中国境内未设立机构、场所但有来源于中国境内的所得，或者虽设立机构、场所，但取得的所得与其所设机构、场所没有实际联系时，其应纳税所得额的计算

（1）股息、红利等权益性投资收益和利息、租金、特许权使用费所得，以收入全额为应纳税所得额；（2）转让财产所得，以收入全额减除财产净值后的余额为应纳税所得额；（3）其他所得，参照前述两项规定的方法计算应纳税所得额。

其中，上述（2）项所称财产净值是指有关资产、财产的计税基础减除已经按照规定扣除的折旧、折耗、摊销、准备金等后的余额。

上述所称收入全额，是指非居民企业向支付人收取的全部价款和价外费用。

6. 亏损的结转弥补

企业纳税年度发生的亏损，可以向以后年度结转，用以后年度的所得弥补，但结转年限最长不得超过 5 年。

有关计算应纳税所得额时的收入、扣除的具体范围、标准和资产的税务处理的具体办法，由国务院财政、税务主管部门规定。

在计算应纳税所得额时，企业的财务、会计处理办法与税收法律、行政法规的规定不一致的，应当依照税收法律、行政法规的规定计算纳税。

（二）资产的税务处理

资产的税务处理，目的是通过对资产的分类，区别资本性支出与收益性支出，确定准予扣除的项目和不准扣除的项目，正确计算应纳税所得额。

企业的各项资产，包括固定资产、生物资产、无形资产、长期待摊费用、投资资产、存货等，以历史成本为计税基础。所谓历史成本，是指企业取得该项资产时实际发生的支出。企业持有各项资产期间资产增值或者减值的，除国务院财政、税务主管部门规定可以确认损益外，不得调整该资产的计税基础。

1. 固定资产的计税基础和折旧

固定资产，是指企业为生产产品、提供劳务、出租或者经营管理而持有的，使用时间超过 12 个月的非货币性资产，包括房屋、建筑物、机器、机械、运输工具，以及其他与生产经营活动有关的设备、器具、工具等。

（1）固定资产确定计税基础的方法。固定资产按照以下方法确定计税基础：1）外购的固定资产，以购买价款和支付的相关税费以及为使该资产达到预定用途而发生的其他支出为计税基础。2）自行建造的固定资产，以竣工结算前发生的支出为计税基础。3）融资租入的固定资产，以租赁合同约定的付款总额和承租人在签订租赁合同过程中发生的相关费用为计税基础；租赁合同未约定付款总额的，以该资产的公允价值和承租人在签订租赁合同过程中发生的相关费用为计税基础。4）盘盈的固定资产，以同类固定资产的重置完全价值为计税基础。5）通过捐赠、投资、非货币性资产交换、债务重组等方式取得的固定资产，以该资产的公允价值和支付的相关税费为计税基础。6）改建的固定资产，除已足额提取折旧的固定资产的改建支出和租入固定资产的改建支出外，以改建过程中发生的改建支出增加计税基础。

（2）固定资产按照直线法计算的折旧，准予扣除。下列固定资产不得计算折旧扣除：1）房屋、建筑物以外未投入使用的固定资产；2）以经营租赁方式租入的固定资产；3）以融资租赁方式租出的固定资产；4）已足额提取折旧仍继续使用的固定资产；5）与经营活动无关的固定资产；6）单独估价作为固定资产入账的土地；7）其他不得计算折旧的固定资产。

（3）固定资产提取折旧的依据和方法。企业应当自固定资产投入使用月份的次月起计算折旧；停止使用的固定资产，应当自停止使用月份的次月起停止计算折旧。企业应当根据固定资产的性质和使用情况，合理确定固定资产的预计净残值。固定资产的预计净残值一经确定，不得变更。

除国务院财政、税务主管部门另有规定外，固定资产计算折旧的最低年限如下：1）房屋、建筑物，为20年；2）飞机、火车、轮船、机器、机械和其他生产设备，为10年；3）与生产经营活动有关的器具、工具、家具等，为5年；4）飞机、火车、轮船以外的运输工具，为4年；5）电子设备，为3年。

从事开采石油、天然气等矿产资源的企业，在开始商业性生产前发生的费用和有关固定资产的折耗、折旧方法，由国务院财政、税务主管部门另行规定。

2. 生产性生物资产的计税基础和折旧

所谓生产性生物资产，是指企业为生产农产品、提供劳务或者出租等而持有的生物资产，包括经济林、薪炭林、产畜和役畜等。

（1）确定生产性生物资产计税基础的方法。生产性生物资产按照以下方法确定计税基础：1）外购的生产性生物资产，以购买价款和支付的相关税费为计税基础；2）通过捐赠、投资、非货币性资产交换、债务重组等方式取得的生产性生物资产，以该资产的公允价值和支付的相关税费为计税基础。

（2）生产性生物资产的折旧。生产性生物资产按照直线法计算的折旧，准予扣除。企业应当自生产性生物资产投入使用月份的次月起计算折旧；停止使用的生产性生物资产，应当自停止使用月份的次月起停止计算折旧。企业应当根据生产性生物资产的性质和使用情况，合理确定生产性生物资产的预计净残值。生产性生物资产的预计净残值一经确定，不得变更。生产性生物资产计算折旧的最低年限如下：林木类生产性生物资产，为10年；畜类生产性生物资产，为3年。

3. 无形资产的摊销

无形资产，是指企业为生产产品、提供劳务、出租或者经营管理而持有的，没有实物形态的非货币性长期资产，包括专利权、商标权、著作权、土地使用权、非专利技术、商誉等。

（1）无形资产计税基础的确定方法。无形资产按照以下方法确定计税基础：1）外购的无形资产，以购买价款和支付的相关税费以及直接归属于使该资产达到预定用途而发生的其他支出为计税基础；2）自行开发的无形资产，以开发过程中该资产符合资本化条件后至达到预定用途前发生的支出为计税基础；3）通过捐赠、投资、非货币性资产交换、债务重组等方式取得的无形资产，以该资产的公允价值和支付的相关税费为计税基础。

（2）无形资产的摊销。无形资产按照直线法计算的摊销费用，准予扣除。但下列无形资产不得计算摊销费用扣除：1）自行开发的支出已在计算应纳税所得额时扣除的无形资产；2）自创商誉；3）与经营活动无关的无形资产；4）其他不得计算摊销费用扣除的无形资产。

无形资产的摊销年限不得低于10年。对于作为投资或者受让的无形资产，有关法律规定或者合同约定了使用年限的，可以按照规定或者约定的使用年限分期摊销。

外购商誉的支出，在企业整体转让或者清算时，准予扣除。

4. 长期待摊费用

在计算应纳税所得额时，企业发生的下列支出作为长期待摊费用；按照规定摊销的，准予扣除：（1）已足额提取折旧的固定资产的改建支出；（2）租入固定资产的改建支出；（3）固定资产的大修理支出；（4）其他应当作为长期待摊费用的支出。

其中，（1）项和（2）项所称固定资产的改建支出，是指改变房屋或者建筑物结构、延长使用年限等而发生的支出。已足额提取折旧的固定资产的改建支出，按照固定资产预计尚可使用年限分期摊销；租入固定资产的改建支出，按照合同约定的剩余租赁期限分期摊销。

改建的固定资产延长使用年限的，除上述（1）项和（2）项规定外，应当适当延长折旧年限。

前述（3）项所称固定资产的大修理支出，是指同时符合下列条件的支出：1）修理支出达到取得固定资产时的计税基础的50%以上；2）修理后固定资产的使用年限延长2年以上。固定资产的大修理支出，按照固定资产尚可使用年限分期摊销。

前述（4）项所称其他应当作为长期待摊费用的支出，自支出发生月份的次月起，分期摊销，摊销年限不得低于3年。

5. 投资资产的税务处理

投资资产，是指企业对外进行权益性投资和债权性投资所形成的资产。

企业对外投资期间，投资资产的成本在计算应纳税所得额时不得扣除。对于企业在转让或者处置投资资产时投资资产的成本，准予扣除。

投资资产按照以下方法确定成本：（1）对于通过支付现金方式取得的投资资产，以购买价款为成本；（2）对于通过支付现金以外的方式取得的投资资产，以该资产的公允价值和支付的相关税费为成本。

6. 存货的税务处理

存货，是指企业持有以备出售的产品或者商品、处在生产过程中的在产品、在生产或者提供劳务过程中耗用的材料和物料等。

企业使用或者销售存货的，按照规定计算的存货成本，准予在计算应纳税所得额时扣除。

存货按照以下方法确定成本：（1）对于通过支付现金方式取得的存货，以购买价款和支付的相关税费为成本；（2）对于通过支付现金以外的方式取得的存货，以该存货的公允价值和支付的相关税费为成本；（3）对于生产性生物资产收获的农产品，以产出或者采收过程中发生的材料费、人工费和分摊的间接费用等必要支出为成本。

企业使用或者销售的存货的成本计算方法，可以在先进先出法、加权平均法、个别计价法中选用一种。计价方法一经选用，不得随意变更。

7. 资产转让的税务处理

企业转让资产的，对于该项资产的净值，准予在计算应纳税所得额时扣除。所谓资产净值，是指有关资产、财产的计税基础减除已经按照规定扣除的折旧、折耗、摊销、准备金等后的余额。

除国务院财政、税务主管部门另有规定外，企业在重组过程中，应当在交易发生时确认有关资产的转让所得或者损失，相关资产应当按照交易价格重新确定计税基础。

（三）企业所得税的应纳税额

1. 企业所得税的应纳税额的计算

企业的应纳税所得额乘以适用税率，减除应减免的税额和允许抵免的税额后的余额，为企业所得税的应纳税额。其计算公式为：

应纳税额＝应纳税所得额×适用税率－减免税额－抵免税额

公式中的减免税额和抵免税额，是指依照《企业所得税法》和国务院的税收优惠规定减征、免征和抵免的应纳税额。

2. 来源于境外所得已纳税额的抵免

税收抵免，是指居住国政府对其居民企业来自国内外的所得一律汇总征税，但允许抵扣该居民企业在国外已纳的税额，以避免国际重复征税。

（1）企业取得的下列所得已在境外缴纳的所得税税额，可以从其当期应纳税额中抵免，抵免限额为该项所得依照《企业所得税法》的规定计算的应纳税额；超过抵免限额的部分，可以在以后5个年度内，用每年度抵免限额抵免当年应抵税额后的余额进行抵补：1）居民企业来源于中国境外的应税所得；2）非居民企业在中国境内设立机构、场所，取得发生在中国境外但与该机构、场所有实际联系的应税所得。“已在境外缴纳的所得税税额”，是指企业来源于中国境外的所得依照中国境外税收法律以及相关规定应当缴纳并已经实际缴纳的企业所得税性质的税款。

抵免限额，是指对于企业来源于中国境外的所得，依照《企业所得税法》和《企业所得税法实施条例》的规定计算的应纳税额。除国务院财政、税务主管部门另有规定外，该抵免限额应当分国（地区）不分项计算。其计算公式如下：

抵免限额＝中国境内、境外所得依照《企业所得税法》和《企业所得税法实施条例》的规定计算的应纳税总额×来源于某国（地区）的应纳税所得额÷中国境内、境外应纳税所得总额

“5个年度”，是指从企业取得的来源于中国境外的所得已经在中国境外缴纳的企业所得税性质的税额超过抵免限额的当年的次年起连续5个纳税年度。

企业按照规定抵免企业所得税税额时，应当提供中国境外税务机关出具的税款所属年度的有关纳税凭证。

（2）居民企业从其直接控制或者间接控制的外国企业分得来源于中国境外的股息、

红利等权益性投资收益的，外国企业在境外实际缴纳的所得税税额中属于该项所得应负担的部分，可以作为该居民企业的可抵免境外所得税税额，在不超过抵免限额的范围内予以抵免。抵免限额为该项所得依照我国《企业所得税法》的规定计算的应纳税额。

“直接控制”，是指居民企业直接持有外国企业20%以上的股份。“间接控制”，是指居民企业以间接持股方式持有外国企业20%以上的股份，具体认定办法由国务院财政、税务主管部门另行制定。

居民企业按照规定抵免企业所得税税额时，应当提供中国境外税务机关出具的税款所属年度的有关纳税凭证。

3. 税收饶让制度

税收饶让制度是指居住国政府应收入来源国的要求，将其居民之境内所得因享受来源国给予的税收优惠而实际未缴纳的税款，视同已纳税款而在该居民向居住国应纳的税款中给予抵免。税收饶让制度是缔约国之间意志一致的产物，必须通过双边或多边安排方能实现；它的目的是使来源地国利用外资的税收优惠政策和措施真正收到实际效果。我国《企业所得税法》引入了税收饶让制度。该法第58条规定，中华人民共和国政府同外国政府订立的有关税收协定与本法有不同规定的，依照协定的规定办理。意即如果外国政府同我国政府订立的税收协定中包含税收饶让条款，则应当依照税收协定执行。

第五节 企业所得税法规定的税收优惠

我国《企业所得税法》第25条规定，国家对重点扶持和鼓励发展的产业和项目，给予企业所得税优惠。据此可以看出，我国《企业所得税法》统一了税收优惠政策，实行“产业优惠为主，区域优惠为辅”的新税收优惠体系，对国家重点扶持和鼓励发展的产业与项目给予优惠，引导资金和资源投入目前国家需要鼓励和重点扶持的产业和项目，包括促进技术创新和技术进步，鼓励基础设施建设，鼓励农业发展及环境保护与节能节水、支持安全生产。

一、免税收入

免税收入，是指属于企业的应税所得但按照税法规定免予征收企业所得税的收入。根据我国《企业所得税法》第26条的规定，企业的下列收入为免税收入。

（1）国债利息收入。国债利息收入，是指企业持有国务院财政主管部门发行的国债所取得的利息收入。国债是中央政府发行的债券，国家可以在国债市场上筹资弥补财政赤字，或者为国家重点项目融资，中央银行还可以利用国债市场调节货币供应量，因此，对国债利息收入予以免税的税收优惠，其政策目的在于鼓励投资者购买国债，促进国债市场的发育和完善，使国家发行国债的上述功能得到有效发挥。

（2）符合条件的居民企业之间的股息、红利等权益性投资收益。所称符合条件的居民企业之间的股息、红利等权益性投资收益，是指居民企业直接投资于其他居民企业取得的投资收益，但不包括连续持有居民企业公开发行并上市流通的股票不足12个月取得的投资收益。被投资方企业分配股息、红利等权益性投资收益，是在缴纳企业所得税后进行的，如果对这部分收益再征收企业所得税，便构成了经济性的重复征税。因此，对这部分收益有条件地免税。其目的在于消除重复征税，避免对税收中性原则的违反。

（3）在中国境内设立机构、场所的非居民企业从居民企业取得的与该机构、场所有实际联系的股息、红利等权益性投资收益。同样，这部分股息、红利等权益性投资收益不包括连续持有居民企业公开发行并上市流通的股票不足12个月取得的投资收益。对这部分权益性投资收益予以免税，其目的也是避免重复征税。

（4）符合条件的非营利性组织的收入。符合条件的非营利性组织，是指同时符合下列条件的组织：1）依法履行非营利性组织登记手续；2）从事公益性或者非营利性活动；3）取得的收入除用于与该组织有关的、合理的支出外，全部用于登记核定或者章程规定的公益性或者非营利性事业；4）财产及其孳息不用于分配；5）按照登记核定或者章程的规定，该组织注销后的剩余财产用于公益性或者非营利性目的，或者由登记管理机关转赠给与该组织的性质、宗旨相同的组织，并向社会公告；6）投入人对投入该组织的财产不保留或者享有任何财产权利；7）工作人员工资福利开支控制在规定的比例内，不变相分配该组织的财产。

有关非营利性组织的认定管理办法由国务院财政、税务主管部门会同国务院有关部门制定。

符合条件的非营利性组织的收入，不包括非营利性组织从事营利性活动取得的收入，但国务院财政、税务主管部门另有规定的除外。

非营利性组织是指不以营利为目的，提供科技、教育、文化、体育、卫生、环境保护、社会保障等各类公共服务，以满足社会公共需要为目的的组织。“因此对符合条件的非营利组织的收入予以免税，其政策目的在于鼓励非营利性组织更好、更广泛地提供公共服务，减轻以至承担政府的若干社会职能，解决单靠市场不能有效满足的诸多需求。”①

二、税款的免征和减征

1. 企业所得税法及其税收政策规定的免征和减征企业所得税情形

（1）生产装配伤残人员专门用品企业的所得。根据《财政部、税务总局、民政部关于生产和装配伤残人员专门用品企业免征企业所得税的公告》（财政部、税务总局、民政部公告2023年第57号）的规定，生产装配伤残人员专门用品企业的所得免征所得税。享受该免税待遇的企业需要符合以下条件：生产和装配伤残人员专门用品，且在民政部发布的《中国伤残人员专门用品目录》范围之内；以销售本企业生产或者装配的伤残人员专门用品为主，其所取得的年度伤残人员专门用品销售收入（不含出口取得的收入）占企业收入总额60%以上；企业账证健全，能够准确、完整地向主管税务机关提供纳税资料，且本企业生产或者装配的伤残人员专门用品所取得的收入能够单独、准确核算；

---

① 翁武耀：《新企业所得税法免税收入具体问题探析》，载《当代经济》，2007（7）。

企业拥有假肢制作师、矫形器制作师资格证书的专业技术人员不得少于 1 人；其企业生产人员如超过 20 人，则其拥有假肢制作师、矫形器制作师资格证书的专业技术人员不得少于全部生产人员的 1/6；具有与业务相适应的测量取型、模型加工、接受腔成型、打磨、对线组装、功能训练等生产装配专用设备和工具；具有独立的接待室、假肢或者矫形器（辅助器具）制作室和假肢功能训练室，使用面积不少于 115 平方米。

（2）企业从事农、林、牧、渔业项目的所得。企业从事下列项目的所得，免征企业所得税：1）蔬菜、谷物、薯类、油料、豆类、棉花、麻类、糖料、水果、坚果的种植；2）农作物新品种的选育；3）中药材的种植；4）林木的培育和种植；5）牲畜、家禽的饲养；6）林产品的采集；7）灌溉、农产品初加工、兽医、农技推广、农机作业和维修等农、林、牧、渔服务业项目；8）远洋捕捞。企业从事下列项目的所得，减半征收企业所得税：1）花卉、茶以及其他饮料作物和香料作物的种植；2）海水养殖、内陆养殖。企业从事国家限制和禁止发展的项目，不得享受上述免税、减税的优惠。

（3）从事国家重点扶持的公共基础设施项目的投资经营的所得。国家重点扶持的公共基础设施项目，是指《公共基础设施项目企业所得税优惠目录》规定的港口码头、机场、铁路、公路、城市公共交通、电力、水利等项目。企业从事上述规定的国家重点扶持的公共基础设施项目的投资经营的所得，自项目取得第一笔生产经营收入所属纳税年度起，第一年至第三年免征企业所得税，第四年至第六年减半征收企业所得税。企业承包经营、承包建设和内部自建、自用前述项目，不得享受该项税收优惠。

（4）从事符合条件的环境保护、节能节水项目的所得。符合条件的环境保护、节能节水项目，包括公共污水处理、公共垃圾处理、沼气综合开发利用、节能减排技术改造、海水淡化等。项目的具体条件和范围由国务院财政、税务主管部门商国务院有关部门制定，报国务院批准后公布施行。企业从事上述规定的符合条件的环境保护、节能节水项目的所得，自项目取得第一笔生产经营收入所属纳税年度起，第一年至第三年免征企业所得税，第四年至第六年减半征收企业所得税。

> 需要特别说明的是，按照（3）项和（4）项规定享受减、免税优惠的项目，在减、免税期限内转让的，受让方自受让之日起，可以在剩余期限内享受规定的减、免税优惠；减、免税期限届满后转让的，受让方不得就该项目重复享受减、免税优惠。

（5）符合条件的技术转让所得。符合条件的技术转让所得免征、减征企业所得税，是指一个纳税年度内，居民企业技术转让所得不超过 500 万元的部分，免征企业所得税；超过 500 万元的部分，减半征收企业所得税。

（6）非居民企业在中国境内未设立机构、场所但取得来源于中国境内的所得，或者虽设立机构、场所但取得的与其所设机构、场所没有实际联系的所得。该项所得减按 10%的税率征收企业所得税。下列所得可以免征企业所得税：1）外国政府向中国政府提供贷款取得的利息所得；2）国际金融组织向中国政府和居民企业提供优惠贷款取得的利息所得；3）经国务院批准的其他所得。

2. 民族自治地方的税收减征、免征

根据《企业所得税法》第 29 条的规定，民族自治地方的自治机关对本民族自治地方的企业应缴纳的企业所得税中属于地方分享的部分，可以决定减征或者免征。自治州、自治县决定减征或者免征的，须报省、自治区、直辖市人民政府批准。《企业所得税法实施条例》第 94 条规定：民族自治地方，是指依照《民族区域自治法》的规定，实行民族区域自治的自治区、自治州、自治县。对民族自治地方内国家限制和禁止行业的企业，不得减征或者免征企业所得税。

三、降低税率

根据《企业所得税法》第 28 条及相关税收政策的规定，降低税率的情况主要有以下两种。

1. 符合条件的小型微利企业，减按 20%的税率征收企业所得税

在 2019 年 1 月 1 日至 2021 年 12 月 31 日期间，对小型微利企业年应纳税所得额不超过 100 万元的部分，减按 25%计入应纳税所得额，按 20%的税率缴纳企业所得税；对年应纳税所得额超过 100 万元但不超过 300 万元的部分，减按 50%计入应纳税所得额，按 20%的税率缴纳企业所得税。上述小型微利企业是指从事国家非限制和禁止行业，且同时符合年度应纳税所得额不超过 300 万元、从业人数不超过 300 人、资产总额不超过 5 000 万元这三个条件的企业。

根据《财政部、税务总局关于进一步支持小微企业和个体工商户发展有关税费政策的公告》（财政部、税务总局公告 2023 年第 12 号）的规定，对小型微利企业减按 25%计算应纳税所得额，按 20%的税率缴纳企业所得税政策，延续执行至 2027 年 12 月 31 日。

2. 国家需要重点扶持的高新技术企业，减按 15%的税率征收企业所得税

国家需要重点扶持的高新技术企业，是指拥有核心自主知识产权，并同时符合下列条件的企业：（1）产品（服务）属于《国家重点支持的高新技术领域》规定的范围；（2）研究开发费用占销售收入的比例不低于规定比例；（3）高新技术产品（服务）收入占企业总收入的比例不低于规定比例；（4）科技人员占企业职工总数的比例不低于规定比例；（5）《高新技术企业认定管理办法》规定的其他条件。

《国家重点支持的高新技术领域》和《高新技术企业认定管理办法》由国务院科技、财政、税务主管部门商国务院有关部门制定，报国务院批准后公布施行。

四、加计扣除支出和减计收入

1. 加计扣除支出

加计扣除支出是企业所得税的一种税基式优惠方式，一般是指对于符合法律和政策规定的支出，按照税法规定在实际扣除额的基础上，再加成一定比例，作为计算应纳税所得额时的扣除额。根据《企业所得税法》第 30 条的规定，企业的下列支出，可以在计算应纳税所得额时加计扣除：（1）开发新技术、新产品、新工艺发生的研究开发费用；（2）安置残疾人员及国家鼓励安置的其他就业人员所支付的工资。

（1）研究开发费用的加计扣除，是指企业开发新技术、新产品、新工艺发生的研究开发费用，可以在计算应纳税所得额时加计扣除，此即研发费用加计扣除。根据《财政部、国家税务总局、科技部关于完善研究开发费用税前加计扣除政策的通知》（财税〔2015〕119 号，部分失效）、《国家税务总局关于研发费用税前加计扣除归集范围有关问题的公告》（国家税务总局公告 2017 年第 40 号）、《财政部、税务总局、科技部关于提高研究开发费用税前加计扣除比例的通知》（财税〔2018〕99 号）、《财政部、税务总局关于进一步完善研发费用税前加计扣除政策的公告》（税务总局公告 2023 年第 7 号）等政策文件的规定，企业开展研发活动中实际发生的研发费用，未形成无形资产计入当期损益的，在按规定据实扣除的基础上，自 2023 年 1 月 1 日起，再按照实际发生额的 100％在税前加计扣除；形成无形资产的，自 2023 年 1 月 1 日起，按照无形资产成本的 200％在税前摊销。这是作为制度性安排长期实施的研发费用加计扣除政策。

除烟草制造业、住宿和餐饮业、批发和零售业、房地产业、租赁和商务服务业、娱乐业等以外，会计核算健全、实行查账征收并能够准确归集研发费用的居民企业，为获得科学与技术新知识，创造性运用科学技术新知识，或实质性改进技术、产品（服务）、工艺而持续进行的具有明确目标的系统性活动而发生的相关费用，为获得创新性、创意性、突破性的产品进行创意设计活动而发生的相关费用，均可按照上述规定进行税前加计扣除。但是，下列活动不适用税前加计扣除政策：企业产品（服务）的常规性升级；对某项科研成果的直接应用，如直接采用公开的新工艺、材料、装置、产品、服务或知识等；企业在商品化后为顾客提供的技术支持活动；对现存产品、服务、技术、材料或工艺流程进行重复或简单改变；市场调查研究、效率调查或管理研究；作为工业（服务）流程环节或常规的质量控制、测试分析、维修维护；社会科学、艺术或人文学方面的研究。

（2）企业安置残疾人员所支付的工资的加计扣除，是指企业安置残疾人员的，在按照支付给残疾职工工资据实扣除的基础上，按照支付给残疾职工工资的 100％加计扣除。残疾人员的范围适用《残疾人保障法》的有关规定。

企业安置国家鼓励安置的其他就业人员所支付的工资的加计扣除办法，由国务院另行规定。

2. 减计收入

企业综合利用资源，生产符合国家产业政策规定的产品所取得的收入，可以在计算应纳税所得额时减计收入。

所谓减计收入，是指企业以《资源综合利用企业所得税优惠目录》规定的资源作为主要原材料，生产国家非限制和禁止并符合国家和行业相关标准的产品取得的收入，减按 90％计入收入总额。前述所称原材料占生产产品材料的比例不得低于《资源综合利用企业所得税优惠目录》规定的标准。

五、抵扣应纳税所得额

创业投资企业从事国家需要重点扶持和鼓励的创业投资，可以按投资额的一定比例抵扣应纳税所得额。抵扣应纳税所得额，是指创业投资企业采取股权投资方式投资于未上市的中小高新技术企业 2 年以上的，可以按照其投资额的 70%在股权持有满 2 年的当年抵扣该创业投资企业的应纳税所得额；当年不足抵扣的，可以在以后纳税年度结转抵扣。

创业投资企业，系指在中华人民共和国境内注册设立的主要从事创业投资的企业组织。创业投资，系指向创业企业进行股权投资，以期所投资创业企业发育成熟或相对成熟后主要通过股权转让获得资本增值收益的投资方式。创业企业，系指在中华人民共和国境内注册设立的处于创建或重建过程中的成长性企业，但不含已经在公开市场上市的企业。

六、缩短折旧年限或加速固定资产折旧

对于企业的固定资产，由于技术进步等原因，确需加速折旧的，可以缩短折旧年限或者采取加速折旧的方法。

根据有关规定，可以采取缩短折旧年限或者采取加速折旧的方法的固定资产包括：（1）由于技术进步，产品更新换代较快的固定资产；（2）常年处于强震动、高腐蚀状态的固定资产。采取缩短折旧年限方法的，最低折旧年限不得低于税法规定折旧年限的 60%；采取加速折旧方法的，可以采取双倍余额递减法或者年数总和法。

从理论上讲，加速折旧有两种含义：一种是固定资产折旧在较短的预计使用年限内摊销；另一种是固定资产在使用初期摊销较多的折旧，而在后期摊销较少的折旧。但在我国实践中，前一种被称为缩短折旧年限，后一种被称为加速固定资产折旧，因而有人将加速折旧称为递减折旧。

财政部、国家税务总局公布的《关于完善固定资产加速折旧企业所得税政策的通知》（财税〔2014〕75 号），以及《关于进一步完善固定资产加速折旧企业所得税政策的通知》（财税〔2015〕106 号）中均规定，采取加速折旧方法的，可采取双倍余额递减法或者年数总和法。财政部、国家税务总局公布的《关于扩大固定资产加速折旧优惠政策适用范围的公告》（财政部、税务总局公告 2019 年第 66 号）规定，自 2019 年 1 月 1 日起，“财税〔2014〕75 号”文和“财税〔2015〕106 号”文规定固定资产加速折旧优惠的行业范围，扩大至全部制造业领域。

双倍余额递减法是在不考虑固定资产净残值的情况下根据每期期初固定资产账面余额和双倍的直线法折旧率计算固定资产折旧的一种方法。其计算公式为：

年折旧率＝2÷预计使用年限×100%

月折旧率＝年折旧率÷12

月折旧额＝固定资产账面净值×月折旧率

实行双倍余额递减法计提折旧的固定资产，应当在其固定资产折旧年限到期以前 2 年内，将固定资产净值（扣除净残值）平均摊销。最后 2 年的年折旧额用直线法计算，即（原值－累计折旧－预计净残值）÷2。

年数总和法又称合计年限法，是将固定资产的原值减去净残值后的净额乘以一个逐年减低的分数计算每年的折旧额。这个分数的分子代表固定资产尚可使用的年数，分母代表使用年数的逐年数字总和。其计算公式如下：

年折旧率＝尚可使用年数÷预计使用年限的年数总和

或者

年折旧率＝［（预计使用年限－已使用年限）÷预计使用年限］×［（预计使用年限＋1）÷2×100%］

月折旧率＝年折旧率÷12

月折旧额＝（固定资产原值－预计净残值）×月折旧率

七、税额抵免

对于企业购置用于环境保护、节能节水、安全生产等专用设备的投资额，可以按一定比例实行税额抵免。此处的税额抵免，是指企业购置并实际使用《环境保护专用设备企业所得税优惠目录》《节能节水专用设备企业所得税优惠目录》《安全生产专用设备企业所得税优惠目录》规定的环境保护、节能节水、安全生产等专用设备的，该专用设备的投资额的 10%可以从企业当年的应纳税额中抵免；当年不足抵免的，可以在以后 5 个纳税年度结转抵免。

享受上述企业所得税优惠的企业，应当实际购置并自身实际投入使用前述规定的专用设备；企业购置上述专用设备在 5 年内转让、出租的，应当停止享受企业所得税优惠，并补缴已经抵免的企业所得税税款。

八、专项优惠政策

根据国民经济和社会发展的需要，或者由于突发事件等原因对企业的经营活动产生重大影响的，国务院可以制定企业所得税专项优惠政策，报全国人民代表大会常务委员会备案。

《企业所得税法》规定的税收优惠的具体办法，由国务院规定。企业同时从事享受不同企业所得税待遇的项目的，其优惠项目应当单独计算所得，并合理分摊企业的期间费用；没有单独计算的，不得享受企业所得税优惠。

九、过渡性税收优惠

过渡性税收优惠是我国内、外资企业所得税法合并时的特殊处理措施，具体包括三个方面的内容：一是对原享受法定税收优惠的企业实行过渡性税收优惠措施；二是对法律设置的发展对外经济合作和技术交流的特定地区内，以及国务院已规定执行上述地区特殊政策的地区内新设立的国家需要重点扶持的高新技术企业，实行过渡性税收优惠措施；三是国家已确定的其他鼓励类企业，可以按照国务院规定享受减、免税优惠。

《企业所得税法》第 57 条第 1 款规定："本法公布前已经批准设立的企业，依照当时的税收法律、行政法规规定，享受低税率优惠的，按照国务院规定，可以在本法施行后五年内，逐步过渡到本法规定的税率；享受定期减免税优惠的，按照国务院规定，可以在本法施行后继续享受到期满为止，但因未获利而尚未享受优惠的，优惠期限从本法施行年度起计算。"2007 年 12 月 26 日，国务院发布了《关于实施企业所得税过渡优惠政策的通知》（国发〔2007〕39 号），就原享受法定税收优惠的企业实行过渡性税收优惠问题作了具体的规定。

《企业所得税法》第 57 条第 2 款规定："法律设置的发展对外经济合作和技术交流的特定地区内，以及国务院已规定执行上述地区特殊政策的地区内新设立的国家需要重点扶持的高新技术企业，可以享受过渡性税收优惠，具体办法由国务院规定。"2007 年 12 月 26 日，国务院发布了《关于经济特区和上海浦东新区新设立高新技术企业实行过渡性税收优惠的通知》（国发〔2007〕40 号），自 2008 年 1 月 1 日起执行。该政策对过渡性税收优惠作了以下具体的规定。

（1）法律设置的发展对外经济合作和技术交流的特定地区，是指深圳、珠海、汕头、厦门和海南经济特区；国务院已规定执行上述地区特殊政策的地区，是指上海浦东新区。

（2）对经济特区和上海浦东新区内的、在 2008 年 1 月 1 日（含）之后完成登记注册的国家需要重点扶持的高新技术企业（以下简称"新设高新技术企业"），在经济特区和上海浦东新区内取得的所得，自取得第一笔生产经营收入所属纳税年度起，第一年至第二年免征企业所得税，第三年至第五年按照 25%的法定税率减半征收企业所得税。国家需要重点扶持的高新技术企业，是指拥有核心自主知识产权，同时符合《企业所得税法实施条例》第 93 条规定的条件，并按照《高新技术企业认定管理办法》认定的高新技术企业。

（3）经济特区和上海浦东新区内新设高新技术企业同时在经济特区和上海浦东新区以外的地区从事生产经营的，应当单独计算其在经济特区和上海浦东新区内取得的所得，并合理分摊企业的期间费用；没有单独计算的，不得享受企业所得税优惠。

（4）经济特区和上海浦东新区内新设高新技术企业在按照《关于经济特区和上海浦东新区新设立高新技术企业实行过渡性税收优惠的通知》的规定享受过渡性税收优惠期间，由于复审或抽查不合格而不再具有高新技术企业资格的，从其不再具有高新技术企业资格年度起，停止享受过渡性税收优惠；以后再次被认定为高新技术企业的，不得继续享受或者重新享受过渡性税收优惠。

第六节　企业所得税法规定的纳税管理

一、企业所得税的纳税时间

企业所得税按纳税年度计算。纳税年度自公历 1 月 1 日起至 12 月 31 日止。企业在一个纳税年度中间开业，或者终止经营活动，使该纳税年度的实际经营期不足 12 个月的，应当以其实际经营期为一个纳税年度。企业依法清算时，应当以清算期间作为一个纳税年度。

二、企业所得税的纳税地点概述

1. 企业所得税的纳税地点

（1）除税收法律、行政法规另有规定外，居民企业以企业登记注册地为纳税地点，但登记注册地在境外的，以实际管理机构所在地为纳税地点。

企业登记注册地，是指企业依照国家有关规定登记注册的住所地。

（2）在中国境内设立机构、场所的非居民企业，其所设机构、场所取得来源于中国境内的所得，以及发生在中国境外但与其所设机构、场所有实际联系的所得，以机构、场所所在地为纳税地点。

（3）非居民企业在中国境内未设立机构、场所但有来源于中国境内的所得，或者虽设立机构、场所但取得的与其所设机构、场所没有实际联系的所得，以扣缴义务人所在地为纳税地点。

2. 汇总纳税

居民企业在中国境内设立不具有法人资格的营业机构的，应当汇总计算、缴纳企业所得税。

非居民企业在中国设立两个或者两个以上机构、场所的，经税务机关审核批准，可以选择由其主要机构、场所汇总缴纳企业所得税。主要机构、场所，应当同时符合下列条件：（1）对其他各机构、场所的生产经营活动负有监督管理责任；（2）设有完整的账簿、凭证，能够准确反映各机构、场所的收入、成本、费用和盈亏情况。经税务机关审核批准，是指经各机构、场所所在地税务机关的共同上级税务机关审核批准。非居民企业经批准汇总缴纳企业所得税后，需要增设、合并、迁移、关闭机构、场所或者停止机构、场所业务的，应当事先由负责汇总申报缴纳企业所得税的主要机构、场所向其所在地税务机关报告；需要变更汇总缴纳企业所得税的主要机构、场所的，经各机构、场所所在地税务机关的共同上级税务机关审核批准。

企业汇总计算并缴纳企业所得税时，应当统一核算应纳税所得额，具体办法由国务院财政、税务主管部门另行制定。

除国务院另有规定外，企业之间不得合并缴纳企业所得税。从我国的实践来看，目前仅有经国务院特别批准的一些内资国有集团企业可以进行合并申报。

三、企业所得税的纳税期限

企业所得税分月或者分季预缴，由税务机关具体核定。企业应当自月份或者季度终了之日起 15 日内，向税务机关报送预缴企业所得税纳税申报表，预缴税款。企业应当自年度终了之日起 5 个月内，向税务机关报送年度企业所得税纳税申报表，并汇算清缴，结清应缴、应退税款。企业在报送企业所得税纳税申报表时，应当按照规定附送财务报告和其他有关资料。企业按照上述规定分月或者分季预缴企业所得税时，应当按照月度或者季度的实际利润额预缴；按照月度或者季度的实际利润额预缴有困难的，可以按照上一纳税年度应纳税所得额的月度或者季度平均额预缴，或者按照经税务机关认可的其他方法预缴。预缴方法一经确定，在该纳税年度内不得随意变更。企业在纳税年度内无论盈利或者亏损，都应当依照《企业所得税法》规定的期限，向税务机关报送预缴企业所得税纳税申报表、年度企业所得税纳税申报表、财务会计报告和税务机关规定应当报送的其他有关资料。

企业所得以人民币以外的货币计算的，预缴企业所得税时，应当按照月度或者季度最后一日的人民币汇率中间价，折合成人民币计算应纳税所得额。年度终了汇算清缴时，对于已经按照月度或者季度预缴税款的，不再重新折合计算，只就该纳税年度内未缴纳企业所得税的部分，按照纳税年度最后一日的人民币汇率中间价，折合成人民币计算应纳税所得额。

经税务机关检查确认，企业少计或者多计所得的，应当按照检查确认补税或者退税时的上一个月最后一日的人民币汇率中间价，将少计或者多计的所得折合成人民币计算应纳税所得额，再计算应补缴或者应退的税款。

企业在年度中间终止经营活动的，应当自实际经营终止之日起 60 日内，向税务机关办理当期企业所得税汇算清缴。企业应当在办理注销登记前，就其清算所得向税务机关申报并依法缴纳企业所得税。

除遵守上述规定以外，企业所得税的征收管理依照《税收征收管理法》的规定执行。

第七节　企业所得税法规定的特别纳税调整制度

特别纳税调整主要针对企业的避税行为进行调整。特别纳税调整，是指税务机关出于实施反避税目的而对纳税人的特定纳税事项所作的税务调整，包括针对纳税人转让定价、资本弱化、避税港避税及其他避税情况所进行的税务调整。特别纳税调整是与一般纳税调整相对而言的。一般纳税调整是指按照税法规定在计算应纳税所得额时，如果企业的财务、会计处理办法同税收法律、行政法规的规定不一致，应当依照税收法律、行政法规的规定计算纳税所作的税务调整，并据此重新调整计算纳税。如对于国债利息收入，会计上将其作为收益处理，而税法上规定为免税收入，在计算缴纳企业所得税时需作纳税调整。《企业所得税法》专章规定的“特别纳税调整”主要包括以下内容。

一、独立交易原则概述

《企业所得税法》确立关联企业间的独立交易原则作为转让定价的税务调整和成本分摊的基本原则：企业与其关联方企业之间的业务往来，不符合独立交易原则而减少企业或者其关联方的应纳税收入或者所得额的，税务机关可以按照合理方法调整。企业与其关联方共同开发、受让无形资产，或者共同提供、接受劳务发生的成本，在计算应纳税所得额时应当按照独立交易原则进行分摊。

1. 关联方

关联方，是指与企业有下列关联关系之一的企业、其他组织或者个人：（1）在资金、经营、购销等方面存在直接或者间接的控制关系；（2）直接或者间接地同为第三者控制；（3）在利益上具有相关联的其他关系。

2. 独立交易原则

独立交易原则亦称“公平独立原则”“公平交易原则”“正常交易原则”等，是指没有关联关系的交易各方，按照公平成交价格和营业常规进行业务往来遵循的原则。独立交易原则目前已被世界大多数国家接受和采纳，成为税务当局处理关联企业间收入和费用分配的指导原则。

3. 税务机关调整应纳税所得额的合理方法及调整期限

税务机关因关联企业之间在业务往来时不按照独立交易原则而减少应纳税收入或者所得额进行调整时，可以采用的合理方法包括：（1）可比非受控价格法，是指按照没有关联关系的交易各方进行相同或者类似业务往来的价格进行定价的方法；（2）再销售价格法，是指按照从关联方购进商品再销售给没有关联关系的交易方的价格，减除相同或者类似业务的销售毛利进行定价的方法；（3）成本加成法，是指按照成本加合理的费用和利润进行定价的方法；（4）交易净利润法，是指按照没有关联关系的交易各方进行相同或者类似业务往来取得的净利润水平确定利润的方法；（5）利润分割法，是指将企业与其关联方的合并利润或者亏损在各方之间采用合理标准进行分配的方法；（6）其他符合独立交易原则的方法。

企业与其关联方之间的业务往来，不符合独立交易原则，税务机关有权在该业务发生的纳税年度起10年内，进行纳税调整。

4. 成本分摊协议

企业与其关联方共同开发、受让无形资产，或者共同提供、接受劳务发生的成本，在计算应纳税所得额时，可以按照独立交易原则与其关联方分摊共同发生的成本，达成成本分摊协议。

企业与其关联方分摊成本时，应当按照成本与预期收益相配比的原则进行分摊，并在税务机关规定的期限内，按照税务机关的要求报送有关资料。

企业与其关联方分摊成本时违反上述规定的，其自行分摊的成本不得在计算应纳税所得额时扣除。

二、预约定价安排

《企业所得税法》中明确肯定预约定价安排可以作为转让定价调整的重要方法。预约定价安排，是指企业就其未来年度关联交易的定价原则和计算方法，向税务机关提出申请，与税务机关按照独立交易原则协商、确认后达成的协议。

转让定价，是指关联企业之间在销售货物、提供劳务、转让无形资产等时制定的价格。在跨国经济活动中，利用关联企业之间的转让定价进行避税已成为一种常见的税收逃避方法，其一般做法是：高税国企业向其低税国关联企业销售货物、提供劳务、转让无形资产时制定低价；低税国企业向其高税国关联企业销售货物、提供劳务、转让无形资产时制定高价。这样，利润就从高税国转移到低税国，从而达到最大限度地减轻其税负的目的。

关联企业业务往来预约定价的税收管理，是指纳税人与其关联企业在购销货物、无形资产的转让和使用、提供劳务、融通资金等业务往来中，申请预先约定关联交易所适用的转让定价原则和计算方法，用以解决和确定在未来年度关联交易所涉及的税收问题中，各级主管税务机关和纳税人按照平等、守信原则，依法所进行的会谈、审核和评估、磋商、预约定价安排的拟定和批准，以及监控执行等项具体管理工作。这是国际上通行的一种转让定价调整方法。这种事先的预约定价协议是在纳税义务发生之前的一种约定，是根据税法的规定对纳税事实的预先评估。它在很大程度上可以降低关联企业内部交易的税收风险，提高税收征收的可预见性，因此，即便依税收法定主义衡量，也应该是合法有效的。①

三、核定应纳税所得额

企业向税务机关报送年度企业所得税纳税申报表时，应当就其与关联方之间的业务往来，附送年度关联业务往来报告表。税务机关在进行关联业务调整时，企业及其关联方，以及与关联业务调查有关的其他企业，应当按照规定提供相关资料。企业不提供与其关联方之间业务往来资料，或者提供虚假、不完整资料，未能真实反映其关联业务往来情况的，税务机关可以核定其应纳税所得额。

上述所称相关资料包括：（1）与关联业务往来有关的价格、费用的制定标准、计算方法和说明等同期资料；（2）关联业务往来所涉及的财产、财产使用权、劳务等的再销售（转让）价格或者最终销售（转让）价格的相关资料；（3）与关联业务调查有关的其他企业应当提供的与被调查企业可比的产品价格、定价方式以及利润水平等资料；（4）其他与关联业务往来有关的资料。

上述所称与关联业务调查有关的其他企业，是指与被调查企业在生产经营内容和方

① 参见刘剑文、熊伟：《税法基础理论》，123页，北京，北京大学出版社，2004。

式上相类似的企业。

企业应当在税务机关规定的期限内提供与关联业务往来有关的价格、费用的制定标准、计算方法和说明等资料。关联方以及与关联业务调查有关的其他企业应当在税务机关与其约定的期限内提供相关资料。

企业不提供与其关联方之间业务往来资料，或者提供虚假、不完整资料，未能真实反映其关联业务往来情况的，税务机关核定企业的应纳税所得额时可以采用下列方法：(1) 参照同类或者类似企业的利润率水平核定；(2) 按照企业成本加合理的费用和利润的方法核定；(3) 按照关联企业集团整体利润的合理比例核定；(4) 按照其他合理方法核定。企业对税务机关按照前述规定的方法核定的应纳税所得额有异议的，应当提供相关证据，经税务机关认定后，调整核定的应纳税所得额。

四、防范避税地避税

由居民企业或者由居民企业和中国居民控制的设立在实际税负明显低于企业所得税税率（25%）的50%的国家（地区）的企业，并非由于合理的经营需要而对利润不作分配或者减少分配的，上述利润中应归属于该居民企业的部分，应当计入该居民企业当期的收入。前述所称中国居民，是指根据《个人所得税法》的规定，就其从中国境内、境外取得的所得在中国缴纳个人所得税的个人。所称控制，包括：(1) 居民企业或者中国居民直接或者间接单一持有外国企业10%以上有表决权股份，且由其共同持有该外国企业50%以上股份；(2) 居民企业，或者居民企业和中国居民持股比例没有达到50%以上股份，但在股份、资金、经营、购销等方面对该外国企业构成实质控制。

显然，我国《企业所得税法》及《企业所得税法实施条例》将实际税负明显低于12.5%的国家和地区判定为避税港，明确对受居民企业和中国居民控制的、设在避税港的企业适用避税港对策税制，课税对象则是并非由于合理的经营需要而对利润不作分配或者减少分配的、应归属于居民企业的部分。

五、防范资本弱化

我国《企业所得税法》规定，企业从其关联方接受的债权性投资与权益性投资的比例超过规定标准而发生的利息支出，不得在计算应纳税所得额时扣除。所称债权性投资，是指企业直接或者间接从关联方获得的，需要偿还本金和支付利息或者需要以其他具有支付利息性质的方式予以补偿的融资。企业间接从关联方获得的债权性投资，包括：(1) 关联方通过无关联第三方提供的债权性投资；(2) 无关联第三方提供的、由关联方担保且负有连带责任的债权性投资；(3) 其他间接从关联方获得的具有负债实质的债权性投资。所称权益性投资，是指企业接受的不需要偿还本金和支付利息，投资人对企业净资产拥有所有权的投资。

资本弱化又称资本隐藏、股份隐藏或收益抽取，是指纳税人为达到减少纳税的目的，用贷款方式替代募股方式进行的投资或融资。由于各国对股息和利息的税收政策不同，纳税人在投资时，会在贷款和发行股票间进行选择，以达到减轻税收负担的目的。

资本弱化目前已引起各国税务当局的密切关注。许多国家都对此采取了特殊的反避税规定，其中以OECD提倡采用的两种方法较为典型：（1）正常交易法。在确定贷款或募股资金的特征时，要看关联方的贷款条件是否与非关联方的贷款条件相同，如不同，则关联方的贷款可能被视为隐藏的募股，要按有关税法对其利息征税。（2）固定比率法，即规定法定的债务资本比率，凡是超过法定的债务资本比率的贷款或利率不符合正常交易原则的贷款，对其利息不允许税前扣除，视同股息进行征税。我国防范资本弱化的方法是固定比率法。

六、一般反避税条款

《企业所得税法》第47条规定，企业实施其他不具有合理商业目的的安排而减少其应纳税收入或者所得额的，税务机关有权按照合理方法调整。所称不具有合理商业目的，是指以减少、免除或者推迟缴纳税款为主要目的。

通常避税所使用的方式是不违法的，“纳税人的行为不具有欺诈的性质”。这是避税最重要的特点，也是避税与偷税的区别所在。避税表现为利用税法漏洞和缺陷来减轻税负。交易的安排不纯粹是出于正常交易动机，或者纯粹是出于逃避税收动机，或者既包含商业动机，也包含逃避税收动机。避税的目的是减轻或免除税收负担。

避税行为尽管在形式上不违反税法的规定，但是在实质上具有危害性。其具体表现为：（1）避税在实质上违反税法的宗旨。税法的宗旨是保障有效获取财政收入、有效实施宏观调控和保障经济与社会的稳定。[①] 首先，避税行为以规避税法为主观的动机起点，以实际减轻税负为客观的经济结果。避税人通过异常的行为安排获得的税收利益实际上是一国财政收入的流失，直接损害了税收的财政职能，而国际避税直接侵害的是主权国家的税收管辖权。其次，避税中的异常交易和经济安排，使国家利用税收这一重要的经济杠杆意欲达到的宏观调控目标落空。在避税行为人扭曲的经济活动下，税收难以发挥政策引导、资源配置的作用，也就不能实现对市场失灵的补救功能，客观上有损市场经济的健康运行。最后，避税行为扰乱了正常的分配秩序。避税行为人所规避的税收负担，实际上被不公平地转移给其他诚实守法的纳税人承担，从而加剧税负不公，妨碍税收社会功能的实现。（2）避税有损税法的公平原则和效率原则。避税行为中，纳税人采取的复杂、迂回的异常行为安排，断开了税法预先设计的通常的法形式与税法的联结，使享有统一经济效果的纳税人被减轻或排除了税收负担，显然破坏了量能课税原则。这部分不当税收因转嫁给其他纳税人负担，造成了税负不公，从而使税收公平原则受到实质的损害。对于税收效率原则，避税行为同样有害：纳税人为达到避税目的，通常采用迂回、多阶段的行为方式。这种迂回曲折必然增加资源消耗和费用支出，因而也是有违经济性的。此外，纳税人的避税行为增加了政府反避税的负担，税收征管成本必然加大，税收

① 参见张守文：《税法原理》，2版，30页，北京，北京大学出版社，2001。

效率当然受损。[1]

由于避税行为的上述实质违法性，以及它的减少一国财政收入、损害主权国家税收管辖权、影响政府宏观调控的效果的后果，因而避税行为一般为各国立法所否认，避税行为也是反避税的规制对象。从世界范围看，反避税的措施有一般反避税条款和特别反避税条款。一般反避税条款，是指在税法上统一规定，若纳税人以不合常理的安排，规避或减少纳税义务，仍依与常规相当的事实来课税。比较典型的例子是德国的《租税通则》，其第 42 条中规定："税法不因滥用法律之形成可能性而得规避其适用。于有滥用之情势时，成立与经济上事件相当之法律上形成所成立者相同之税捐债权"。由此可见，它对税捐规避设有一般性之否认规定。特别反避税条款，是指在税法上并无统一的规定，而是在各类税法中作零星的规定。

应该说，《企业所得税法》第 47 条属于兜底性的条款，它将无法归在转让定价、避税地、资本弱化等具体反避税条款中，但又构成避税且需要法律规制的情形涵盖在内。由于该条的内容具有相对的灵活性，所以，很多学者认为它是一般反避税条款。

根据有关规定，税务机关在依照一般反避税条款对企业的应纳税所得额进行调整时，有权在该业务发生的纳税年度起 10 年内进行。

七、补征税款加收利息

税务机关依照《企业所得税法》的有关规定作出纳税调整，需要补征税款的，应当补征税款，并按照国务院的规定加收利息。

税务机关根据税收法律、行政法规的规定，对企业作出特别纳税调整的，应当对补征的税款，自税款所属纳税年度的次年 6 月 1 日起至补缴税款之日止的期间，按日加收利息。此种情形下加收的利息，不得在计算应纳税所得额时扣除。

利息应当按照税款所属纳税年度中国人民银行公布的与补税期间同期的人民币贷款基准利率加 5 个百分点计算。但企业依照规定提供有关资料的，可以只按人民币贷款基准利率计算利息。

第八节　企业所得税法规定的申报与缴纳制度

一、源泉扣缴的情形

源泉扣缴是指以所得支付者为扣缴义务人，在每次向纳税人支付有关所得款项时，代为扣缴税款的做法。实行源泉扣缴的最大优点在于可以有效保护税源，保证国家的财政收入，防止偷漏税，简化纳税手续。

非居民企业在中国境内未设立机构、场所但有来源于中国境内的所得，或者虽设立

---

① 参见刘剑文、丁一：《避税之法理新探（下）》，载《涉外税务》，2003（9）。

机构、场所，但取得与其所设机构、场所没有实际联系的所得，其应纳的所得额，实行源泉扣缴，以支付人为扣缴义务人。所谓支付人，是指依照有关法律规定或者合同约定对非居民企业直接负有支付相关款项义务的单位或者个人。支付包括现金支付、汇拨支付、转账支付等货币支付和非货币支付。税款由扣缴义务人在每次支付或者到期应支付时，从支付或者到期应支付的款项中扣缴。到期应支付的款项，是指支付人按照权责发生制原则应当计入相关成本、费用的应付款项。

依照《企业所得税法》对非居民企业应当缴纳的企业所得税实行源泉扣缴的，应当依照下列规定计算应纳税所得额：股息、红利等权益性投资收益和利息、租金、特许权使用费所得，以收入全额为应纳税所得额；转让财产所得，以收入全额减除财产净值后的余额为应纳税所得额；其他所得，参照前两项规定的方法计算应纳税所得额。收入全额，是指非居民企业向支付人收取的全部价款和价外费用。

对于非居民企业在中国境内取得工程作业和劳务所得应纳的所得额，税务机关可以指定工程价款或者劳务费的支付人为扣缴义务人。可以指定扣缴义务人的情形包括：（1）预计工程作业或者提供劳务期限不足一个纳税年度，且有证据表明非居民企业不履行纳税义务的；（2）非居民企业没有办理税务登记或者临时税务登记，且未委托中国境内的代理人履行纳税义务的；（3）非居民企业未按照规定期限办理企业所得税纳税申报或者预缴申报的。县级以上税务机关指定扣缴义务人，并同时告知扣缴义务人所扣税款的计算依据、计算方法、扣缴期限和扣缴方式。

二、未扣缴应扣缴税款的处理

按照《企业所得税法》的规定应当扣缴所得税，扣缴义务人未依法扣缴的或者无法履行扣缴义务的，由纳税人在所得发生地缴纳。纳税人未依法缴纳的，税务机关可以从该纳税人在中国境内其他收入项目的支付人应付的款项中，追缴该纳税人的应纳税款。

上述所称所得发生地，是指依照税法规定的原则确定的所得发生地。在中国境内存在多处所得发生地的，由纳税人选择其中之一申报缴纳企业所得税。上述所称该纳税人在中国境内其他收入，是指该纳税人在中国境内取得的其他各种来源的收入。税务机关在追缴该纳税人应纳税款时，应当将追缴理由、追缴数额、缴纳期限和缴纳方式等告知该纳税人。

三、扣缴税款的解缴

扣缴义务人每次代扣的税款，应当自代扣之日起 7 日内缴入国库，并向所在地的税务机关报送扣缴企业所得税报告表。

深度阅读

1. ［美］维多克·瑟仁伊．比较税法．丁一，译．北京：北京大学出版社，2006：第七章

2. 徐孟洲，等．财税法律制度改革与完善．北京：法律出版社，2009：第三编第四章

3. 葛克昌．所得税与宪法．北京：北京大学出版社，2004

问题与思考

一、思考题

1. 居民纳税人的判断标准如何界定?
2. 如何区别不征税收入和免税收入?
3. 如何理解一般反避税条款的性质和作用?
4. 如何理解企业所得税法中的汇总纳税制度?

二、练习题

1. 关于企业所得税的说法，下列哪一选项是错误的?（　　）（单选题）
   A. 在我国境内，企业和其他取得收入的组织为企业所得税的纳税人
   B. 个人独资企业、合伙企业不是企业所得税的纳税人
   C. 企业所得税的纳税人分为居民企业和非居民企业，二者的适用税率完全不同
   D. 企业所得税的税收优惠，居民企业和非居民企业都有权享受
2. 居民企业发生的下列支出中，可在企业所得税税前扣除的有（　　）。(2015 年注册会计师全国统一考试《税法》多选题)
   A. 逾期归还银行贷款的罚息
   B. 企业内营业机构之间支付的租金
   C. 未能形成无形资产的研究开发费用
   D. 以经营租赁方式租入固定资产的租金
3. 某公司计算缴纳企业所得税时，提出减免企业所得税的请求，其中哪些符合法律规定?（　　）（多选题）
   A. 购买国债取得的利息收入，请求免征企业所得税
   B. 经营一项农业项目的所得，请求减征企业所得税
   C. 投资经营一项无国家扶持基础设施项目的所得，请求免征企业所得税
   D. 开发一项新技术的研究开发费用，请求在计算应纳税所得额时加计扣除
4. 下列关于转让定价和转让定价税制的表述中，正确的有（　　）。(多选题)
   A. 利用转让定价在跨国关联企业之间进行收入费用分配以及利润的转移是跨国公司国际避税最常用的手段之一
   B. 世界转让定价税制发展的一个重要趋势是从事先约定向事后调整延伸，预约定价协议的实施范围开始缩小
   C. 转让定价税制适用于国内公司与国外关联公司间的商品交易、资产转让、提供劳务和贷款等行为，不适用于个人
   D. 转让定价税制不仅适用于国内母公司或子公司同它设立在国外的子、母公司间的交易，也适用于形式上通过第三者中介，而实质上是关联公司间的交易

5. 2018 年 12 月，某公司对县税务局确定的企业所得税的应纳税所得额、应纳税额及在 12 月 30 日前缴清税款的要求极为不满，决定撤离该县，且不缴纳税款。县税务局得知后，责令该公司在 12 月 15 日前纳税。当该公司有转移生产设备的明显迹象时，县税务局责成其提供纳税担保。该公司取得的下列收入中，属于《企业所得税法》规定的应纳税收入的是（　　）。（多选题）

A. 财政拨款　　B. 销售产品收入

C. 专利转让收入　　D. 国债利息收入

6. 境外某公司在中国境内未设立机构、场所，2018 年取得境内甲公司支付的股息 500 万元，取得境内乙公司支付的特许权使用费 350 万元。2018 年度该境外公司在我国应缴纳企业所得税（　　）。（单选题）

A. 32 万元　　B. 34 万元　　C. 58 万元　　D. 85 万元

7. 下列各项中，在计算企业所得税应纳税所得额时准予扣除的是（　　）。（2014 年注册会计师全国统一考试《税法》单选题）

A. 企业之间支付的管理费

B. 银行内营业机构之间支付的利息

C. 企业内营业机构之间支付的租金

D. 企业内营业机构之间支付的特许权使用费

8. 企业在境内发生的处置资产的下列情形中，应视同销售确认企业所得税应税收入的是（　　）。（2016 年注册会计师全国统一考试《税法》单选题）

A. 将资产用于职工奖励或福利

B. 将资产用于加工另一种产品

C. 将资产结构或性能改变

D. 将资产在总分支机构之间转移

第十章
财产与行为税法律制度

本章概要

- 房产税法的征税对象与计税依据
- 契税法的征税范围和税率
- 车辆购置税法的征税对象
- 车船税法的主要内容
- 印花税法、城市维护建设税法、烟叶税法的主要内容

第一节 房产税法

房产税是以房产为征税对象，以房产的计税余值或房产的租金收入为计税依据，向房产的所有人或使用人征收的一种财产税。对房产征税是为了运用税收杠杆，调节房产所有人和使用人的收入。这有利于积累建设资金，加强房产管理，提高房屋的使用效率。此外，房产税税源稳定，易于控制管理，是地方财政收入的重要来源之一。

房产税法是指调整房产税关系的法律规范系统。我国房产税的主要法律依据是 1986 年 9 月 15 日国务院颁布的《中华人民共和国房产税暂行条例》（以下简称《房产税暂行条例》）。

一、房产税的纳税主体与征税范围

房产税应由在征税范围内的房屋的产权所有人缴纳。产权属于全民所有的，由经营管理的单位缴纳。产权属于集体和个人所有的，由集体单位和个人缴纳。产权出典的，由承典人缴纳。产权所有人、承典人不在房产所在地的，或者产权未确定及租典纠纷未

解决的，由房产代管人或使用人缴纳。上述产权所有人、经营管理单位、承典人、房产代管人或者使用人，统称为房产税的纳税人。

长期以来，外商投资企业、外国企业和组织以及外籍个人不适用《房产税暂行条例》，而是按照1951年8月8日政务院公布的《城市房地产税暂行条例》缴纳城市房地产税。为了改变这种内资、外资有别的不公平现状，促进房地产市场健康发展，国务院于2008年12月31日下令废止了1951年的《城市房地产税暂行条例》。自2009年1月1日起，外商投资企业、外国企业和组织以及外籍个人依照1986年的《房产税暂行条例》缴纳房产税。

房产税以在我国境内用于生产经营的房屋为征税对象。与房屋不可分割的各种附属设备或一般不单独计算价值的配套设施，也应作为房屋一并纳税。《房产税暂行条例》规定的征税范围是城市、县城、建制镇和工矿区，其中，城市是指国务院批准设立的市，具体区域为市区、郊区和市辖县县城；县城是指未设立建制镇的县人民政府所在地；建制镇是指经省、自治区、直辖市人民政府批准设立的镇；工矿区是指工商业比较发达，人口比较集中，符合国务院规定的建制镇标准，但尚未设立建制镇的大中型工矿企业所在地。

二、房产税应纳税额的计算

（一）计税依据

房产税的计税依据是房产的计税余值或房产的租金收入。按照房产计税余值征税的，称为从价计征；按照房产的租金收入（包括货币收入和实物收入）计征的，称为从租计征。我国现行房产税采用的是比例税率，从价计征的税率为1.2%，从租计征的税率为12%。同时，现行政策规定，对于个人出租住房和企事业单位、社会团体以及其他组织按市场价格向个人出租用于居住的住房，减按4%的税率征收房产税。

（二）应纳税额的计算

（1）从价计征的具体计算公式为：

应纳税额＝计税余值×适用税率＝应税房产原值×（1－扣除比例）×适用税率

（2）从租计价的具体计算公式为：

应纳税额＝租金收入×适用税率

三、房产税法规定的税收优惠

根据《房产税暂行条例》及相关政策，下列项目免纳房产税。

（1）国家机关、人民团体、军队自用的房产免纳房产税。但上述免税单位的出租房产以及非自身业务使用的生产、营业用房产，不属于免税范围。此处所称“人民团体”，是指经国务院授权的政府部门批准设立或登记备案，并由国家拨付行政事业费的各种社会团体。

（2）由国家财政部门拨付事业经费的单位自用的房产，如学校、医疗卫生单位、托儿所、幼儿园、文化、体育、艺术等实行全额或差额预算管理的事业单位所有的，本身业务范围内使用的房产免纳房产税。

为鼓励事业单位经济自立，对于由国家财政部门拨付事业经费的单位，其经费来源实行自收自支后，从事业单位经费实行自收自支的年度起，免纳房产税 3 年。

（3）企业所办的学校、托儿所、幼儿园自用的房产。

（4）非营利性医疗机构、疾病控制机构、妇幼保健机构等医疗、卫生机构自用的房产。营利性医疗机构取得的收入直接用于改善医疗卫生条件的，自其取得执业登记之日起 3 年内，自用的房产也可以免纳房产税。

（5）非营利性科研机构自用的房产。

（6）符合规定的科学研究机构转为企业和进入企业，可以从转制注册之日起，5 年以内免纳科研开发自用房产的房产税。

（7）宗教寺庙、公园、名胜古迹自用的房产免纳房产税。但宗教寺庙、公园、名胜古迹出租的房产及其附设的营业单位（如影剧院、饮食部、照相馆）所使用的房产，不属于免税范围，应依法纳税。

（8）个人所有非营业用的房产免纳房产税。这里主要指居民居住用房，个人拥有的营业用房或者出租的房产，不属于免税房产，应照章纳税。

需要注意的是，2011 年 1 月 27 日，上海、重庆宣布开始试点房产税，实质内容就是将房产税的征收范围扩大到了原来属于免税范围的“个人所有非营业用的房产”。上海的征收对象为本市居民新购房且属于第二套及以上住房和非本市居民新购房，税率暂定为 0.6%；重庆的征收对象是独栋别墅高档公寓，以及无工作户口无投资人员所购二套房，税率为 0.5%～1.2%。

（9）经财政部批准免税的其他房产。这类规定较多，如地下人防设施、临时性房屋、危险房屋、非营利性老年服务机构、非营利性医疗卫生机构、非营利性科研机构、高校后勤实体等的房产免纳房产税。

除上述可以免纳房产税的情况以外，如纳税人纳税确有困难的，可由省、自治区、直辖市人民政府确定，定期减征或者免征房产税。

四、房产税法规定的征收管理

（一）纳税义务发生时间

（1）纳税人将原有房产用于生产经营，从生产经营之月起缴纳房产税。

（2）纳税人自行新建房屋用于生产经营，从建成之次月起缴纳房产税。

（3）纳税人委托施工企业建设的房屋，从办理验收手续之次月起，缴纳房产税。纳税人在办理手续前，即已使用或出租、出借的新建房屋，应从使用或出租、出借的当月起缴纳房产税。

（4）购置新建商品房，自房屋交付使用之次月起，缴纳房产税。

（5）购置存量房，自办理房屋权属转移、变更登记手续，房地产权属登记机关签发房屋权属证书之次月起缴纳房产税。

（6）出租、出借房产，自交付出租、出借房产之次月起缴纳房产税。

（7）房地产开发企业自用、出租、出借本企业建造的商品房，自房屋使用或交付之次月起缴纳房产税。

（二）纳税期限

房产税实行按年计算、分期缴纳的征收方法，具体纳税期限由省、自治区、直辖市人民政府确定。

（三）纳税地点

房产税在房产所在地缴纳。所拥有的房产不在同一地方的纳税人，应按房产的坐落地点分别向房产所在地的税务机关纳税。

第二节 契税法

契税是以房屋、土地所有权的转移行为为征税对象，向产权承受人征收的一种财产税。在我国，契税是在国有土地使用权出让、转让，房屋买卖、赠与或交换而发生产权转移或变动，订立契约时，向产权承受人征收的一种税。

契税法是调整契税关系的法律规范系统。契税是一个古老的税种，最早起源于东晋的“估税”，至今已有一千六百多年的历史。中华人民共和国成立以后，政务院曾于1950年3月发布《契税暂行条例》，该条例沿用了四十多年后，已不能适应经济发展的需要。为此，国务院于1997年7月7日发布了新的《中华人民共和国契税暂行条例》（以下简称《契税暂行条例》），该条例自1997年10月1日起开始施行。此后，财政部又于同年10月发布了《契税暂行条例细则》（已失效）。《契税暂行条例》和《契税暂行条例细则》确立了我国新的契税制度。《契税暂行条例》施行以来，契税运行平稳。1997年至2018年，全国累计征收契税42 162.18亿元，其中2018年征收5 729.68亿元，为地方经济社会发展提供了重要的财力保障。①

为贯彻落实税收法定原则，推动完善税收法律制度，2020年8月11日第十三届全国人民代表大会常务委员会第二十一次会议审议通过了《中华人民共和国契税法》（以下简称《契税法》），自2021年9月1日起施行，《契税暂行条例》同时废止。本次《契税法》

① 参见刘昆：《关于〈中华人民共和国契税法（草案）〉的说明》，2019年12月23日在第十三届全国人民代表大会常务委员会第十五次会议上。

的立法，总体上按照税制平移的思路，保持现行税制框架和税负水平总体不变，将《契税暂行条例》上升为法律，同时，根据实际情况对部分内容作了必要调整。

一、契税的纳税主体与征税对象

（一）纳税人

契税的纳税人是在我国境内转移土地、房屋权属的承受单位和个人。土地、房屋权属是指土地使用权和房屋所有权。承受，是指以受让、购买、受赠、交换等方式取得土地、房屋权属的行为。国有土地使用权出让或转让中的受让人、房屋的买主、房屋的赠与承受人、房屋交换的双方是具体的纳税人。

前述所称单位，是指企业单位、事业单位、国家机关、军事单位和社会团体以及其他组织。前述所称个人，是指个体经营者及其他个人，包括中国公民和外籍人员。

《契税法》第 2 条第 1、2 款规定："本法所称转移土地、房屋权属，是指下列行为：（一）土地使用权出让；（二）土地使用权转让，包括出售、赠与、互换；（三）房屋买卖、赠与、互换。前款第二项土地使用权转让，不包括土地承包经营权和土地经营权的转移。"

（二）征税对象

契税的征税对象是在境内转移土地、房屋权属的行为。契税的具体征收范围包括以下内容。

（1）土地使用权出让。土地使用权出让，是指土地使用者向国家交付土地使用权出让金，国家将国有土地使用权在一定年限内让与土地使用者的行为。

（2）土地使用权转让。土地使用权转让，是指土地使用者以出售、赠与、互换等方式将土地使用权转移给其他单位和个人的行为，但不包括土地承包经营权和土地经营权的转移。

（3）房屋的买卖、赠与或交换。

（4）以作价投资（入股）、偿还债务、划转、奖励等方式转移土地、房屋权属的，应当依法征收契税。

二、契税的税率与应纳税额的计算

（一）税率

根据《契税法》第 3 条的规定，契税税率为 3%～5%。

契税的具体适用税率，由省、自治区、直辖市人民政府在前述规定的税率幅度内提出，报同级人民代表大会常务委员会决定，并报全国人民代表大会常务委员会和国务院备案。省、自治区、直辖市可以依照前述规定的程序对不同主体、不同地区、不同类型的住房的权属转移确定差别税率。

（二）计税依据

契税的计税依据如下：

(1) 土地使用权出让、出售，房屋买卖，为土地、房屋权属转移合同确定的成交价格，包括应交付的货币以及实物、其他经济利益对应的价款；

(2) 土地使用权互换、房屋互换，为所互换的土地使用权、房屋价格的差额；

(3) 土地使用权赠与、房屋赠与以及其他没有价格的转移土地、房屋权属行为，为税务机关参照土地使用权出售、房屋买卖的市场价格依法核定的价格。

纳税人申报的成交价格、互换价格差额明显偏低且无正当理由的，由税务机关依照《税收征收管理法》的规定核定。

（三）应纳税额的计算

契税的应纳税额按照计税依据乘以具体适用税率计算，计算公式为：

应纳税额＝计税依据×税率

应纳税额以人民币计算。转移土地、房屋权属以外汇结算的，按照纳税义务发生之日中国人民银行公布的人民币市场汇率中间价折合成人民币计算。

三、契税法规定的税收优惠

（一）《契税法》规定的免征契税情形

《契税法》第 6 条第 1 款规定，有下列情形之一的，免征契税：(1) 国家机关、事业单位、社会团体、军事单位承受土地、房屋权属用于办公、教学、医疗、科研、军事设施；(2) 非营利性的学校、医疗机构、社会福利机构承受土地、房屋权属用于办公、教学、医疗、科研、养老、救助；(3) 承受荒山、荒地、荒滩土地使用权用于农、林、牧、渔业生产；(4) 婚姻关系存续期间夫妻之间变更土地、房屋权属；(5) 法定继承人通过继承承受土地、房屋权属；(6) 依照法律规定应当予以免税的外国驻华使馆、领事馆和国际组织驻华代表机构承受土地、房屋权属。

纳税人改变有关土地、房屋的用途，或者有其他不再属于上述规定的免征、减征契税情形的，应当缴纳已经免征、减征的税款。

（二）授权国务院规定的免征或减征契税情形

我国《契税法》第 6 条第 2 款规定，根据国民经济和社会发展的需要，国务院对居民住房需求保障、企业改制重组、灾后重建等情形可以规定免征或者减征契税，报全国人民代表大会常务委员会备案。

（三）授权省级人大常委会决定的免征或减征契税情形

《契税法》第7条规定，省、自治区、直辖市可以决定对下列情形免征或者减征契税：（1）因土地、房屋被县级以上人民政府征收、征用，重新承受土地、房屋权属；（2）因不可抗力灭失住房，重新承受住房权属。前述规定的免征或者减征契税的具体办法，由省、自治区、直辖市人民政府提出，报同级人民代表大会常务委员会决定，并报全国人民代表大会常务委员会和国务院备案。

2021年7月，北京市人民代表大会常务委员会发布《关于北京市契税具体适用税率等事项的决定》，明确北京市契税具体适用税率为3%；同时，根据《契税法》第7条的授权，决定下列情形免征契税：（1）因土地、房屋被县级以上人民政府征收、征用，重新承受土地、房屋权属，其成交价格没有超出土地、房屋补偿费、安置补助费的部分；（2）因不可抗力灭失住房，重新承受住房权属的。

四、契税法规定的征税管理

（一）纳税义务发生时间

契税的纳税义务发生时间，为纳税人签订土地、房屋权属转移合同的当日，或者纳税人取得其他具有土地、房屋权属转移合同性质凭证的当日。

（二）纳税期限

纳税人应当在依法办理土地、房屋权属登记手续前申报缴纳契税。

纳税人办理纳税事宜后，税务机关应当开具契税完税凭证。纳税人办理土地、房屋权属登记，不动产登记机构应当查验契税完税、减免税凭证或者有关信息。未按照规定缴纳契税的，不动产登记机构不予办理土地、房屋权属登记。

在依法办理土地、房屋权属登记前，权属转移合同、权属转移合同性质凭证不生效、无效、被撤销或者被解除的，纳税人可以向税务机关申请退还已缴纳的税款，税务机关应当依法办理。

税务机关应当与相关部门建立契税涉税信息共享和工作配合机制。自然资源、住房城乡建设、民政、公安等相关部门应当及时向税务机关提供与转移土地、房屋权属有关的信息，协助税务机关加强契税征收管理。税务机关及其工作人员对税收征收管理过程中知悉的纳税人的个人信息，应当依法予以保密，不得泄露或者非法向他人提供。

（三）纳税地点

契税由土地、房屋所在地的税务机关依照《契税法》和《税收征收管理法》的规定征收管理。

第三节　车辆购置税法

车辆购置税是国家对购置应税车辆的单位和个人，以其购置应税车辆的计税价格为计税依据，按照规定的税率一次性征收的一种税。课征这一税收，一方面，可以通过税收杠杆，增加购置车辆的经济成本，在全社会范围内调控购置车辆的比例，抑制盲目购车行为；另一方面，还可借此组织国家财力，满足公共道路和基础设施建设的资金需求。此外，还可以在一定程度上调节个人财富分配。2018 年 12 月 29 日第十三届全国人民代表大会常务委员会第七次会议通过《中华人民共和国车辆购置税法》，该法是规范车辆购置税征收管理的重要依据。

一、车辆购置税的纳税主体与征税范围

（一）纳税主体

车辆购置税的纳税人，是指在中华人民共和国境内购置汽车、有轨电车、汽车挂车、排气量超过 150 毫升的摩托车（以下简称“应税车辆”）的单位和个人。

（二）征税范围

车辆购置税的征税对象是在中国境内购置应税车辆的行为，包括购买、进口、自产、受赠、获奖或者以其他方式取得并自用应税车辆等行为。

车辆购置税的征收范围包括汽车、有轨电车、汽车挂车、排气量超过 150 毫升的摩托车。

二、车辆购置税应纳税额的计算

（一）计税依据

车辆购置税的计税依据是纳税人所购置的应税车辆的价格。其具体计税价格根据不同情况，分别确定。

（1）纳税人购买自用的应税车辆的计税价格，为纳税人购买应税车辆而支付给销售者的全部价款，但不包括增值税税款。

根据《增值税暂行条例》及其实施细则的有关规定，纳税人销售货物不含增值税的销售额的计算公式为：

销售额＝含税销售额÷（1＋增值税税率或征收率）

主管税务机关在计征车辆购置税确定计税依据时，计算车辆不含增值税的价格的计算方法与上述公式相同，即：

不含税价＝全部价款÷（1＋增值税税率或征收率）

（2）纳税人进口自用的应税车辆的计税价格，为关税完税价格加上关税和消费税。

（3）纳税人自产自用应税车辆的计税价格，按照纳税人生产的同类应税车辆的销售价格确定，不包括增值税税款。

（4）纳税人以受赠、获奖或者其他方式取得自用应税车辆的计税价格，按照购置应税车辆时相关凭证载明的价格确定，不包括增值税税款。

纳税人申报的应税车辆计税价格明显偏低，又无正当理由的，由税务机关依照《税收征收管理法》的规定核定其应纳税额。

纳税人以外汇结算应税车辆价款的，按照申报纳税之日的人民币汇率中间价折合成人民币计算缴纳税款。

（二）税率和应纳税额的计算

1. 税率

车辆购置税采用固定比例税率，税率为10%。

2. 应纳税额的计算

车辆购置税实行从价定率的办法计算应纳税额。应纳税额的计算公式为：

应纳税额＝计税价格×税率

三、车辆购置税法规定的税收优惠

（一）减、免税规定

下列车辆免征车辆购置税：（1）依照法律规定应当予以免税的外国驻华使馆、领事馆和国际组织驻华机构及其有关人员自用的车辆；（2）中国人民解放军和中国人民武装警察部队列入装备订货计划的车辆；（3）悬挂应急救援专用号牌的国家综合性消防救援车辆；（4）设有固定装置的非运输专用作业车辆；（5）城市公交企业购置的公共汽电车辆。

根据国民经济和社会发展的需要，国务院可以规定其他减征或者免征车辆购置税的情形。

免税、减税车辆因转让、改变用途等原因不再属于免税、减税范围的，应当在办理车辆转移登记或者变更登记前缴纳车辆购置税。计税价格以免税、减税车辆初次办理纳税申报时确定的计税价格为基准，每满一年扣减10%。

（二）退税规定

纳税人将已征车辆购置税的车辆退回车辆生产企业或者销售企业的，可以向主管税务机关申请退还车辆购置税。退税额以已缴税款为基准，自缴纳税款之日至申请退税之日，每满一年扣减10%。

四、车辆购置税法规定的征收管理

购置应税车辆的纳税人，应当到下列地点申报纳税：（1）需要办理车辆登记的，向车辆登记地的主管税务机关申报纳税；（2）不需要办理车辆登记的，单位纳税人向其机构所在地的主管税务机关申报纳税，个人纳税人向其户籍所在地或者经常居住地的主管税务机关申报纳税。

车辆购置税的纳税义务发生时间，按照下列情形确定：（1）购买自用应税车辆的为购买之日，即车辆相关价格凭证的开具日期；（2）进口自用应税车辆的为进口之日，即“海关进口增值税专用缴款书”或者其他有效凭证的开具日期；（3）自产、受赠、获奖或者以其他方式取得并自用应税车辆的为取得之日，即合同、法律文书或者其他有效凭证的生效或者开具日期。

纳税人应当自纳税义务发生之日起60日内申报缴纳车辆购置税。纳税人应当在向公安机关交通管理部门办理车辆注册登记前，缴纳车辆购置税。

公安机关交通管理部门办理车辆注册登记，应当根据税务机关提供的应税车辆完税或者免税电子信息对纳税人申请登记的车辆信息进行核对，核对无误后依法办理车辆注册登记。

纳税人将已征车辆购置税的车辆退回车辆生产企业或者销售企业的，可以向主管税务机关申请退还车辆购置税。退税额以已缴税款为基准，自缴纳税款之日至申请退税之日，每满1年扣减10%。

税务机关和公安、商务、海关、工业和信息化等部门应当建立应税车辆信息共享和工作配合机制，及时交换应税车辆和纳税信息资料。

第四节　车船税法

车船税是指在中华人民共和国境内的车辆、船舶的所有人或者管理人按照车船税法应缴纳的一种税。

我国对车船征税的历史很悠久。明清时期，政府曾对内河商船征收船钞。中华人民共和国成立前，不少城市对车船征收牌照税。中华人民共和国成立后，政务院于1951年颁布了《车船使用牌照税暂行条例》，对车船征收车船使用牌照税。1986年9月国务院在实施工商税制改革时，又发布了《中华人民共和国车船使用税暂行条例》。根据有关规定，该条例不适用于外商投资企业和外国企业及外籍个人。因此，对外商投资企业和外国企业及外籍个人仍征收车船使用牌照税。

以上两个税种自开征以来，在组织地方财政收入、调节和促进经济发展方面发挥了积极作用。但内外两个税种，不符合简化税制的要求，也与WTO有关国民待遇等规则不相符合，而且，这两个税种的征、免税范围不尽合理，税源控管手段不足，税额标准与我国社会经济发展水平和当时物价水平相比已明显偏低。因此，根据我国当时车船拥有、使用和管理现状及发展趋势，本着简化税制、公平税负、拓宽税基、方便税收征管的原则，国务院将《车船使用牌照税暂行条例》和《车船使用税暂行条例》进行了合并修订，于2006年12月29日颁布了《车船税暂行条例》，自2007年1月1日起实施，对各类企业、行政事业单位和个人统一征收车船税，适当提高了税额标准，调整了减、免税范围。2011年2月25日，第十一届全国人民代表大会常务委员会第十九次会议通过《中华人民共和国车船税法》（以下简称《车船税法》），自2012年1月1日起施行，《车船税暂行条例》同时废止。该法在2019年4月23日修正。2011年11月23日，《中华人民共和国车船税法实施条例》（以下简称《车船税法实施条例》）经国务院第182次常务会议通过，自2012年1月1日起施行，2019年3月2日修订。

一、车船税的纳税主体与征税范围

在中华人民共和国境内，属于"车船税税目税额表"规定的车辆、船舶（以下简称车船）的所有人或者管理人，为车船税的纳税人。车船的管理人，是指对车船具有管理权或者使用权，不具有所有权的单位和个人。

从事机动车第三者责任强制保险业务的保险机构为机动车车船税的扣缴义务人，应当在收取保险费时依法代收车船税，并出具代收税款凭证。

车船税的征税范围为车船税法所规定的应税车船，具体是指：（1）依法应当在车船管理部门登记的车船；（2）依法不需要在车船管理部门登记、在单位内部场所行驶或者作业的车船。地铁、轻轨等城市轨道交通车辆，装载机、平地机、挖掘机、推土机等轮式专用机械车，以及起重机（吊车）、叉车、电动摩托车，不属于应税车辆。

二、车船税的税率

车辆的具体适用税额由省、自治区、直辖市人民政府依照《车船税法》所附"车船税税目税额表"规定的税额幅度和国务院的规定确定。省、自治区、直辖市人民政府根据"车船税税目税额表"确定车辆具体适用税额，应当遵循以下原则：（1）乘用车依排气量从小到大递增税额；（2）客车按照核定载客人数20人以下和20人（含）以上两档划分，递增税额。省、自治区、直辖市人民政府确定的车辆具体适用税额，应当报国务院备案。

船舶的具体适用税额由国务院在《车船税法》所附"车船税税目税额表"规定的税额幅度内确定。根据国务院制定的《车船税法实施条例》，机动船舶具体适用税额为：（1）净吨位不超过200吨的，每吨3元；（2）净吨位超过200吨但不超过2 000吨的，每吨4元；（3）净吨位超过2 000吨但不超过10 000吨的，每吨5元；（4）净吨位超过10 000吨的，每吨6元。拖船按照发动机功率每1千瓦折合净吨位0.67吨计算征收车船税。游艇具体适用税额为：（1）艇身长度不超过10米的，每米600元；（2）艇身长度超过10米但不超过18米的，每米900元；（3）艇身长度超过18米但不超过30米的，每米1 300元；

（4）艇身长度超过30米的，每米2 000元；（5）辅助动力帆艇，每米600元。

三、车船税法规定的税收优惠

（一）《车船税法》及其实施条例规定的免征情形

根据《车船税法》和《车船税法实施条例》的规定，下列车船免征车船税：（1）捕捞、养殖渔船，具体是指在渔业船舶登记管理部门登记为捕捞船或者养殖船的船舶；（2）军队、武装警察部队专用的车船，具体是指按照规定在军队、武装警察部队车船登记管理部门登记，并领取军队、武警牌照的车船；（3）警用车船，具体是指公安机关、国家安全机关、监狱、劳动教养管理机关和人民法院、人民检察院领取警用牌照的车辆和执行警务的专用船舶；（4）悬挂应急救援专用号牌的国家综合性消防救援车辆和国家综合性消防救援专用船舶；（5）依照法律规定应当予以免税的外国驻华使领馆、国际组织驻华代表机构及其有关人员的车船。

《国务院办公厅关于国家综合性消防救援车辆悬挂应急救援专用号牌有关事项的通知》（国办发〔2018〕114号）规定，国家综合性消防救援车辆由部队号牌改挂应急救援专用号牌的，一次性免征改挂当年车船税。

（二）授权国务院和省级政府规定的免征或减征情形

根据《车船税法》第4条和《车船税法实施条例》第10条第1款的规定，对节约能源、使用新能源的车船可以减征或者免征车船税，免征或者减半征收车船税的车船的范围，由国务院财政、税务主管部门商国务院有关部门制订，报国务院批准，并报全国人民代表大会常务委员会备案。

对受严重自然灾害影响纳税困难以及有其他特殊原因确需减税、免税的车船，可以在一定期限内减征或者免征车船税。具体减免期限和数额由省、自治区、直辖市人民政府确定，报国务院备案，并报全国人民代表大会常务委员会备案。

四、车船税法规定的征收管理

（一）纳税义务发生时间

车船税的纳税义务发生时间为取得车船所有权或者管理权的当月。所称“取得车船所有权或者管理权的当月”，应当以购买车船的发票或者其他证明文件所载日期的当月为准。

（二）纳税期限

车船税按年申报缴纳，具体申报纳税期限由省、自治区、直辖市人民政府确定。纳税人没有按照规定期限缴纳车船税的，扣缴义务人在代收代缴税款时，可以一并代收代缴欠缴税款的滞纳金。

《车船税法》授权省、自治区、直辖市人民政府确定纳税人的具体纳税期限，主要是因为：其一，各地情况不同，授权地方自行确定，有利于税收征管。其二，纳税人拥有并且使用的车船种类不一，数量各异，其应纳税额多少也相差较大。所以，对那些使用车船数量多、应纳税额大、一次性缴纳有困难的纳税人，应允许其按季度或者半年缴纳；而对那些非机动车船，纳税人面广人多，应纳税额小，纳税人愿意一次性缴纳的，就应允许其一次缴清全年税款。

（三）纳税地点

车船税的纳税地点为车船的登记地或者车船税扣缴义务人所在地。依法不需要办理登记的车船，车船税的纳税地点为车船的所有人或者管理人所在地。

（四）车船税的征缴

税务机关可以在车船登记管理部门、车船检验机构的办公场所集中办理车船税征收事宜。

公安、交通运输、农业、渔业等车船登记管理部门、船舶检验机构和车船税扣缴义务人的行业主管部门应当在提供车船有关信息等方面，协助税务机关加强车船税的征收管理。车辆所有人或者管理人在申请办理车辆相关登记、定期检验手续时，应当向公安机关交通管理部门提交依法纳税或者免税证明。公安机关交通管理部门核查后办理相关手续。公安机关交通管理部门在办理车辆相关登记和定期检验手续时，经核查，对于没有提供依法纳税或者免税证明的，不予办理相关手续。

船检机构应当在提供船舶有关信息方面协助税务机关加强车船税的征收管理。

（五）车船税的退还

在一个纳税年度内，已完税的车船被盗抢、报废、灭失的，纳税人可以凭有关管理机关出具的证明和完税证明，向纳税所在地的主管税务机关申请退还自被盗抢、报废、灭失月份起至该纳税年度终了期间的税款。

已办理退税的被盗抢车船失而复得的，纳税人应当从公安机关出具相关证明的当月起计算缴纳车船税。

已缴纳车船税的车船在同一纳税年度内办理转让过户的，不另纳税，也不退税。

第五节 印花税法

一、印花税法概述

印花税，是指国家对纳税主体在经济活动中书立、领受应税凭证的行为征收的一种税收。印花税起初因纳税人将应税凭证送交征税机关，征税机关用刻有花纹的印戳在该凭证上印盖标记以示完税而被俗称为“印花”。后为征收便利，改革了征收方式，以在应税凭证上粘贴国家统一印制的印花税票为完税标志，故称印花税。印花税具有征收范围广、税负轻、纳税人自行完税等特点。

印花税主要通过纳税人“三自”纳税的方式完税，即纳税人通过自行计算、自行购花、贴花并自行销花的方式完成印花税的缴纳义务。纳税人在发生书立、领受应税凭证行为时，应先依据应税凭证所载计税金额和应适用的税目税率，自行计算其应纳税额；再由纳税人自行购买印花税票，并一次足额粘贴在应税凭证上；最后由纳税人按《印花税暂行条例》的规定对已粘贴的印花税票自行注销或者画销。至此，纳税人的纳税义务才算履行完毕。

印花税法是调整印花税征收管理关系的法律规范系统。印花税是一个古老的税种。荷兰是印花税的创始国。1624 年，荷兰政府在广泛征询民间建议的基础上，确定实施了一种以商事产权凭证为征收对象的印花税，由于缴税时在凭证上用刻花滚筒推出“印花”戳记，以示完税，故该税种被命名为“印花税”。1854 年，奥地利政府印制发售了形似邮票的印花税票，由纳税人自行购买贴在应纳税凭证上，并规定完成纳税义务以在票上盖戳注销为标准。世界上由此诞生了印花税票。目前，世界上已有一百多个国家和地区开征了印花税。我国开征印花税始于北洋政府时期，北洋政府于 1912 年 10 月颁布《印花税法》，共 13 条，此为地方税。翌年各地先后开始征收印花税。1927 年，国民政府参照北洋政府《印花税法》制定了《印花税法暂行条例》，并将印花税列为中央税；1934 年将该暂行条例修订后正式颁布《印花税法》。中华人民共和国成立后，1950 年 1 月政务院颁布《全国税收实施要则》，对印花税作了规定，印花税成为中华人民共和国成立后全国统一开征的税种之一。1950 年 4 月，财政部发布的《印花税暂行条例》试行。1950 年 12 月政务院正式公布了《印花税暂行条例》。1958 年工商税制改革，印花税与其他几个税种合并为工商统一税，《印花税暂行条例》及相关规定也即时废止，对印花税不再单独开征。1978 年改革开放后，商品经济发展迅速，社会经济生活发生了巨大的变化。经济活动和经济交往过程中书立、领受凭证的行为已成为普遍现象，恢复单独开征印花税的客观经济环境已经成熟，于是，1988 年 8 月，国务院发布了《印花税暂行条例》（2011 年修订，已失效），规定从 1988 年 10 月 1 日起在全国范围内恢复征收印花税。《印花税暂行条例》施行以来，印花税运行平稳。1988 年至 2020 年，全国累计征收印花税 29 199 亿元。其中，一般印花税收入 12 131 亿元，占比 41.55%；证券交易印花税收入 17 068 亿元，占比 58.45%；2020 年，全国印花税收入为 3 087 亿元。[①]

为进一步落实税收法定原则，增强印花税法律制度的科学性、稳定性和权威性，为市场主体良性发展提供法律制度保障，进一步优化营商环境，第十三届全国人民代表大会常务委员会第二十九次会议于 2021 年 6 月 10 日审议通过《中华人民共和国印花税法》（以下简称《印花税法》），自 2022 年 7 月 1 日起施行，《印花税暂行条例》同时废止。本次印花税立法，总体上按照税制平移的思路，保持现行税制框架和税负水平基本不变，将《印花税暂行条例》和证券交易印花税有关规定上升为法律。同时，根据实际情况对部分内容作了必要调整，适当简并税目、降低部分税率。

---

① 参见刘昆：《关于〈中华人民共和国印花税法（草案）〉的说明》，2021 年 2 月 27 日在第十三届全国人民代表大会常务委员会第二十六次会议上。

二、印花税的纳税主体和征税范围

（一）纳税主体

印花税的纳税人是指在我国境内书立应税凭证、进行证券交易的单位和个人，以及在我国境外书立在境内使用的应税凭证的单位和个人。其中，“应税凭证”是指《印花税法》所附“印花税税目税率表”列明的合同、产权转移书据和营业账簿。

根据《财政部、税务总局关于印花税若干事项政策执行口径的公告》（财政部、税务总局公告 2022 年第 22 号），纳税人的具体情形如下：（1）书立应税凭证的纳税人，为对应税凭证有直接权利义务关系的单位和个人；（2）采用委托贷款方式书立的借款合同纳税人，为受托人和借款人，不包括委托人；（3）按买卖合同或者产权转移书据税目缴纳印花税的拍卖成交确认书纳税人，为拍卖标的的产权人和买受人，不包括拍卖人。

（二）征税范围

在中华人民共和国境外书立在境内使用的应税凭证，应当按规定缴纳印花税，包括以下几种情形：（1）应税凭证的标的为不动产的，该不动产在境内；（2）应税凭证的标的为股权的，该股权为中国居民企业的股权；（3）应税凭证的标的为动产或者商标专用权、著作权、专利权、专有技术使用权的，其销售方或者购买方在境内，但不包括境外单位或者个人向境内单位或者个人销售完全在境外使用的动产或者商标专用权、著作权、专利权、专有技术使用权；（4）应税凭证的标的为服务的，其提供方或者接受方在境内，但不包括境外单位或者个人向境内单位或者个人提供完全在境外发生的服务。

企业之间书立的确定买卖关系、明确买卖双方权利义务的订单、要货单等单据，且未另外书立买卖合同的，应当按规定缴纳印花税。

发电厂与电网之间、电网与电网之间书立的购售电合同，应当按买卖合同税目缴纳印花税。

下列情形的凭证，不属于印花税征收范围：（1）人民法院的生效法律文书，仲裁机构的仲裁文书，监察机关的监察文书；（2）县级以上人民政府及其所属部门按照行政管理权限征收、收回或者补偿安置房地产书立的合同、协议或者行政类文书；（3）总公司与分公司、分公司与分公司之间书立的作为执行计划使用的凭证。

三、印花税的税目

印花税的税目是指印花税法明确规定的应当纳税的项目，它具体划定了印花税的征税范围。一般而言，列入税目的就要征税，未列入税目的就不征税。

根据《印花税法》的规定，印花税税目主要包括：（1）书面合同，具体包括借款合同、融资租赁合同、买卖合同、承揽合同、建设工程合同、运输合同、技术合同、租赁合同、保管合同、仓储合同、财产保险合同；（2）产权转移书据，主要包括土地使用权出让书据、土地使用权和房屋等建筑物与构筑物所有权转让书据（不包括土地承包经营权和土地经营权转移），股权转让书据（不包括应缴纳证券交易印花税的情形）和商标权专用权、著作权、专利权、专有技术使用权转让书据；（3）营业账簿，具体是指单位或者个人记载生产经营活动的账簿；（4）证券交易，具体是指转让在依法设立的证券交易所、国务院批准的其他全国性证券交易场所交易的股票和以股票为基础的存托凭证。

四、印花税的税率

《印花税暂行条例》曾规定印花税的税率有比例税率和定额税率两种形式。《印花税法》统一规定各类税目对应的税率均为比例税率（详见表 10－1）。

表 10－1 印花税税目税率表

<table>
<tr><th colspan="2">税目</th><th>税率</th><th>备注</th></tr>
<tr><td rowspan="12">合同（指书面合同）</td><td>借款合同</td><td>借款金额的万分之零点五</td><td>指银行业金融机构、经国务院金融监督管理总局批准设立的其他金融机构与借款人（不包括同业拆借）的借款合同</td></tr>
<tr><td>融资租赁合同</td><td>租金的万分之零点五</td><td></td></tr>
<tr><td>买卖合同</td><td>价款的万分之三</td><td>指动产买卖合同（不包括个人书立的动产买卖合同）</td></tr>
<tr><td>承揽合同</td><td>报酬的万分之三</td><td></td></tr>
<tr><td>建设工程合同</td><td>价款的万分之三</td><td></td></tr>
<tr><td>运输合同</td><td>运输费用的万分之三</td><td>指货运合同和多式联运合同（不包括管道运输合同）</td></tr>
<tr><td>技术合同</td><td>价款、报酬或者使用费的万分之三</td><td>不包括专利权、专有技术使用权转让书据</td></tr>
<tr><td>租赁合同</td><td>租金的千分之一</td><td></td></tr>
<tr><td>保管合同</td><td>保管费的千分之一</td><td></td></tr>
<tr><td>仓储合同</td><td>仓储费的千分之一</td><td></td></tr>
<tr><td>财产保险合同</td><td>保险费的千分之一</td><td>不包括再保险合同</td></tr>
<tr></tr>
<tr><td rowspan="4">产权转移书据</td><td>土地使用权出让书据</td><td>价款的万分之五</td><td rowspan="4">转让包括买卖（出售）、继承、赠与、互换、分割</td></tr>
<tr><td>土地使用权、房屋等建筑物和构筑物所有权转让书据（不包括土地承包经营权和土地经营权转移）</td><td>价款的万分之五</td></tr>
<tr><td>股权转让书据（不包括应缴纳证券交易印花税的）</td><td>价款的万分之五</td></tr>
<tr><td>商标专用权、著作权、专利权、专有技术使用权转让书据</td><td>价款的万分之三</td></tr>
</table>

续表

税目	税率	备注
营业账簿	实收资本（股份）、资本公积合计金额的万分之二点五	
证券交易	成交金额的千分之一	

在印花税中，证券交易印花税是一个相对独立的存在。从1990年开征证券交易印花税至《印花税法》颁布实施期间，中国股票交易印花税共历经12次变化，其中上调2次、下调7次，调整主要内容涉及税率高低和征收方式两个层面，调整主要政策目标是维系证券市场宏观稳定。一般而言，当市场出现暴涨迹象时，监管层将适度提高印花税率水平，抑制短期过度投机和市场过热；反之则调低印花税率、降低交易成本，以促进市场交易活跃度提升。在《印花税法》出台之后，证券交易印花税在2023年再次发生调整。《财政部、税务总局关于减半征收证券交易印花税的公告》（财政部、税务总局公告2023年第39号）规定，为活跃资本市场、提振投资者信心，自2023年8月28日起，证券交易印花税实施减半征收。

表10-2　证券交易印花税的历次调整

时间	事件内容
1988年10月1日	《印花税暂行条例》开始实施
1990年6月28日	证券交易印花税首先在深圳开征，主要是为了稳定初创的股市及适度调节炒股收益，由卖出股票者按成交金额的6‰缴纳。同年11月23日，深圳市对股票买方也开征6‰的印花税。对双边征收印花税的历史开始
1991年10月	深圳市将印花税税率调整到3‰；上海市开始对股票买卖实行双向征收，税率为3‰
1992年6月12日	国家税务总局和国家经济体制改革委员会联合发文，规定股票交易双方按3‰缴纳印花税
1997年5月12日	证券交易印花税的税率从3‰提高到5‰
1998年6月12日	证券交易印花税的税率从5‰下调至4‰
1999年6月1日	B股交易印花税的税率降低为3‰
2001年11月16日	A股、B股交易印花税的税率统一降至2‰
2005年1月23日	证券交易印花税的税率由2‰下调为1‰
2007年5月30日	证券交易印花税的税率由1‰调整为3‰
2008年4月24日	证券交易印花税的税率由3‰调整为1‰
2008年9月19日	调整证券（股票）交易印花税的征收方式，将现行的对买卖、继承、赠与所书立的A股、B股股权转让书据按1‰的税率对双方当事人征收证券（股票）交易印花税，调整为单边征税
2022年7月1日	《印花税法》施行，证券交易印花税税率为成交金额的1‰，只对出让方征收
2023年8月28日	证券交易印花税实施减半征收

五、印花税的计税依据与应纳税额计算

（一）计税依据

根据应税凭证的种类，印花税的计税依据如下：（1）应税合同的计税依据，为合同所列的金额，不包括列明的增值税税款；（2）应税产权转移书据的计税依据，为产权转移书据所列的金额，不包括列明的增值税税款；（3）应税营业账簿的计税依据，为账簿记载的实收资本（股本）、资本公积合计金额；（4）证券交易的计税依据，为成交金额。纳税人转让股权的印花税计税依据，按照产权转移书据所列的金额（不包括列明的认缴后尚未实际出资权益部分）确定。

应税合同、产权转移书据未列明金额的，印花税的计税依据按照实际结算的金额确定。计税依据按照前述规定仍不能确定的，按照书立合同、产权转移书据时的市场价格确定；依法应当执行政府定价或者政府指导价的，按照国家有关规定确定。

证券交易无转让价格的，按照办理过户登记手续时该证券前一个交易日收盘价计算确定计税依据；无收盘价的，按照证券面值计算确定计税依据。

同一应税合同、应税产权转移书据中涉及两方以上纳税人，且未列明纳税人各自涉及金额的，以纳税人平均分摊的应税凭证所列金额（不包括列明的增值税税款）确定计税依据。

应税合同、应税产权转移书据所列的金额与实际结算金额不一致，不变更应税凭证所列金额的，以所列金额为计税依据；变更应税凭证所列金额的，以变更后的所列金额为计税依据。已缴纳印花税的应税凭证，变更后所列金额增加的，纳税人应当就增加部分的金额补缴印花税；变更后所列金额减少的，纳税人可以就减少部分的金额向税务机关申请退还或者抵缴印花税。

境内的货物多式联运，采用在起运地统一结算全程运费的，以全程运费作为运输合同的计税依据，由起运地运费结算双方缴纳印花税；采用分程结算运费的，以分程的运费作为计税依据，分别由办理运费结算的各方缴纳印花税。

未履行的应税合同、产权转移书据，已缴纳的印花税不予退还及抵缴税款。纳税人多贴的印花税票，不予退税及抵缴税款。

（二）印花税应纳税额的计算

印花税的应纳税额按照计税依据乘以适用税率计算。

同一应税凭证载有两个以上税目事项并分别列明金额的，按照各自适用的税目税率分别计算应纳税额；未分别列明金额的，从高适用税率。

同一应税凭证由两方以上当事人书立的，按照各自涉及的金额分别计算应纳税额。

已缴纳印花税的营业账簿，以后年度记载的实收资本（股本）、资本公积合计金额比已缴纳印花税的实收资本（股本）、资本公积合计金额增加的，按照增加部分计算应纳税额。

六、印花税法规定的税收优惠

根据《印花税法》第 12 条的规定，下列凭证免征印花税：(1) 应税凭证的副本或者抄本；(2) 依照法律规定应当予以免税的外国驻华使馆、领事馆和国际组织驻华代表机构为获得馆舍书立的应税凭证；(3) 中国人民解放军、中国人民武装警察部队书立的应税凭证；(4) 农民、家庭农场、农民专业合作社、农村集体经济组织、村民委员会购买农业生产资料或者销售农产品书立的买卖合同和农业保险合同；(5) 无息或者贴息借款合同、国际金融组织向中国提供优惠贷款书立的借款合同；(6) 财产所有权人将财产赠与政府、学校、社会福利机构、慈善组织书立的产权转移书据；(7) 非营利性医疗卫生机构采购药品或者卫生材料书立的买卖合同；(8) 个人与电子商务经营者订立的电子订单。

根据国民经济和社会发展的需要，国务院对居民住房需求保障、企业改制重组、破产、支持小型微型企业发展等情形可以规定减征或者免征印花税，报全国人民代表大会常务委员会备案。例如，根据《财政部、税务总局关于支持小微企业融资有关税收政策的公告》(财政部、税务总局公告 2023 年第 13 号)，在 2027 年 12 月 31 日前，对金融机构与小型企业、微型企业签订的借款合同免征印花税。根据《财政部、税务总局关于继续实施公共租赁住房税收优惠政策的公告》(财政部、税务总局公告 2023 年第 33 号)，在 2025 年 12 月 31 日前，对公租房经营管理单位免征建设、管理公租房涉及的印花税。在其他住房项目中配套建设公租房，按公租房建筑面积占总建筑面积的比例免征建设、管理公租房涉及的印花税。对公租房经营管理单位购买住房作为公租房，免征契税、印花税；对公租房租赁双方免征签订租赁协议涉及的印花税。根据《财政部、税务总局关于继续实施高校学生公寓房产税、印花税政策的公告》(财政部、税务总局公告 2023 年第 53 号)，在 2027 年 12 月 31 日前，对与高校学生签订的高校学生公寓租赁合同，免征印花税。根据《财政部、税务总局关于继续实施银行业金融机构、金融资产管理公司不良债权以物抵债有关税收政策的公告》(财政部、税务总局公告 2023 年第 35 号)，自 2023 年 8 月 1 日至 2027 年 12 月 31 日，对银行业金融机构、金融资产管理公司接收、处置抵债资产过程中涉及的合同、产权转移书据和营业账簿免征印花税，对合同或产权转移书据其他各方当事人应缴纳的印花税照章征收。根据《财政部、税务总局关于保险保障基金有关税收政策的通知》(财税〔2023〕44 号)，在 2027 年 12 月 31 日前，对保险保障基金公司下列应税凭证，免征印花税：(1) 新设立的营业账簿；(2) 在对保险公司进行风险处置和破产救助过程中签订的产权转移书据；(3) 在对保险公司进行风险处置过程中与中国人民银行签订的再贷款合同；(4) 以保险保障基金自有财产和接收的受偿资产与保险公司签订的财产保险合同。对与保险保障基金公司签订上述产权转移书据或应税合同的其他当事人照章征收印花税。

七、印花税法规定的征收管理

印花税的纳税义务发生时间为纳税人书立应税凭证或者完成证券交易的当日。证券交易印花税扣缴义务发生时间为证券交易完成的当日。

印花税按季、按年或者按次计征。实行按季、按年计征的，纳税人应当自季度、年度终了之日起 15 日内申报缴纳税款；实行按次计征的，纳税人应当自纳税义务发生之日起 15 日内申报缴纳税款。证券交易印花税按周解缴。证券交易印花税扣缴义务人应当自每周终了之日起 5 日内申报解缴税款以及银行结算的利息。

纳税人为单位的，应当向其机构所在地的主管税务机关申报缴纳印花税；纳税人为个人的，应当向应税凭证书立地或者纳税人居住地的主管税务机关申报缴纳印花税。不动产产权发生转移的，纳税人应当向不动产所在地的主管税务机关申报缴纳印花税。

纳税人为境外单位或者个人，在境内有代理人的，以其境内代理人为扣缴义务人；在境内没有代理人的，由纳税人自行申报缴纳印花税，具体办法由国务院税务主管部门规定。

证券登记结算机构为证券交易印花税的扣缴义务人，应当向其机构所在地的主管税务机关申报解缴税款以及银行结算的利息。

印花税可以采用粘贴印花税票或者由税务机关依法开具其他完税凭证的方式缴纳。印花税票粘贴在应税凭证上的，由纳税人在每枚税票的骑缝处盖戳注销或者画销。印花税票由国务院税务主管部门监制。

第六节　城市维护建设税法

一、城市维护建设税法概述

城市维护建设税（简称城建税），是指国家对缴纳增值税、消费税的单位和个人以其实际缴纳的增值税和消费税税额为计税依据而征收的一种税。它属于特定目的税，是国家为加强城市的维护建设，扩大和稳定城市维护建设资金来源而采取的一种税法措施。

城市维护建设税法是调整城建税征纳关系的法律规范的总称。我国 1985 年制定了《中华人民共和国城市维护建设税暂行条例》（以下简称《城建税暂行条例》）。缴纳增值税、消费税、营业税（2016 年并入增值税）的单位和个人应当缴纳城建税，城建税具有附加税的性质；城建税收入专项用于城市的公用事业、公共设施的维护建设以及乡镇的维护建设，具有特定目的。《城建税暂行条例》施行以来，城建税运行平稳，为筹集城市维护建设资金，加强城市维护建设发挥了重要作用。2000 年至 2018 年，全国累计征收城建税 40 190 亿元，其中 2018 年征收 4 840 亿元。[①] 随着预算管理制度改革深化，自

① 参见刘昆：《关于〈中华人民共和国城市维护建设税法（草案）〉的说明》，2019 年 12 月 23 日在第十三届全国人民代表大会常务委员会第十五次会议上。

2016 年起城建税收入已由预算统筹安排，不再指定专项用途。

为了贯彻税收法定原则，落实党中央、国务院决策部署，推动完善税收法律制度，第十三届全国人民代表大会常务委员会第二十一次会议于 2020 年 8 月 11 日审议通过《中华人民共和国城市维护建设税法》（以下简称《城建税法》），自 2021 年 9 月 1 日起施行，《城建税暂行条例》同时废止。本次立法按照税制平移的思路，保持现行税制框架和税负水平总体不变，将暂行条例上升为法律。同时，根据实际情况，对部分内容作了必要调整。

二、城市维护建设税的纳税主体

城建税的纳税人，是指在我境内缴纳增值税、消费税的单位和个人。自 2010 年 12 月 1 日起，外商投资企业、外国企业及外籍个人也适用当时的《城建税暂行条例》和现在的《城建税法》。增值税和消费税的扣缴义务人也是城建税的扣缴义务人。

海关对进口货物代征消费税、增值税时，不征收城建税。

三、城市维护建设税的税率与计税依据

（一）税率

城建税税率如下：（1）纳税人所在地在市区的，税率为 7%；（2）纳税人所在地在县城、镇的，税率为 5%；（3）纳税人所在地不在市区、县城或者镇的，税率为 1%。

纳税人所在地，是指纳税人住所地或者与纳税人生产经营活动相关的其他地点，具体地点由省、自治区、直辖市确定。

（二）计税依据

城建税以纳税人依法实际缴纳的增值税、消费税税额为计税依据，不含因进口货物或境外单位和个人向境内销售劳务、服务、无形资产缴纳的增值税、消费税税额。城建税的计税依据应当按照规定扣除期末留抵退税退还的增值税税额（以下简称留抵退税额）。

依法实际缴纳的增值税税额，是指纳税人依照增值税相关法律法规和税收政策规定计算应当缴纳的增值税税额，加上增值税免抵税额，扣除直接减免的增值税税额和留抵退税额后的金额。

依法实际缴纳的消费税税额，是指纳税人依照消费税相关法律法规和税收政策规定计算应当缴纳的消费税税额，扣除直接减免的消费税税额后的金额。

城建税的应纳税额按照计税依据乘以具体适用税率计算。

四、城市维护建设税法规定的税收优惠

根据《城建税法》和《财政部、税务总局关于继续执行的城市维护建设税优惠政策

的公告》（财政部、税务总局公告 2021 年第 27 号）的规定，城建税的税收优惠主要包括以下内容：（1）对进口货物或者境外单位和个人向境内销售劳务、服务、无形资产缴纳的增值税、消费税税额，不征收城建税。（2）对黄金交易所会员单位通过黄金交易所销售且发生实物交割的标准黄金，免征城建税。（3）对上海期货交易所会员和客户通过上海期货交易所销售且发生实物交割并已出库的标准黄金，免征城建税。（4）对国家重大水利工程建设基金免征城建税。（5）根据国民经济和社会发展的需要，国务院对重大公共基础设施建设、特殊产业和群体以及重大突发事件应对等情形可以规定减征或者免征城建税，报全国人民代表大会常务委员会备案。

五、城市维护建设税的征收管理

城建税的纳税义务发生时间与增值税、消费税的纳税义务发生时间一致，分别与增值税、消费税同时缴纳。城建税的扣缴义务人为负有增值税、消费税扣缴义务的单位和个人，在扣缴增值税、消费税的同时扣缴城建税。

第七节 烟叶税法

一、烟叶税法概述

烟叶是一种特殊产品，国家历来对其实行专卖政策。与之相适应，国家对烟叶也一直征收较高的税和实行比较严格的税收管理，这些一直以来都依附于国家专卖政策的宏观调控。对烟叶税的征收直接关系到地方的经济利益与发展。1983 年国务院颁布的《关于对农林特产收入征收农业税的若干规定》将烟叶作为农业税征收范围内的子税目；1994 年国务院将农业税改为农业特产税，在全国统一了包括烟叶在内的 7 类产品。该税与对卷烟等烟草制品征收的增值税、消费税一起，构成对烟叶和烟草制品完整的税收调控体系。为减轻农民负担，党的十六届三中全会确立了深化农村税费改革的各项政策目标，并加快了减、免农业税和农业特产税的步伐。2004 年 6 月，根据《中共中央、国务院关于促进农民增加收入若干政策的意见》，财政部、国家税务总局下发了《关于取消除烟叶外的农业特产税有关问题的通知》，规定：从 2004 年起，除对烟叶暂保留征收农业特产税外，取消对其他农业特产品征收的农业特产税。2005 年 12 月 29 日，第十届全国人民代表大会常务委员会第十九次会议决定废止《农业税条例》。农业特产税是依据《农业税条例》开征的，农业税被取消以后，意味着农业特产税要同时被取消。因此，2006 年 2 月 17 日，国务院第 459 号令废止了《关于对农业特产收入征收农业税的若干规定》。这样，对烟叶征收农业特产税也失去了法律依据。

但是，停止征收烟叶特产农业税，将会产生一些新的问题：一是烟叶产区的地方财政收入，特别是一些县、乡的财政收入将受到较大的影响。二是不利于烟叶产区县、乡经济的发展，对当地基层政权的正常运转和各项公共事业的发展会产生一定的负面影响。

三是不利于卷烟工业的持续、稳定发展。基于以上情况，为了保持政策的连续性，并充分兼顾地方利益和有利于烟叶产区可持续发展，2006 年 4 月 28 日，国务院颁布了《中华人民共和国烟叶税暂行条例》（以下简称《烟叶税暂行条例》）。2006 年 5 月，财政部、国家税务总局针对《烟叶税暂行条例》的相关内容下发了《关于烟叶税若干具体问题的规定》（财税〔2006〕64 号，失效）和《关于开征烟叶税有关税收会计统计核算问题的通知》（国税函〔2006〕448 号，部分失效），进一步规范了烟叶税开征的细则问题及税收会计核算的归并。烟叶税的出台使烟叶特产农业税由过去农业特产税的税内子税目，变为了完全独立的一个新税种。停止征收烟叶特产农业税以后，以烟叶税予以替代，不仅使原有政策得到延续，而且在税收制度上保持了烟草税制的完整。为了贯彻和落实税收法定原则的要求，全国人民代表大会常务委员会于 2017 年 12 月 27 日审议通过《中华人民共和国烟叶税法》（以下简称《烟叶税法》），自 2018 年 7 月 1 日起施行，《烟叶税暂行条例》同时废止。

二、烟叶税的纳税主体和征收对象

在我国境内依照《烟草专卖法》的规定收购烟叶的单位为烟叶税的纳税人。所称“收购烟叶的单位”，是指依照《烟草专卖法》的规定有权收购烟叶的烟草公司或者受其委托收购烟叶的单位。烟叶税的征税对象为烟叶。《烟叶税法》规定，所称“烟叶”，是指烤烟叶、晾晒烟叶。

三、烟叶税的征收环节和计税依据

烟叶税的征收环节为烟叶收购环节。烟叶税的计税依据是纳税人收购烟叶时实际支付的价款总额。

四、烟叶税法的税率与应纳税额计算

烟叶税实行比例税率，税率为 20%。20%的比例税率，基本保持了原烟叶特产农业税的税率水平。烟叶税实行全国统一的税率，主要是考虑到烟叶属于特殊的专卖品，其税率不宜存在地区间的差异，否则会形成各地之间的不公平竞争，不利于烟叶种植的统一规划和烟叶市场、烟叶收购价格的统一。

烟叶税的应纳税额按照纳税人收购烟叶时实际支付的价款总额乘以税率计算。其应纳税额以人民币计算。

五、烟叶税法规定的征收管理

（一）烟叶税纳税义务发生的时间

烟叶税纳税义务发生的时间为纳税人收购烟叶的当日。“收购烟叶的当日”，是指纳税人向烟叶销售者付讫收购烟叶款项或者开具收购烟叶凭据的当天。

（二）纳税申报

烟叶税按月计征，纳税人应当于纳税义务发生月终了之日起15日内申报并缴纳。

（三）征收机关

烟叶税由税务机关征收。纳税人收购烟叶，应当向烟叶收购地的主管税务机关申报纳税。“烟叶收购地的主管税务机关”，是指烟叶收购地的县级税务局或者其所指定的税务分局、所。

烟叶税的征收、管理，依照《税收征收管理法》及《烟叶税法》的有关规定执行。

深度阅读

1. ［美］维多克·瑟仁伊．比较税法．丁一，译．北京：北京大学出版社，2006：第九章

2. ［日］金子宏．日本税法．战宪斌，郑林根，等译．北京：法律出版社，2004：第二编第三章

3. 徐阳光．房地产税制改革的立法考量．税务研究，2011（4）

4. 徐阳光，武诗敏．房地产税的正当性反思与立法建议．行政管理改革，2019（4）

5. 李炜光．印花税传奇．世界文化，2022（11）

问题与思考

一、思考题

1.《房产税暂行条例》第5条第4项规定：“个人所有非营业用的房产”免纳房产税。2011年1月27日，上海市人民政府发布《上海市开展对部分个人住房征收房产税试点的暂行办法》（沪府发〔2011〕3号）。该办法规定：“根据国务院第136次常务会议有关精神，市政府决定，自2011年1月28日起，本市开展对部分个人住房征收房产税试点。”与此同时，重庆市也开始了房产税改革试点工作。

请从税收法定原则出发，分析沪、渝两地房产税改革试点的合法性与合理性；从房产税的本质属性出发，分析房产税改革应当遵循的基本原则与立法宗旨。

2. 2011年8月13日，最高人民法院对《婚姻法》若干问题作出解释，首次明确离婚案件中一方婚前贷款购买的不动产应归产权登记方所有，但应对参与还贷的配偶给予公平合理的补偿。该司法解释催生了不少在房产证上增加夫妻双方姓名的举动。之后，南京市地税局通知契税征缴部门，要求对婚前房屋产权证加名行为征收契税。具体办法是按照房屋权属添加人的实际占有比例，折合成合理市场价，按照赠与类别征收3%的契税，而婚后共同房产加名不需缴纳契税。此后全国多地兴起效仿之风，引起了社会公众的强烈反对。2011年8月31日，财政部和国家税务总局联合下发了《关于房屋土地权

属由夫妻一方所有变更为夫妻双方共有契税政策的通知》（财税〔2011〕82号，已失效），明确"婚姻关系存续期间，房屋、土地权属原归夫妻一方所有，变更为夫妻双方共有的，免征契税"。

请从契税法的原理角度出发，对该现象及财政部和国家税务总局的上述通知进行评析。

二、练习题

1. 下列各项关于车船税计税的依据及税额的表述中，正确的是（　　）。（单选题）

A. 拖船以每马力折合净吨位1吨计算

B. 非机动驳船舶税额的50%计算

C. 车辆自重尾数在半吨以下的不予计算

D. 船舶净吨位尾数在半吨以下的按半吨计算

2. 下列有关契税征管制度的表述中，正确的是（　　）。（单选题）

A. 对承受国有土地使用权所支付的土地出让金应计征契税

B. 非法定继承人根据遗嘱承受死者生前的房屋权属免征契税

C. 对个人购买普通住房且该住房属于家庭唯一住房的免征契税

D. 以自有房产作股权出资于本人独资经营的企业应按房产的市场价格缴纳契税

3. 居民甲将其拥有的一处房产给居民乙，双方签订房屋权属转移合同并按规定办理了房屋产权过户手续。下列关于契税和印花税的表述中，正确的有（　　）。（多选题）

A. 作为交易的双方，居民甲和居民乙均同时负有印花税和契税的纳税义务

B. 契税的计税依据为房屋权属转移合同中确定的房产成交价格

C. 契税纳税人应在该房产的所在地交纳契税，印花税的纳税人应在签订合同时就地纳税

D. 契税纳税人的纳税义务在房屋权属转移合同的当天发生，印花税纳税人的纳税义务在房屋权属转移合同签订时发生

4. 下列证照中，应按"权利、许可证照"税目征收印花税的有（　　）。（2015年注册会计师全国统一考试《税法》多选题）

A. 专利证书　　B. 卫生许可证

C. 土地使用证　　D. 工商营业执照

5. 下列关于城市维护建设税纳税地点的表述中，正确的有（　　）。（多选题）

A. 无固定纳税地点的个人，为户籍所在地

B. 代收代缴"三税"的单位，为税款代收地

C. 代扣代缴"三税"的个人，为税款代扣地

D. 取得管道输油收入的单位，为管道机构所在地

6. 企业缴纳的下列税额中，应作为城市维护建设税计税依据的是（　　）。（2016年注册会计师全国统一考试《税法》单选题）

A. 消费税税额　　B. 房产税税额

C. 关税税额　　D. 城镇土地使用税税额

7. 甲企业2016年1月因无力偿还乙企业已到期的债务3 000万元，经双方协商甲企业同意以自有房产偿还债务，该房产的原值5 000万元，净值2 000万元，评估现值9 000万元。乙企业支付了差价款6 000万元，双方办理了产权过户手续，则乙企业计缴契税的计税依据是（　　）。（2016年注册会计师全国统一考试《税法》单选题）

A. 5 000万元　　B. 6 000万元　　C. 2 000万元　　D. 9 000万元

8. 某企业2016年3月进口载货汽车1辆，4月在国内市场购置载货汽车2辆，支付全部价款和价外费用为75万元（不含增值税），另外支付车辆购置税7.5万元，车辆牌照费0.1万元、代办保险费2万元，5月受赠小汽车1辆。上述车辆全部为企业自用。下列关于该企业计缴车辆购置税计税依据的表述中，正确的是（　　）。（2016年注册会计师全国统一考试《税法》单选题）

A. 国内购置载货汽车的计税依据为84.5万元

B. 进口载货汽车的计税依据为关税完税价格加关税

C. 国内购置载货汽车的计税依据为77万元

D. 受赠小汽车的计税依据为同类小汽车的市场价格加增值税

9. 某企业2016年2月自建的厂房竣工并投入使用，该厂房的原值是8 000万元，其中用于储存物资的独立地下室为800万元，假设房产原值的减除比例为30%，地下室应税原值为房产原值的60%。该企业2016年应缴纳房产税（　　）。（2016年注册会计师全国统一考试《税法》单选题）

A. 56万元　　B. 59.14万元　　C. 53.76万元　　D. 61.60万元

10. 钟老师与他人合资成立的税务师事务所于2018年顺利开张，进入2019年发展很是迅速，场所、车辆皆不敷使用，相继采取下列措施：(1) 事务所委托某外贸公司进口九成新凌志小轿车一辆，海关核定关税完税价格为20万元人民币，该车已交付事务所使用。(2) 钟老师将原值20万元的一套自有旧居自年初提供给事务所使用。[其他相关资料：(1) 轿车进口关税适用税率为15%，消费税适用税率为5%；(2) 计算房屋余值的扣除比例为30%。]

要求：根据上述资料，按序号回答下列问题，如有计算，每问需计算出合计数。

1）计算进口小轿车应缴纳的增值税。

2）计算进口小轿车使用环节应缴纳的车辆购置税。

3）假设钟老师无偿提供旧居，计算事务所本年应缴纳的房产税。

4）假设钟老师出租旧居供事务所职员居住，年租金5万元，计算其本年应缴纳的房产税。

5）假设钟老师利用旧居为事务所提供仓储保管服务，年保管费5万元，计算其本年应缴纳的房产税。

第十一章

环境资源与土地税法律制度

本章概要

- 环境保护税的征税范围
- 资源税法的改革
- 城镇土地税的征税范围
- 土地增值税的征税方法
- 耕地占用税的内容

第一节　环境保护税法

环境保护税是指为了保护生态环境之目的，对污水、废气、噪声和废弃物等突出的污染行为赋予课税义务的税种。其旨在用间接调控的手段改变传统环境保护领域的直接干预措施，促进生态文明的建设。环境保护税法是调整环境保护税收征纳关系的法律规范的总称。我国在 1979 年颁布的《环境保护法（试行）》（已失效）中确立了排污费制度，之后的环境保护法延续了这一制度。2003 年国务院公布的《排污费征收使用管理条例》对排污费的征收、使用管理作了规定。排污费制度对于防治环境污染发挥了重要作用。但与税收制度相比，排污费制度存在执法刚性不足、地方政府和部门干预等问题，因此有必要进行环境保护费改税。党的十八届三中全会提出“推动环境保护费改税”，党的十八届四中全会提出“用严格的法律制度保护生态环境”。2016 年 12 月 25 日，第十二届全国人民代表大会常务委员会第二十五次会议审议通过了《环境保护税法》，自 2018 年 1 月 1 日起施行，同时不再征收排污费。该法于 2018 年 10 月 26 日修正。这是我国第一部专门体现“绿色税制”、推进生态文明建设的单行税法。2017 年 12 月，国务院公布了《环境保护税法实施条例》，自 2018 年 1 月 1 日起施行，2003 年 1 月 2 日国务院公布的《排污费征收使用管理条例》同时废止。

一、环境保护税的纳税主体与征税范围

环境保护税的纳税人是指，在我国领域和我国管辖的其他海域范围内，直接向环境排放应税污染物的企业、事业单位和其他生产经营者。

环境保护税的征税范围是指纳税人直接向环境排放的应税污染物。各国的环境保护税法都是对特定范围内的污染物排放征税，而并非对所有污染物排放征税。我国现行环境保护税法规定，应税污染物主要是指“环境保护税税目税额表”“应税污染物和当量值表”规定的大气污染物、水污染物、固体废物和噪声。

我国《环境保护税法》及其实施条例还规定，有下列情形之一的，不属于直接向环境排放污染物，不缴纳相应污染物的环境保护税：（1）企业、事业单位和其他生产经营者向依法设立的污水集中处理、生活垃圾集中处理场所排放应税污染物的。但是，依法设立的城乡污水集中处理、生活垃圾集中处理场所超过国家和地方规定的排放标准向环境排放应税污染物的，应当缴纳环境保护税。其中，“城乡污水集中处理场所”是指为社会公众提供生活污水处理服务的场所，不包括为工业园区、开发区等工业聚集区域内的企业事业单位和其他生产经营者提供污水处理服务的场所，以及企业事业单位和其他生产经营者自建自用的污水处理场所。（2）企业、事业单位和其他生产经营者在符合国家和地方环境保护标准的设施、场所贮存或者处置固体废物的。企业、事业单位和其他生产经营者贮存或者处置固体废物不符合国家和地方环境保护标准的，应当缴纳环境保护税。（3）依法对畜禽养殖废弃物进行综合利用和无害化处理的。但是，达到省级人民政府确定的规模标准并且有污染物排放口的畜禽养殖场，应当依法缴纳环境保护税。

二、环境保护税的税目与税额

环境保护税的税目、税额，依照《环境保护税法》所附“环境保护税税目税额表”执行。

应税大气污染物和水污染物的具体适用税额的确定和调整，由省、自治区、直辖市人民政府统筹考虑本地区的环境承载能力、污染物排放现状和经济社会生态发展目标的要求，在《环境保护税法》所附“环境保护税税目税额表”规定的税额幅度内提出，报同级人民代表大会常务委员会决定，并报全国人民代表大会常务委员会和国务院备案。

表 11-1 环境保护税税目税额表

税目	计税单位	税额	备注
大气污染物	每污染当量	1.2 元至 12 元	
水污染物	每污染当量	1.4 元至 14 元	

续表

税目		计税单位	税额	备注
固体废物	煤矸石	每吨	5 元	
	尾矿	每吨	15 元	
	危险矿物	每吨	1 000 元	
	冶炼渣、粉煤灰、炉渣、其他固体废物（含半固态、液态废物）	每吨	25 元	
噪声	工业噪声	超标 1～3 分贝	每月 350 元	（1）一个单位边界上有多处噪声超标，根据最高一处超标声级计算应纳税额；当沿边界长度超过 100 米有两处以上噪声超标时，按照两个单位计算应纳税额。 （2）一个单位有不同地点作业场所的，应当分别计算应纳税额，合并计征。 （3）昼、夜均超标的环境噪声，昼、夜分别计算应纳税额，累计计征。 （4）声源 1 个月内超标不足 15 天的，减半计算应纳税额。 （5）夜间频繁突发和夜间偶然突发厂界超标噪声，按等效声级和峰值噪声两种指标中超标分贝值高的一项计算应纳税额
		超标 4～6 分贝	每月 700 元	
		超标 7～9 分贝	每月 1 400 元	
		超标 10～12 分贝	每月 2 800 元	
		超标 13～15 分贝	每月 5 600 元	
		超标 16 分贝以上	每月 11 200 元	

三、环境保护税的计税依据和应纳税额

（一）计税依据

应税大气污染物、水污染物的计税依据，按照污染物排放量折合的污染当量数确定。应税大气污染物、水污染物的污染当量数，以该污染物的排放量除以该污染物的污染当量值计算。所谓污染当量，是指根据污染物或者污染排放活动对环境的有害程度以及处理的技术经济性，衡量不同污染物对环境污染的综合性指标或者计量单位。同一介质相同污染当量的不同污染物，其污染程度基本相当。每种应税大气污染物、水污染物的具体污染当量值，依照《环境保护税法》所附“应税污染物和当量值表”执行。纳税人有下列情形之一的，以其当期应税大气污染物、水污染物的产生量作为污染物的排放量：（1）未依法安装使用污染物自动监测设备或者未将污染物自动监测设备与环境保护主管

部门的监控设备联网；（2）损毁或者擅自移动、改变污染物自动监测设备；（3）篡改、伪造污染物监测数据；（4）通过暗管、渗井、渗坑、灌注或者稀释排放以及不正常运行防治污染设施等方式违法排放应税污染物；（5）进行虚假纳税申报。

应税固体废物的计税依据，按照固体废物的排放量确定。固体废物的排放量为当期应税固体废物的产生量减去当期应税固体废物的贮存量、处置量、综合利用量的余额。前述规定的固体废物的贮存量、处置量，是指在符合国家和地方环境保护标准的设施、场所贮存或者处置的固体废物数量；固体废物的综合利用量，是指按照国务院发展改革、工业和信息化主管部门关于资源综合利用要求以及国家和地方环境保护标准进行综合利用的固体废物数量。纳税人有下列情形之一的，以其当期应税固体废物的产生量作为固体废物的排放量：（1）非法倾倒应税固体废物；（2）进行虚假纳税申报。

应税噪声按照超过国家规定标准的分贝数确定。

应税大气污染物、水污染物、固体废物的排放量和噪声的分贝数，按照下列方法和顺序计算：（1）纳税人安装使用符合国家规定和监测规范的污染物自动监测设备的，按照污染物自动监测数据计算；（2）纳税人未安装使用污染物自动监测设备的，按照监测机构出具的符合国家有关规定和监测规范的监测数据计算；（3）因排放污染物种类多等原因不具备监测条件的，按照国务院环境保护主管部门规定的排污系数、物料衡算方法计算；（4）不能按照上述第（1）项至第（3）项规定的方法计算的，按照省、自治区、直辖市人民政府环境保护主管部门规定的抽样测算的方法，由税务机关会同环境保护主管部门核定污染物排放种类、数量和应纳税额。

（二）应纳税额

环境保护税的应纳税额按照下列方法计算：（1）应税大气污染物的应纳税额为污染当量数乘以具体适用税额；（2）应税水污染物的应纳税额为污染当量数乘以具体适用税额；（3）应税固体废物的应纳税额为固体废物排放量乘以具体适用税额；（4）应税噪声的应纳税额为超过国家规定标准的分贝数对应的具体适用税额。

表 11-2　应税污染物和当量值表

（一）第一类水污染物污染当量值

污染物	污染当量值（千克）
1. 总汞	0.000 5
2. 总镉	0.005
3. 总铬	0.04
4. 六价铬	0.02
5. 总砷	0.02
6. 总铅	0.025
7. 总镍	0.025
8. 苯并（a）芘	0.000 000 3
9. 总铍	0.01
10. 总银	0.02

（二）第二类水污染物污染当量值

污染物	污染当量值（千克）	备注
11. 悬浮物（SS）	4	
12. 生化需氧量（BOD_S）	0.5	同一排放口中的化学需氧量、生化需氧量和总有机碳，只征收一项
13. 化学需氧量（COD_{CR}）	1	
14. 总有机碳（TOC）	0.49	
15. 石油类	0.1	
16. 动植物油	0.16	
17. 挥发酚	0.08	
18. 总氰化物	0.05	
19. 硫化物	0.125	
20. 氨氮	0.8	
21. 氟化物	0.5	
22. 甲醛	0.125	
23. 苯胺类	0.2	
24. 硝基苯类	0.2	
25. 阴离子表面活性剂（LAS）	0.2	
26. 总铜	0.1	
27. 总锌	0.2	
28. 总锰	0.2	
29. 彩色显影剂（CD—2）	0.2	
30. 总磷	0.25	
31. 单质磷（以 P 计）	0.05	
32. 有机磷农药（以 P 计）	0.05	
33. 乐果	0.05	
34. 甲基对硫磷	0.05	
35. 马拉硫磷	0.05	
36. 对硫磷	0.05	
37. 五氯酚及五氯酚钠（以五氯酚计）	0.25	
38. 三氯甲烷	0.04	
39. 可吸附有机卤化物（AOX）（以 Cl 计）	0.25	
40. 四氯化碳	0.04	
41. 三氯乙烯	0.04	
42. 四氯乙烯	0.04	

续表

污染物	污染当量值（千克）	备注
43. 苯	0.02	
44. 甲苯	0.02	
45. 乙苯	0.02	
46. 邻一二甲苯	0.02	
47. 对一二甲苯	0.02	
48. 间一二甲苯	0.02	
49. 氯苯	0.02	
50. 邻二氯苯	0.02	
51. 对二氯苯	0.02	
52. 对硝基氯苯	0.02	
53.2，4一二硝基氯苯	0.02	
54. 苯酚	0.02	
55. 间一甲酚	0.02	
56.2，4一二氯酚	0.02	
57.2，4，6一三氯酚	0.02	
58. 邻苯二甲酸二丁酯	0.02	
59. 邻苯二甲酸二辛酯	0.02	
60. 丙烯腈	0.125	
61. 总硒	0.02	

（三）pH 值、色度、大肠菌群数、余氯量水污染物污染当量值

污染物		污染当量值	备注
1. pH 值	1. 0～1，13～14　2. 1～2，12～13　3. 2～3，11～12　4. 3～4，10～11　5. 4～5，9～10　6. 5～6	0.06 吨污水，0.125 吨污水，0.25 吨污水，0.5 吨污水，1 吨污水，5 吨污水	pH 值 5～6 指大于等于 5、小于 6，pH 值 9～10 指大于 9、小于等于 10，其余类推
2. 色度		5 吨水·倍	
3. 大肠菌群数（超标）		3.3 吨污水	大肠菌群数和余氯量只征收一项
4. 余氯量（用氯消毒的医院废水）		3.3 吨污水	

（四）禽畜养殖业、小型企业和第三产业水污染物污染当量值

（本表仅适用于计算无法进行实际监测或者物料衡算的禽畜养殖业、小型企业和第三产业等小型排污者的水污染物污染当量数）

类型		污染当量值	备注
1. 禽畜养殖场	（1）牛	0.1 头	仅对存栏规模大于 50 头牛、500 头猪、5 000 羽鸡鸭等的禽畜养殖场征收
	（2）猪	1 头	
	（3）鸡、鸭等家禽	30 羽	
2. 小型企业		1.8 吨污水	
3. 饮食、娱乐服务业		0.5 吨污水	
4. 医院	消毒	0.14 床	医院病床数大于 20 张的按照本表计算污染当量数
		2.8 吨污水	
	不消毒	0.07 床	
		1.4 吨污水	

（五）大气污染物污染当量值

污染物	污染当量值（千克）
1. 二氧化硫	0.95
2. 氮氧化物	0.95
3. 一氧化碳	16.7
4. 氯气	0.34
5. 氯化氢	10.75
6. 氟化物	0.87
7. 氰化氢	0.005
8. 硫酸雾	0.6
9. 铬酸雾	0.000 7
10. 汞及其化合物	0.000 1
11. 一般性粉尘	4
12. 石棉尘	0.53
13. 玻璃棉尘	2.13
14. 炭黑尘	0.59
15. 铅及其化合物	0.02
16. 镉及其化合物	0.03
17. 铍及其化合物	0.000 4

续表

污染物	污染当量值（千克）
18. 镍及其化合物	0.13
19. 锡及其化合物	0.27
20. 烟尘	2.18
21. 苯	0.05
22. 甲苯	0.18
23. 二甲苯	0.27
24. 苯并（a）芘	0.000 002
25. 甲醛	0.09
26. 乙醛	0.45
27. 丙烯醛	0.06
28. 甲醇	0.67
29. 酚类	0.35
30. 沥青烟	0.19
31. 苯胺类	0.21
32. 氯苯类	0.72
33. 硝基苯	0.17
34. 丙烯腈	0.22
35. 氯乙烯	0.55
36. 光气	0.04
37. 硫化氢	0.29
38. 氨	9.09
39. 三甲胺	0.32
40. 甲硫醇	0.04
41. 甲硫醚	0.28
42. 二甲二流	0.28
43. 苯乙烯	25
44. 二硫化碳	20

四、环境保护税法规定的税收优惠

为了支持农业发展，鼓励企业通过采用先进技术减少污染物排放等，亦为了协调与其他税法规定之间的关系，我国《环境保护税法》对环境保护税的减免税问题作了明确规定。具体而言，对下列情形，暂予免征环境保护税：（1）农业生产（不包括规模化养殖）排放应税污染物的；（2）机动车、铁路机车、非道路移动机械、船舶和航空器等流动污染源排放应税污染物的；（3）依法设立的城乡污水集中处理、生活垃圾集中处理场所排放相应应税污染物，不超过国家和地方规定的排放标准的；（4）纳税人综合利用的固体废物，符合国家和地方环境保护标准的；（5）国务院批准免税的其他情形，需要由国务院报全国人民代表大会常务委员会备案。

纳税人排放应税大气污染物或者水污染物的浓度值低于国家和地方规定的污染物排放标准30％的，减按75％征收环境保护税。纳税人排放应税大气污染物或者水污染物的浓度值低于国家和地方规定的污染物排放标准50％的，减按50％征收环境保护税。

五、环境保护税法规定的征收管理

环境保护税由税务机关依法征收管理，税务机关依法履行环境保护税纳税申报受理、涉税信息比对、组织税款入库等职责。环境保护主管部门依法负责对污染物的监测管理，制定和完善污染物监测规范。县级以上地方人民政府应当建立税务机关、环境保护主管部门和其他相关单位分工协作工作机制，加强环境保护税征收管理，保障税款及时足额入库；应当加强对环境保护税征收管理工作的领导，及时协调、解决环境保护税征收管理工作中的重大问题。

国务院税务、环境保护主管部门制定涉税信息共享平台技术标准以及数据采集、存储、传输、查询和使用规范。环境保护主管部门和税务机关应当建立涉税信息共享平台和工作配合机制。环境保护主管部门应当将排污单位的排污许可、污染物排放数据、环境违法和受行政处罚情况等环境保护相关信息，定期交送税务机关。税务机关应当将纳税人的纳税申报、税款入库、减免税额、欠缴税款以及风险疑点等环境保护税涉税信息，定期交送环境保护主管部门。

纳税义务发生时间为纳税人排放应税污染物的当日。纳税人应当向应税污染物排放地的税务机关申报缴纳环境保护税，应税污染物排放地是指应税大气污染物、水污染物排放口所在地，应税固体废物产生地，应税噪声产生地。纳税人跨区域排放应税污染物，税务机关对税收征收管辖有争议的，由争议各方按照有利于征收管理的原则协商解决；不能协商一致的，报请共同的上级税务机关决定。

环境保护税按月计算，按季申报缴纳；不能按固定期限计算缴纳的，可以按次申报缴纳。纳税人申报缴纳时，应当向税务机关报送所排放应税污染物的种类、数量，大气污染物、水污染物的浓度值，以及税务机关根据实际需要要求纳税人报送的其他纳税资料。纳税人按季申报缴纳的，应当自季度终了之日起15日内，向税务机关办理纳税申报并缴纳税款。纳税人按次申报缴纳的，应当自纳税义务发生之日起 15 日内，向税务机关办理纳税申报并缴纳税款。纳税人应当依法如实办理纳税申报，对申报的真实性和完整性承担责任。

纳税人从事海洋工程向中华人民共和国管辖海域排放应税大气污染物、水污染物或者固体废物，申报缴纳环境保护税的具体办法，由国务院税务主管部门会同国务院海洋主管部门规定。

第二节　资源税法

资源是指在自然界存在的、能为人类所利用的物质财富。随着社会的进步和科学技术的发展，人类开发、利用资源的广度和深度日益提高。但是，资源税并非对所有资源课征，而是把某些特殊的资源列入征税范围予以征收。

资源税具有以下特点：一是征税的目的主要在于调节因资源差别而形成的级差收入。一般来讲，征收资源税可以发挥多方面的作用，如加强对现有资源开发、利用的引导和监督，充分实现国有资源的有偿使用，便利筹集财政收入。但是，资源税立法的主要目的在于调节资源开采企业因资源开采条件的差异所形成的级差收入，为资源开采企业之间开展公平竞争创造条件。二是采用差别税额，实行从量定额与从价定率相结合的征收方式。当前，世界各国征收资源税的方法主要分为三类：（1）从量定额征收；（2）从价定率征收；（3）以矿产资源的净收入为计税依据按率征收。我国资源税法规定，资源税以应税资源产品的销售量、销售额为计税依据，实行从量定额计税与从价定率计税相结合，以利于计征和缴纳。三是征税的范围较窄。与世界上征收资源税范围较广的国家不同，我国现行资源税法采取列举方法，仅把原油、天然气、煤炭、其他非金属矿原矿、黑色金属矿原矿、有色金属矿原矿和盐等七种资源产品列入征税范围，故而征税范围较窄。从政府宏观经济调整的实际需要和资源税的改革发展来看，我国资源税的征税范围宜逐步扩大，有计划地将森林资源、草原资源、土地资源及其他矿产品列入征税范围。四是属于中央和地方共享税。从世界各国征收资源税的实际情况来看，在资源税的管理权限和收入归属上，主要存在三种类型，即中央税、地方税、中央和地方共享税。我国现行资源税属于中央和地方共享税，并按资源种类划分收入归属。

我国征收资源税的法律依据是《矿产资源法》中关于“开采矿产资源，必须按照国家有关规定缴纳资源税和资源补偿费”的规定。1993 年 12 月，国务院发布《中华人民共和国资源税暂行条例》（以下简称《资源税暂行条例》），规定对开采矿产品或者生产盐的单位和个人征收资源税（合并了原有的资源税和盐税），资源税实行从量计征。2010 年 6 月起，按照党中央、国务院决策部署，资源税从价计征改革逐步实施，国务院于 2011 年 9 月对《资源税暂行条例》作了部分修改，明确资源税按照从价定率或者从量定额的办法计算征收。2016 年 7 月 1 日起，资源税从价计征改革全面推开。根据党中央、国务院决策部署，自 2016 年 7 月 1 日起实施资源税从价计征改革及水资源税改革试点，旨在通过全面实施清费立税、从价计征改革，理顺资源税费关系，建立规范公平、调控合理、征管高效的资源税制度，有效发挥资源税组织收入、调控经济、促进资源节约集约利用和生态环境保护的作用。《资源税暂行条例》施行之后，资源税运行比较平稳。1994 年至 2017 年，全国累计征收资源税 9 325 亿元，年均增长 15.9%，其中 2017 年征收 1 353 亿元。[①] 资源税对于促进资源节约集约利用、加强生态环境保护等，发挥着重要作用。

为了贯彻落实税收法定原则，进一步优化资源税制，第十三届全国人民代表大会常务委员会第十二次会议于 2019 年 8 月 26 日审议通过《中华人民共和国资源税法》（以下简称《资源税法》），自 2020 年 9 月 1 日起施行，《资源税暂行条例》同时废止。《资源税法》拓展了征税范围，规范细化了税目，规范了减免税管理，明确了分级分类确定税率的权限划分方式，明确了按原矿、选矿分别设定税率，是资源税制优化的立法表现。为了确保《资源税法》的正确实施，财政部、国家税务总局出台了三个公告：一是《关于资源税有关问题执行口径的公告》（财政部、税务总局公告 2020 年第 34 号），明确资源税有关政策的执行口径；二是《关于继续执行的资源税优惠政策的公告》，明确资源税法实施后继续执行青藏铁路自采自用砂石免征资源税等 4 项资源税优惠政策；三是《关于资源税征收管理若干问题的公告》（部分失效），规定了外购矿扣除的计算、优惠政策办理方式等征管事项，并公告了修订后的“资源税纳税申报表”。

《资源税法》的颁布和实施，是落实中央关于生态文明思想、践行绿色发展理念的重要部署，是落实税收法定原则，完善国家税收治理体系和治理能力现代化的重大成果，是健全地方税体系，巩固地方财政收入的重要保障，对于促进资源节约集约利用，加强生态环境保护等，发挥着重要作用。

一、资源税的纳税人与征税范围

资源税的纳税人，为在中华人民共和国领域和中华人民共和国管辖的其他海域开发应税资源的单位和个人。应税资源的具体范围，由《资源税法》所附“资源税税目税率表”确定。此外，还需要注意：（1）纳税人开采或者生产应税产品自用的，应当依法缴纳资源税；但是，自用于连续生产应税产品的，不缴纳资源税。纳税人自用应税产品应当缴纳资源税的情形，包括纳税人以应税产品用于非货币性资产交换、捐赠、偿债、赞助、集资、投资、广告、样品、职工福利、利润分配或者连续生产非应税产品等。（2）中外合作开采陆上、海上石油资源的企业依法缴纳资源税。2011 年 11 月 1 日前已依法订立中外合作开采陆上、海上石油资源合同的，在该合同有效期内，继续依照国家有关规定缴纳矿区使用费，不缴纳资源税；合同期满后，依法缴纳资源税。

从理论上讲，资源税的征税范围应当包括一切可供开发和利用的国有资源，但由于我国的资源税是一个新税种，开征时间不长，在一些具体的问题上尚缺乏经验，一些问题还需在理论和实践中予以研究和探索，故此，资源税法只是将关系到国计民生且级差收入差异较大的国有资源列入征税范围。《资源税法》出台前的资源税制改革主要是恢复

① 参见刘昆：《关于〈中华人民共和国资源税法（草案）〉的说明》，2018 年 12 月 23 日在第十三届全国人民代表大会常务委员会第七次会议上。

和扩大了征收范围：一是恢复和扩大对金属、非金属矿产品的征收范围；二是将盐税并入资源税，扩大了资源税的征收范围。《资源税法》则将征税范围的表述由原来的“开采矿产品和生产盐”改为“开发应税资源”，并授权国务院根据国民经济和社会发展需要，对取用地表水或者地下水的单位和个人试点征收水资源税，为水资源税改革试点提供了法律依据，预留了改革的空间。

根据现行《资源税法》的规定，资源税的征税范围也即应税资源为：（1）能源矿产，包括原油、天然气、页岩气、天然气水合物、煤、煤成（层）气、铀、钍、油页岩、油砂、天然沥青、石煤、地热；（2）金属矿产，包括黑色金属、有色金属；（3）非金属矿产，矿物类、岩石类、宝玉石类的矿产；（4）水气矿产，包括二氧化碳气、硫化氢气、氦气、氡气和矿泉水；（5）盐，包括钠盐、钾盐、镁盐、锂盐、天然卤水、海盐。

《资源税法》制定时特别考虑了水资源税改革的实际情况。按照党中央、国务院决策部署，财政部、国家税务总局、水利部 2017 年 11 月对外公布《扩大水资源税改革试点实施办法》，决定在河北省率先实施水资源税改革试点的基础上，自 2017 年 12 月 1 日起，在北京、天津、山西、内蒙古、河南、山东、四川、陕西、宁夏 9 省（直辖市、自治区）扩大水资源税改革试点。立法当时，水资源税改革正处于试点阶段，试点范围限于上述 10 个省（自治区、直辖市），征税制度仍需通过试点探索和完善。为确保水资源税改革试点于法有据，《资源税法》第 14 条规定，国务院根据国民经济和社会发展需要，依照《资源税法》的原则，对取用地表水或者地下水的单位和个人试点征收水资源税。征收水资源税的，停止征收水资源费。水资源税根据当地水资源状况、取用水类型和经济发展等情况实行差别税率。水资源税试点实施办法由国务院规定，报全国人民代表大会常务委员会备案。国务院自《资源税法》施行之日起 5 年内，就征收水资源税试点情况向全国人民代表大会常务委员会报告，并及时提出修改法律的建议。

二、资源税的税率

我国 1993 年《资源税暂行条例》曾采用从价定率与从量定额税率相结合，对原油及天然气采用从价计征的办法，对其他五个税目采用幅度定额从量征收的办法。《资源税暂行条例》对税目、税率作了规定，分为原油、天然气、煤炭、其他非金属矿原矿、黑色金属矿原矿、有色金属矿原矿、盐七个税目，分别对应不同的税率。

我国现行《资源税法》关于税率的规定包括两个方面的内容：（1）明确了分级分类确定税率的权限划分方式。对原油、天然气、中重稀土、钨、钼等战略资源实行固定税率，由税法直接确定。其他应税资源实行幅度税率，由税法确定幅度，并授权省级人民政府提出本地区的具体适用税率，报同级人大常委会决定。这种方式既可以保障国家对战略资源的宏观调控需要，又对地方充分授权，有利于调动地方加强管理的积极性，体现了健全地方税体系的改革思路。（2）明确了按原矿、选矿分别设定税率。资源税从价计征改革期间，每种税目按其主要销售形态原矿或选矿选定一个税率，对于销售其他形态矿产品的纳税人，通过设置折算率、换算比来计算其计税销售额，以平衡原矿、选矿税负。资源税立法在总结改革经验的基础上进一步简化、规范税制，改为按原矿、选矿分别设定税率。这一设计既确保了税负公平，又便利了纳税申报，是资源税制的一次优化。

表 11－3　资源税税目税率表

税目			征税对象	税率
能源矿产	原油		原矿	6%
	天然气、页岩气、天然气水合物		原矿	6%
	煤		原矿或者选矿	2%～10%
	煤成（层）气		原矿	1%～2%
	铀、钍		原矿	4%
	油页岩、油砂、天然沥青、石煤		原矿或者选矿	1%～4%
	地热		原矿	1%～20%或者每立方米 1 元～30 元
金属矿产	黑色金属	铁、锰、铬、钒、钛	原矿或者选矿	1%～9%
	有色金属	铜、铅、锌、锡、镍、锑、镁、钴、铋、汞	原矿或者选矿	2%～10%
		铝土矿	原矿或者选矿	2%～9%
		钨	选矿	6.5%
		钼	选矿	8%
		金、银	原矿或者选矿	2%～6%
		铂、钯、钌、锇、铱、铑	原矿或者选矿	5%～10%
		轻稀土	选矿	7%～12%
		中重稀土	选矿	20%
		铍、锂、锆、锶、铷、铯、铌、钽、锗、镓、铟、铊、铪、铼、镉、硒、碲	原矿或者选矿	2%～10%
非金属矿产	矿物类	高岭土	原矿或者选矿	1%～6%
		石灰岩	原矿或者选矿	1%～6%或者每吨（或者每立方米）1 元～10 元
		磷	原矿或者选矿	3%～8%
		石墨	原矿或者选矿	3%～12%
		萤石、硫铁矿、自然硫	原矿或者选矿	1%～8%
		天然石英砂、脉石英、粉石英、水晶、工业用金刚石、冰洲石、蓝晶石、硅线石（矽线石）、长石、滑石、刚玉、菱镁矿、颜料矿物、天然碱、芒硝、钠硝石、明矾石、砷、硼、碘、溴、膨润土、硅藻土、陶瓷土、耐火粘土、铁矾土、凹凸棒石粘土、海泡石粘土、伊利石粘土、累托石粘土	原矿或者选矿	1%～12%

续表

税目			征税对象	税率
非金属矿产	矿物类	叶蜡石、硅灰石、透辉石、珍珠岩、云母、沸石、重晶石、毒重石、方解石、蛭石、透闪石、工业用电气石、白垩、石棉、蓝石棉、红柱石、石榴子石、石膏	原矿或者选矿	2%～12%
		其他粘土（铸型用粘土、砖瓦用粘土、陶粒用粘土、水泥配料用粘土、水泥配料用红土、水泥配料用黄土、水泥配料用泥岩、保温材料用粘土）	原矿或者选矿	1%～5%或者每吨（或者每立方米）0.1元～5元
	岩石类	大理岩、花岗岩、白云岩、石英岩、砂岩、辉绿岩、安山岩、闪长岩、板岩、玄武岩、片麻岩、角闪岩、页岩、浮石、凝灰岩、黑曜岩、霞石正长岩、蛇纹岩、麦饭石、泥灰岩、含钾岩石、含钾砂页岩、天然油石、橄榄岩、松脂岩、粗面岩、辉长岩、辉石岩、正长岩、火山灰、火山渣、泥炭	原矿或者选矿	1%～10%
		砂石	原矿或者选矿	1%～5%或者每吨（或者每立方米）0.1元～5元
	宝玉石类	宝石、玉石、宝石级金刚石、玛瑙、黄玉、碧玺	原矿或者选矿	4%～20%
水气矿产	二氧化碳气、硫化氢气、氦气、氡气		原矿	2%～5%
	矿泉水		原矿	1%～20%或者每立方米1元～30元
盐	钠盐、钾盐、镁盐、锂盐		选矿	3%～15%
	天然卤水		原矿	3%～15%或者每吨（或者每立方米）1元～10元
	海盐			2%～5%

三、资源税的应纳税额计算

资源税按照"资源税税目税率表"实行从价计征或者从量计征。《资源税法》明确了以从价计征为主的征税方式，从立法上巩固了资源税从价计征改革的成果，从法律上确立了从价计征为主、从量计征为辅的资源税征税方式。税法所列 164 个税目中，有 158 个税目实行从价计征，其余 6 个税目可视征管便利度选择实行从价计征或者从量计征，主要是地热、矿泉水、石灰岩、砂石、其他粘土和天然卤水。

“资源税税目税率表”中规定可以选择实行从价计征或者从量计征的，具体计征方式由省、自治区、直辖市人民政府提出，报同级人民代表大会常务委员会决定，并报全国人民代表大会常务委员会和国务院备案。

实行从价计征的，应纳税额按照应税资源产品（应税产品）的销售额乘以具体适用税率计算。实行从量计征的，应纳税额按照应税产品的销售数量乘以具体适用税率计算。应税产品为矿产品的，包括原矿和选矿产品。

纳税人开采或者生产不同税目应税产品的，应当分别核算不同税目应税产品的销售额或者销售数量；未分别核算或者不能准确提供不同税目应税产品的销售额或者销售数量的，从高适用税率。

资源税应纳税额的计算，关键在于计税依据中销售额的确定。根据财政部、税务总局《关于资源税有关问题执行口径的公告》，资源税应税产品的销售额，按照纳税人销售应税产品向购买方收取的全部价款确定，不包括增值税税款。计入销售额中的相关运杂费用，凡取得增值税发票或者其他合法有效凭据的，准予从销售额中扣除。相关运杂费用是指应税产品从坑口或者洗选（加工）地到车站、码头或者购买方指定地点的运输费用、建设基金以及随运销产生的装卸、仓储、港杂费用。

纳税人申报的应税产品销售额明显偏低且无正当理由的，或者有自用应税产品行为而无销售额的，主管税务机关可以按下列方法和顺序确定其应税产品销售额：（1）按纳税人最近时期同类产品的平均销售价格确定；（2）按其他纳税人最近时期同类产品的平均销售价格确定；（3）按后续加工非应税产品销售价格，减去后续加工环节的成本利润后确定；（4）按应税产品组成计税价格确定；（5）按其他合理方法确定。

如果按应税产品组成计税价格确定，计算公式为：

组成计税价格＝成本×（1＋成本利润率）÷（1－资源税税率）

上述公式中的成本利润率由省、自治区、直辖市税务机关确定。

四、资源税法规定的税收优惠

为了更好地发挥资源税促进资源节约利用和加强生态环境保护的作用，《资源税法》明确了多项减免税政策，积极引导企业转型升级，实现绿色发展。根据减免税政策的确定权限不同，资源税的税收优惠政策大致可以分为资源税法规定的减免税政策、国务院规定的减免税政策和省级政府决定的减免税政策三个方面。[①]

纳税人的免税、减税项目，应当单独核算销售额或者销售数量；未单独核算或者不能准确提供销售额或者销售数量的，不予免税或者减税。纳税人享受资源税优惠政策，主要采取“自行判别、申报享受、有关资料留存备查”的方式，纳税人对资源税优惠事项留存材料的真实性和合法性承担法律责任。

---

① 参见刘宜：《资源税政策和征管服务措施解读》，国家税务总局官方网站，网址：https：//www.chinatax.gov.cn/chinatax/n810351/n810906/c5156155/content.html，2020－09－01。

（一）资源税法统一规定的减免税

为鼓励油气开采和煤炭企业安全生产，《资源税法》第6条第1款规定，有下列情形之一的，免征资源税：（1）开采原油以及在油田范围内运输原油过程中用于加热的原油、天然气；（2）煤炭开采企业因安全生产需要抽采的煤成（层）气。

为鼓励资源充分开采，《资源税法》第6条第2款规定，有下列情形之一的，减征资源税：（1）从低丰度油气田开采的原油、天然气，减征20%资源税；（2）高含硫天然气、三次采油和从深水油气田开采的原油、天然气，减征30%资源税；（3）稠油、高凝油减征40%资源税；（4）从衰竭期矿山开采的矿产品，减征30%资源税。

（二）国务院依照税法授权制定的减免税

资源税法不可能穷尽所有的税收优惠政策，为加强宏观调控，给出台阶段性税收优惠政策留足空间，税法授权国务院根据国民经济和社会发展的需要，对有利于促进资源节约集约利用、保护环境等情形可以规定减征或免征资源税。按照上述授权，财政部、国家税务总局对以前出台但未列入资源税法、现阶段仍有必要继续执行的优惠政策进行了梳理，经国务院批准并报全国人大常委会备案，明确了四项继续执行的优惠政策：（1）对青藏铁路公司及其所属单位运营期间自采自用的砂石等材料，免征资源税。（2）自2018年4月1日至2021年3月31日，对页岩气资源税减征30%。《财政部、税务总局关于继续实施页岩气减征资源税优惠政策的公告》（财政部、税务总局公告2023年第46号）将该项优惠政策延续执行至2027年12月31日。（3）自2019年1月1日至2021年12月31日，对增值税小规模纳税人在50%的税额幅度内减征资源税。《财政部、税务总局关于进一步支持小微企业和个体工商户发展有关税费政策的公告》进一步明确，对增值税小规模纳税人减半征收资源税（不含水资源税），该项优惠政策延续执行至2027年12月31日。（4）自2014年12月1日至2023年8月31日，对充填开采置换出的煤炭，资源税减征50%。根据《财政部、税务总局关于延续对充填开采置换出来的煤炭减征资源税优惠政策的公告》，自2023年9月1日至2027年12月31日，对充填开采置换出来的煤炭，资源税减征50%，该项优惠政策旨在鼓励煤炭资源集约开采利用。

（三）法律授权地方决定的减免税

立法机关考虑到各地资源禀赋、财政承受能力等差异较大，资源税又属于地方税，为便于相机抉择，《资源税法》第7条规定，有下列情形之一的，省、自治区、直辖市可以决定免征或者减征资源税：（1）纳税人开采或者生产应税产品过程中，因意外事故或者自然灾害等原因遭受重大损失；（2）纳税人开采共伴生矿、低品位矿、尾矿。免征或者减征资源税的具体办法，由省、自治区、直辖市人民政府提出，报同级人民代表大会常务委员会决定，并报全国人民代表大会常务委员会和国务院备案。

五、资源税法规定的征收管理

纳税人销售应税产品，纳税义务发生时间为收讫销售款或者取得索取销售款凭据的当日；自用应税产品的，纳税义务发生时间为移送应税产品的当日。

纳税人应当向应税产品开采地或者生产地的税务机关申报缴纳资源税。

资源税按月或者按季申报缴纳；不能按固定期限计算缴纳的，可以按次申报缴纳。纳税人申报资源税时，应当填报“资源税纳税申报表”。《资源税法》的实施，践行以纳税人为中心的服务理念，简并了纳税申报表，启用新的资源税纳税申报表。进行网上申报的纳税人，在填写附表数据项后，系统自动将结果导入主表，计算应纳税额，将较大程度减轻纳税人的申报负担。

关于纳税期限，《资源税法》取消旧法中按1日、3日、5日、10日、15日申报纳税的规定，保留按月申报纳税的规定，增加按季申报纳税的规定。具体而言，纳税人按月或者按季申报缴纳的，应当自月度或者季度终了之日起15日内，向税务机关办理纳税申报并缴纳税款；按次申报缴纳的，应当自纳税义务发生之日起15日内，向税务机关办理纳税申报并缴纳税款。

《资源税法》强调部门协同，税务机关与自然资源等相关部门应当建立工作配合机制，加强资源税征收管理，有利于减少征纳争议，维护纳税人合法权益。《资源税法》还取消了代扣代缴的征管方式，鼓励税务机关依靠税收信息化支撑，加强资源税零散税源的源泉控管，进一步优化营商环境。

第三节 城镇土地使用税法

城镇土地使用税是为了促进合理使用城镇土地，适当调节城镇土地的级差收入而征收的税。现行的《中华人民共和国城镇土地使用税暂行条例》（以下简称《城镇土地使用税暂行条例》）是国务院于1988年9月27日发布，自当年11月1日起施行的。2006年12月30日国务院第163次常务会议通过了《关于修改〈中华人民共和国城镇土地使用税暂行条例〉的决定》，自2007年1月1日起施行。2013年12月4日，国务院《关于修改部分行政法规的决定》（国务院令第645号）对上述条例中的个别条款作了修正。该条例的实施办法由省级人民政府制定。2019年3月2日，《城镇土地使用税暂行条例》进行修订。

一、城镇土地使用税的纳税主体与征税范围

城镇土地使用税的纳税人，为在城市、县城、建制镇、工矿区范围内使用土地的单位和个人。城镇土地使用税一般由土地使用权拥有者缴纳。拥有土地使用权的纳税人不在土地所在地的，由代管人或者实际使用人纳税；土地使用权未确定或者权属纠纷未解决的，由实际使用人纳税；土地使用权共有的，由共有各方按其实际使用的土地面积占总面积的比例，分别纳税。

城镇土地使用税的征税范围是：城市为市区和郊区；县城为县人民政府所在地的城镇；建制镇为镇人民政府所在地；工矿区为工商业比较发达，人口比较集中，符合建制

镇标准，但是尚未设镇的大中型工矿企业所在地。应税土地包括在规定的征税范围内属于国家所有和集体所有的土地。

二、城镇土地使用税的计税依据和税率

城镇土地使用税以纳税人实际占用的土地面积为计税依据，按照规定的适用税额标准计算缴纳应纳税额。纳税人实际占用的土地面积，是指由省级人民政府确定的单位组织测定的土地面积；尚未组织测量，但是纳税人持有政府部门核发的土地使用证书的，以证书确定的土地面积为准；尚未核发土地使用证书的，以纳税人据实申报使用的土地面积为准。其应纳税额的计算公式为：

应纳税额＝纳税人实际占用的土地面积×适用税额标准

城镇土地使用税根据各地经济发展状况实行等级幅度税额标准，以每平方米为计税单位，按大、中、小城市和县城、建制镇、工矿区分别确定幅度差别税额。根据现行法律规定，城镇土地使用税每平方米年税额如下：（1）大城市 1.5 元至 30 元；（2）中等城市 1.2 元至 24 元；（3）小城市 0.9 元至 18 元；（4）县城、建制镇、工矿区 0.6 元至 12 元。

省级人民政府应当在上述规定的税额幅度内，根据市政建设状况、经济繁荣程度等条件，确定所辖地区的适用税额幅度。市、县人民政府应当根据实际情况，将本地区土地划分为若干等级，在省级人民政府确定的税额幅度内，制定相应的适用税额标准，报省级人民政府批准执行。

经省级人民政府批准，经济落后地区城镇土地使用税的适用税额标准可以适当降低，但降低额不得超过《城镇土地使用税暂行条例》第 4 条规定的最低税额的 30%。经济发达地区城镇土地使用税的适用税额标准可以适当提高，但须报经财政部批准。

三、城镇土地使用税法规定的税收优惠

根据税法规定，下列土地可以免征城镇土地使用税：（1）国家机关、人民团体、军队自用的土地；（2）由国家财政部门拨付事业经费的单位自用的土地；（3）宗教寺庙、公园、名胜古迹自用的土地；（4）市政街道、广场、绿化地带等公共用地；（5）直接用于农、林、牧、渔业的生产用地；（6）经批准开山填海整治的土地和改造的废弃土地，从使用的月份起，可以免征城镇土地使用税 5 年至 10 年；（7）由财政部另行规定免税的能源、交通、水利设施用地和其他用地。

目前，免征城镇土地使用税的项目还包括：（1）非营利性医疗机构、疾病控制机构、妇幼保健机构等医疗、卫生机构自用的土地；（2）政府部门和企业、事业单位、社会团体、个人投资兴办的福利性、非营利性老年服务机构自用的土地；（3）非营利性科研机构自用的土地。

此外，省级税务机关有权确定对以下土地是否予以税收减免：（1）个人所有的居住

房屋及院落用地；（2）免税单位职工家属的宿舍用地；（3）民政部门举办的安置残疾人占一定比例的福利工厂用地；（4）集体和个人举办的各类学校、医院、托儿所、幼儿园用地。

除上述规定外，纳税人缴纳城镇土地使用税确有困难，需要定期免税、减税的，由县以上主管税务机关批准。

对于免税单位无偿使用纳税单位的土地，免征城镇土地使用税；对于纳税单位无偿使用免税单位的土地，纳税单位应照章缴纳城镇土地使用税。纳税单位与免税单位共同使用共有使用权土地上的多层建筑的，对纳税单位可按其占用的建筑面积占建筑总面积的比例计征城镇土地使用税。

四、城镇土地使用税的纳税期限和地点

城镇土地使用税按年计算，分期缴纳，具体缴纳期限由各省级人民政府确定。目前，各地一般规定为每个季度缴纳一次或者半年缴纳一次，每次征期 15 日或者 1 个月。

纳税人新征收的土地，属于耕地的，自批准征用之日起满 1 年的时候开始缴纳城镇土地使用税；新征收的土地属于非耕地的，自批准征用的次月起纳税。

城镇土地使用税一般应当向土地所在地的主管税务机关缴纳。纳税人使用的土地属于不同省、自治区、直辖市管辖范围的，分别向当地的主管税务机关纳税。在同一省、自治区、直辖市管辖范围内，纳税人跨地区使用土地的，纳税地点由省级税务局确定。

第四节　土地增值税法

土地增值税，是指对有偿转让国有土地使用权、地上建筑物及其附着物的单位和个人，就其取得的收入的增值部分征收的一种税。它是为了规范房地产市场交易秩序，适当调节土地增值收益而征收的一种税。土地增值税法，是调整土地增值税征纳关系的法律规范的总称。我国关于土地增值税的法规主要是 1993 年 12 月 13 日国务院颁布的《土地增值税暂行条例》，以及 1995 年 1 月 27 日财政部颁布的《土地增值税暂行条例实施细则》。2011 年 11 月 8 日《国务院关于废止和修改部分行政法规的决定》（国务院令第 588 号）对上述条例中的个别条款作了修正。

一、土地增值税的纳税主体

土地增值税的纳税人，为以出售或者其他方式有偿转让国有土地使用权、地上建筑物及其附着物并取得收入的国有企业、集体企业、私营企业、外商投资企业、外国企业、股份制企业、其他企业，以及行政单位、事业单位、社会团体、其他单位，个体经营者和其他个人。

二、土地增值税的计税依据

土地增值税的计税依据为纳税人转让房地产所取得的增值额。所谓增值额，是纳税人转让房地产取得的收入减除规定扣除项目金额之后的余额。

纳税人取得的收入包括转让房地产而取得的货币形态、实物形态及其他形态的全部价款及有关的经济收益。

上述规定的扣除项目包括以下内容。

（1）取得土地使用权所支付的地价款和按照国家统一规定交纳的有关费用。

（2）房地产开发的成本、费用。房地产开发成本主要包括土地征用及拆迁补偿费、前期工程费、建筑安装工程费、基础设施费、公共配套设施费、开发间接费用等。房地产开发费用，是指与房地产开发项目有关的销售费用、管理费用和财务费用。上述土地征用及拆迁补偿费，包括土地征用费、耕地占用税、劳动力安置费，有关地上、地下附着物拆迁补偿的净支出，安置动迁用房支出等。上述前期工程费，包括规划、设计、项目可行性研究和水文、地质、勘察、测绘、“三通一平”等支出。上述开发间接费用，是指直接组织、管理开发项目发生的费用，包括工资、职工福利费、办公费、水电费、折旧费等。

（3）经过当地主管税务机关确认的旧房和建筑物的评估价格。评估价格须经当地税务机关确认。

（4）与转让房地产有关的税金（不包括增值税）。“营改增”后，房地产开发企业实际缴纳的城建税、教育费附加，凡能够按清算项目准确计算的，允许据实扣除；凡不能按清算项目准确计算的，按该清算项目预缴增值税时实际缴纳的城建税、教育费附加扣除。其他转让房地产行为的城建税、教育费附加扣除比照此规定执行。

（5）财政部规定的其他扣除项目。依据规定，从事房地产开发的纳税人可以按取得土地使用权所支付的金额与房地产开发成本之和，加计20%的扣除额。

纳税人有下列情形之一的，按照房地产评估价格计算征收：（1）隐瞒、虚报房地产成交价格的；（2）供扣除项目金额不实的；（3）转让房地产成交价格低于房地产评估价格，又无正当理由的。

三、土地增值税的税率与应纳税额计算

土地增值税实行4级超率累进税率：（1）增值额未超过扣除项目金额50%的部分，税率为30%。（2）增值额超过扣除项目金额50%、未超过100%的部分，税率为40%。（3）增值额超过扣除项目金额100%、未超过200%的部分，税率为50%。（4）增值额超过扣除项目金额200%的部分，税率为60%。

在实际征收时，计算土地增值税应纳税额可以采用增值额乘以适用税率再减去扣除项目金额与速算扣除系数的乘积的方法，具体如下：（1）增值额未超过扣除项目金额50%的，土地增值税应纳税额＝土地增值额×30%。（2）增值额超过扣除项目金额

50%、未超过 100%的，土地增值税应纳税额＝土地增值额×40%－扣除项目金额×5%。(3) 增值额超过扣除项目金额 100%、未超过 200%的，土地增值税应纳税额＝土地增值额×50%－扣除项目金额×15%。(4) 增值额超过扣除项目金额 200%的，土地增值税应纳税额＝土地增值额×60%－扣除项目金额×35%。

四、土地增值税法规定的税收优惠

根据规定，下列项目可以免征土地增值税：(1) 建造普通标准住宅出售，增值额未超过各项规定扣除项目金额的 20%的。(2) 由于城市实施规划、国家建设需要而依法征用、收回的房地产。(3) 由于城市实施规划、国家建设需要而搬迁，由纳税人自行转让的房地产。(4) 个人之间互换自有居住房地产的。(5) 个人因工作调动或者改善居住条件而转让原自用住房，经过主管税务机关批准，在原住房居住满 5 年的，可以免征土地增值税；居住满 3 年、不满 5 年的，可以减半征税。

五、土地增值税的纳税期限和地点

纳税人应当自转让房地产合同签订之日起 7 日内向房地产所在地主管税务机关办理纳税申报，并在税务机关核定的期限内缴纳土地增值税。

土地增值税由税务机关负责征收。土地管理部门、房产管理部门应当向税务机关提供有关资料，并协助税务机关依法征收土地增值税。

如果纳税人没有按照规定缴纳土地增值税，土地管理部门和房产管理部门不得办理有关的权属变更手续。

第五节　耕地占用税法

耕地占用税，是指对于占用耕地建房或者从事其他非农业建设的单位和个人，按其实际占用耕地面积，实行从量定额征收的一种税。它是为了加强土地管理、合理利用土地资源、保护农用耕地而征收的一种税。耕地占用税法是调整耕地占用税征纳关系的法律规范系统。国务院于 1987 年 4 月 1 日发布的《中华人民共和国耕地占用税暂行条例》自实施以来，对于保护耕地、促进合理利用土地资源起到了积极的作用。但随着经济的发展，该条例越来越不适应新形势的需要，保护耕地的作用日益弱化。因此，2007 年 12 月 1 日，国务院第 511 号令发布了《中华人民共和国耕地占用税暂行条例》，自 2008 年 1 月 1 日起施行。1987 年 4 月 1 日国务院发布的《中华人民共和国耕地占用税暂行条例》同时废止。2018 年 12 月 29 日第十三届全国人民代表大会常务委员会第七次会议通过《中华人民共和国耕地占用税法》(以下简称《耕地占用税法》)，自 2019 年 9 月 1 日起施行。2007 年 12 月 1 日国务院公布的《中华人民共和国耕地占用税暂行条例》同时废止。

一、耕地占用税的纳税主体与征税范围

耕地占用税的纳税人即占用耕地建设建筑物、构筑物或者从事非农业建设的单位和个人。凡在中华人民共和国境内占用应税耕地建设建筑物、构筑物或者从事非农业建设的单位和个人为耕地占用税的纳税人，应当依照《耕地占用税法》的规定缴纳耕地占用税。

占用园地、林地、草地、农田水利用地、养殖水面、渔业水域滩涂以及其他农用地建设建筑物、构筑物或者从事非农业建设的，依照《耕地占用税法》的规定缴纳耕地占用税。

对以下占用土地行为不征收耕地占用税：（1）农田水利占用耕地的；（2）建设直接为农业生产服务的生产设施占用林地、牧草地、农田水利用地、养殖水面以及渔业水域滩涂等其他农用地的；（3）农村居民经批准搬迁，新建自用住宅占用耕地不超过原宅基地面积的部分。

二、耕地占用税的计税依据和税率

耕地占用税以纳税人实际占用的耕地面积为计税依据，按照规定的适用税额一次性征收。应纳税额为纳税人实际占用的耕地面积（平方米）乘以适用税额。根据《耕地占用税法》的规定，耕地占用税的税额规定如下：（1）人均耕地不超过 1 亩的地区（以县、自治县、不设区的市、市辖区为单位，下同），每平方米为 10 元至 50 元；（2）人均耕地超过 1 亩但不超过 2 亩的地区，每平方米为 8 元至 40 元；（3）人均耕地超过 2 亩但不超过 3 亩的地区，每平方米为 6 元至 30 元；（4）人均耕地超过 3 亩的地区，每平方米为 5 元至 25 元。

各地区耕地占用税的适用税额，由省级人民政府根据人均耕地面积和经济发展等情况，各省、自治区、直辖市耕地占用税适用税额的平均水平，不得低于《耕地占用税法》所附“各省、自治区、直辖市耕地占用税平均税额表”规定的平均税额。

在人均耕地低于 0.5 亩的地区，省、自治区、直辖市可以根据当地经济发展情况，适当提高耕地占用税的适用税额，但提高的部分不得超过《耕地占用税法》确定的适用税额的 50%，具体适用税额按照《耕地占用税法》第 4 条第 2 款规定的程序确定。占用基本农田的，应当按照《耕地占用税法》第 4 条第 2 款或者第 5 条确定的当地适用税额，加按 150%征收。

三、耕地占用税法规定的税收优惠

按照《耕地占用税法》的规定，对以下情形免征、减征或退还耕地占用税。

（1）军事设施、学校、幼儿园、社会福利机构、医疗机构占用耕地，免征耕地占用税。

（2）铁路线路、公路线路、飞机场跑道、停机坪、港口、航道、水利工程占用耕地，减按每平方米2元的税额征收耕地占用税。

（3）农村居民在规定用地标准以内占用耕地新建自用住宅，按照当地适用税额减半征收耕地占用税。

（4）农村烈士遗属、因公牺牲军人遗属、残疾军人以及符合农村最低生活保障条件的农村居民，在规定用地标准以内新建自用住宅，免征耕地占用税。

（5）根据国民经济和社会发展的需要，国务院规定免征或者减征耕地占用税的其他情形。

（6）占用园地、林地、草地、农田水利用地、养殖水面、渔业水域滩涂以及其他农用地适用税额可以适当低于本地区按照《耕地占用税法》第4条第2款确定的适用税额，但降低的部分不得超过50%。具体适用税额由省级人民政府提出，报同级人民代表大会常务委员会决定，并报全国人民代表大会常务委员会和国务院备案。

（7）纳税人因建设项目施工或者地质勘查临时占用耕地，已依照《耕地占用税法》的规定缴纳耕地占用税，在批准临时占用耕地期满之日起1年内依法复垦，恢复种植条件的，全额退还已经缴纳的耕地占用税。

依照《耕地占用税法》第7条第1款、第2款规定免征或者减征耕地占用税后，纳税人改变原占地用途，不再属于免征或者减征耕地占用税情形的，应当按照当地适用税额补缴耕地占用税。

根据《财政部、税务总局关于进一步支持小微企业和个体工商户发展有关税费政策的公告》（财政部、税务总局公告2023年第12号），自2023年1月1日至2027年12月31日，对小型微利企业减半征收耕地占用税。

四、耕地占用税的征收管理

耕地占用税的纳税义务发生时间为纳税人收到自然资源主管部门办理占用耕地手续的书面通知的当日。纳税人应当自纳税义务发生之日起30日内申报缴纳耕地占用税。

自然资源主管部门凭耕地占用税完税凭证或者免税凭证和其他有关文件发放建设用地批准书。税务机关应当与相关部门建立耕地占用税涉税信息共享机制和工作配合机制。县级以上地方人民政府自然资源、农业农村、水利等相关部门应当定期向税务机关提供农用地转用、临时占地等信息，协助税务机关加强耕地占用税征收管理。

税务机关发现纳税人的纳税申报数据资料异常或者纳税人未按照规定期限申报纳税的，可以提请相关部门进行复核，相关部门应当自收到税务机关复核申请之日起30日内向税务机关出具复核意见。

耕地占用税的征收管理，依照《耕地占用税法》和《税收征收管理法》的规定执行。

深度阅读

1. 王萌．资源税研究．北京：经济科学出版社，2010

2. 王荟．中国土地资源税制优化研究．北京：经济科学出版社，2010

问题与思考

一、思考题

1. 我国为何要用环境保护税取代之前的排污费？如何评价 2016 年的环境保护税立法？

2.《资源税法》在征税范围和税收优惠方面有何重大改变？

3. 土地增值税的纳税主体和计税依据是什么？

4. 试述《城镇土地使用税暂行条例》规定的主要内容。

5. 试述《耕地占用税法》规定的主要内容。

二、练习题

1. 下列各项中，应征资源税的有（　　）。（多选题）

A. 开采的大理石　　B. 进口的原油

C. 开采的煤矿瓦斯　　D. 生产用于出口的卤水

2. 根据耕地占用税有关规定，下列各项土地中属于耕地的有（　　）。（多选题）

A. 果园　　B. 花圃　　C. 茶园　　D. 菜地

3. 下列关于城镇土地使用税的表述中，正确的有（　　）。（多选题）

A. 城镇土地使用税采用有幅度的差别税额，每个幅度税额的差距为 20 倍

B. 经批准开山填海整治的土地和改造的废弃土地，从使用的月份起免缴城镇土地使用税 10 年至 20 年

C. 对在城镇土地使用税征税范围内单独建造的地下建筑用地，暂按应征税款的 50%征收城镇土地使用税

D. 经济落后地区，城镇土地使用税的适用税额标准可适当降低，但降低额不得超过规定最低税额的 30%

4. 下列房地产交易行为中，应当计算缴纳土地增值税的是（　　）。（2016 年注册会计师全国统一考试《税法》单选题）

A. 县城居民之间互换自有居住用房屋

B. 非营利的慈善组织将合作建造的房屋转让

C. 房地产公司出租高档住宅

D. 房地产开发企业代客户进行房地产开发，开发完成后向客户收取代建收入

5. 下列关于耕地占用税的表述中，正确的有（　　）。（多选题）

A. 建设直接为农业生产服务的生产设施而占用农用地的，不征收耕地占用税

B. 获准占用耕地的单位或者个人，应当在收到土地管理部门的通知之日起 60 日内缴纳耕地占用税

C. 免征或者减征耕地占用税后，纳税人改变原占地用途，不再属于免征或者减征耕地占用税情形的，应当按照当地适用税额补缴耕地占用税

D. 纳税人临时占用耕地，应当依照规定缴纳耕地占用税，在批准临时占用耕地

的期限内恢复原状的，可部分退还已经缴纳的耕地占用税

6. 某房地产开发公司于 2017 年 1 月受让一宗土地使用权，根据转让合同支付转让方地价款 6 000 万元，当月办好土地使用权权属证书。2017 年 2 月至 2018 年 3 月中旬，该房地产开发公司将受让土地 70%（其余 30%尚未使用）的面积开发建造一栋写字楼。在开发过程中，根据建筑承包合同支付给建筑公司的劳务费和材料费共计 5 800 万元；发生的利息费用为 300 万元，不高于同期银行贷款利率并能提供金融机构的证明。3 月下旬，该公司将开发建造的写字楼总面积的 20%转为公司的固定资产并用于对外出租，其余部分对外销售。2018 年 4 月～6 月该公司取得租金收入共计 60 万元，销售部分全部售完，共计取得销售收入 14 000 万元。该公司在写字楼开发和销售过程中，共计发生管理费用 800 万元、销售费用 400 万元。补充说明：该公司适用的城市维护建设税税率为 7%，教育费附加征收率为 3%，契税税率为 3%，其他开发费用扣除比例为 5%。

要求：根据上述资料，按照下列序号计算回答问题，每问需计算出合计数。

1）计算该房地产开发公司 2018 年 4 月～6 月共计应缴纳的城建税和教育费附加。

2）计算该房地产开发公司缴纳土地增值税时应扣除的土地成本。

3）计算该房地产开发公司缴纳土地增值税时应扣除的开发成本。

4）计算该房地产开发公司缴纳土地增值税时应扣除的开发费用。

5）计算该房地产开发公司销售写字楼应缴纳的土地增值税的增值额。

6）计算该房地产开发公司销售写字楼应缴纳的土地增值税。

第三编

税收征收管理法律制度

第十二章
税务管理制度

本章概要

- 税务登记制度的内容
- 账簿和凭证的管理制度
- 发票管理制度的基本内容
- 税务检查与税务稽查的比较

第一节　税务登记制度

为了加强税收征收管理，规范税收征收和缴纳行为，保障国家税收收入，保护纳税人的合法权益，促进经济和社会发展，我国税法除了在实体税法中规定各个不同税种的征收管理规范，还制定了《税收征收管理法》，对税务管理、税款征收、税务检查等税收征收管理程序作出了一般性规定，并且对纳税人、扣缴义务人和税务机关、税务人员违反税法的行为规定了应承担的法律责任。本章及后面各章主要阐述《税收征收管理法》的上述内容。

一、税务登记制度的概念及意义

（一）概念

税务登记制度，又称纳税登记制度，是指纳税人根据税法规定就其设立、变更、终止等事项，在法定时间内向其住所所在地的税务机关办理书面登记的一项税务管理制度。税务登记是征纳双方法律关系成立的依据和证明，也是纳税人的法定义务。根据税收法律法规规定，具有应税收入、应税财产或应税行为的各类纳税人，除国家机关、个人和无固定生产、经营场所的流动性农村小商贩外，都应当依法办理税务登记。根据税收法律、行政法规的规定负有扣缴税款义务的扣缴义务人（国家机关除外），应当按照《税收征收管理法》及其实施细则和《税务登记管理办法》的规定办理扣缴税款登记。

世界上多数国家和地区通常都对纳税人通过税务登记制度进行管理，由于各国的经济发展、税制体系等因素不同，税务登记制度也不同。多数发达国家一般采用全国性登记号码。如加拿大、日本等都采用全国性的纳税人鉴别号码。美国没有采用单独的纳税人鉴别号码，而是借用社会保险号码，但也是全国性的。这些国家大都运用计算机对纳税人的信息资料进行管理，在法律上，纳税人没有向税务机关办理税务登记的义务。在一些发展中国家，采用的是地区性登记号码，即纳税人在地区税务局进行登记时，会得到一个地区登记号码，并据此建立文件档案，所有年度的申报表、付税单和其他相关表格都会按纳税人登记号码存放在有关纳税人的档案中。

在现代化的税收征收管理中，全国性的纳税人登记号码有利于通过电子计算机对纳税人进行系统管理，并有利于税务机关的征税和监督。

（二）意义

（1）税务登记制度是税务机关与纳税人之间产生税收法律关系的基础。

1）税务登记制度确认了税收法律关系的主体资格。如前所述，税收法律关系的主体分为征税主体和纳税主体。税务登记制度一方面明确了管辖纳税人的税务机关；另一方面确认了纳税人的主体资格，限定了纳税人的权利能力和行为能力。税务登记证件，以书面形式确立了双方的法律关系。

2）税务登记制度确认了征纳主体的权利、义务内容。通过税务登记证件的颁发和领取，以书面形式确认了征纳双方各自的权利和义务。

3）税务登记制度初步确认了征纳双方的税收法律关系的客体。纳税人登记时，经营范围已基本确定，在不发生变化的情况下，一般所涉及的税种也相应得到明确。

（2）税务登记制度是整个税收征收管理的基础环节，尤其是税务登记证件，既是纳税人的税务许可证件和权利证明，又是税务机关抽象的征税通知。

1）对于纳税人来讲，税务登记证件既是许可证，又是其权利证明。许可证，是指税务机关颁发给符合法定条件的纳税人，允许其从事生产、经营的法律文书。权利证明，是指纳税人凭借税务登记证件，可以依法办理下列税务事项：申报办理减税、免税、退税和延期申报纳税；购买发票；申报办理外出经营活动税收管理证明；在银行或者其他金融机构开立基本存款账户和其他存款账户，并将其全部账号向税务机关报告；申报领取外出经营管理证明等。

2）对于税务机关来讲，税务登记证件是向纳税人发出的抽象的纳税通知。纳税人领取了税务登记证件后，明确了自己在纳税方面的义务，但在纳税人的纳税义务行为发生之前，纳税人还不能据此履行纳税义务，因此，将税务登记证件看作抽象性的征税通知。

二、税务登记的形式、 内容及程序

根据现行税收征收管理法律、法规，税务登记主要包括设立登记、变更登记、停业复业登记、注销登记、报验登记、税务登记证验（换、补）证以及非正常户处理等有关事项。

（一）设立登记

设立税务登记，是指纳税人在其开业时办理的税务登记。根据我国《税收征收管理法》《税收征收管理法实施细则》《税务登记管理办法》等法律、法规和规范性文件的规定，企业，企业在外地设立的分支机构和从事生产、经营的场所，个体工商户和从事生产、经营的事业单位（以下统称从事生产、经营的纳税人），向生产、经营所在地税务机关申报办理税务登记：（1）从事生产、经营的纳税人领取工商营业执照的，应当自领取工商营业执照之日起 30 日内申报办理税务登记，税务机关发放税务登记证及副本；（2）从事生产、经营的纳税人未办理工商营业执照但经有关部门批准设立的，应当自有关部门批准设立之日起 30 日内申报办理税务登记，税务机关发放税务登记证及副本；（3）从事生产、经营的纳税人未办理工商营业执照也未经有关部门批准设立的，应当自纳税义务发生之日起 30 日内申报办理税务登记，税务机关发放临时税务登记证及副本；（4）有独立的生产经营权、在财务上独立核算并定期向发包人或者出租人上交承包费或租金的承包承租人，应当自承包承租合同签订之日起 30 日内，向其承包承租业务发生地税务机关申报办理税务登记，税务机关发放临时税务登记证及副本；（5）境外企业在中国境内承包建筑、安装、装配、勘探工程和提供劳务的，应当自项目合同或协议签订之日起 30 日内，向项目所在地税务机关申报办理税务登记，税务机关发放临时税务登记证及副本。

纳税人在申报办理税务登记时，应当根据不同情况向税务机关如实提供以下证件和资料：（1）工商营业执照或其他核准执业证件；（2）有关合同、章程、协议书；（3）组织机构统一代码证书；（4）法定代表人或负责人或业主的居民身份证、护照或者其他合法证件。其他需要提供的有关证件、资料，由省、自治区、直辖市税务机关确定。

纳税人提交的证件和资料齐全且税务登记表的填写内容符合规定的，税务机关应当日办理并发放税务登记证件。税务登记证件的主要内容包括纳税人名称、税务登记代码、法定代表人或负责人、生产经营地址、登记类型、核算方式、生产经营范围（主营、兼营）、发证日期、证件有效期等。

市场监督管理机关应当将办理登记注册、核发营业执照的情况，定期向税务机关通报。

（二）变更登记

纳税人税务登记内容发生变化的，应当向原税务登记机关申报办理变更税务登记。

纳税人已在市场监督管理机关办理变更登记的，应当自市场监督管理机关变更登记之日起 30 日内，向原税务登记机关如实提供下列证件、资料，申报办理变更税务登记：（1）工商登记变更表；（2）纳税人变更登记内容的有关证明文件；（3）税务机关发放的原税务登记证件（登记证正、副本和登记表等）；（4）其他有关资料。

纳税人按照规定不需要在市场监督管理机关办理变更登记，或者其变更登记的内容与工商登记内容无关的，应当自税务登记内容实际发生变化之日起 30 日内，或者自有关机关批准或者宣布变更之日起 30 日内，持相关证件到原税务登记机关申报办理变更税务登记。

纳税人提交的有关变更登记的证件、资料齐全的，应如实填写税务登记变更表，符合规定的，税务机关应当日办理变更税务登记。纳税人税务登记表和税务登记证中的内容都发生变更的，税务机关按变更后的内容重新发放税务登记证件；纳税人税务登记表的内容发生变更而税务登记证中的内容未发生变更的，税务机关不重新发放税务登记证件。

（三）停业、复业登记

实行定期定额征收方式的个体工商户需要停业的，应当在停业前向税务机关申报办理停业登记。纳税人的停业期限不得超过 1 年。

纳税人在申报办理停业登记时，应如实填写停业复业报告书，说明停业理由、停业期限、停业前的纳税情况和发票的领、用、存情况，并结清应纳税款、滞纳金、罚款。税务机关应收存其税务登记证件及副本、发票领购簿、未使用完的发票和其他税务证件。

纳税人在停业期间发生纳税义务的，应当按照税收法律、行政法规的规定申报缴纳税款。

纳税人应当于恢复生产经营之前，向税务机关申报办理复业登记，如实填写“停业复业报告书”，领回并启用税务登记证件、发票领购簿及其停业前领购的发票。

纳税人停业期满不能及时恢复生产经营的，应当在停业期满前到税务机关办理延长停业登记，并如实填写“停业复业报告书”。

（四）注销登记

纳税人发生解散、破产、撤销以及其他情形，依法终止纳税义务的，应当在向市场监督管理机关或者其他机关办理注销登记前，持有关证件和资料向原税务登记机关申报办理注销税务登记；按规定不需要在市场监督管理机关或者其他机关办理注册登记的，应当自有关机关批准或者宣告终止之日起 15 日内，持有关证件和资料向原税务登记机关申报办理注销税务登记。

纳税人被市场监督管理机关吊销营业执照或者被其他机关予以撤销登记的，应当自营业执照被吊销或者被撤销登记之日起 15 日内，向原税务登记机关申报办理注销税务登记。

纳税人因住所、经营地点变动，涉及改变税务登记机关的，应当在向市场监督管理机关或者其他机关申请办理变更、注销登记前，或者住所、经营地点变动前，持有关证件和资料，向原税务登记机关申报办理注销税务登记，并自注销税务登记之日起 30 日内向迁达地税务机关申报办理税务登记。

境外企业在中国境内承包建筑、安装、装配、勘探工程和提供劳务的，应当在项目完工、离开中国前 15 日内，持有关证件和资料，向原税务登记机关申报办理注销税务登记。

纳税人办理注销税务登记前，应当向税务机关提交相关证明文件和资料，结清应纳税款、多退（免）税款、滞纳金和罚款，缴销发票、税务登记证件和其他税务证件，经税务机关核准后，办理注销税务登记手续。结清应纳税款通常是办理注销税务登记的前提，但是，经人民法院裁定宣告破产的企业，管理人持人民法院终结破产程序裁定书申请税务注销的，税务部门即时出具清税文书。办理注销税务登记通常是办理注销工商登记的前提，但是，对向市场监管部门申请简易注销的纳税人，符合下列情形之一的，可免予到税务机关办理清税证明，直接向市场监管部门申请办理注销登记：（1）未办理过涉税事宜的；（2）办理过涉税事宜但未领用发票、无欠税（滞纳金）及罚款的。

（五）外出经营报验登记

纳税人到外县（市）临时从事生产经营活动的，应当在外出生产经营以前，持税务登记证到主管税务机关开具“外出经营活动税收管理证明”（简称“外管证”）。税务机关按照一地一证的原则，发放“外管证”，“外管证”的有效期限一般为 30 日，最长不得超过 180 天。

纳税人应当在“外管证”注明地进行生产经营前向当地税务机关报验登记，并提交税务登记证件副本和“外管证”。纳税人在“外管证”注明地销售货物的，除提交以上证件、资料外，应如实填写“外出经营货物报验单”，申报查验货物。

纳税人外出经营活动结束，应当向经营地税务机关填报“外出经营活动情况申报表”，并结清税款、缴销发票。纳税人应当在“外管证”有效期届满后 10 日内，持“外管证”回原税务登记地税务机关办理“外管证”缴销手续。

（六）证照管理

税务机关应当加强税务登记证件的管理，采取实地调查、上门验证等方法进行税务登记证件的管理。税务登记证式样改变，需统一换发税务登记证的，由国家税务总局确定。

纳税人、扣缴义务人遗失税务登记证件的，应当自遗失税务登记证件之日起 15 日内，书面报告主管税务机关，如实填写“税务登记证件遗失报告表”，并将纳税人的名称、税务登记证件名称、税务登记证件号码、税务登记证件有效期、发证机关名称在税务机关认可的报刊上作遗失声明，凭报刊上刊登的遗失声明到主管税务机关补办税务登记证件。

（七）非正常户处理

已办理税务登记的纳税人未按照规定的期限申报纳税，在税务机关责令其限期改正后，逾期不改正的，税务机关应当派员实地检查，查无下落并且无法强制其履行纳税义务的，由检查人员制作非正常户认定书，存入纳税人档案，税务机关暂停其税务登记证件、发票领购簿和发票的使用。

纳税人被列入非正常户超过 3 个月的，税务机关可以宣布其税务登记证件失效，其应纳税款的追征仍按《税收征收管理法》及其实施细则的规定执行。

第二节　账簿和凭证的管理制度

一、账簿、凭证的概念

账簿，又称账册，是由具有一定格式而又联结在一起的若干账页组成的，用于全面、连续、系统记录纳税人生产经营活动的簿籍，是编制会计报表的依据，也是保存会计资料的重要工具。账簿按其作用可分为总账、明细账、日记账和其他辅助性账簿，按其形式可分为等本式账簿、活页式账簿和卡片式账簿。总账，是按会计上的总分类账户设置并分类总括记录纳税人的生产经营情况的账簿。纳税人一般按资产、负债、所有者权益、收入、费用、利润等分类设置账户。总账分类项目较粗，记录的会计资料不够细致，因此，纳税人必须按明细账户进一步分类，系统地记录其生产经营情况。总账与明细账所记载的内容完全相同，各自从不同角度全面、仔细地反映纳税人的生产经营情况。日记账，又称流水账，是纳税人按时间顺序逐笔记录其现金、银行存款等业务情况的账簿。分类账与日记账两者的记录方式不同，前者是分类记录，后者是序时记录。一般情况下，税务机关只有通过全面检查纳税人的总账、明细账和日记账，才能较全面地了解纳税人的经营状况和纳税情况。

凭证，又称会计凭证，是指纳税人记载生产经营业务、明确经济责任的书面证明。会计凭证按其用途和填制程序不同，分为原始凭证和记账凭证。原始凭证，是指在生产经营业务发生时取得或填制的凭证，如增值税专用发票、普通发票、收据、工资结算单、材料入库单、完税凭证、车船票等。原始凭证是进行会计核算的原始资料和重要依据。记账凭证，是指由会计人员根据审核无误的原始凭证填制的，按内容加以归类整理、明确会计分录并作为登记账簿依据的凭证。通过凭证的填制和审核，不仅可以保证账簿记录的真实性，而且可以检查纳税人各项经济业务的合法性。

二、账簿、凭证的管理

税务机关考核纳税人是否能够及时、准确地缴纳税款，其依据就在于纳税人是否具有真实、准确的账簿和凭证。纳税人的全部生产、经营业务情况，从最初的原始会计凭证体系，到经过初步整理的记账凭证体系，再到系统记录的账簿体系，最后浓缩为会计报表体系。只有这四个步骤的凭证和账簿严格地对应和准确地反映真实情况，税款计征才不会出现问题。因此，账簿、凭证的管理是税收征收管理制度中的重要环节。按照税收征收管理法律、法规的规定，关于账簿、凭证的管理主要有下列内容。

（一）账簿的设置及管理

从事生产、经营的纳税人和扣缴义务人，除经税务机关批准可以不设账簿的以外，都必须依法设置、管理账簿。具体为：一是从事生产、经营的纳税人应从领取营业执照之日起 15 日内设置账簿，并自领取税务登记证件之日起 15 日内，将其财务、会计制度或者财务、会计处理办法报送主管税务机关备案。纳税人使用计算机记账的，应当在使用前将会计电算化系统的会计核算软件、使用说明书及有关资料报送主管税务机关备案。二是生产、经营规模小又确无建账能力的纳税人，可以聘请经批准从事会计代理记账业务的专业机构或者经税务机关认可的财会人员代为建账和办理账务；聘请上述机构或者人员有实际困难的，经县以上税务机关批准，可以按照税务机关的规定，建立收支凭证粘贴簿、进货销货登记簿或者使用税控装置。三是扣缴义务人应当自税收法律、行政法规规定的扣缴义务发生之日起 10 日内，按照所代扣、代收的税种，分别设置代扣代缴、代收代缴税款账簿。

（二）账簿、凭证的保管

从事生产、经营的纳税人、扣缴义务人应按有关规定妥善保管账簿、凭证。除法律、行政法规另有规定的以外，账簿、会计凭证、会计报表、完税凭证及其他纳税资料应当保存 10 年。纳税人、扣缴义务人不得伪造、变造或擅自销毁账簿、计账凭证、完税证明和其他有关资料。

纳税人应当按照规定安装、使用税控装置，不得损毁或者擅自改动税控装置，并按照税务机关的规定报送有关的数据和资料。

第三节　发票管理制度

发票属于上述凭证的范畴。考虑到其在凭证中所处的重要地位，故设专节介绍。

一、发票及其管理制度的概念

发票，是指在购销商品、提供或者接受服务以及从事其他经营活动中，开具、收取的收付款凭证。发票包括纸质发票和电子发票。电子发票是指在购销商品、提供或者接受服务以及从事其他经营活动中，按照税务机关发票管理规定以数据电文形式开具、收取的收付款凭证。电子发票与纸质发票具有同等法律效力。国家积极推广使用电子发票，任何单位和个人不得拒收电子发票。税务机关建设电子发票服务平台，为用票单位和个人提供数字化等形态电子发票开具、交付、查验等服务。

发票管理制度，是指国家关于发票的印制、领购、开具、取得、保管等一系列规范的总称。发票是财务收支的法定凭证，是进行会计核算和税务稽查的重要依据。加强发票管理，对于维持健康的税收秩序、保障国家财政收入、维持经济的稳健发展具有重要意义。

二、发票管理制度的内容

我国现行有关发票管理的主要法律依据是《中华人民共和国发票管理办法》（1993

年 12 月 12 日国务院批准，1993 年 12 月 23 日财政部令第 6 号发布，2023 年 7 月 20 日第三次修订）和《中华人民共和国发票管理办法实施细则》（2011 年 2 月 14 日国家税务总局令第 25 号公布，2024 年 1 月 15 日第四次修正）。

发票管理工作坚持和加强党的领导，为经济社会发展服务。国务院税务主管部门统一负责全国的发票管理工作。省、自治区、直辖市税务机关依据职责做好本行政区域内的发票管理工作。财政、审计、市场监督管理、公安等有关部门在各自的职责范围内，配合税务机关做好发票管理工作。发票的种类、联次、内容、编码规则、数据标准、使用范围等具体管理办法由国务院税务主管部门规定。对违反发票管理法规的行为，任何单位和个人可以举报。税务机关应当为检举人保密，并酌情给予奖励。

（一）发票联次

现行发票分为增值税专用发票和普通发票。纸质发票的基本联次包括存根联、发票联、记账联。存根联由收款方或开票方留存备查，发票联由付款方或受票方作为付款原始凭证，记账联由收款方或开票方作为记账原始凭证。增值税专用发票的联次，除了上述三联，还包括抵扣联，即收执方作为抵扣税款的凭证。

省级以上税务机关可根据纸质发票管理情况以及纳税人经营业务需要，增减除发票联以外的其他联次，并确定其用途。

（二）发票的基本内容

发票的基本内容包括发票的名称、发票代码和号码、联次及用途、客户名称、开户银行及账号、商品名称或经营项目、计量单位、数量、单价、大小写金额、税率（征收率）、税额、开票人、开票日期、开票单位（个人）名称（章）等。

省级以上税务机关可根据经济活动以及发票管理需要，确定发票的具体内容。

领用发票单位可以书面向税务机关要求使用印有本单位名称的发票，税务机关依法确认印有该单位名称发票的种类和数量。

增值税专用发票的内容除了上述普通发票的内容，还包括购货人的地址、税务登记号，供货方名称、地址和税务登记号。

（三）发票的印制

发票的印制是发票管理的首要环节。根据《发票管理办法》的规定，增值税专用发票由国务院税务主管部门确定的企业印制；其他发票，按照国务院税务主管部门的规定，由省、自治区、直辖市税务机关确定的企业印制。禁止私自印制、伪造、变造发票。

印制发票的企业应当具备下列条件：（1）取得印刷经营许可证和营业执照；（2）设备、技术水平能够满足印制发票的需要；（3）有健全的财务制度和严格的质量监督、安全管理、保密制度。税务机关应当按照政府采购有关规定确定印制发票的企业。

印制发票应当使用国务院税务主管部门确定的全国统一的发票防伪专用品。禁止非法制造发票防伪专用品。发票应当套印全国统一发票监制章。全国统一发票监制章的式样和发票版面印刷的要求，由国务院税务主管部门规定。发票监制章由省、自治区、直辖市税务机关制作。禁止伪造发票监制章。

发票实行不定期换版制度。全国范围内发票换版由国家税务总局确定；省、自治区、直辖市范围内发票换版由省税务局确定。发票换版时，应当进行公告。

印制发票的企业按照税务机关的统一规定，建立发票印制管理制度和保管措施。发票监制章和发票防伪专用品的使用和管理实行专人负责制度。纸质发票防伪专用品应当按照规定专库保管，不得丢失。次品、废品应当在税务机关监督下集中销毁。

印制发票的企业必须按照税务机关确定的式样和数量印制发票。发票应当使用中文印制。民族自治地方的发票，可以加印当地一种通用的民族文字。有实际需要的，也可以同时使用中外两种文字印制。

各省、自治区、直辖市内的单位和个人使用的发票，除增值税专用发票外，应当在本省、自治区、直辖市内印制；确有必要到外省、自治区、直辖市印制的，应当由省、自治区、直辖市税务机关商印制地省、自治区、直辖市税务机关同意后确定印制发票的企业。禁止在境外印制发票。

（四）发票的领用

需要领用发票的单位和个人，应当持设立登记证件或者税务登记证件，以及经办人身份证明，向主管税务机关办理发票领用手续。领用纸质发票的，还应当提供按照国务院税务主管部门规定式样制作的发票专用章的印模。主管税务机关根据领用单位和个人的经营范围、规模和风险等级，在 5 个工作日内确认领用发票的种类、数量以及领用方式。单位和个人领用发票时，应当按照税务机关的规定报告发票使用情况，税务机关应当按照规定进行查验。

需要临时使用发票的单位和个人，可以凭购销商品、提供或者接受服务以及从事其他经营活动的书面证明、经办人身份证明，直接向经营地税务机关申请代开发票。依照税收法律、行政法规规定应当缴纳税款的，税务机关应当先征收税款，再开具发票。税务机关根据发票管理的需要，可以按照国务院税务主管部门的规定委托其他单位代开发票。税务机关应当与受托代开发票的单位签订协议，明确代开发票的种类、对象、内容和相关责任等内容。禁止非法代开发票。

临时到本省、自治区、直辖市以外从事经营活动的单位或者个人，应当凭所在地税务机关的证明，向经营地税务机关领用经营地的发票。临时在本省、自治区、直辖市以内跨市、县从事经营活动领用发票的办法，由省、自治区、直辖市税务机关规定。

（五）发票的开具和保管

销售商品、提供服务以及从事其他经营活动的单位和个人，对外发生经营业务收取款项，收款方应向付款方开具发票；特殊情况下由付款方向收款方开具发票。所称特殊情况下，由付款方向收款方开具发票，是指：（1）收购单位和扣缴义务人支付个人款项时；（2）国家税务总局认为其他需要由付款方向收款方开具发票的。

除国务院税务主管部门规定的特殊情形外，纸质发票限于领用单位和个人在本省、自治区、直辖市内开具。省、自治区、直辖市税务机关可以规定跨市、县开具纸质发票的办法。除国务院税务主管部门规定的特殊情形外，任何单位和个人不得跨规定的使用区域携带、邮寄、运输空白发票。禁止携带、邮寄或者运输空白发票出入境。

所有单位和从事生产、经营活动的个人在购买商品、接受服务以及从事其他经营活动支付款项时，应当向收款方取得发票。向消费者个人零售小额商品或者提供零星服务的，是否可免予逐笔开具发票，由省税务局确定。填开发票的单位和个人必须在发生经营业务确认营业收入时开具发票。取得发票时，不得要求变更品名和金额，包括不得变更涉及金额计算的单价和数量。未发生经营业务一律不准开具发票。

开具发票应当按照规定的时限、顺序、栏目，全部联次一次性如实开具，开具纸质发票应当加盖发票专用章。任何单位和个人不得有下列虚开发票行为：（1）为他人、为自己开具与实际经营业务情况不符的发票；（2）让他人为自己开具与实际经营业务情况不符的发票；（3）介绍他人开具与实际经营业务情况不符的发票。其中，“与实际经营业务情况不符”是指具有下列行为之一的：（1）未购销商品、未提供或者接受服务、未从事其他经营活动，而开具或取得发票；（2）有购销商品、提供或者接受服务、从事其他经营活动，但开具或取得的发票载明的购买方、销售方、商品名称或经营项目、金额等与实际情况不符。

开具发票应当使用中文。民族自治地方可以同时使用当地通用的一种民族文字。单位和个人在开具发票时，应当填写项目齐全，内容真实。开具纸质发票应当按照发票号码顺序填开，字迹清楚，全部联次一次打印，内容完全一致，并在发票联和抵扣联加盖发票专用章。

开具纸质发票后，如发生销售退回、开票有误、应税服务中止等情形，需要作废发票的，应当收回原发票全部联次并注明“作废”字样后作废发票。开具纸质发票后，发生销售退回、开票有误、应税服务中止、销售折让等情形，需要开具红字发票的，应当收回原发票全部联次并注明“红冲”字样后开具红字发票。无法收回原发票全部联次的，应当取得对方有效证明后开具红字发票。开具电子发票后，发生销售退回、开票有误、应税服务中止、销售折让等情形的，应当按照规定开具红字发票。

任何单位和个人应当按照发票管理规定使用发票，不得有下列行为：（1）转借、转让、介绍他人转让发票、发票监制章和发票防伪专用品；（2）知道或者应当知道是私自印制、伪造、变造、非法取得或者废止的发票而受让、开具、存放、携带、邮寄、运输；（3）拆本使用发票；（4）扩大发票使用范围；（5）以其他凭证代替发票使用；（6）窃取、截留、篡改、出售、泄露发票数据。税务机关应当提供查询发票真伪的便捷渠道。不符合规定的发票，不得作为财务报销凭证，任何单位和个人有权拒收。

安装税控装置的单位和个人，应当按照规定使用税控装置开具发票，并按期向主管税务机关报送开具发票的数据。使用非税控电子器具开具发票的，应当将非税控电子器具使用的软件程序说明资料报主管税务机关备案，并按照规定保存、报送开具发票的数据。单位和个人开发电子发票信息系统自用或者为他人提供电子发票服务的，应当遵守国务院税务主管部门的规定。

单位和个人向委托人提供发票领用、开具等服务，应当接受税务机关监管，所存储发票数据的最大数量应当符合税务机关的规定。开发电子发票信息系统为他人提供发票数据查询、下载、存储、使用等涉税服务的，应当符合税务机关的数据标准和管理规定，并与委托人签订协议，不得超越授权范围使用发票数据。

开具发票的单位和个人应当建立发票使用登记制度，配合税务机关进行身份验证，并定期向主管税务机关报告发票使用情况。开具发票的单位和个人应当在办理变更或者注销税务登记的同时，办理发票的变更、缴销手续。开具发票的单位和个人应当按照国家有关规定存放和保管发票，不得擅自损毁。已经开具的发票存根联，应当保存5年。

（六）发票的检查

税务机关在发票管理中有权进行下列检查：（1）检查印制、领用、开具、取得、保管和缴销发票的情况；（2）调出发票查验；（3）查阅、复制与发票有关的凭证、资料；（4）向当事各方询问与发票有关的问题和情况；（5）在查处发票案件时，对与案件有关的情况和资料，可以记录、录音、录像、照相和复制。

税务人员进行检查时，应当出示税务检查证。印制、使用发票的单位和个人，必须接受税务机关依法检查，如实反映情况，提供有关资料，不得拒绝、隐瞒。

税务机关在发票检查中，可以对发票数据进行提取、调出、查阅、复制。税务机关需要将已开具的发票调出查验时，应当向被查验的单位和个人开具发票换票证。发票换票证与所调出查验的发票有同等的效力。被调出查验发票的单位和个人不得拒绝接受。税务机关需要将空白发票调出查验时，应当开具收据；经查无问题的，应当及时发还。

单位和个人从中国境外取得的与纳税有关的发票或者凭证，税务机关在纳税审查时有疑义的，可以要求其提供境外公证机构或者注册会计师的确认证明，经税务机关审核认可后，方可作为记账核算的凭证。

用票单位和个人有权申请税务机关对发票的真伪进行鉴别。收到申请的税务机关应当受理并负责鉴别发票的真伪；鉴别有困难的，可以提请发票监制税务机关协助鉴别。

在伪造、变造现场以及买卖地、存放地查获的发票，由当地税务机关鉴别。

（七）法律责任

违反《发票管理办法》的规定，有下列情形之一的，由税务机关责令改正，可以处1万元以下的罚款；有违法所得的予以没收：（1）应当开具而未开具发票，或者未按照规定的时限、顺序、栏目，全部联次一次性开具发票，或者未加盖发票专用章的；（2）使用税控装置开具发票，未按期向主管税务机关报送开具发票的数据的；（3）使用非税控电子器具开具发票，未将非税控电子器具使用的软件程序说明资料报主管税务机关备案，或者未按照规定保存、报送开具发票的数据的；（4）拆本使用发票的；（5）扩大发票使用范围的；（6）以其他凭证代替发票使用的；（7）跨规定区域开具发票的；（8）未按照规定缴销发票的；（9）未按照规定存放和保管发票的。其中，第（6）项“以其他凭证代替发票使用的”，包括：应当开具发票而未开具发票，以其他凭证代替发票使用；应当取得发票而未取得发票，以发票外的其他凭证或者自制凭证用于抵扣税款、出口退税、税前扣除和财务报销；取得不符合规定的发票，用于抵扣税款、出口退税、税前扣除和财务报销。因此构成逃避缴纳税款、骗取出口退税、虚开发票的，按照《税收征收管理法》《发票管理办法》相关规定执行。

跨规定的使用区域携带、邮寄、运输空白发票，以及携带、邮寄或者运输空白发票出入境的，由税务机关责令改正，可以处 1 万元以下的罚款；情节严重的，处 1 万元以上 3 万元以下的罚款；有违法所得的予以没收。丢失发票或者擅自损毁发票的，依照该规定处罚。

违反《发票管理办法》的规定虚开发票的，由税务机关没收违法所得；虚开金额在 1 万元以下的，可以并处 5 万元以下的罚款；虚开金额超过 1 万元的，并处 5 万元以上 50 万元以下的罚款；构成犯罪的，依法追究刑事责任。非法代开发票的，依照该规定处罚。

私自印制、伪造、变造发票，非法制造发票防伪专用品，伪造发票监制章，窃取、截留、篡改、出售、泄露发票数据的，由税务机关没收违法所得，没收、销毁作案工具和非法物品，并处 1 万元以上 5 万元以下的罚款；情节严重的，并处 5 万元以上 50 万元以下的罚款；构成犯罪的，依法追究刑事责任。《税收征收管理法》对此有规定处罚的，依照其规定执行。

有下列情形之一的，由税务机关处 1 万元以上 5 万元以下的罚款；情节严重的，处 5 万元以上 50 万元以下的罚款；有违法所得的予以没收：（1）转借、转让、介绍他人转让发票、发票监制章和发票防伪专用品的；（2）知道或者应当知道是私自印制、伪造、变造、非法取得或者废止的发票而受让、开具、存放、携带、邮寄、运输的。

税务机关对违反发票管理法规的行为依法进行处罚的，由县以上税务机关决定；罚款额在 2 000 元以下的，可由税务所决定。对违反发票管理规定 2 次以上或者情节严重的单位和个人，税务机关可以向社会公告。此处“公告”是指税务机关在办税场所或者广播、电视、报纸、期刊、网络等新闻媒体上公告纳税人发票违法的情况。

违反发票管理法规，导致其他单位或者个人未缴、少缴或者骗取税款的，由税务机关没收违法所得，可以并处未缴、少缴或者骗取的税款 1 倍以下的罚款。

税务人员利用职权之便，故意刁难印制、使用发票的单位和个人，或者有违反发票管理法规行为的，依照国家有关规定给予处分；构成犯罪的，依法追究刑事责任。

第四节　税务检查制度

一、税务检查制度的概念

税务检查，是指税务机关依据税收法律、法规和财务会计制度等，对纳税人、扣缴义务人履行纳税义务和代扣代缴、代收代缴税款义务情况进行审查和监督的活动。税务检查制度，是指国家制定的关于税务检查活动的法律规范的总称。

税务检查制度是税收征收管理法中必不可少的组成部分，它对于国家宏观调控政策的实施和国民经济健康、持续、稳定地发展，增强纳税人、扣缴义务人的纳税意识，促使其正确、及时地履行义务，保障国家财政收入和经济建设的顺利进行，都有着极其重要的意义。

二、税务机关在税务检查中的权力与义务

税务机关在税务检查中的权力与义务在税收法律、法规中往往是融合在一起的，即法律、法规在赋予税务机关一项检查权的同时，对于其实施该项权力又作了一定的限制，这种限制就构成其法定义务。因而，在此将税务机关在税务检查中的权力与义务作为一个问题进行阐述。

（1）税务机关检查纳税人的账簿、记账凭证、报表和有关资料，检查扣缴义务人代扣代缴、代收代缴税款账簿、记账凭证和有关资料。税务机关在进行该项检查时，可以在纳税人、扣缴义务人的业务场所进行此项检查；必要时，经县以上税务局（分局）局长批准，可以将纳税人、扣缴义务人以前会计年度的账簿、记账凭证、报表和其他有关资料调回税务机关检查，但税务机关必须向纳税人、扣缴义务人开具清单，并在 3 个月内完整退还；有特殊情况的，经设区的市、自治州以上税务局局长批准，税务机关可以将纳税人、扣缴义务人当年的账簿、记账凭证、报表和其他有关资料调回检查，但税务机关必须在 30 日内退还。

（2）税务机关到纳税人的生产、经营场所和货物存放地检查纳税人应纳税的商品、货物或者其他财产，检查扣缴义务人与代扣代缴、代收代缴税款有关的经营情况。

（3）税务机关责成纳税人、扣缴义务人提供与纳税或者代扣代缴、代收代缴税款有关的文件、证明材料和有关资料。

（4）税务机关询问纳税人、扣缴义务人与纳税或者代扣代缴、代收代缴税款有关的问题和情况。

（5）税务机关到车站、码头、机场、邮政企业及其分支机构检查纳税人托运、邮寄应纳税商品、货物或者其他财产的有关单据、凭证和有关资料。

（6）税务机关经县以上税务局（分局）局长批准，指定专人负责，凭全国统一格式的检查存款账户许可证明，查询从事生产、经营的纳税人、扣缴义务人在银行或者其他金融机构的存款账户。税务机关在调查税收违法案件时，经设区的市、自治州以上税务局（分局）局长批准，可以查询案件涉嫌人员的储蓄存款。税务机关查询所获得的资料，不得用于税收以外的用途，并且有责任为被检查人保守秘密。税务机关查询的内容，包括纳税人存款账户余额和资金往来情况。

（7）税务机关对从事生产、经营的纳税人以前纳税期的纳税情况依法进行税务检查时，发现纳税人有逃避纳税义务行为，并有明显的转移、隐匿其纳税的商品、货物以及其他财产或应税收入的迹象的，税务机关可以根据法律所赋予的权限采取税收保全措施或强制执行措施。税务机关采取税收保全措施的期限一般不得超过 6 个月；重大案件需要延长的，应当报国家税务总局批准。

近年来，税务机关在对从事生产、经营的纳税人以前年度的纳税情况进行检查时，常常发现纳税人有逃避纳税义务的行为，待税务机关查清后，纳税人已将应税财产、收入转移或隐匿。因此，现行《税收征收管理法》赋予税务机关在检查纳税人以前纳税期

应税情况时采取税收保全措施或税收强制执行措施的权力。

（8）税务机关在依法进行税务检查时，有权向有关的单位和个人调查纳税人、扣缴义务人和其他当事人与纳税或代扣代缴、代收代缴税款有关的情况。这里，有关单位和个人，是指与税务机关依法进行税务检查有密切关系的单位和个人，如市场监督管理、计划、物价、邮电、交通部门和金融机构，以及与被检查人有来往的第三方当事人。

（9）税务机关调查税务违法案件时，对与案件有关的情况和资料，可以记录、录音、录像、照相和复制。

（10）税务机关派出的人员进行税务检查时，应当出示税务检查证和税务检查通知书，并有责任为被检查人保守秘密。

三、纳税人、扣缴义务人在税务检查中的权利与义务

关于纳税人、扣缴义务人在税务检查中的权利，笔者认为，上述关于税务机关在税务检查中的义务，即法律、法规对税务机关的限制性规定，就构成纳税人、扣缴义务人的权利，这是一个问题的两个方面。另外，纳税人、扣缴义务人有权要求税务人员出示税务检查证和税务检查通知书；税务人员没有税务检查证和税务检查通知书的，纳税人、扣缴义务人有权拒绝检查。纳税人、扣缴义务人在税务检查中的义务是必须接受税务机关依法进行的税务检查，如实反映情况，提供有关资料，不得拒绝、隐瞒。

四、有关单位和个人在税务检查中的权利与义务

在税法中规定有关单位和个人在税务检查中的权利与义务，是世界各国的普遍做法。如美国《税收法典》规定，为了核实纳税申报书，补充纳税申报书的内容，确定和征收应纳税款，财政部部长或其代表可以传唤保存记录的第三者，要求提供在传唤令中指明的人的经营交易记录。保存记录的第三者，是指银行或其他储蓄机构，消费者报告代理机构，通过信用卡提供贷款的人，经纪人、律师或会计师。英国《税收征收管理法》规定，税务检察官可以向银行发出通知，要求银行在注明的期限内提交某一年度内通过银行支付的尚未扣缴所得税的全部存款利息报表，提供利息收款人的姓名和住址，注明利息的数额；税务专员可以要求银行提供有关任何人从英国证券获得收益的资料。俄罗斯《联邦税收基本法》规定，银行、信用社和其他企业有义务向相应的税务机关提供有关纳税人财务和经济活动情况的资料。澳大利亚《所得税课税法典》规定，税务机关有权从现金交易者、金融机构或其他个人那里获得与纳税人纳税情况相关的资料。印度《所得税法》规定，税务官员可以要求任何人包括银行官员提供有关的资料，或提供加以核实的银行账户和有关事项的报告。

我国现行《税收征收管理法》明确了有关单位和个人在税务检查中的义务：（1）税务机关在向有关单位和个人调查纳税人、扣缴义务人纳税或代扣代缴、代收代缴税款情况时，有关单位和个人有权要求税务人员出示税务检查证和税务检查通知书。税务人员没有税务检查证和税务检查通知书的，有关单位和个人有权拒绝检查。（2）有关单位和

个人在税务机关调查纳税人、扣缴义务人纳税或代扣代缴、代收代缴税款情况时，有义务向税务机关如实提供有关资料和证明材料。

第五节　税务稽查制度

一、税务稽查制度的概念

有些学者将税务检查与税务稽查的概念混为一谈，因此，在谈税务稽查制度之前，有必要弄清检查与稽查的区别。“检查”是指为了发现问题而用心查看。“稽查”有两个含义：一是检查（走私、偷税、违禁等活动），二是担任这种检查工作的人。从中可以看出，检查的外延更为广阔，它包含稽查。依此推理，税务检查包含税务稽查，所不同的是，税务稽查的对象主要是在税务检查中的违法案件。按照现行税收征收管理法律、法规的规定，税务检查也包括税务稽查，但从理论和实践的发展趋势看，税务稽查越来越具有独立性。因此，本书将税务稽查制度作为一节专门讲述。

所谓税务稽查制度，是指国家制定的关于税务稽查活动的法律规范的总称。我国在1992年9月4日第七届全国人民代表大会常务委员会第二十七次会议通过、1993年1月1日开始实施《税收征收管理法》之后，为了规范税务稽查的执法行为，各地税务机关将业已普遍建立的稽查大队组建为稽查局，以强化内部监督、制约机制，并为外部监督、制约疏通渠道。税务稽查的重要依据曾有《税务稽查工作规程》（1995年发布，2009年修订，现已失效）、《税务违法案件举报管理办法》（1998年发布，现已失效）、《税务违法案件举报奖励办法》（1998年发布，现已失效）、《税务违法案件公告办法》（1998年发布，2018年修正，现已失效）和《税务稽查业务公开制度（试行）》（2000年发布，现已失效）等规范性文件，使我国的稽查执法行为规范化，这也标志着我国开始建立、健全税务稽查制度。

有关税务稽查制度现行有效的依据主要包括《税务稽查案件办理程序规定》（2021年7月12日国家税务总局令第52号公布，自2021年8月11日起施行）、《税收违法行为检举管理办法》（2019年国家税务总局令第49号）、《检举纳税人税收违法行为奖励暂行办法》（2017年1月13日国家税务总局、财政部令第18号公布）、《重大税收违法失信主体信息公布管理办法》（2021年国家税务总局令第54号）等规范性文件。

二、税务稽查组织机构及其职责

根据《税务稽查案件办理程序规定》，税务稽查由稽查局依法实施。稽查局主要职责是依法对纳税人、扣缴义务人和其他涉税当事人履行纳税义务、扣缴义务情况及涉税事项进行检查处理，以及围绕检查处理开展的其他相关工作。稽查局具体职责由国家税务总局依照《税收征收管理法》及其实施细则和国家有关规定确定。

税务稽查组织机构的职责主要包括以下内容：

第一，确立“保护纳税人、扣缴义务人和其他涉税当事人合法权益”的宗旨。坚持以人为本的执法理念，将注重保护税务行政相对人合法权益的原则要求贯穿于稽查案件办理全过程。

第二，严格遵循分工制约和回避的原则。一方面，稽查局办理税务稽查案件时，实行选案、检查、审理、执行分工制约原则；另一方面，税务稽查人员具有税收征收管理法实施细则规定的回避情形，应当回避。被查对象申请税务稽查人员回避或者税务稽查人员自行申请回避的，由稽查局局长依法决定是否回避。稽查局局长发现税务稽查人员具有规定回避情形的，应当要求其回避。稽查局局长的回避，由税务局局长依法审查决定。

第三，明确行政执法全过程记录要求。《税务稽查案件办理程序规定》第 11 条规定，税务稽查案件办理应当通过文字、音像等形式，对案件办理的启动、调查取证、审核、决定、送达、执行等进行全过程记录。这是贯彻落实国务院关于全面推行执法全过程记录制度等“三项制度”的工作要求，进一步促进税务稽查严格规范公正文明执法。

第四，明确税务稽查人员的保密义务。《税务稽查案件办理程序规定》第 9 条规定，税务稽查人员对实施税务稽查过程中知悉的国家秘密、商业秘密或者个人隐私、个人信息，应当依法予以保密。但是，纳税人、扣缴义务人和其他涉税当事人的税收违法行为不属于保密范围。

第五，确立税务稽查人员的工作纪律。《税务稽查案件办理程序规定》第 10 条规定，税务稽查人员应当遵守工作纪律，恪守职业道德，不得有下列行为：(1) 违反法定程序、超越权限行使职权；(2) 利用职权为自己或者他人牟取利益；(3) 玩忽职守，不履行法定义务；(4) 泄露国家秘密、工作秘密，向被查对象通风报信、泄露案情；(5) 弄虚作假，故意夸大或者隐瞒案情；(6) 接受被查对象的请客送礼等影响公正执行公务的行为；(7) 其他违法违纪行为。税务稽查人员在执法办案中滥用职权、玩忽职守、徇私舞弊的，依照有关规定严肃处理；涉嫌犯罪的，依法移送司法机关处理。

三、税务稽查程序

（一）选案

稽查局应当加强稽查案源管理，全面收集整理案源信息，合理、准确地选择待查对象。案源管理依照国家税务总局有关规定执行。

待查对象确定后，经稽查局局长批准实施立案检查。必要时，依照法律法规的规定，稽查局可以在立案前进行检查。稽查局应当统筹安排检查工作，严格控制对纳税人、扣缴义务人的检查次数。

稽查局应当在税务局向社会公告的范围内实施税务稽查。上级税务机关可以根据案件办理的需要指定管辖。税收法律、行政法规和国家税务总局规章对税务稽查管辖另有规定的，从其规定。税务稽查管辖有争议的，由争议各方本着有利于案件办理的原则逐级协商解决；不能协商一致的，报请共同的上级税务机关决定。

（二）检查

1. 告知程序

稽查局在检查开始前，应当告知被查对象检查时间、需要准备的资料等，但预先通知有碍检查的除外。检查应当由两名以上具有执法资格的检查人员共同实施，并向被查对象出示税务检查证件、出示或者送达税务检查通知书，告知其权利和义务。

2. 检查的方法

稽查局的检查应当依照法定权限和程序，采取实地检查、调取账簿资料、询问、查询存款账户或者储蓄存款、异地协查等方法。

（1）实地检查。首先，对采用电子信息系统进行管理和核算的被查对象，检查人员可以要求其打开该电子信息系统，或者提供与原始电子数据、电子信息系统技术资料一致的复制件。被查对象拒不打开或者拒不提供的，经稽查局局长批准，可以采用适当的技术手段对该电子信息系统进行直接检查，或者提取、复制电子数据进行检查，但所采用的技术手段不得破坏该电子信息系统原始电子数据，或者影响该电了信息系统正常运行。其次，检查应当依照法定权限和程序收集证据材料。收集的证据必须经查证属实，并与证明事项相关联。不得以下列方式收集、获取证据材料：严重违反法定程序收集；以违反法律强制性规定的手段获取且侵害他人合法权益；以利诱、欺诈、胁迫、暴力等手段获取。

（2）调取账簿资料。调取账簿、记账凭证、报表和其他有关资料时，应当向被查对象出具调取账簿资料通知书，并填写调取账簿资料清单交其核对后签章确认。调取纳税人、扣缴义务人以前会计年度的账簿、记账凭证、报表和其他有关资料的，应当经县以上税务局局长批准，并在 3 个月内完整退还；调取纳税人、扣缴义务人当年的账簿、记账凭证、报表和其他有关资料的，应当经设区的市、自治州以上税务局局长批准，并在 30 日内退还。退还账簿资料时，应当由被查对象核对调取账簿资料清单，并签章确认。需要提取证据材料原件的，应当向当事人出具提取证据专用收据，由当事人核对后签章确认。对需要退还的证据材料原件，检查结束后应当及时退还，并履行相关签收手续。提取证据材料复制件的，应当由当事人或者原件保存单位（个人）在复制件上注明“与原件核对无误”及原件存放地点，并签章。

（3）询问。首先，询问应当由两名以上检查人员实施。除在被查对象生产、经营、办公场所询问外，应当向被询问人送达询问通知书。询问时应当告知被询问人有关权利义务。询问笔录应当交被询问人核对或者向其宣读；询问笔录有修改的，应当由被询问人在改动处捺指印；核对无误后，由被询问人在尾页结束处写明“以上笔录我看过（或者向我宣读过），与我说的相符”，并逐页签章、捺指印。被询问人拒绝在询问笔录上签章、捺指印的，检查人员应当在笔录上注明。其次，当事人、证人可以采取书面或者口头方式陈述或者提供证言。当事人、证人口头陈述或者提供证言的，检查人员应当以笔录、录音、录像等形式进行记录。笔录可以手写或者使用计算机记录并打印，由当事人或者证人逐页签章、捺指印。最后，制作录音、录像等视听资料的，应当注明制作方法、制作时间、制作人和证明对象等内容。

（4）查询存款账户或者储蓄存款。税务稽查人员查询从事生产、经营的纳税人、扣缴义务人存款账户，应当经县以上税务局局长批准，凭检查存款账户许可证明向相关银行或者其他金融机构查询。查询案件涉嫌人员储蓄存款的，应当经设区的市、自治州以上税务局局长批准，凭检查存款账户许可证明向相关银行或者其他金融机构查询。

（5）异地协查。检查人员异地调查取证的，当地税务机关应当予以协助；发函委托相关稽查局调查取证的，必要时可以派人参与受托地稽查局的调查取证，受托地稽查局应当根据协查请求，依照法定权限和程序调查。需要取得境外资料的，稽查局可以提请国际税收管理部门依照有关规定程序获取。

3. 检查的中止和终结

有下列情形之一，致使检查暂时无法进行的，经稽查局局长批准后，中止检查：（1）当事人被有关机关依法限制人身自由的；（2）账簿、记账凭证及有关资料被其他国家机关依法调取且尚未归还的；（3）与税收违法行为直接相关的事实需要人民法院或者其他国家机关确认的；（4）法律、行政法规或者国家税务总局规定的其他可以中止检查的。中止检查的情形消失，经稽查局局长批准后，恢复检查。

有下列情形之一，致使检查确实无法进行的，经稽查局局长批准后，终结检查：（1）被查对象死亡或者被依法宣告死亡或者依法注销，且有证据表明无财产可抵缴税款或者无法定税收义务承担主体的；（2）被查对象税收违法行为均已超过法定追究期限的；（3）法律、行政法规或者国家税务总局规定的其他可以终结检查的。

检查结束前，检查人员可以将发现的税收违法事实和依据告知被查对象。被查对象对违法事实和依据有异议的，应当在限期内提供说明及证据材料。被查对象口头说明的，检查人员应当制作笔录，由当事人签章。

（三）审理

1. 案件审理应当着重审核的内容

检查结束后，稽查局应当对案件进行审理。符合重大税务案件标准的，稽查局审理后提请税务局重大税务案件审理委员会审理。重大税务案件审理依照国家税务总局有关规定执行。

案件审理应当着重审核以下内容：（1）执法主体是否正确；（2）被查对象是否准确；（3）税收违法事实是否清楚，证据是否充分，数据是否准确，资料是否齐全；（4）适用法律、行政法规、规章及其他规范性文件是否适当，定性是否正确；（5）是否符合法定程序；（6）是否超越或者滥用职权；（7）税务处理、处罚建议是否适当；（8）其他应当审核确认的事项或者问题。

有下列情形之一的，应当补正或者补充调查：（1）被查对象认定错误的；（2）税收违法事实不清、证据不足的；（3）不符合法定程序的；（4）税务文书不规范、不完整的；（5）其他需要补正或者补充调查的。

2. 行政相对人的陈述申辩权

被查对象或者其他涉税当事人可以书面或者口头提出陈述、申辩意见。对当事人口头提出陈述、申辩意见，应当制作陈述、申辩笔录，如实记录，由陈述人、申辩人签章。稽查局应当充分听取当事人的陈述、申辩意见；经复核，当事人提出的事实、理由或者证据成立的，应当采纳。

被查对象或者其他涉税当事人按照法律、法规、规章要求听证的，应当依法组织听证。听证依照国家税务总局有关规定执行。

3. 审理期限和结果

稽查局应当自立案之日起 90 日内作出行政处理、处罚决定或者无税收违法行为结论。案情复杂需要延期的，经税务局局长批准，可以延长不超过 90 日；特殊情况或者发生不可抗力需要继续延期的，应当经上一级税务局分管副局长批准，并确定合理的延长期限。但下列时间不计算在内：（1）中止检查的时间；（2）请示上级机关或者征求有权机关意见的时间；（3）提请重大税务案件审理的时间；（4）因其他方式无法送达，公告送达文书的时间；（5）组织听证的时间；（6）纳税人、扣缴义务人超期提供资料的时间；（7）移送司法机关后，税务机关需根据司法文书决定是否处罚的案件，从司法机关接受移送到司法文书生效的时间。

经审理，区分下列情形分别作出处理：（1）有税收违法行为，应当作出税务处理决定的，制作税务处理决定书；（2）有税收违法行为，应当作出税务行政处罚决定的，制作税务行政处罚决定书；（3）税收违法行为轻微，依法可以不予税务行政处罚的，制作不予税务行政处罚决定书；（4）没有税收违法行为的，制作税务稽查结论。

稽查局应当依法及时送达税务处理决定书、税务行政处罚决定书、不予税务行政处罚决定书、税务稽查结论等税务文书。税务行政处罚决定应当依法公开。公开的行政处罚决定被依法变更、撤销、确认违法或者确认无效的，应当在 3 个工作日内撤回原行政处罚决定信息并公开说明理由。

我国还建立了重大税收违法失信案件信息公布和联合惩戒制度。根据《重大税收违法失信主体信息公布管理办法》的规定，税务机关确定重大税收违法失信主体，向社会公布失信信息，并将信息通报相关部门实施监管和联合惩戒。“重大税收违法失信主体”是指有下列情形之一的纳税人、扣缴义务人或者其他涉税当事人：（1）伪造、变造、隐匿、擅自销毁账簿、记账凭证，或者在账簿上多列支出或者不列、少列收入，或者经税务机关通知申报而拒不申报或者进行虚假的纳税申报，不缴或者少缴应纳税款 100 万元以上，且任一年度不缴或者少缴应纳税款占当年各税种应纳税总额 10%以上的，或者采取前述手段，不缴或者少缴已扣、已收税款，数额在 100 万元以上的；（2）欠缴应纳税款，采取转移或者隐匿财产的手段，妨碍税务机关追缴欠缴的税款，欠缴税款金额 100 万元以上的；（3）骗取国家出口退税款的；（4）以暴力、威胁方法拒不缴纳税款的；（5）虚开增值税专用发票或者虚开用于骗取出口退税、抵扣税款的其他发票的；（6）虚开增值税普通发票 100 份以上或者金额 400 万元以上的；（7）私自印制、伪造、变造发票，非法制造发票防伪专用品，伪造发票监制章的；（8）具有偷税、逃避追缴欠税、骗取出口退税、抗税、虚开发票等行为，在稽查案件执行完毕前，不履行税收义务并脱离税务机关监管，经税务机关检查确认走逃（失联）的；（9）为纳税人、扣缴义务人非法提供银行账户、发票、证明或者其他方便，导致未缴、少缴税款 100 万元以上或者骗取国家出口退税款的；（10）税务代理人违反税收法律、行政法规造成纳税人未缴或者少缴税款 100 万元以上的；（11）其他性质恶劣、情节严重、社会危害性较大的税收违法行为。税务机关对按规定确定的失信主体，纳入纳税信用评价范围的，按照纳税信用管理规定，将其纳税信用级别判为 D 级，适用相应的 D 级纳税人管理措施。

税收违法行为涉嫌犯罪的，填制涉嫌犯罪案件移送书，经税务局局长批准后，依法移送公安机关，并附送以下资料：（1）涉嫌犯罪案件情况的调查报告；（2）涉嫌犯罪的主要证据材料复制件；（3）其他有关涉嫌犯罪的材料。

税务处理决定书、税务行政处罚决定书等决定性文书送达后，有下列情形之一的，稽查局可以依法重新作出：（1）决定性文书被人民法院判决撤销的；（2）决定性文书被行政复议机关决定撤销的；（3）税务机关认为需要变更或者撤销原决定性文书的；（4）其他依法需要变更或者撤销原决定性文书的。

（四）执行

1. 强制执行的实施

具有下列情形之一的，经县以上税务局局长批准，稽查局可以依法强制执行，或者依法申请人民法院强制执行：（1）纳税人、扣缴义务人未按照规定的期限缴纳或者解缴税款、滞纳金，责令限期缴纳逾期仍未缴纳的；（2）经稽查局确认的纳税担保人未按照规定的期限缴纳所担保的税款、滞纳金，责令限期缴纳逾期仍未缴纳的；（3）当事人对处罚决定逾期不申请行政复议也不向人民法院起诉、又不履行的；（4）其他可以依法强制执行的。

作出强制执行决定前，应当制作并送达催告文书，催告当事人履行义务，听取当事人陈述、申辩意见。经催告，当事人逾期仍不履行行政决定，且无正当理由的，经县以上税务局局长批准，实施强制执行。实施强制执行时，应当向被执行人送达强制执行决定书，告知其实施强制执行的内容、理由及依据，并告知其享有依法申请行政复议或者提起行政诉讼的权利。催告期间，对有证据证明有转移或者隐匿财物迹象的，可以作出立即强制执行决定。

稽查局采取从被执行人开户银行或者其他金融机构的存款中扣缴税款、滞纳金、罚款措施时，应当向被执行人开户银行或者其他金融机构送达扣缴税收款项通知书，依法扣缴税款、滞纳金、罚款，并及时将有关凭证送达被执行人。

拍卖、变卖被执行人商品、货物或者其他财产，以拍卖、变卖所得抵缴税款、滞纳金、罚款的，在拍卖、变卖前应当依法进行查封、扣押。稽查局拍卖、变卖被执行人商品、货物或者其他财产前，应当制作拍卖/变卖抵税财物决定书，经县以上税务局局长批准后送达被执行人，予以拍卖或者变卖。拍卖或者变卖实现后，应当在结算并收取价款后 3 个工作日内，办理税款、滞纳金、罚款的入库手续，并制作拍卖/变卖结果通知书，附拍卖/变卖查封、扣押的商品、货物或者其他财产清单，经稽查局局长审核后，送达被执行人。以拍卖或者变卖所得抵缴税款、滞纳金、罚款和拍卖、变卖等费用后，尚有剩余的财产或者无法进行拍卖、变卖的财产的，应当制作返还商品、货物或者其他财产通知书，附返还商品、货物或者其他财产清单，送达被执行人，并自办理税款、滞纳金、罚款入库手续之日起3个工作日内退还被执行人。

2. 强制执行的中止与终结

执行过程中发现有下列情形之一的，经稽查局局长批准后，中止执行：(1) 当事人死亡或者被依法宣告死亡，尚未确定可执行财产的；(2) 当事人进入破产清算程序尚未终结的；(3) 可执行财产被司法机关或者其他国家机关依法查封、扣押、冻结，致使执行暂时无法进行的；(4) 可供执行的标的物需要人民法院或者仲裁机构确定权属的；(5) 法律、行政法规和国家税务总局规定其他可以中止执行的。中止执行情形消失后，经稽查局局长批准，恢复执行。

当事人确无财产可供抵缴税款、滞纳金、罚款或者依照破产清算程序确实无法清缴税款、滞纳金、罚款，或者有其他法定终结执行情形的，经税务局局长批准后，终结执行。

深度阅读

1. 徐孟洲，等．中国税收执法基本问题．北京：中国税务出版社，2006：第五章
2. 刘剑文．走向财税法治：信念与追求．北京：法律出版社，2009：专题六

问题与思考

一、思考题

1. 如何评价我国的税务登记制度？
2. 如何从立法环节杜绝假发票的买卖？
3. 如何从比较法的角度评价我国的税务检查制度？
4. 我国税务稽查制度的意义和主要内容。

二、练习题

1. 关于税务登记的下列哪一表述是正确的？(　　)(单选题)
   A. 事业单位均无须办理税务登记
   B. 企业在外地设立的分支机构应当办理税务登记
   C. 个体工商户应当在办理营业执照之前办理税务登记
   D. 税务机关应当在收到税务登记申报之后15日内核发税务登记证件
2. 根据税收征收管理法规，关于税务登记，下列哪一说法是错误的？(　　)(单选题)
   A. 从事生产、经营的纳税人，应在领取营业执照后，在规定时间内办理税务登记，领取税务登记证件
   B. 从事生产、经营的纳税人在银行开立账户，应出具税务登记证件，其账号应当向税务机关报告

C. 纳税人税务登记内容发生变化，不需到市场监督管理机关或其他机关办理变更登记的，可不向原税务登记机关申报办理变更税务登记

D. 从事生产、经营的纳税人外出经营，在同一地累计超过180天的，应在营业地办理税务登记手续

3. 企业发生的下列情形中，应当办理注销税务登记的是（　　）。（2016年注册会计师全国统一考试《税法》单选题）

A. 改变生产经营方式

B. 改变行政隶属关系

C. 减少注册资本

D. 住所迁移涉及主管税务机关的变动

第十三章
税款征收制度

本章概要

- 征纳主体的权力(利)、义务
- 纳税申报
- 税款征收方式
- 税收担保
- 税收保全措施
- 税收强制执行
- 税收优先权
- 税款的退还和追征

第一节　税款征纳主体

一、税款征纳主体的界定

(一)征税主体的界定

征税主体，是指国家和代表国家行使税权的税收征管机关。国家税权专属于国家，因此，国家是实质意义上的征税主体或根本的征税主体。但国家只是一个统治工具，它不可能参与具体的征税活动，只能由作为其代表的税收征管机关来履行征税职能。所以，国家不构成具体税收法律关系中的征税主体。代表国家行使税权的国家机关是具体履行征管职能的征税机关，包括税务机关、财政机关和海关。具体履行征管职能的征税机关是形式意义上的征税主体，它们代表国家行使税权的各项权能，其中又以税务机关为主。

有人认为，国家各级权力机关也包括在征税主体的范围内，原因是国家的权力机关制定税收法律。若依此推理，我们可以说国家权力机关制定民法、刑法，相应的，其也是民事法律关系的主体、刑事法律关系的主体。显然，这种理解是错误的。

应当说，从应然角度或实质上讲，征税主体是指国家，但国家是一个看不见、摸不着的抽象体，它不能亲自行使其税权，只能通过立法的形式将税权授予一个个具体的相关行政职能机关，即具体履行征税职能的行政机关。因此，从实然角度或形式上讲，征税主体是指具体履行征税职能的行政机关。我国现行《税收征收管理法》第 29 条明确规定，除税务机关、税务人员及经税务机关依照法律、行政法规委托的单位和人员外，任何单位和个人不得进行税款征收活动。这一规定明确了只有税务机关、税务人员以及经税务机关依照法律、行政法规委托的单位和个人才具有征税主体的资格。另外，根据现行耕地占用税、契税等方面的法规，上述税种由财政部和地方各级财政机关负责征管；根据关税方面的法规，海关总署和地方各级海关负责关税的征管。

综上所述，在我国，具有代表国家行使税权主体资格的有税务机关、税务人员，经税务机关依照法律、行政法规委托的单位和个人，以及各级财政机关与各级海关。其中，税务机关是专门行使税权的国家机关，是最主要的征税主体。

（二）纳税主体的界定

纳税主体，是指法律、法规规定的享有自然权利和税法权利，并负有纳税义务的单位和个人。

关于纳税主体的概念，曾有观点认为，纳税主体是指税法规定的直接负有纳税义务的单位和个人。这种解释存在两点不足：一是缩小了纳税人的外延。这里不得不谈及负税人。负税人是指税收的最后承担者。纳税人与负税人有时一致，有时不一致，这是税收转嫁导致的。税收转嫁，是指纳税人将自己应缴纳的税款通过一些方法或手段转嫁给他人负担的一种行为。并非所有税收都能够转嫁。当纳税人无法转嫁其所缴税款时，纳税人与负税人是同一主体；当纳税人能够转嫁其所缴税款时，纳税人与负税人则分属两个不同主体。但无论如何，广义上的纳税人是指负税人。进而推论，国家提供公共产品和公共服务的对象是所有的负税人而非名义上的纳税人。二是没有体现纳税人的权利，对纳税人不公平。这种概念的广为流传，会引起人们在观念上对纳税人的误解。长期以来，人们更多地称之为“纳税义务人”而非“纳税人”。这种称谓反映了人们对纳税人的定位，即纳税人就是负有纳税义务的人，从而误导人们单纯地想到其义务，不会提高其权利意识。

扣缴义务人，是指依照法律、行政法规的规定履行代扣、代收税款义务的单位和个人。这种扣缴义务为法定义务，特定单位和个人必须依法履行，不履行或者不当履行即构成违法。由此可见，扣缴义务人并非纯粹意义上的纳税人，只是负有代扣或代收税款并解缴税款的法定职责的义务人。各国税法一般都设置此类义务人，目的在于实现税款的源泉控制，防止税收流失。

根据税收征收管理法律、法规的规定，当扣缴义务人和纳税人不能履行纳税义务时，纳税担保人负有向征税主体解缴或缴纳税款的义务，因此，可将其视为广义的纳税主体。

值得注意的是，在一些经济活动中，当纳税主体互相推诿纳税义务时，法律、行政法规是如何确定纳税主体的。如企业通过合并、分立等方式进行改制重组，以寻求新的发展，但有些企业利用改制重组逃避纳税，致使改制重组前企业的应纳税款无人承担。对此，《税收征收管理法》第48条规定：纳税人有合并、分立情形的，应当向税务机关报告，并依法缴清税款。纳税人合并时未缴清税款的，应当由合并后的纳税人继续履行未履行的纳税义务；纳税人分立时未缴清税款的，分立后的纳税人对未履行的纳税义务应当承担连带责任。该规定明确了企业在改制重组中的纳税主体。再如，纳税人在承包、承租中也存在上述现象，对此，《税收征收管理法实施细则》第49条规定："承包人或者承租人有独立的生产经营权，在财务上独立核算，并定期向发包人或者出租人上缴承包费或者租金的，承包人或者承租人应当就其生产、经营收入和所得纳税，并接受税务管理；但是，法律、行政法规另有规定的除外。发包人或者出租人应当自发包或者出租之日起30日内将承包人或者承租人的有关情况向主管税务机关报告。发包人或者承租人不报告的，发包人或者出租人与承包人或者承租人承担纳税连带责任。"该规定明确了在承包、承租经营活动中的纳税主体。

二、征纳主体的权力（利）与义务

征税主体享有税权，负有向人民提供公共产品或公共服务的义务；纳税主体享有从国家获取公共产品或公共服务的权利，负有向国家纳税的义务。征税主体的税权和纳税主体的权利的具体内容参见本书第三章。

第二节　纳税申报

一、纳税申报的概念

纳税申报，是指纳税人依法在规定时间内向税务机关报送纳税申报表、财务会计报表及其他有关资料的法定手续。它也是税务机关办理征税业务、开具完税凭证的主要根据。

延展阅读

日本为鼓励纳税人诚实纳税，建立了蓝色申报（Blue Return）制度。蓝色申报，是指取得税务署长的许可后，使用蓝色申报书进行的申报。蓝色申报运用于法人税及从事不动产取得、事业所得及山林所得业务的个人所得税的征纳。

蓝色申报制度，是为巩固和完善申报纳税制度，根据"肖普建议"引进的一项制度，即为能适当发挥申报纳税制度之机能，纳税义务人应当置备账簿文书，并簿记其收入、支出，在此基础上进行申报。但在采用蓝色申报制度的当时，置备完备的账簿文书的纳税人无疑不多。

因此，为鼓励在健全账簿文书的基础上进行正确的申报，许可置备一定置备文书者运用蓝色申报书进行申报，并且给予蓝色申报者种种进行白色申报即普通申报所没有的优惠。

给予蓝色申报者的优惠有以下几个方面：第一，对蓝色申报者的申报进行更正时，不得进行推定课税，须调查该申报者的账簿文书，且只有在根据调查结果认为所得金额的结算确有错误时，方可进行更正。而且，在更正通知书中，应附记更正的理由。第二，享受蓝色申报特别扣除制度的优惠。第三，所得税法、法人税法及税收特别措施法的多数规定，只适用于蓝色申报。第四，即使是对蓝色申报和白色申报都适用的措施，也往往给予蓝色申报者以更多的利益（如专业从业者扣除的金额）。给予优惠的结果是蓝色申报制度得到了普及（虽个人事业所得只约50%实行了蓝色申报，但法人中约98%实行了蓝色申报）。蓝色申报制度对申报纳税制度的发展起了很大的作用。①

二、纳税申报的时间、方式和内容

（一）申报时间

根据税收征收管理法律、法规的规定，纳税人必须依照法律、行政法规的规定或者税务机关依照法律、行政法规的规定确定的申报期限如实办理纳税申报，报送纳税申报表、财务会计报表以及税务机关根据实际需要要求纳税人报送的其他纳税资料；扣缴义务人必须依照法律、行政法规的规定或者税务机关依照法律、行政法规的规定确定的申报期限如实报送代扣代缴、代收代缴税款报告表，以及税务机关根据实际需要要求扣缴义务人报送的其他有关资料。

纳税人未按照规定的期限缴纳税款的，扣缴义务人未按照规定的期限解缴税款的，税务机关除责令限期缴纳外，从滞纳税款之日起，按日加收万分之五的滞纳金。享受减税、免税的纳税人，在减、免税期间，也应当办理纳税申报，并按照税务机关的规定报送减、免税款的统计报告。

（二）申报方式

纳税人、扣缴义务人可以直接到税务机关办理纳税申报或者报送代扣代缴、代收代缴税款报告表，也可以按照规定采取邮寄、数据电文或者其他方式办理上述申报、报送事项。

（三）延期申报

纳税人、扣缴义务人不能按期办理纳税申报或者报送代扣代缴、代收代缴税款报告表的，应当在规定的缴纳期限内，向主管税务机关提出书面申请，并经县以上税务局（分局）批准后，可延期缴纳税款。但是，经核准延期办理纳税申报或报送事项的纳税

① 参见［日］金子宏著，战宪斌、郑林根等译：《日本税法》，424～428页，北京，法律出版社，2004。

人、扣缴义务人，应当在纳税期内按照上期实际缴纳的税额或者税务机关核定的税额预缴税款，并在核准的延期内办理税款结算。延期缴纳税款的时间最长不得超过 3 个月。

（四）申报内容

纳税人、扣缴义务人的纳税申报或者代扣代缴、代收代缴税款报告表的主要内容包括税种，税目，应纳税项目或者代扣代缴、代收代缴税款项目，适用税率或者单位税额，计税依据，扣除项目及标准，应纳税额或者应代扣代缴、代收代缴税额，税款所属期限等。

第三节　税款征收方式

税款征收方式，是税务机关根据法律、法规的规定和纳税人的生产、经营及财务管理状况，将纳税人的应纳税款组织入库的具体方式。税务机关主要可以采取下列方式征收税款：查账征收、查定征收、查验征收、定期定额征收、代扣代缴和代收代缴、委托代征等。

一、查账征收

查账征收，是指纳税人自行计算应纳税额，并按规定期限向税务机关申报，经税务机关审查核实填写缴款书后，由纳税人向国库或国库经收处缴纳税款的一种方式。这种方式适用于财务会计制度较健全、能够做到正确计算应纳税额和依法纳税的纳税人。

二、查定征收

查定征收，是指由税务机关查实纳税人的生产、经营状况，并据此核定其应纳税额的一种征收方式。这种征收方式，适用于经营规模较小、财务制度不够健全、凭证不够完备的小型企业。

三、查验征收

查验征收，是指税务机关对于某些税源难以控制的征税对象，通过查验证照和实物，据以征税的一种方式。该方式一般适用于经营品种比较单一，经营地点、时间和商品来源不固定的纳税单位（如城乡农贸市场、车站、码头、机场、口岸等场所）的征税。

四、定期定额征收

定期定额征收，是指税务机关依照法律、行政法规及相关法律规章的规定，对纳税人在一定经营地点、一定经营时期、一定经营范围内的应纳税经营额（包括经营数量）或所得额（简称定额）进行核定，并以此为计税依据，确定其应纳税额的一种征收方式。这种方式主要适用于经主管税务机关认定和县以上税务机关（含县级，下同）批准的生产、经营规模小，达不到规定设置账簿标准的个体工商户。

五、代扣代缴和代收代缴

代扣代缴，是指扣缴义务人在向纳税人支付款项时，从所支付的款项中依法直接扣缴纳税人的应纳税款，然后代其向税务机关解缴的一种征收方式。如我国个人所得工资、薪金、劳务报酬等都采用的是代扣代缴源泉扣缴方式。

代收代缴，是扣缴义务人依法在向纳税人收取款项时，同时收取纳税人的应纳税款，然后代其向税务机关解缴的一种征收方式。如我国消费税法规规定，委托加工产品，由受托方在收取其加工费时，代收委托方的应纳税款，然后向税务机关解缴。

六、委托代征

委托代征，是指税务机关根据税收征收管理法有利于税收控管和方便纳税的要求，按照双方自愿、简便征收、强化管理、依法委托的原则和国家有关规定，委托有关单位和人员代征零星、分散和异地缴纳的税收的行为。委托代征是税款征收方式之一。为了规范委托代征行为，国家税务总局于 2013 年 5 月颁布了《委托代征管理办法》，自 2013 年 7 月 1 日起施行。

委托代征的委托方是税务机关，具体是指县以上税务机关。受托方是指税务机关确定的代征人。代征人应具备以下资格条件：一是应与纳税人有管理、经济业务往来、地缘等关系。二是代征人为单位的，应具有固定的工作场所、规范的内部管理制度、健全的财务制度、熟悉税收法律法规的工作人员等便于委托代征的条件；代征人为个人的，应遵纪守法，并具备与完成代征税款工作的要求相适应的税收业务知识和操作技能。税务机关与代征人应当签订“委托代征协议书”，代征人不得将其受托代征税款事项再行委托其他单位、组织或人员办理。

委托代征范围由税务机关根据税收征收管理法关于加强税收控管、方便纳税的规定，结合当地税源管理的实际情况确定，一般是针对散、不易控管的税源实施。税务机关可以与代征人签订代开发票书面协议并委托代征人代开普通发票。代开发票书面协议的主要内容应当包括代开的普通发票种类、对象、内容和相关责任。税务机关不得将法律、行政法规已确定的代扣代缴、代收代缴税收，委托他人代征。

代征人在“委托代征协议书”授权范围内的代征税款行为引起纳税人的争议或法律

纠纷的，由税务机关解决并承担相应法律责任；税务机关拥有事后向代征人追究法律责任的权利。纳税人对委托代征行为不服，可依法申请税务行政复议。

第四节　征纳主体在税款征收中的权力（利）与义务

一、核定税款的权力（利）与义务

按照《税收征收管理法》第35条第1款的规定，纳税人有下列情形之一的，税务机关有权核定其应纳税额：（1）依照法律、行政法规的规定可以不设置账簿的；（2）依照法律、行政法规的规定应当设置账簿但未设置的；（3）擅自销毁账簿或者拒不提供纳税资料的；（4）虽设置账簿，但账目混乱或者成本资料、收入凭证、费用凭证残缺不全，难以查账的；（5）发生纳税义务，未按照规定的期限办理纳税申报，经税务机关责令限期申报，逾期仍不申报的；（6）纳税人申报的计税依据明显偏低，又无正当理由的。

依据《税收征收管理法实施细则》第47条第1款的规定，税务机关在核定时，必须严格按照法律、法规的规定程序和方法进行核定。具体来讲，税务机关可以采取下列任何一种或同时采用两种以上的方法核定纳税人的应纳税额：（1）参照当地同类行业或者类似行业中经营规模和收入水平相近的纳税人的税负水平核定；（2）按照营业收入或者成本加合理的费用和利润的方法核定；（3）按照耗用的原材料、燃料、动力等推算或者测算核定；（4）按照其他合理方法核定。如对于依照规定可以不设置账簿的纳税人，税务机关可以核定其下期应纳税额，即采取定期定额的方法征收税款。

纳税人对税务机关采取上述规定的方法核定的应纳税额有异议的，应当提供相关证据，经税务机关认定后，调整应纳税额。

二、关联企业不按照独立企业之间正常业务往来时，税务机关调整应纳税款的权力与义务

关联企业，是指有下列关系之一的公司、企业、其他经济组织：在资金、经营、购销等方面，存在直接或者间接的拥有或者控制关系；直接或者间接地同为第三者所拥有或者控制；其他利益上具有相关联的关系。

由于关联企业存在特定关系，因而有些纳税人利用这种关联关系采取不正当的手段转移利润，以达到逃税的目的。为了保护国家的税收利益，《税收征收管理法实施细则》规定，纳税人与其关联企业之间的业务往来有下列情形之一的，税务机关可以调整其应纳税额：（1）购销业务未按照独立企业之间的业务往来作价；（2）融通资金所支付或者收取的利息超过或低于没有关联关系的企业之间所能同意的数额，或者利率超过或低于同类业务的正常利率；（3）提供劳务，未按照独立企业之间业务往来收取或者支付劳务费用；（4）转让财产、提供财产使用权等业务往来，未按照独立企业之间的业务往来作价或者收取、支付费用；（5）未按照独立企业之间的业务往来作价的其他情形。

纳税人发生上述情形之一的，税务机关可以按照下列方法调整计税收入额或者所得

额：（1）按照独立企业之间进行的相同或者类似业务活动的价格；（2）按照再销售给无关联关系的第三者的价格所应取得的收入和利润水平；（3）按照成本加合理的费用和利润；（4）按照其他合理的方法。

纳税人与其关联企业未按照独立企业之间的业务往来支付价款、费用的，税务机关自该业务往来发生的纳税年度起 3 年内进行调整；有特殊情况的，可以自该业务往来发生的纳税年度起 10 年内进行调整。

三、对未办税务登记和临时从事经营的纳税人征税时，税务机关的权力与义务

未按照规定办理税务登记的从事生产、经营的纳税人，包括到外县（市）从事生产、经营而未向营业地税务机关报检登记的纳税人，与临时从事经营的纳税人，具有隐蔽性、流动性，税务机关对其也不易进行监管。因此，税收征收管理法律、行政法规对上述纳税人的税收征管作出了专门性规定，即：对其由税务机关核定其应纳税额，责令其缴纳；不缴纳的，税务机关可以扣押其价值相当于应纳税款的商品、货物。扣押后缴纳应纳税款的，税务机关必须立即解除扣押，并归还所扣押的商品、货物；扣押后仍不缴纳应纳税款的，经县以上税务局（分局）局长的批准，依法拍卖或变卖所扣押的商品、货物，以拍卖或者变卖所得抵缴税款。

四、实施税收保全措施时的权力与义务

根据税收征收管理法律、行政法规的规定，税务机关有根据认为从事生产、经营的纳税人有逃避纳税义务行为的，可以在规定的纳税期之前，责令纳税人限期缴纳应纳税款；在期限内发现纳税人有明显的转移、隐匿其应纳税的商品、货物以及其他财产或者应纳税收入的迹象的，税务机关可以责成纳税人提供纳税担保。如果纳税人不能提供纳税担保，经县以上税务局（分局）局长批准，税务机关可以采取下列保全措施：一是书面通知纳税人的开户银行或者其他金融机构冻结纳税人的金额相当于应纳税款的存款，二是扣押、查封纳税人的价值相当于应纳税款的商品、货物或者其他财产。

税收保全措施直接关系到纳税人的生产、经营及经济利益，实施不当，就会损害纳税人的合法权益，因此，税务机关在采取该类措施时，应注意下列几点：一是有实施该类措施的前提条件，即“有根据认为……”，不能凭主观臆断。二是执行主体必须合法，不得由法定的税务机关以外的单位和个人执行。三是严格按照法律程序执行。四是税务机关扣押商品、货物或者其他财产时，必须开具收据；查封商品、货物或者其他财产时，必须开具清单。五是执行范围的规定，即个人及其所扶养家属维持生活必需的住房和用品，不在税收保全措施范围之内。六是必须及时解除税收保全措施，即纳税人在限期内缴纳税款的，税务机关应在收到税款或银行转回的完税凭证之日起 1 日内解除税收保全措施；限期期满仍未纳税的，经县以上税务局（分局）局长批准，税务机关可以对其采取强制执行措施。七是不能滥用此权力。如果税务机关滥用职权违法采取税收保全措施，或者采取税收保全措施不当，使纳税人或者纳税担保人的合法权益遭受损失，税务机关

应当承担赔偿责任。

五、当纳税人欠税时，税务机关实施税收征收措施的权力与义务

欠税会直接影响到国家财政资金的正常运转，为保证国家财政资金及时入库，当纳税人欠税时，税收征收管理法律、行政法规赋予税务机关采取多种措施的权力，如税收强制执行、离境清税、税收优先权、税收代位权和撤销权、纳税担保及其他保障措施等，以保证对纳税人所欠税款的及时追征。

1. 实施税收强制执行措施的权力与义务

根据税收征收管理法律、行政法规的规定，从事生产经营的纳税人、扣缴义务人未按照规定的期限缴纳或者解缴税款，纳税担保人未按照规定的期限缴纳所担保的税款，由有关税务机关责令限期（最长不超过 15 日）缴纳，逾期仍未缴纳的，经县以上税务局（分局）局长批准，税务机关可以采取下列强制执行措施：一是书面通知其开户银行或者其他金融机构从其存款中扣缴税款；二是扣押、查封、依法拍卖或者变卖其价值相当于应纳税款的商品、货物或者其他财产，以拍卖或者变卖所得抵缴税款。

税务机关采取强制执行措施时，对纳税人、扣缴义务人、纳税担保人未缴纳的滞纳金同时强制执行。税收强制执行措施执行得正确、恰当与否，直接影响到纳税人的生产、经营能否正常进行，因此，税务机关在采取该措施时，应注意下列几点：一是实施该措施的前提条件，即从事生产、经营的纳税人、扣缴义务人未按照规定的期限缴纳或者解缴税款，纳税担保人未按照规定的期限缴纳所担保的税款，税务机关责令限期缴纳，逾期仍未缴纳的。二是执行主体必须合法，不得由法定的税务机关以外的单位和个人执行。三是严格按照法律程序执行。四是执行范围的规定，即个人及其所扶养家属维持生活必需的住房和用品不在税收强制执行措施范围之内。五是不能滥用此权力。如果税务机关滥用职权违法采取税收强制执行措施，或者采取税收强制执行措施不当，使纳税人或者纳税担保人的合法权益遭受损失，税务机关应当承担赔偿责任。

2. 实施离境清税措施时的权力与义务

《税收征收管理法》规定：欠缴税款的纳税人或者他的法定代表人需要出境的，应当在出境前向税务机关结清应纳税款、滞纳金或者提供担保。未结清税款、滞纳金，又未提供担保的，税务机关可以通知出境管理机关阻止其出境。

3. 实施税收优先权时的权力与义务

《税收征收管理法》第 45 条第 1、2 款规定：税务机关征收税款，税收优先于无担保债权，法律另有规定的除外；纳税人欠缴的税款发生在纳税人以其财产设定抵押、质押或者纳税人的财产被留置之前的，税收应当先于抵押权、质权、留置权执行。纳税人欠缴税款，同时又被行政机关决定处以罚款、没收违法所得的，税收优先于罚款、没收违法所得。

优先权，是指特定债权人直接基于法律的规定而享有的就债务人的总财产或特定财产的价值优先受偿的权利。为了保障个人的生存权，维护社会公共利益，实现实质正义

等的需要，民法破除了债权平等原则，设立了优先权，即赋予特殊债权人以优先于其他债权人而受清偿的权利。

优先权制度产生于罗马法，其最初设立的优先权是妻之嫁资返还优先权和受监护人优先权。其后，该制度为法国和日本等许多国家所继受。我国民法对优先权未作统一规定，仅在特别法中规定了个别具体优先权，如船舶优先权、民用航空器优先权等。优先权通常可分为一般优先权和特别优先权：一般优先权，是指就债务人不特定的总财产存在的优先权，如诉讼费用优先权、工资和劳动报酬优先权、丧葬费用优先权、医疗费用优先权、税收优先权等。特别优先权，是指就债务人的特定财产存在的优先权，如动产出卖人优先权、不动产修建人优先权、不动产保存人优先权等。[①]

税收优先权属于一般优先权，即当税收债权与其他债权并存时，税收债权就债务人的全部财产优先于其他债权受清偿。目前，世界上许多国家都在其税法中规定了税收优先权。如美国《国内收入法典》第 6321 条规定："应纳税捐经催缴后仍不缴纳者，联邦政府对欠税人所有之全部财产包括动产、不动产及各种财产享有留置权。"日本《国税征收法》第 8 条规定："除本章另有规定外，国税就纳税人之总财产优先于一切公课及其他债权征收之。"韩国《国税征收法》第 5 条规定："'国税'、加算金及滞纳处分费，优先于其他公课金及其他债权征收之。"

税收具有强烈的社会利益性，如果国家税收利益受到侵害，就意味着社会全体成员的共同利益受到损害，从而也必然殃及社会个体利益。另外，税收公债权和普通私债权相比，不具有对待给付的特点，征收困难。因此，我国 2001 年 4 月 28 日修订的《税收征收管理法》借鉴了其他国家和地区的做法，肯定了税收优先权，从而填补了我国在税收公债权与其他普通私债权相冲突时无法可依的空白。

4. 实施税收代位权和撤销权时的权力与义务

《税收征收管理法》规定，欠缴税款的纳税人因怠于行使到期债权，或者放弃到期债权，或者无偿转让财产，或者以明显不合理的低价转让财产而受让人知道该情形，对国家税收造成损害的，税务机关可以依照《民法典》的规定行使代位权、撤销权。税务机关依法行使代位权、撤销权时，不免除欠缴税款的纳税人尚未履行的纳税义务和应承担的法律责任。

鉴于欠税现象越来越多，且欠缴税款的纳税人置所欠缴税款于不顾，有的纳税人不积极行使自己的到期债权，有的以无偿转让财产或低价转让财产的方式逃避所欠缴税款；且对于这种不主动缴纳所欠税款，又怠于行使其到期债权或使其财产减少的，税务机关实施税收保全措施和税收强制执行措施就失去了对象，国家税款面临无法实现的危险，我国 2001 年 4 月 28 日修订的《税收征收管理法》，将民事法律中行之有效的合同保全制度中的代位权和撤销权引入其中，授权税务机关可以行使代位权、撤销权。

代位权和撤销权本是合同保全制度的两种手段，将这两个概念引入的理论依据是认可税收法律关系属于"债务关系"。代位权是指在债务人怠于行使其债权，危及债权的实

---

① 参见徐孟洲、谭立：《税法教程》，85 页，北京，首都经济贸易大学出版社，2002。

现时，债权人应代债务人行使其权利，即代替债务人对其债务人即第三人提起诉讼，请求第三人给付的权利；撤销权是指在债务人作出无偿处分或以明显低价处分财产给第三人而有害于债权的行为时，债权人有请求人民法院予以撤销的权利。既然纳税义务从实质上可以被看作是纳税人对国家的一种债务，那么，当欠缴税款的纳税人因怠于行使到期债权或者放弃到期债权，对国家税款造成损害时，税务机关作为代表国家的"债权人"就应享有代位权，即税收代位权；当欠缴税款的纳税人因放弃到期债权或者无偿转让财产，或者以明显不合理的低价转让财产而受让人知道该情形，对国家税款造成损害时，税务机关应当享有撤销权，即税收撤销权。[①]

从上述表述可以看出，税收代位权与税收撤销权的不同在于：税收代位权是针对纳税人消极不行使其权利而导致国家税款无法及时征收的情形；税收撤销权是针对纳税人积极处分其财产导致其责任财产减少，从而使国家税款无法及时征收的情形。

5. 实施纳税担保措施的权力与义务

上述不论是税收保全措施、税收强制性措施，还是离境清税措施等都涉及纳税担保，纳税担保也是税收保障措施之一。纳税担保，是指在纳税人在税务机关采取一定征收措施后仍不及时缴纳税款，或者纳税人或它的法定代表人在欠缴税款时要出境的情况下所采取的税收保全措施。

纳税担保有两种形式：一是人的担保，即由税务机关认可的纳税保证人为纳税人提供的纳税保证。纳税保证人，是指在中国境内具有纳税担保能力的自然人、法人或者其他经济组织。纳税担保人同意为纳税人提供纳税担保的，应当填写纳税担保书，写明担保对象、担保范围、担保期限和担保责任以及其他有关事项。担保书须经纳税人、纳税担保人签字盖章并经税务机关同意，方为有效。二是物的担保，即纳税人或者第三人以其未设置或者未全部设置担保物权的财产提供的担保。物的担保具体又可分为货币担保和财产担保。纳税人或者第三人以其财产提供纳税担保的，应当填写财产清单，并写明财产价值以及其他有关事项。纳税担保清单须经纳税人、纳税担保人签字盖章并经税务机关同意，方为有效。

6. 实施其他保障措施时的权力与义务

（1）欠税数额较大（5 万元以上）的纳税人在处分其不动产或者大额资产前，应当向税务机关报告。

（2）纳税人有欠税情形而以其财产设定抵押、质押的，应当向抵押权人、质权人说明其欠税情况。抵押权人、质押权人可以请求税务机关提供有关的欠税情况。

各种融资业务伴随着经济的发展而不断活跃，许多纳税人的财产大量地设置了抵押、质押，有些甚至是在欠缴税款的情况下进行的。这些纳税人有的以融资为目的，也有的以偷税为目的。为了保护国家税收利益，《税收征收管理法》确立了税收优先权，但如果法律对抵押权人、质权人的权利没有明确保护，经济交易的安全及当事人的合法权益就

---

① 参见全国人民代表大会常务委员会法制工作委员会经济法室编：《中华人民共和国税收征收管理法释解》，106～107 页，北京，中国税务出版社，2001。

会受到影响。为了保护抵押权人、质权人的权利，《税收征收管理法》规定，纳税人有欠税情形而以其财产设定抵押、质押的，应当向抵押权人、质权人说明其欠税情况。抵押权人、质权人为了保护自己的利益，应当事先了解或者请求税务机关提供纳税人的信用情况，考虑风险后，再作是否提供纳税担保的决定。税务机关为了规范经济、税收秩序，创造有序的社会经济环境，有义务将纳税人欠缴税款的情况定期予以公告，也有义务应抵押权人、质权人的请求提供纳税人的有关欠税情况。

第五节　税款的退还和追征

一、税款的退还

税款的征收和缴纳是一项专业性很强的工作，在征纳的过程中，对税法理解有误、计算错误等，则会导致多征或者多纳的情况。为了保护纳税人的利益，税收征收管理法律、行政法规规定，纳税人超过应纳税款多纳的税款，税务机关发现后应当自发现之日起 10 日内办理退还手续；纳税人自结清税款之日起 3 年内发现的，可以向税务机关要求退还多缴的税款并加算银行同期存款利息，税务机关应当自接到纳税人退还申请之日起 30 日内查实并办理退还手续。

二、税款的追征

纳税人和扣缴义务人在缴纳税款的过程中，如由于各种原因，出现应缴未缴或少缴税款的情况时，为了维护国家税收利益，税收征收管理法律、行政法规规定，因税务机关的责任，致使纳税人、扣缴义务人未缴或者少缴税款的，税务机关可以自应纳税款或结算之日起 3 年内要求纳税人、扣缴义务人补缴税款，但是不得加收滞纳金；因纳税人、扣缴义务人计算等失误，未缴或者少缴的，税务机关在 3 年内可以追征税款、滞纳金；有特殊情况的，即纳税人或者扣缴义务人因计算错误等失误，未缴或者少缴、未扣或少扣、未收或少收税款累计数额在 10 万元以上的，追征期可以延长到 5 年。

对于偷税、抗税、骗税的，税务机关追征其未缴或者少缴的税款、滞纳金或者所骗取的税款，不受期限的限制。这是国际上通行的做法。

深度阅读

1. 徐孟洲，等．中国税收执法基本问题．北京：中国税务出版社，2006：第三、五章

2. 刘剑文．走向财税法治：信念与追求．北京：法律出版社，2009：专题六

3. 熊伟．法治视野下清理规范税收优惠政策研究．中国法学，2014 (6)

问题与思考

一、思考题

1. 你认为应该如何界定征税主体？
2. 税款征收方式都有哪些？
3. 如何核定纳税人的应纳税额？
4. 什么是纳税担保？它有几种方式？
5. 税收保全措施的由来及在实践中的应用情况。
6. 论税收优先于普通债权的理论基础和实践。
7. 什么是代位权、撤销权？税收代位权、撤销权的理论依据是什么？
8. 税款的退还和追征背后的理论支撑是什么？

二、练习题

1. 关于扣缴义务人，下列哪一说法是错误的？（　　）（单选题）

A. 是依法负有代扣代缴、代收代缴税款义务的单位和个人

B. 应当按时向税务机关报送代扣代缴、代收代缴税款报告表和其他有关资料

C. 可以向税务机关申请延期报送代扣代缴、代收代缴税款报告表和其他有关资料

D. 应当直接到税务机关报送代扣代缴、代收代缴税款报告表和其他有关资料

2. 下列纳税人中，税务机关有权核定其应纳税额的有（　　）。（多选题）

A. 虽设置账簿，但账目混乱，难以查账的纳税人

B. 虽设置账簿，但会计报表编制格式有问题的纳税人

C. 依照法律、行政法规的规定可以不设置账簿的纳税人

D. 依照法律、行政法规的规定应当设置但未设置账簿的纳税人

3. 李某是个人独资企业的业主。该企业因资金周转困难，到期不能缴纳税款。经申请，税务局批准其延期三个月缴纳。在此期间，税务局得知李某申请出国探亲，办理了签证并预定了机票。对此，税务局应采取下列哪一种处理方式？（　　）（单选题）

A. 责令李某在出境前提供担保

B. 李某是在延期期间出境，无须采取任何措施

C. 告知李某：欠税人在延期期间一律不得出境

D. 直接通知出境管理机关阻止其出境

4. 甲创办了销售电脑的个人独资企业。至2007年8月，该企业欠缴税款近8 000元。根据《税收征收管理法》的规定，税务机关采取的下列哪一强制措施是合法的？（　　）（单选题）

A. 扣押甲已出售并交付给刘某但刘某尚未付款的一幅字画

B. 扣押甲一台价值4 800元的电视机

C. 查封甲唯一的一辆家用轿车

D. 查封甲唯一的一套居住用房

5. 下列关于税收保全与税收强制执行措施的哪些表述是错误的？（　　）（多选题）

A. 税收保全与税收强制执行措施适用于所有逃避纳税义务的纳税人

B. 税收强制执行措施不包括从纳税人的存款中扣缴税款

C. 个人生活必需的用品不适用税收保全与税收强制执行措施

D. 税务机关可不经税收保全措施而直接采取税收强制执行措施

6. 因纳税人、扣缴义务人计算等失误，未缴或者少缴税款的，税务机关在 3 年内可以追征税款、滞纳金；有特殊情况的，可（　　）。（2014 年注册会计师全国统一考试《税法》单选题）

A. 只追征税款不加收滞纳金

B. 将追征期延长到 10 年

C. 将追征期延长到 5 年

D. 处以 2 000 元以上、1 万元以下的罚款

7. 2012 年 12 月，某公司对县税务局确定的企业所得税的应纳税所得额、应纳税额及在 12 月 30 日前缴清税款的要求极为不满，决定撤离该县，且不缴纳税款。县税务局得知后，责令该公司在 12 月 15 日前纳税。当该公司有转移生产设备的明显迹象时，县税务局责成其提供纳税担保。就该公司与税务局的纳税争议，下列说法正确的是（　　）。（多选题）

A. 如该公司不提供纳税担保，经批准，税务局有权书面通知该公司开户银行从其存款中扣缴税款

B. 如该公司不提供纳税担保，经批准，税务局有权扣押、查封该公司价值相当于应纳税款的产品

C. 如该公司对应纳税额发生争议，应先依税务局的纳税决定缴纳税款，然后可申请行政复议，对复议决定不服的，可向法院起诉

D. 如该公司对税务局的税收保全措施不服，可申请行政复议，也可直接向法院起诉

8. 甲公司欠税 40 万元，税务局要查封其相应价值产品。甲公司经理说："乙公司欠我公司 60 万元货款，贵局不如行使代位权直接去乙公司收取现金。"该局遂通知乙公司缴纳甲公司的欠税，乙公司不配合；该局责令其限期缴纳，乙公司逾期未缴纳；该局即采取了税收强制执行措施。关于税务局的行为，下列哪些选项是错误的？（　　）（多选题）

A. 只要甲公司欠税，乙公司又欠甲公司货款，该局就有权行使代位权

B. 如代位权成立，即使乙公司不配合，该局也有权直接向乙公司行使

C. 本案中，该局有权责令乙公司限期缴纳

D. 本案中，该局有权向乙公司采取税收强制执行措施

9. 某企业因计算错误，未缴税款累计达 50 万元。关于该税款的征收，下列哪些选项是正确的？（　　）（2014 年国家司法考试卷一多选题）

A. 税务机关可追征未缴的税款

B. 税务机关可追征滞纳金

C. 追征期可延长到 5 年

D. 追征时不受追征期的限制

10. 具有特殊情形的企业不得作为纳税保证人，下列各项属于该特殊情形的有（　　）。(2015 年注册会计师全国统一考试《税法》多选题)

A. 有欠税行为的

B. 与纳税人存在担保关联关系的

C. 纳税信用等级被评为 C 级以下的

D. 因有税收违法行为正在被税务机关立案处理的

11. 纳税人的下列财产或财产权利，不得作为纳税质押品的是（　　）。(2016 年注册会计师全国统一考试《税法》单选题)

A. 汽车　　B. 活期存款单　　C. 房屋　　D. 定期存款单

12. 下列税费的征收管理，适用《税收征收管理法》的是（　　）。(2015 年注册会计师全国统一考试《税法》单选题)

A. 关税　　B. 房产税

C. 教育费附加　　D. 海关代征增值税

第十四章 税务代理制度

本章概要

- 税务代理与民事代理的区别
- 日本的税理士制度对我国的借鉴意义
- 我国税务代理制度的主要内容

税务代理，是指税务代理人在法定的权限和范围内，接受纳税人、扣缴义务人的委托，代为办理有关税务事宜的各项行为的总称。税务代理制度的完善与否是衡量一国纳税服务体系乃至整个税收法制建设的重要标准。我国自 1994 年以来，先后制定了《税务代理试行办法》、《税务代理业务规程（试行）》（已失效）、《税务师职业资格制度暂行规定》、《税务师职业资格考试实施办法》、《涉税专业服务监管办法（试行）》、《涉税专业服务信用评价管理办法（试行）》（部分失效）等一系列规章和规范性文件，逐步建立起我国的税务代理制度。学习本章，主要是要掌握税务代理的概念与特征、税务代理的基本原则与税务代理制度的功能价值、税务代理制度的主要内容。

第一节　税务代理制度概述

一、税务代理的概念与特征

税务代理，是指税务代理人在法定的权限和范围内，接受纳税人、扣缴义务人的委托，代为办理有关税务事宜的各项行为的总称。

依据民法的规定，由于代理权产生的根据不同，代理可分为委托代理、法定代理和指定代理。税务代理是代理业的一个组成部分，具有代理的一般共性，是一种专项代理，属于民事代理中委托代理的一种。但税务代理是一项利用专门知识提供的社会中介服务，税务代理人对委托人和国家具有“双重忠诚”[①]。因此，税务代理具有以下不同于一般民

① 刘剑文主编：《税法学》，2 版，452 页，北京，人民出版社，2003。

事代理的特征。

（1）主体资格的特定性。在税务代理法律关系中，代理行为发生的主体资格是特定的，代理人一方必须是经批准具有税务代理执业资格的注册税务师和税务师事务所。不符合上述条件的个人和单位均不能从事税务代理业务。被代理人一方必须是负有纳税义务或扣缴税款义务的纳税人或扣缴义务人。

（2）法律约束性。税务代理不同于一般意义上的事务委托或劳务提供，它是负有法律责任的契约行为。税务代理人与被代理人之间的关系是通过代理协议而建立起来的，代理人在从事税务代理活动过程中，必须站在客观、公正的立场上行使代理权限。税务代理的业务范围，由国家以法律、行政法规和行政规章的形式确定，税务代理人不得超越规定的内容从事代理活动。除税务机关按照法律、行政法规的规定委托其代理外，注册税务师不得代理应由税务机关行使的行政职权。

（3）税收法律责任的不可转嫁性。税务代理是一项民事活动，税务代理关系的建立并不改变纳税人、扣缴义务人对其本身所固有的税收法律责任的承担。在代理活动中产生的税收法律责任，无论是出于纳税人、扣缴义务人的原因，还是出于代理人的原因，其承担者均应为纳税人或扣缴义务人。当然，法律责任的不可转嫁性并不意味着税务代理人在代理过程中可以对被代理人的权益不负责任，若因代理人的工作过失而导致被代理人遭受不必要的损失，被代理人可以通过民事诉讼程序向代理人提出赔偿要求。

（4）有偿服务性。税务代理是我国社会主义市场经济服务体系的一个重要组成部分，税务代理业是智能型的科技与劳动相结合的中介服务行业，它以服务为宗旨、以社会效益为目的。代理人根据代理业务工作的内容及复杂程度，可以收取合理的费用。

二、税务代理的基本原则与功能价值

（一）税务代理的基本原则

税务代理是一项社会性的中介服务，涉及代理人、被代理人、国家等各个方面的利益。为了使税务代理行为规范有序，确保各方利益，税务代理必须遵守一定的原则。依国际上通行的做法以及我国的现行规定进行分析①，税务代理必须遵守以下几个基本原则。

（1）依法代理原则。依法代理是税务代理的一项重要原则，具体包括三层基本含义：首先，从事税务代理的机构必须是依法成立的税务师事务所，从事税务代理的专门人员必须是经全国统一考试合格，并在注册税务师管理机构注册登记的具有税务代理执业资格的注册税务师。其次，税务代理人开展的一切代理业务，都要以法律、法规的规定为依据，其所有活动都必须在法律、法规规定的范围内进行，必须受国家法律、法规的实体规范与程序规则的约束。最后，税务代理人必须尊重被代理人的合法意愿，在被代理

① 我国 1994 年颁布的《税务代理试行办法》第 5 条明确规定：税务代理人实施税务代理行为，应当以纳税人、扣缴义务人自愿委托和自愿选择为前提，以国家税收法律、行政法规为依据，独立、公正执行业务，维护国家利益，保护委托人的合法权益。

人授权的范围内开展活动，不得越权代理或者实施无权代理行为。税务代理严格遵守依法代理原则，既是保证国家的税收利益、维护税收法律和法规的严肃性的需要，也是保护纳税人合法权益的必然要求。

（2）自愿有偿原则。税务代理以双方自愿为前提。纳税人、扣缴义务人具有是否委托、委托何人的自主权。如果纳税人、扣缴义务人没有自愿委托他人代理税务事宜，任何单位和个人都不能强令代理。代理人作为受托方，也有是否接受委托、为谁代理的选择权。同时，税务代理作为一项专业性很强的中介服务，税务代理人一般应取得相应的报酬。

（3）独立公正原则。税务代理人在法定权限范围内，依法独立履行职责，不受任何机关、团体和个人的非法干预。税务代理人在实施税务代理过程中，必须站在客观、公正的立场上，在维护税法尊严的前提下，公正、客观地为纳税人、扣缴义务人代办税务事宜，绝不能因收取委托人的报酬而偏袒或迁就纳税人或者扣缴义务人。

（4）保守秘密原则。由于代理工作需要，税务代理人对于委托方的生产、经营情况以及在业务活动中了解、掌握和取得的情况、资料、数据，凡涉及应当保守秘密的，必须为之保密。但如涉及偷税、抗税等问题，经劝阻无效的，税务代理人有权拒绝代理、终止代理，并有权向主管部门反映。税务代理人从事的工作和律师从事的工作具有类似性，甚至在有的国家直接就是由律师从事税务代理工作，因此，强调注册税务师执业时应当遵循保守秘密原则是符合国际发展趋势的。

（5）维护国家利益和保护委托人的合法权益相结合的原则。税务代理人在代理活动中应向纳税人、扣缴义务人宣传有关税收政策，按照国家税法规定督促纳税人、扣缴义务人依法履行纳税及扣税义务，以促进纳税人、扣缴义务人知法、懂法、守法，从而提高依法纳税、扣税的自觉性。与此同时，通过税务代理，企业不仅可以利用中介服务形式及时掌握各项政策，维护其自身的合法权益，正确履行纳税义务，避免不知法导致的不必要的处罚，而且可以通过注册税务师在合法、合理的基础上进行税收筹划，节省不必要的税收支出，减少损失。因此，维护国家利益和保护委托人的合法权益也是税务代理应当遵循的基本原则。

（二）税务代理制度的功能价值

从经济学的角度分析，税务代理制度是社会分工逐步细化、信息不对称现象出现的必然结果。正如有学者所言，“随着商品经济的迅猛发展，课税对象不断增加，税收法律、法规、规章和政策日益繁多，纳税人忙于生产经营，一般不熟悉税法，难以正确处理复杂的纳税事项。为了提高办税效率，节省运行成本，维护自己的合法权益，纳税人往往希望熟悉法律的人代替他们办理纳税事宜，于是税务代理制度应运而生”①。因此，弥补社会信息不对称之缺陷成为税务代理制度产生的最初的价值功能。但随着社会经济生活的发展，随着税务代理作为一项社会性的中介服务行业日趋成熟，税务代理制度的功能价值已经不限于此，可以说，对于税务代理制度的功能价值之界定可大可小。对于

---

① 徐孟洲、谭立：《税法教程》，87页，北京，首都经济贸易大学出版社，2002。

税务代理制度的功能价值应当从微观与宏观两个层面来认识。

1. 税务代理制度在微观层面的功能价值

首先，从纳税人的角度来分析，随着市场经济的发展和社会分工的细化，各国税制呈现复杂化和专业化的趋势，因此，税务代理制度最为本质的功能价值即体现为弥补纳税人税法专业知识的不足，纠正分工细化带来的信息不对称现象，通过合理的纳税协助，减轻纳税人的负担，使纳税人获得“节税”效益。与此同时，税务代理适应了纳税人的客观需要，成为企业和个人理财的一种新型方式。[①] 其次，从税务机关的角度来看，实行税务代理制度，将许多事务性、服务性、群众性的工作从税务机关中解脱出来，使税务机关的职责更为明确，税务机关可以集中精力做好税收执法工作。而且，税务代理过程中的税法宣传、反馈信息的收集，为税务机关的决策行为提供了依据，有助于其更好地依法行使税收执法权，提高税收执法实效。

2. 税务代理制度在宏观层面的功能价值

这集中体现在如下两个方面：一方面，税务代理制度以其弥补信息不对称缺陷之功能，通过专业代理的形式，间接促进了税收征纳双方的有效交流，减少了征税成本，增加了国家的税收收入。从西方发达国家的经验来看，税收执法成本的降低程度与税务代理制度的发达程度成反比例关系。另一方面，税务代理人作为独立于税务机关和纳税人的第三方，具有某种超然的地位，从而有利于建立一种监督制约机制，促进税务机关的廉政建设和纳税人的诚信纳税，最终有助于依法治税，保障一国税法以及整个法治秩序的良性运行。

第二节 税务代理制度的产生与发展

税务代理制度的起源可以追溯到日本的明治时代。日本实行税务代理制度以后，世界上许多国家或地区都相继仿效和推行，如美国、德国、法国、意大利、韩国、新加坡等。我国20世纪80年代初的税务咨询业发展成为当今较为完善的税务代理制度。本节重点介绍日本的税理士制度、美国的税务代理制度，探究税务代理制度产生的历史渊源。关于我国的税务代理制度，将在本章第三节介绍。

一、日本的税理士制度

日本是世界上最早推行税务代理制度的国家。日本税理士制度的雏形诞生于明治时代。1895年，日本为了保证战争经费之需，通过立法向工商业开征营业税；1904年又提高了营业税税率。随着税法的日益复杂化和征管力量的不足，一些不熟悉税收法规的工

① 参见刘隆亨：《中国税法概论》，4版，277页，北京，北京大学出版社，2003；刘剑文主编：《税收征收管理法》，296页，武汉，武汉大学出版社，2003。

商业者纷纷聘请原来从事税务工作的退职官吏或熟悉财会知识的人员，为其提供税务咨询或提供代理服务。这为税务咨询成为一门新的职业创造了客观条件。1912年5月，日本以制定《大阪税务代办者取缔规则》的方式确认税务咨询为一种职业。此后，京都府于1936年3月制定了《京都税务代办者取缔规则》。[①] 1942年，日本又根据第二次世界大战时大幅度增税的需要，将税务代理制度化、法制化，正式制定了《税务代理士法》。[②]

延展阅读

按照日本税法学者北野弘久先生的论述，日本1942年制定《税务代理士法》的立法背景和理由是[③]：“租税在国家财政上占极为重要之地位。其营运之适否，立即对国政之全般及国民之利害，予以重大的影响。然而社会经济情势愈为复杂多歧，随之，税务行政之运行及国民经济生活，亦愈行复杂且困难。尤其在战时由于财政需要之增加，已相继增税，此次更实施相当大的增税措施，此种倾向，今后恐将更为加重。因而，谋图税务行政之适切营运，乃为目前紧要任务。由此见地，重新制定税务代理士，设立税务代理士制度以谋求其素质之提高，并期对此取缔之彻底化，而资战时税务行政之圆滑运用……”

1942年的《税务代理士法》可以说是日本首次将税理士制度确定为一项法律制度的标志。但其后，由于日本税制更加复杂化，就所得税、法人税及继承税又采取纳税义务人申报纳税制度，故依据夏普建议，日本于1951年重新制定了《税理士法》。按照我国台湾地区学者的解释，日本《税理士法》的制定，乃是基于税理士业务的重要性，认为税理士系“完全担任纳税人之代理人”及“协助税务官员依法行政”者，同时亦认为税理士系“纳税人以与税务官员同样水准对抗”时之援助者。因此，税理士被视为税务行政中之所谓“依法行政”（rule of law）的拥护者。为配合其需要，为担任税务代理士法之税务代理士提高其水准的考虑，乃建议加强租税法规及租税、会计手续与方法的专业知识，因此重新制定《税理士法》。[④]

延展阅读

根据当时的立法咨询建议报告，日本1951年重新制定《税理士法》的立法背景是：“以职业的立场对税务官员所为之纳税人之代理业务，目前由税务代理人（Tax Practitioner）处理。此等代理已获大藏省（财政部）之许可。其活动及手续费则由该省监督。税务代理人之人数，目前为3 200人。另一方面，少数的律师及比较多的会计师获得税

---

① 大阪和京都府制定这两个规则的初衷并不是强调要对税理士这种职业进行法律保护，而是管理和限制从业者向纳税者索取不正当的报酬。但日本的税理士制度正是以此为契机被纳入了法制化轨道。当然，日本有学者认为，日本的税理士制度真正被纳入日本国家的法制化的开端却发生在太平洋战争这个特殊的历史时期。因此，要理解日本的税理士制度，就应当综合税理士制度的起源及演变对一项法律制度的经历进行分析和认识。参见［日］北野弘久著，陈刚等译：《税法学原论》，4版，313页，北京，中国检察出版社，2001。

② 参见朱文忠编著：《税务博览》，171页，北京，中国税务出版社，1995。

③ 参见［日］北野弘久著，李英哲译：《日本税理士制度的产生与展开》，载《植根杂志》，第10卷第4期。转引自葛克昌、陈清秀：《税务代理与纳税人权利》，51页，台北，翰芦图书出版有限公司，2001。

④ 参见葛克昌、陈清秀：《税务代理与纳税人权利》，55页，台北，翰芦图书出版有限公司，2001。

务代理之认可。唯此种业务之大部分则由曾任税务官员者办理。目前，对纯所得之客观估计方法不完全，且随税务署与纳税人之交涉增加重要性之结果，与其指称为纳税人代理者的税务专家，不如称为熟练的协调人（a skilled negotiator）较为适当。在某种场合，此种协调人之一句乃为收贿及类似意义的婉转语句。若不仅为获得特别看待或宽容而交涉，而能完成纳税人之代理的任务，且协助使税务官员依法行政，有如此既积极又见闻广泛的职业群存在，适切的税务行政更容易产生。同时，再为实施适切的税务行政，若纳税人对抗税务官员时，欲以与税务官员相同程度的精通度，则必须借重如此专家群之援助。因此，必须适当地提高税务代理士阶段之水准。此种提高之责任应由大藏省负担。至于税务代理士之资格考试，为获取对租税法规、租税与会计手续方法方面更完整的知识起见应予办理。”

日本1951年《税理士法》于1980年、1995年经历了两次修订，成为现行有效的税理士法律制度的核心内容。按照日本现行的税理士法律制度，税理士的业务由以下三项构成：一是税务代理，包括税务申报、申请、不服提出等，即对除诉讼外的上述业务进行代理或代办[①]；二是税务文书的制作，包括制作申报书以及其他向税务官公署提出的文书；三是税务咨询，主要是指就税务代理的有关事项进行解答或咨询。除上述业务以外，税理士“得使用税理士之名义，应他人之请托，附带于税理士之业务，以财务书类之制作、会计账簿记账之代行及其他财务相关事务业务。但其他法律限制以执行该事务为业务之事项，不在此限”。依据日本《税理士法》的规定，可成为税理士的人有以下四类：一是税理士考试合格者，二是税理士考试免试者，三是律师，四是注册会计师。[②] 此外，日本的《税理士法》还对税理士考试、登录、税理士之权利及义务、税理士之责任、税理士审查会、税理士公会及日本税理士公会联合会等问题作了具体的规定。

二、美国的税务代理制度

美国财政部根据法律授权制定行政命令与规则，用以许可税捐事件当事人的代理人资格，并且当代理人违反管理规则时，得撤销执业资格或停止其执行业务。以上相关的法令规范主要见于1966年8月9日美国财政部发布的第230号公告，即《联邦税务局开业的律师、注册会计师、注册代理人、注册保险审计员及估价人员的业务规则》，该规则专门就在联邦税务局注册的上述人员资格的取得、取消的条件、程序、惩戒措施、注册续期等作出了详尽的规定。随着税务代理业的发展，美国财政部对第230号公告进行了多次修改。严格的注册、教育、考核、惩戒制度，促进了美国税务代理业务的规范进行，

---

① 日本的税理士在税务诉讼中不具有诉讼代理权（德国税理士有诉讼代理权），但它在诉讼开始前所从事的工作（纳税申报、税务调查的见证、异议申请、审查请求等）能对诉讼起到决定性作用……甚至有不少税理士在实际上已经起到了诉讼代理人的作用。参见［日］北野弘久著，陈刚等译：《税法学原论》，4版，312页，北京，中国检察出版社，2001。

② 参见日本《税理士法》第3条、第4条，载葛克昌、陈清秀：《税务代理与纳税人权利》，190～191页，台北，翰芦图书出版有限公司，2001。

对于美国成为世界税收收入第一大国具有不可低估的作用。

除此之外，美国《联邦法典》第 26 部第 601 篇规定了适用于国税局（IRS）所有机关的协商与业务执行的相关要点。美国财政部部长在财政部内，指定主任委员一名，专门负责处理税务代理人业务的许可与惩戒程序。

美国通过规定税务代理人的许可标准与业务执行的责任，达到保障纳税人与维持税务代理人的品质的目的。美国税务代理制度包括以下基本内容。

（一）税务代理人

按照美国法律的规定，下述三类广泛的职业类型人员可执行税务代理人业务：(1) 律师；(2) 会计师；(3) 依法登记的代理人。合格的精算师或是其他人员在特定的情况下，可执行有限的税务代理业务，而不需经过相关法规的登录程序。

值得注意的是，为避免利益冲突，美国管理税务代理人的规则也有公务员回避的规定，亦即：(1) 任何人，包括美国政府行政、立法、司法机关或哥伦比亚特区之官员、雇员或者国会议员与移民局官员，若其执行税务代理业务有违反美国《联邦法典》第 18 部第 203 条或第 205 条关于职务回避之规定，即不得从事税务代理业务。(2) 州政府官员、雇员经手、调查、处理州政府或其辖下机关之税捐业务之地方官员或雇员，若其得于所处理之地方税捐业务中，取得与联邦税捐业务相关之资讯或事实者，即不得从事税务代理业务。

（二）税务代理业务范围

在美国，律师和注册会计师作为税务代理人时的主体业务是基本相同的，主要有：填制纳税申报表，就纳税事宜提出建议和意见，为纳税人设计税收筹划（包括单项税种的税收筹划和综合性的税收筹划），代表委托人应诉国内收入局（美国的税务机关）。他们在代理行为中要严格坚持忠实于委托人的原则和保密的原则。在美国，几乎 100%的个人所得税都是通过税务代理人申报纳税的，50%的工商企业委托税务代理人办理税务事宜。

学术前沿

税务代理制度产生的历史渊源①

1. 寻求最小合理纳税的帮助

税务代理是依法受托代理的民事行为，纳税人自觉委托的意愿是税务代理存在的基本前提之一。纳税人在最小合理纳税与办税成本之间作出比较后，如果认为寻求专业人士的帮助是最为经济的，这种意识就会直接促进税务代理制的产生与孕育。例如，英国在 1920 年的税制改革中，由于税率的提高和税法内容的繁杂，纳税人为了避免因不能通晓税法而多缴税款，开始向专家请教，于是，在英国的特许会计师、税务律师中出现了

① 参见国家税务总局注册税务师管理中心编：《税务代理实务》，7～8 页，北京，中国税务出版社，2001。

以提出建议为职业的专家。10年以后，税务检查官吉尔巴德·巴尔与其他税务专家共同创立了租税协会，成为英国唯一的专门从事税务业务的专业团体。租税协会的大多数会员限于某一税种的专业服务——为使委托人的应纳税额合法地减少到最小而提出建议。

2. 寻求解决税收争议的帮助

纳税人在履行纳税义务的过程中，因对税法理解的差异会与征税机关发生纳税争议，由于纳税人相对于税务官员在税收专业判断能力方面的差距，其不具备为解决纳税争议与税务机关充分交换意见的条件，寻求专家的指导或由其代行处理，会有效地保护纳税人自身的合法权益，这是注册税务师具有独立存在价值的重要原因之一。

例如，为日本税理士制度奠定思想基础的《夏普宣言》就强调如下观点：当纳税人必须与具有丰富知识的税务官员发生争执时，就非常需要专家队伍的援助，双方可以在对等的条件下判断征税关系正确与否。虽然税务官员和税理士在维护国民的权利以及使其正确完成纳税义务方面负有共同的使命和责任，但是当有两个以上的合理选择时，税务官员往往会选择可以确保税收收入的方法，而税理士会站在与征税机关平等的立场上给纳税人以专业化的援助，为最大限度地保护客户的利益而尽其努力。

3. 推行申报纳税制度的客观要求

纳税人自行申报纳税制度是现代税收管理的一个基本特征，特别是所得税由稽核课税向自行申报纳税方式的转变，更为直接地促进了税务代理制的发展。因为自行申报纳税制度意味着从计算应纳税额、履行申报手续，到办理缴税事宜，均是由纳税人自行承担法定责任，所以会有一定的纳税风险。为了免受责罚，寻求税务专家代理申报就成为必要途径。例如，韩国在第一次世界大战期间，出于国家财政筹集战争经费及其他费用的目的，防止纳税人从低申报纳税和不法逃税，由税务士代理纳税申报。20世纪60年代初，韩国的《税务士法》规定税务士主要从事代理纳税人制作税务方面的申报、申请、请求、异议申请和税务咨询。从20世纪70年代中期开始，韩国规定，由税务士制作法人所得税的文书“税务调整计算书”和申报纳税前的审核，个人所得税申报表如能附送税务士审核后编制的“税务调整计算书”，则可免除税务调查。这一举措使韩国税务士的代理服务有了较大的发展。据韩国税务士1992年度的统计资料，法人所得税纳税人中的80%，个人所得税纳税人中有近三十万人是通过税务士制作提交“税务调整计算书”而完成纳税申报的。

第三节 我国税务代理制度的主要内容

为了规范税务代理行为，建立起我国的税务代理制度，国家税务总局依据1992年通过的《税收征收管理法》的授权，于1994年10月制定下发了《税务代理试行办法》，在全国范围内有组织、有计划地开展税务代理工作。1996 年 11 月，国家税务总局与原人事部联合制定、颁布了《注册税务师资格制度暂行规定》（已失效），把税务代理人员纳入了国家专业技术人员执业资格准入控制制度的范围，税务代理行业同注册会计师、律师等一样，成为国家保护和鼓励发展的一种社会中介服务行业。1999 年，国家税务总局根据中央及国务院领导的有关指示精神，开始对税务代理行业进行全面清理、整顿，以促进税务代理事业的健康发展。国家税务总局相继制定并下发了《注册税务师执业资格考试实施办法》（现已失效）、《注册税务师注册管理暂行办法》（现已失效）、《注册税务师执业准则（试行）》（现已失效）、《税务代理从业人员守则（试行）》（现已失效）、《有限责任税务师事务所设立及审批暂行办法》（现已失效）、《合伙税务师事务所设立及审批暂行办法》等一系列规章，并下发了组建省级注册税务师管理机构等文件，以此加强对税务代理行业的管理。2001 年至 2002 年，国家税务总局又先后发布了《税务代理业务规程（试行）》《税务代理工作底稿（企业所得税）》（现已失效），对税务代理的有关问题作了进一步规定。

2015 年 11 月 2 日，人力资源和社会保障部、国家税务总局发布《关于印发〈税务师职业资格制度暂行规定〉和〈税务师职业资格考试实施办法〉的通知》（人社部发〔2015〕90 号）。该通知指出，根据《国务院机构改革和职能转变方案》和《国务院关于取消和调整一批行政审批项目等事项的决定》（国发〔2014〕27 号）有关取消“注册税务师职业资格许可和认定”的要求，为加强税务专业人员队伍建设，提高税务专业人员素质，在总结原注册税务师职业资格制度实施情况的基础上，人力资源和社会保障部、国家税务总局制定了《税务师职业资格制度暂行规定》和《税务师职业资格考试实施办法》，自 2015 年 11 月 2 日起实施。原人事部、国家税务总局《关于印发〈注册税务师资格制度暂行规定〉的通知》（人发〔1996〕116 号）、《关于实施注册税务师资格认定考试工作的通知》（人发〔1998〕18 号）、《关于印发〈注册税务师执业资格考试实施办法〉的通知》（人发〔1999〕4 号）和原人事部办公厅、国家税务总局办公厅《关于注册税务师执业资格考试报名条件补充规定的通知》（人办发〔1999〕104 号）同时废止。2017 年以来，国家税务总局先后发布了《涉税专业服务监管办法（试行）》（2019 年修正）、《涉税专业服务信用评价管理办法（试行）》（2019 年修正，部分失效）以及《关于进一步完善涉税专业服务监管制度有关事项的公告》（国家税务总局公告 2019 年第 43 号）等规范性文件。

上述规范性文件从税务代理人资格、税务代理的业务范围以及税务代理法律责任等方面在我国确立了一套相对完善的税务代理制度，成为我国现行税务代理制度的主要法律依据。

一、税务代理人

依据我国现行税务代理制度的规定，税务代理人具体是指涉税专业服务机构及其从事涉税服务的专业人员。涉税专业服务机构是指税务师事务所和从事涉税专业服务的会计师事务所、律师事务所、代理记账机构、税务代理公司、财税类咨询公司等机构。从事涉税服务的专业人员，是指在上述涉税专业服务机构中执业的个人。在《注册税务师资格制度暂行规定》被废止之前，注册税务师是重要的税务代理人之一，但按照国务院及人力资源和社会保障部的有关规定，水平评价类职业资格不再实行注册管理，所以注册税务师更名为税务师。更名后，税务师仍属于国家职业资格，纳入全国专业技术人员职业资格证书制度统一规划管理。

税务师行业协会是税务代理人的自律机构，税务师事务所自愿加入税务师行业协会。从事涉税专业服务的会计师事务所、律师事务所、代理记账机构除加入各自行业协会接受行业自律管理外，可自愿加入税务师行业协会税务代理人分会；鼓励其他没有加入任何行业协会的涉税专业服务机构自愿加入税务师行业协会税务代理人分会。加入税务师行业协会的涉税专业服务机构，应当接受税务师行业协会的自律管理，享有税务师行业协会提供的相关服务。税务师行业协会应当加强税务师行业自律管理，提高服务能力、强化培训服务，促进转型升级和行业健康发展。

（一）税务师职业资格制度

国家设立税务师水平评价类职业资格制度，面向社会提供税务专业人员能力水平评价服务，纳入全国专业技术人员职业资格证书制度统一规划。人力资源和社会保障部、国家税务总局共同负责税务师职业资格制度的政策制定，并按职责分工对税务师职业资格制度的实施进行指导、监督和检查。全国税务师行业协会具体承担税务师职业资格考试的评价与管理工作。

税务师职业资格实行统一考试的评价方式。税务师英文为 Tax Advisor（简称 TA）。通过税务师职业资格考试并取得职业资格证书的人员，表明其已具备从事涉税专业服务的职业能力和水平。税务师职业资格实行全国统一大纲、统一命题、统一组织的考试制度，原则上每年举行 1 次考试。全国税务师行业协会具体负责税务师职业资格考试的实施工作，人力资源和社会保障部、国家税务总局按照职责分工负责指导、监督和检查税务师职业资格考试的实施工作。

中华人民共和国公民，遵守国家法律、法规，恪守职业道德，具有完全民事行为能力，并符合下列相应条件之一的，可报名参加税务师职业资格考试：（1）取得经济学、法学、管理学学科门类大学专科学历，从事经济、法律相关工作满 2 年；或者取得其他学科门类大学专科学历，从事经济、法律相关工作满 3 年。（2）取得经济学、法学、管理学学科门类大学本科及以上学历（学位）；或者取得其他学科门类大学本科学历，从事经济、法律相关工作满 1 年。

取得税务师职业资格证书的人员，应当具备下列职业能力：（1）熟悉并掌握涉税服务相关的法律、法规和行业制度、准则；（2）有丰富的税务专业知识，独立开展包括涉税鉴证、申报代理、税收筹划、接受委托审查纳税情况在内的各项涉税专业服务工作；（3）运用财会、税收专业理论与方法，较好完成涉税服务业务；（4）独立解决涉税服务业务中的疑难问题。

取得税务师职业资格证书的人员，应当遵守国家法律、法规、规章及税务师行业相关制度、准则，恪守职业道德，秉承独立、客观、公正原则，维护国家利益和委托人的合法权益；应当按照国家专业技术人员继续教育以及税务师行业管理的有关规定，参加继续教育，不断更新专业知识，提高职业素质和业务能力。

税务师职业资格证书实行登记服务制度。各级税务师行业协会定期向社会公布税务师职业资格证书的登记情况，建立持证人员的诚信档案，并向社会提供相关信息查询服务。取得税务师职业资格证书的人员，应当自觉接受各级税务师行业协会的管理；在工作中违反法律法规及相关规定或者职业道德，造成不良影响的，由全国税务师行业协会取消登记，收回其职业资格证书并向社会公告。

（二）涉税专业服务机构的监管

税务机关建立对涉税专业服务机构的行政登记、实名制管理、业务信息采集、检查和调查、信用评价管理、公告与推送等监管制度，同时加强对税务师行业协会的监督、指导，建立与其他相关行业协会的工作联系制度，推动行业协会加强自律管理，形成较为完整的涉税专业服务监管制度体系。

（1）行政登记。税务机关应当对税务师事务所实施行政登记管理。未经行政登记不得使用“税务师事务所”名称，不能享有税务师事务所的合法权益。税务师事务所合伙人或者股东由税务师、注册会计师、律师担任，税务师占比应高于50%，国家税务总局另有规定的除外。税务师事务所办理商事登记后，应当向省税务机关办理行政登记。从事涉税专业服务的会计师事务所和律师事务所，依法取得会计师事务所执业证书或律师事务所执业许可证，视同行政登记。

（2）实名制管理。税务机关对涉税专业服务机构及其从事涉税服务人员进行实名制管理。税务机关依托金税三期应用系统，建立涉税专业服务管理信息库。涉税专业服务机构应当向税务机关提供机构和从事涉税服务人员的姓名、身份证号、专业资格证书编号、业务委托协议等实名信息。

（3）业务信息采集。税务机关应当建立业务信息采集制度，利用现有的信息化平台分类采集业务信息，加强内部信息共享，提高分析利用水平。涉税专业服务机构应当以年度报告形式，向税务机关报送从事涉税专业服务的总体情况。税务师事务所、会计师事务所、律师事务所从事专业税务顾问、税收策划、涉税鉴证、纳税情况审查业务，应当向税务机关单独报送相关业务信息。

（4）检查和调查。税务机关对于涉税专业服务机构从事涉税专业服务的执业情况进行检查，根据举报、投诉情况进行调查。

（5）信用评价管理。税务机关应当建立信用评价管理制度，对涉税专业服务机构从事涉税专业服务的情况进行信用评价，对其从事涉税服务人员进行信用记录。涉税专业服务机构信用评价实行信用积分和信用等级相结合方式。从事涉税服务人员信用记录实行信用积分和执业负面记录相结合方式，涉税专业服务机构的涉税专业服务信用影响其自身的纳税信用。税务机关建立涉税专业服务信用管理与纳税服务、税收风险管理联动机制，根据涉税专业服务机构和从事涉税服务人员信用状况，实施分类服务和监管。税务机关应当在门户网站、电子税务局和办税服务场所公告涉税专业服务机构信用积分、涉税服务失信名录。对纳入涉税服务失信名录的涉税专业服务机构和从事涉税服务人员，税务机关采取以下措施：予以公告并向社会信用平台推送，向其委托方纳税人、委托方纳税人主管税务机关进行风险提示，不予受理其所代理的涉税业务。税务机关应当通过门户网站、电子税务局等渠道提供涉税专业服务信用信息查询服务。税务机关根据社会信用体系建设需要，建立与财政、司法等行业主管部门和注册会计师协会、律师协会、代理记账协会等行业协会的工作联系制度和信息交换制度，完善涉税专业服务的信用评价机制，推送相关信用信息，推进部门信息共享、部门联合守信激励和失信惩戒。

（6）公告与推送。税务机关应当在门户网站、电子税务局和办税服务场所公告纳入监管的涉税专业服务机构名单及信用情况，同时公告未经行政登记的税务师事务所名单。税务机关应当为涉税专业服务机构提供便捷的服务，依托信息化平台为信用等级高的涉税专业服务机构开展批量纳税申报、信息报送等业务提供便利化服务。

二、税务代理的范围

税务代理的范围，亦称为涉税专业服务领域，是指按照国家有关法律的规定，允许税务代理人所从事的业务内容。为保证税务代理业务的正常发展，各国一般都在法律上明确规定了税务代理的业务范围，并且明确其与相关行业（如律师、注册会计师等）业务的划分。我国也不例外。

根据我国《涉税专业服务监管办法（试行）》等规章和规范性文件的规定，涉税专业服务是指涉税专业服务机构接受委托，利用专业知识和技能，就涉税事项向委托人提供的税务代理等服务。

涉税专业服务机构可以从事下列涉税业务：（1）纳税申报代理。对纳税人、扣缴义务人提供的资料进行归集和专业判断，代理纳税人、扣缴义务人进行纳税申报准备和签署纳税申报表、扣缴税款报告表以及相关文件。（2）一般税务咨询。为纳税人、扣缴义务人的日常办税事项提供税务咨询服务。（3）专业税务顾问。为纳税人、扣缴义务人的涉税事项提供长期的专业税务顾问服务。（4）税收策划。为纳税人、扣缴义务人的经营和投资活动提供符合税收法律法规及相关规定的纳税计划、纳税方案。（5）涉税鉴证。按照法律、法规以及依据法律、法规制定的相关规定要求，对涉税事项的真实性和合法性出具鉴定和证明。（6）纳税情况审查。接受行政机关、司法机关委托，依法对企业纳税情况进行审查，作出专业结论。（7）其他税务事项代理。接受纳税人、扣缴义务人的委托，代理建账记账、发票领用、减免退税申请等税务事项。（8）其他涉税服务。

上述第（3）项至第（6）项涉税业务，应当由具有税务师事务所、会计师事务所、律师事务所资质的涉税专业服务机构从事，相关文书应由税务师、注册会计师、律师签字，并承担相应的责任。

涉税专业服务机构从事涉税业务，应当遵守税收法律、法规及相关税收规定，遵循涉税专业服务业务规范。涉税专业服务机构为委托人出具的各类涉税报告和文书，由双方留存备查，其中，税收法律、法规及国家税务总局规定报送的，应当向税务机关报送。

税务机关所需的涉税专业服务，应当通过政府采购方式购买。税务机关和税务人员不得参与或违规干预涉税专业服务机构的经营活动。

三、税务代理的法律责任

税务代理的法律责任，从广义上理解，既包括委托方的法律责任，也包括受托方即税务代理人的法律责任；既包括民事法律责任，也包括行政、刑事法律责任。鉴于委托方的法律责任主要是民事责任，而其民事责任主要由《民法典》等法律规范予以调整，而受托方的民事责任也主要受代理委托协议及相关民事法律规范的约束，此处对所指税务代理的法律责任采狭义理解，即仅限于税务代理人的行政法律责任和刑事法律责任。

涉税专业服务机构及其涉税专业服务人员有下列情形之一的，由税务机关责令限期改正或予以约谈；逾期不改正的，由税务机关降低信用等级或纳入信用记录，暂停受理所代理的涉税业务（暂停时间不超过 6 个月）；情节严重的，由税务机关纳入涉税服务失信名录，予以公告并向社会信用平台推送，其所代理的涉税业务，税务机关不予受理：（1）使用税务师事务所名称未办理行政登记的；（2）未按照办税实名制要求提供涉税专业服务机构和从事涉税专业服务人员实名信息的；（3）未按照业务信息采集要求报送从事涉税专业服务有关情况的；（4）报送信息与实际不符的；（5）拒不配合税务机关检查、调查的；（6）其他违反税务机关监管规定的行为。税务师事务所有前述第（1）项情形且逾期不改正的，省税务机关应当提请市场监督管理部门吊销其营业执照。

涉税专业服务机构及其涉税专业服务人员有下列情形之一的，由税务机关列为重点监管对象，降低信用等级或纳入信用记录，暂停受理所代理的涉税业务（暂停时间不超过 6 个月）；情节较重的，由税务机关纳入涉税服务失信名录、予以公告并向社会信用平台推送，其所代理的涉税业务，税务机关不予受理；情节严重的，其中，税务师事务所由省税务机关宣布“税务师事务所行政登记证书”无效，提请市场监督管理机关吊销其营业执照，提请全国税务师行业协会取消税务师职业资格证书登记、收回其职业资格证书并向社会公告，其他涉税服务机构及其从事涉税专业服务人员由税务机关提请其他行业主管部门及行业协会予以相应处理：（1）违反税收法律、行政法规，造成委托人未缴或者少缴税款，按照《税收征收管理法》及其实施细则的相关规定被处罚的；（2）未按涉税专业服务相关业务规范执业，出具虚假意见的；（3）采取隐瞒、欺诈、贿赂、串通、回扣等不正当竞争手段承揽业务，损害委托人或他人的利益的；（4）利用服务之便，谋取不正当利益的；（5）以税务机关和税务人员的名义敲诈纳税人、扣缴义务人的；（6）向税务机关工作人员行贿或者指使、诱导委托人行贿的；（7）其他违反税收法律法规的行为。

涉税专业服务机构及其涉税专业服务人员从事税务代理活动，触犯刑法，构成犯罪的，由司法机关依法处理。

深度阅读

1. 葛克昌，陈清秀．税务代理与纳税人权利．台北：翰芦图书出版公司，2001

2. ［日］北野弘久．税法学原论．郭美松，陈刚，等译．5 版．北京：中国检察出版社，2008：第 25 章

问题与思考

一、思考题

1. 税务代理与一般民事代理相比，有何特征？

2. 税务代理必须遵循哪些基本原则？

3. 税务代理有何功能？

4. 国务院取消“注册税务师职业资格许可和认定”，将对我国税务代理行业的发展产生哪些影响？

5. 如何进一步完善我国的涉税法律服务监管制度？

6. 如何进一步完善我国的涉税专业服务信用评价管理制度？

二、练习题

1. 某企业开业初期，还未聘用到合适的财务人员，拟将下列业务委托当地的一家会计师事务所代理。按照有关规定，该会计师事务所能够承接的业务有（　　）。（多选题）

A. 建账建制和办理账务

B. 办理增值税专用发票领购手续

C. 办理纳税和减免税申报

D. 税收咨询、税收筹划业务

2. 下列各项中，属于涉税鉴证业务范围的是（　　）。（单选题）

A. 外汇收支鉴证　　B. 银行储蓄存款鉴证

C. 企业会计报表鉴证　　D. 企业所得税财产损失鉴证

3. 下列关于税务咨询报告的表述中，正确的是（　　）。（单选题）

A. 税务咨询报告对委托人的纳税起决定性的作用

B. 税务咨询报告对委托人的纳税起指导和参考的作用

C. 税务咨询报告对税务机关的决策起举足轻重的作用

D. 税务咨询报告对税务机关执法力度的掌握起关键的作用

4. 下列各项中，税务代理机构在代理期限内可单方面终止税务代理行为的有（　　）。（多选题）

A. 委托人要求降低税务代理费用，税务代理机构认为无法承受的

B. 委托人提供虚假的生产、经营情况和财务会计报表，造成代理错误的

C. 委托人投资方发生重大变化，税务代理机构认为税务代理关系无法继续的

D. 委托人授意税务代理执业人员实施违反国家法律、行政法规的行为，经劝告仍不停止其违法活动的

5. 下列业务中，属于税务代理人业务代理范围的有（　　）。（多选题）

A. 审查增值税纳税情况

B. 办理增值税专用发票领购手续

C. 办理增值税纳税申报

D. 利用主机共享服务系统为增值税一般纳税人代开增值税专用发票

参考书目

1. 陈共．财政学．9版．北京：中国人民大学出版社，2017
2. 侯梦蟾．税收概论．北京：中国人民大学出版社，1986
3. 王传纶，高培勇．当代西方财政理论．北京：商务印书馆，1995
4. 吴兆莘．中国税制史．北京：商务印书馆，1998
5. 袁振宇，等．税收经济学．北京：中国人民大学出版社，1995
6. 王书瑶，等．赋税导论．北京：经济科学出版社，1995
7. 王诚尧．国家税收教程（上，下册）．北京：中国财政经济出版社，1995
8. 郝如玉，王国华．中国新税制．北京：经济科学出版社，1994
9. 俞光远．中国财税改革和财税法制建设30年回顾与展望．北京：中国税务出版社，2009
10. 许善达，等．中国税权研究．北京：中国税务出版社，2003
11. 刘佐．中国税制概览．北京：经济科学出版社，2011
12. 葛惟熹．国际税收学．北京：中国财政经济出版社，1996
13. 郭庆旺．税收与经济发展．北京：中国财政经济出版社，1995
14. 孙国华，朱景文．法理学．4版．北京：中国人民大学出版社，2015
15. 徐孟洲，等．财税法律制度改革与完善．北京：法律出版社，2009
16. 徐孟洲，等．中国税收执法基本问题．北京：中国税务出版社，2006
17. 徐孟洲，谭立．税法教程．北京：首都经济贸易大学出版社，2002
18. 徐孟洲．税法学．北京：中国人民大学出版社，2005
19. 徐孟洲．税法原理．北京：中国人民大学出版社，2008
20. 刘隆亨．中国财税法学．北京：法律出版社，2004

21. 刘剑文．财税法学．北京：高等教育出版社，2004
22. 张守文．税法原理．8 版．北京：北京大学出版社，2018
23. 刘剑文，熊伟．税法基础理论．北京：北京大学出版社，2004
24. 刘剑文．国际税法学．3 版．北京：北京大学出版社，2013
25. 朱大旗．税法．3 版．北京：中国人民大学出版社，2015
26. 杨小强．中国增值税法：改革与正义．北京：中国税务出版社，2008
27. 国家税务总局注册税务师管理中心．税务代理实务．北京：中国税务出版社，2001
28. 葛克昌，陈清秀．税务代理与纳税人权利．台北：翰芦图书出版有限公司，2001
29. 黄茂荣．税法总论．台北：植根法学丛书编辑室，2002
30. 陈清秀．税法总论．台北：三民书局，1997
31. ［日］金子宏．日本税法．战宪斌，郑林根，等译．北京：法律出版社，2004
32. ［日］北野弘久．税法学原论．陈刚，等译．5 版．北京：中国检察出版社，2008
33. ［美］维多克・瑟仁伊．比较税法．丁一，译．北京：北京大学出版社，2006
34. 刘剑文．税法学．5 版．北京：北京大学出版社，2017
35. 翟继光．财税法基础理论研究．北京：中国政法大学出版社，2017
36. 张怡．财税法教程．北京：法律出版社，2019
37. 陈清秀．现代财税法原理．厦门：厦门大学出版社，2017
38. ［奥］维罗尼卡・道尔．税收协定与发展中国家．熊伟，毛杰，译．北京：商务印书馆，2018
39. 朱大旗，胡明．《税收征收管理法》修订问题研究．北京：法律出版社，2018
40. 陈少英，等．财产税法论．北京：法律出版社，2018
41. ［德］迪特尔・比尔克．德国税法教科书（第十三版）．徐妍，译．北京：北京大学出版社，2018
42. ［英］莫妮卡・班得瑞．税法的哲学基础．许多奇，程雷军，译．北京：商务印书馆，2024

图书在版编目（CIP）数据

税法 / 徐孟洲，徐阳光著 . -- 8 版 . -- 北京：中国人民大学出版社，2024. 9. --（新编 21 世纪法学系列教材）. -- ISBN 978-7-300-33101-0

Ⅰ. D922. 22

中国国家版本馆 CIP 数据核字第 2024U5D947 号

"十二五"普通高等教育本科国家级规划教材
新编 21 世纪法学系列教材
总主编　曾宪义　王利明
税法（第八版）
徐孟洲　徐阳光　著
Shuifa

出版发行	中国人民大学出版社		
社　址	北京中关村大街 31 号	邮政编码	100080
电　话	010－62511242（总编室）		010－62511770（质管部）
	010－82501766（邮购部）		010－62514148（门市部）
	010－62515195（发行公司）		010－62515275（盗版举报）
网　址	http://www. crup. com. cn		
经　销	新华书店		
印　刷	北京七色印务有限公司	版　次	1999 年 11 月第 1 版
开　本	787 mm×1092 mm　1/16		2024 年 9 月第 8 版
印　张	22 插页 1	印　次	2024 年 9 月第 1 次印刷
字　数	503 000	定　价	58.00 元

《　　　　　　　　》※任课教师调查问卷

为了能更好地为您提供优秀的教材及良好的服务，也为了进一步提高我社法学教材出版的质量，希望您能协助我们完成本次小问卷，完成后您可以在我社网站中选择与您教学相关的 1 本教材作为今后的备选教材，我们会及时为您邮寄送达！如果您不方便邮寄，也可以申请加入我社的**法学教师 QQ 群：436438859（申请时请注明法学教师）**，然后下载本问卷填写，并发往我们指定的邮箱（cruplaw@163.com）。

邮寄地址：北京市海淀区中关村大街甲 59 号文化大厦 1202 室收

邮　　编：100080

再次感谢您在百忙中抽出时间为我们填写这份调查问卷，您的举手之劳，将使我们获益匪浅！

基本信息及联系方式※：

姓名：________ 性别：________ 课程：________________

任教学校：________________ 院系（所）：________________

邮寄地址：________________ 邮编：________________

电话（办公）：________ 手机：________ 电子邮件：________

调查问卷※：

1. 您认为图书的哪类特性对您使用教材最有影响力？（　　）（可多选，按重要性排序）

   A. 各级规划教材、获奖教材　　B. 知名作者教材

   C. 完善的配套资源　　D. 自编教材

   E. 行政命令

2. 在教材配套资源中，您最需要哪些？（　　）（可多选，按重要性排序）

   A. 电子教案　　B. 教学案例

   C. 教学视频　　D. 配套习题、模拟试卷

3. 您对于本书的评价如何？（　　）

   A. 该书目前仍符合教学要求，表现不错将继续采用。

   B. 该书的配套资源需要改进，才会继续使用。

   C. 该书需要在内容或实例更新再版后才能满足我的教学，才会继续使用。

   D. 该书与同类教材差距很大，不准备继续采用了。

4. 从您的教学出发，谈谈对本书的改进建议：________________

____

____

选题征集：如果您有好的选题或出版需求，欢迎您联系我们：

联系人：黄　强　联系电话：010-62515955

索取样书：书名：________________________

书号：________________________

备注：※ 为必填项。